权威·前沿·原创

皮书系列为
“十二五”国家重点图书出版规划项目

中国社会科学院创新工程学术出版资助项目

民间组织蓝皮书

BLUE BOOK OF CIVIL ORGANIZATIONS

中国民间组织报告（2014）

ANNUAL REPORT ON CHINESE CIVIL ORGANIZATIONS (2014)

主　编／黄晓勇
副主编／潘晨光　蔡礼强

社会科学文献出版社
SOCIAL SCIENCES ACADEMIC PRESS (CHINA)

图书在版编目（CIP）数据

中国民间组织报告. 2014/黄晓勇主编. —北京：社会科学文献出版社，2014. 12

（民间组织蓝皮书）

ISBN 978 - 7 - 5097 - 6833 - 4

Ⅰ. ①中… Ⅱ. ①黄… Ⅲ. ①社会团体 - 研究报告 - 中国 - 2014 Ⅳ. ①C232

中国版本图书馆 CIP 数据核字（2014）第 279908 号

民间组织蓝皮书
中国民间组织报告（2014）

主　　编／黄晓勇
副 主 编／潘晨光　蔡礼强

出 版 人／谢寿光
项目统筹／邓泳红　陈　颖
责任编辑／王　颉

出　　版／社会科学文献出版社 · 皮书出版分社（010）59367127
地址：北京市北三环中路甲 29 号院华龙大厦　邮编：100029
网址：www. ssap. com. cn
发　　行／市场营销中心（010）59367081　59367090
读者服务中心（010）59367028
印　　装／北京季蜂印刷有限公司

规　　格／开　本：787mm × 1092mm　1/16
印　张：21　字　数：339 千字
版　　次／2014 年 12 月第 1 版　2014 年 12 月第 1 次印刷
书　　号／ISBN 978 - 7 - 5097 - 6833 - 4
定　　价／79. 00 元

皮书序列号／B - 2008 - 096

主要编撰者简介

黄晓勇　中国社会科学院研究生院院长，教授、博士生导师。兼任中国社科院研究生院民间组织与公共治理研究中心主任、国际能源与安全研究中心主任、全国日本经济学会副会长等。自20世纪80年代起，主要研究日本企业经营战略与日本的产业政策，后重点研究日美经济贸易及中日经济比较与合作等问题。先后三次共计三年在日本明治大学、东京大学、爱知大学经营（经济）学部从事客座研究和讲学。主要著译（含主编）有：《中国民间组织蓝皮书》（系列）、《公共政策与社会保障案例分析》、《再论日本名列第一》、《日本的产业政策》、《日本概览》、《简明日本百科全书》、《中日流通业比较》、《日本的经验与中国的改革》等。在社科院办公厅任《要报》主编期间，结合国家重大外交活动与政策需要，先后组织院内外国际研究学科的专家学者召开专题研讨会、座谈会等，组织撰写了大批重大国际问题研究的专题报告，上报中央办公厅和国务院办公厅，受到中央领导的批示和高度重视。现主要研究领域为民间组织、世界经济、国际能源安全等。

潘晨光　中国社会科学院研究生院哲学博士、管理学博士后、研究员、博士生导师。中国社会科学院人力资源研究中心副主任，兼任中国出国留学研究会副理事长、中国林牧渔业经济研究会副会长、中国人口学会理事、中国博士后科学基金会第四届理事会理事、中央组织部《全国人才队伍建设中长期规划纲要》编制工作专家组成员等。为享受国家政府特殊津贴专家。长期从事人才与人力资源方面的理论研究与实践工作。主持完成国家“十一五”信息化专项规划重大研究课题“我国信息化人才战略研究报告”，中国社会科学院博士后国情调研项目“中国职业教育发展研究”、“中国社会工作人才队伍建设研究”、“中国农村人才与人力资源能力建设”等。多次参加中组部、人事部、科技部等重要课题研究。主编《中国人才发展报告》、《中国人才前沿》、《中国社会科学博士后学术文库》系列丛书，以及主编《社会科学前沿问题思考》、《中国博士后学术报告》等著作。同时，在一些核心期刊以及内部参阅中发表论文、调研报告等若干篇。

蔡礼强 中国社会科学院研究生院民间组织与公共治理研究中心秘书长、教授、硕士生导师，历史学博士、法学博士后。兼任中国社会科学院青年人文社会科学研究中心副理事长。目前主要致力于民间组织、公共政策、公共治理、领导力等领域的研究。目前承担国家社会科学基金项目“我国民间组织与公共服务供给的实证研究”（项目批准号：10CGL082），主持中国社会科学院重点课题“民间组织与公共治理模式转型研究”，主持多项地方政府委托研究课题和政策咨询项目。

摘　要

中国的民间组织迎来了期盼已久的顶层制度设计和多项重大发展，开始步入全新发展的阶段。在全面深化改革与全面推进依法治国建设的历史大背景下，民间组织被纳入经济社会发展的全局谋划，开启了制度化进入公共治理空间通道并成为治理体系的重要主体。民间组织不但开始获得生死攸关的法治保障，还被寄希望于发挥社会规范的自治主体作用。制度障碍的逐步破除以及多项重大政策持续释放的利好消息，都意味着中国民间组织发展跨越了历史的分水岭，具有里程碑性质的历史意义。

中国的民间组织发展在中国式治理体系建构下开始迈入一条国家与社会融合发展的新路子，今后应通过政府治理体系建设建构适合国情并能发挥民间组织社会治理基础作用的金字塔式社会治理结构。

本书是第六本民间组织研究报告，参与撰写的专家主要来自中国社会科学院、知名高校、地方社会科学院和政府实务部门。整个研究报告共约 30 余万字，除总报告外，专题研究重点关注在治理体系建构下应促进金字塔式社会结构的形成、社会工作机构发展、公益组织网络问责以及社会企业发展这几个重要的热点问题，对这些热点问题给出了颇有深度和前沿的剖析。地方发展部分选取在民间组织发展方面走在全国前列并具有多项创新和开拓成果的上海浦东新区和广东省，作为分析个案。域外镜鉴部分专门研究了美国非营利组织参与社会治理情况、日本的养老护理非营利组织，以及俄罗斯民间组织的发展，这三篇文章讨论的主题对当下的中国极具借鉴和参考意义。

前　言

本报告是中国社会科学院“民间组织与公共治理研究”课题组推出的第六本民间组织蓝皮书。基于国家权威统计数据、实地调研和广泛搜集的资料，本报告对2013年以来我国民间组织的发展现状、热点专题、改革趋势等问题进行深入研究，并提出了相应的政策建议。

本报告对我国民间组织发展提出了以下看法和观点。

1. 民间组织成为治理体系的重要主体

党的十八届三中全会通过的《中共中央关于全面深化改革若干重大问题的决定》，明确提出“全面深化改革的总目标是完善和发展中国特色社会主义制度，推进国家治理体系和治理能力现代化”。国家治理体系改革目标是在坚持和完善中国特色社会制度基础上，充分发挥党总揽全局、协调各方的领导核心作用，紧紧围绕坚持党的领导、人民当家做主、依法治国三者的有机统一。与此同时，又充分继承中国历史传承和文化传统，借鉴吸收了治理概念的合理内核与主要思想，譬如对治理主体的多元化、治理过程的多方参与、治理方式的协同共治等思想的凸显，对企业、公民和社会组织等社会主体开放公共治理空间，提供协商治理的渠道和途径等。

党的十八届四中全会在三中全会的基础上，对更好地发挥民间组织作用以及提供法治保障进一步做出了规定和部署。党的十八届四中全会通过的《中共中央关于全面推进依法治国若干重大问题的决定》，不但为民间组织发展提供了更加充分的法治保障，还明确提出要发挥民间组织自律章程在社会规范中的积极作用，“深化基层组织和部门、行业依法治理，支持各类社会主体自我约束、自我管理。发挥市民公约、乡规民约、行业规章、团体章程等社会规范在社会治理中的积极作用”。

党的十八届三中全会和十八届四中全会分别通过的两个决定为中国国家制

度建设和法治建设完成了最重要的顶层设计。在这两个决定中，民间组织被纳入经济社会发展全局，成为国家治理体系的重要主体和法治社会建设的重要基础，为其开放生存发展的公共治理空间，提供了至关重要的法制保障。

2. 出台一系列推进民间组织发展的重要举措

2013 年以来，中央的一系列改革措施表明，社会体制改革已经成为中国行政体制改革的重要支撑，政府对社会组织发展的政策限制大为放松，社会组织管理制度改革成为党和政府发展的重大战略。党的十八届二中全会和十二届全国人大一次会议通过的《国务院机构改革和职能转变方案》对改革社会组织管理制度做出了重大部署。国务院办公厅在 2013 年 9 月 26 日下发《关于政府向社会力量购买服务的指导意见》，对政府向社会组织，以及企业、机构等社会力量购买服务做出系统安排和全面部署，填补了我国政府购买服务政策领域的空白。国务院在 2013 年底先后下发了关于行政审批制度改革的文件，各地政府进一步推动社会组织的直接登记。

在加快实施登记管理制度改革的同时，民间组织领域的简政放权和政策调整力度也在同步加大。简化登记程序、降低登记门槛、下放登记管理权限、调整公募资质、打破垄断格局等众多政策调整释放利好消息。

政府向社会力量购买服务主体、购买服务领域和内容、资金来源与工作机制的确立，有助于购买服务的进一步深化和拓展。此外，国办文件还提出要“建立健全由购买主体、服务对象及第三方组成的综合性评审机制，对购买服务项目数量、质量和资金使用绩效等进行考核评价”。这就意味着将购买服务纳入绩效管理，有利于保证购买服务的质量和效果。

除中央层面推行实施的政府购买服务政策以外，地方层面政府购买服务也在广泛展开，在广东、深圳、北京、上海等地，政府购买服务已经成为一种常态化工作，将某些具体社会事务、微观经济调节职能、专业服务职能转移或委托社会组织承担，并逐步规范化和制度化。

3. 民间组织将逐步成为金字塔式社会治理结构的基石

目前推进的治理体系建设主要包括国家治理、政府治理和社会治理三个既互相区别又交叉融合的制度层面。国家治理层面建设的突出特点是围绕保证人民当家做主，提高党的科学执政、民主执政和依法执政水平，全方位扩大公民有序参与，推动协商民主广泛多层制度化发展，以及推动基层民主促进群众依法自治。政府治理层面建设的核心内容是政府自身的改革，主要是通过简政放权和深化行政审批制度改革来规范政府与市场和社会之间的关系，最大限度地减少政府对微观事务的管理。在社会治理层面，主要着眼于通过创新社会治理体制，最大限度增加和谐因素，增强社会发展活力，提高社会治理水平。通过改进社会治理方式，鼓励和支持社会各方面参与，实现政府治理和社会自我调节、居民自治良性互动。通过激发社会组织活力，发挥社会组织作用。

从中国式治理体系三个层面的制度设计来看，每个层面都有大量内容直接涉及民间组织。国家治理层面的制度设计和规划，为民间组织作为公民有序参与和群众的依法自治组织形式开放了公共治理空间，为民间组织作为民主协商渠道和协商对象进行了制度性的安排。可以说，国家治理层面关于民间组织发展的规划，是民间组织政策和制度安排的顶层设计，对民间组织发展来说具有里程碑性质的意义。而在政府治理和社会治理层面，大量明确、具体的改革目标设定更是与民间组织直接相关，或是为民间组织创造良好发展环境、拓展施展舞台的空间，提供直接的资源支持，或是在民间组织登记管理制度、去行政化等直接相关的重大问题上提出改革的详细目标。

中国式治理体系建设为中国民间组织开放了公共治理空间，重新调整了权力格局和权力空间，为民间组织提供了一个更加广阔的社会发展空间，给予了更加多样化的资源支持，赋予了无比重要的角色作用。根据目前的治理体系建设规划，中国将逐步形成和构建一种金字塔式的社会治理结构。金字塔式社会治理结构主要根据从下到上的原则，凡是社会能够自主解决的，由社会自治和自行解决；凡是可以依靠社会力量解决的，政府应与社会保持合作，充分发动社会力量来解决；只有在社会无力解决或解决不好的情况下，政府再借助和吸纳社会力量参与并最后出手解决。金字塔式社会治理结构是建立在社会自治与民间组织等多元社会主体共同参与之下的社会治理结构和机制。

金字塔式社会治理结构能够最大化地发挥民间组织等多元主体的社会力量，在这种社会治理结构下最普遍、最大量的社会事务由民间主导治理和化解，形成政府与社会多轨并行的社会治理机制，能够适应当前社会面临的多元化主体、多样化需求和多类型矛盾。这种结构立足于让社会自己管好自己，发挥社会在社会治理中的基础性作用，承认民间组织、公民个人等社会主体在社会治理中的主体地位。符合“小政府、大社会”的现代政府理念，是最合理的社会治理结构。

民间组织等多元社会主体在金字塔式社会治理结构下参与社会管理和社会服务的方方面面，承担大量市场不愿做、政府无力做也做不好的社会事务，成为政府管理社会的合作伙伴和得力助手。

4. 中国民间组织呈现出加速变化的形态

来自国内基金会和政府的对社会组织的支持在增加。随着国内基金会的兴起，我国社会组织开始主要由国内资源支持。另外，在民政部门“培育发展社会组织”的基调下，来自政府方面的扶持也在增加。

互联网实现了传播方式的根本改变和前所未有的互动性，微博和微信的广泛使用加快了互动社交的节奏。对于社会组织而言，新媒体是一个机遇，同时也要提高自身能力应对新的挑战。互联网与新媒体改变了公益的传统思维模式；降低了公众参与公益的门槛，降低了募捐成本；降低了社会组织透明的成本；促进社会组织的传播推广。

公益项目和筹款活动更加注重平和性、参与性、互动性和体验性的特点。传统的慈善方式意味着一种贫富差异，而现代公益则是更广的范畴。以前总是以行政手段开展慈善，形式比较单一，现在的公益已经具有多元化的特点。

我国的公益领域人才培养加快推进，社区社会组织成为重要增长点，民办社工机构获得了跨越式的发展。

近年来，我国民间组织尤其是公益慈善组织的新理念层出不穷，越来越多的实践创新涌现出来，在公益运作的模式、支持与投资公益的手段、慈善帮扶的方式、公益募捐与捐赠的方式等方面的创新改变了整个公益行业的运行规则。

从当前我国民间组织发展的整体情况来看，开始出现越来越多的资源支持、能力支持和人才支持等各类支持型组织，初步形成一个有利于共生发展的生态链。目前，国内基金会正逐步取代国外基金会，成为公益行业最重要的资金供给方。

本书的作者主要来自专业研究机构和部分高校，除总报告外，各位作者的观点并不代表课题组，文责主要由作者本人及撰写报告的课题组自负。

本课题的研究和出版得到中国社会科学院创新工程的资助，在研究过程中受到中国社会科学院领导和科研局领导的高度重视和支持。本研究报告的顺利出版，得益于社会科学文献出版社谢寿光社长的大力支持，以及皮书出版中心邓泳红主任的高效工作和责任编辑王颉老师的认真细致。张波教授对所有英文摘要部分进行了精心翻译与校对。在此向所有参与和支持本研究报告问世的同志，表示诚挚的谢意。

目录

B Ⅰ 总报告

B Ⅱ 专题研究篇

B Ⅲ 域外镜鉴篇

BⅣ 地方发展篇

皮书数据库阅读使用指南

总 报 告

General Report

B.1

顶层设计突破后的民间组织亟待分层对接与政策细化

中国社会科学院“民间组织与公共治理研究”课题组
黄晓勇 蔡礼强 王世强*执笔

摘 要：

我国民间组织迎来顶层制度设计的重大突破和多方面重大发展，民间组织被纳入公共治理空间并成为治理体系的重要主体，被确立为社会规范的自治主体并提供了重要的法治保障。党的十八届三中全会和四中全会通过的两项决定所释放的众多政策利好消息，使我国民间组织发展步入了具有里程碑性质的历史发展新阶段。对于政府而言，今后要在顶层设计下加大分层政策

---

* 黄晓勇，中国社会科学院研究生院民间组织与公共治理研究中心主任，教授，研究领域为民间组织、世界经济、国际能源安全；蔡礼强，中国社会科学院研究生院民间组织与公共治理研究中心秘书长，教授，研究领域为民间组织、公共政策与公共治理；王世强，中国社会科学院城市发展与环境研究所博士后，研究领域为非营利组织、公益慈善、社会企业。

对接与政策的细化落实，需要转变治理思维模式，多措并举推动民间组织健康发展。民间组织自身则需要加大专业化、规范化、透明化建设力度，建构与政府的合作互补关系，更好地发挥社会规范的引导和柔性管理作用。

关键词：

民间组织　治理　顶层设计　专业化　中国

一　2013 年以来我国民间组织发展的基本情况

（一）我国民间组织的数量增长情况

截至 2013 年年底，全国共有民间组织 54.7 万个，比 2012 年增长了 9.6%。[①] 这一数据表明，我国的民间组织数量在多年缓慢增长后，终于突破了 50 万大关。继 2012 年之后，2013 年的民间组织增长率再一次高于我国 GDP 的增长速度。

相对于 2010 年的 1.8%、2011 年 3.6% 和 2012 年 8.0% 的年增长率，2013 年的民间组织增长率进一步提高，延续了近两年来的发展趋势，创下了自 2006 年以来我国民间组织发展的最高增速。

这一较快增长速度直接反映了 2013 年初中央对改革民间组织管理制度做出改革部署的成效。在 2013 年，我国实施民间组织直接登记的省份进一步增加，各地进一步降低了民间组织尤其是社区社会组织的登记门槛。国务院在 2013 年 11 月和 12 月两次下发文件，取消了民政部对全国性社会团体分支机构和代表机构的登记审批环节，这些举措都对民间组织的建立起到直接的促进作用。而且，国务院在 9 月专门对政府购买服务工作做出的系统安排激发了民间力量举办民间组织的积极性。

① 民政部：《2013 年社会服务发展统计公报》，2014 年 6 月 17 日。民政部网站：http：//www.mca.gov.cn/article/zwgk/mzyw/201406/20140600654488.shtml。

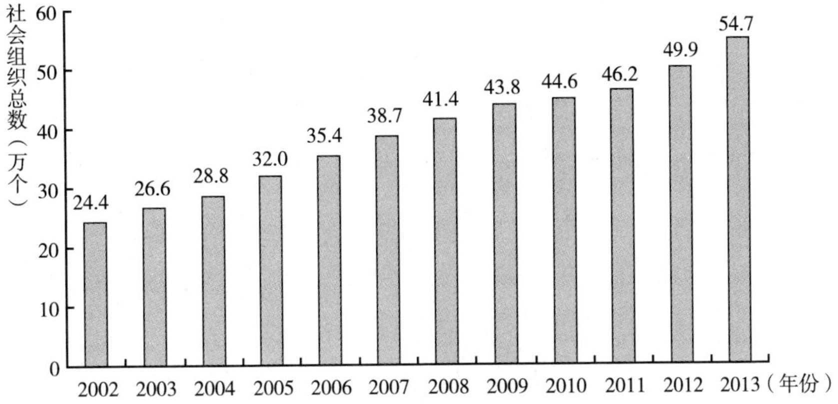

图1　2002～2013年我国民间组织数量的增长情况

资料来源：2002～2009年《民政事业发展统计报告》、2010～2013年《社会服务发展统计公报》。

（二）各类型民间组织的数量增长情况

1. 社会团体发展的情况

截至2013年年底，我国的社会团体达28.9万个，比2012年增长了6.6%。① 相对于社会团体在2011年的4.1%和2012年的6.3%的年增长率，2013年社会团体的增长率进一步提高。但与民办非企业单位和基金会相比，社会团体的增长率是三类民间组织中最低的。

2013年，我国社会团体的具体类型分布情况如下：工商服务业类31031个，占10.74%，比2012年增长15%；科技研究类17399个，占6.02%，比2012年减少6%；教育类11753个，占4.07%，比2012年增长1%；卫生类9953个，占3.44%，比2012年减少5%；社会服务类41777个，占14.45%，比2012年增长9%；文化类27115个，占9.38%，比2012年增长8%；体育类17869个，占6.18%，比2012年增长19%；生态环境类6636个，占2.30%，比2012年减少3%；法律类3264个，占1.13%，比2012年

① 民政部：《2013年社会服务发展统计公报》，2014年6月17日。民政部网站：http：//www.mca.gov.cn/article/zwgk/mzyw/201406/20140600654488.shtml。

增长2%；宗教类4801个，占1.66%，比2012年增长2%；农业及农村发展类58825个，占20.35%，比2012年增长6%；职业及从业组织类19743个，占6.83%，比2012年增长6%；国际及其他涉外组织类481个，占0.17%，比2012年减少4%；其他38379个，占13.28%，比2012年增长7%。①

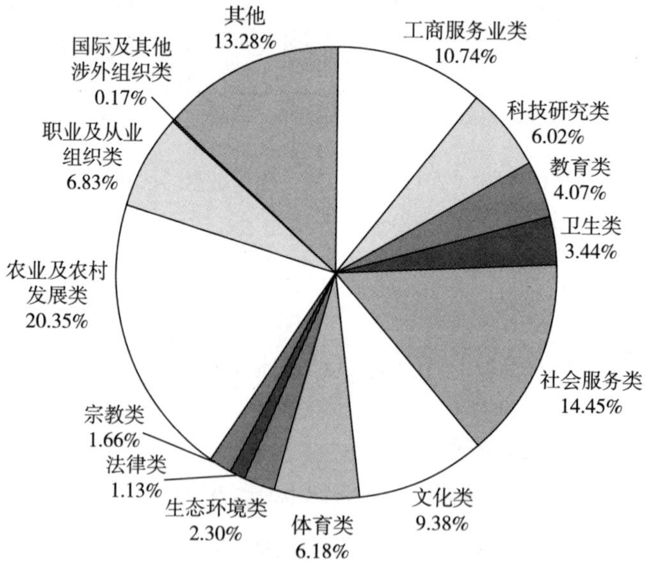

图2　2013年按领域划分的我国各类社会团体的比例分布

资料来源：民政部《2013年社会服务发展统计公报》。

从以上数据可以看出，在社会团体的各种类型中，2013年，增长速度较快的是体育类、工商服务类、社会服务类和文化类社会团体，它们的增长速度排在前四位。而科技研究类、卫生类、国际及其他涉外组织类和生态环境类社会团体的数量均为负增长，但减少的幅度不大。

2. 民办非企业单位发展的情况

截至2013年年底，我国共有民办非企业单位25.5万个，比2012年增长

① 根据民政部《2012年社会服务发展统计公报》和《2013年社会服务发展统计公报》的相关数据整理。

了 13.1%。[①]与 2012 年的 10.1% 的增长率相比，2013 年民办非企业单位的增长速度进一步提高，是十几年来我国民办非企业单位增长速度最快的一年。

2013 年，我国民办非企业单位的具体类型分布情况如下：科技服务类 13729 个，占 5.39%，比 2012 年增长 23%；生态环境类 377 个，占 0.15%，比 2012 年减少 65%；教育类 145210 个，占 57.02%，比 2012 年增长 24%；卫生类 21234 个，占 8.34%，比 2012 年增长 1%；社会服务类 36698 个，占 14.41%，比 2012 年增长 2%；文化类 11694 个，占 4.59%，比 2012 年增长 10%；体育类 10353 个，占 4.07%，比 2012 年增长 22%；商务服务类 5625 个，占 2.21%，比 2012 年减少 35%；宗教类 94 个，占 0.04%，比 2012 年减少 29%；国际及其他涉外组织类 4 个，占 0.0016%，比 2012 年减少 92%；其他 9652 个，占 3.79%，比 2012 年减少 12%。[②]

从以上数据可以看出，在民办非企业单位的各种类型中，2013 年，速度增长较快的是教育类、科技服务类和体育类民办非企业单位，它们的增长速度排在前三位，增速均超过了 20%。由于教育类民非占了民办非企业单位的一半以上，它的快速增长带动了 2013 年民非的整体数量增长。文化类、社会服务类和卫生类民办非企业单位处于稳定增长状态。而国际及其他涉外组织类、生态环境类、商务服务类、宗教类和其他类民非的数量均为负增长，其中，国际及其他涉外组织类民办非企业单位比 2012 年减少了 92%。

3. 基金会发展的情况

截至 2013 年年底，我国的基金会有 3549 个，比 2012 年增加 520 个，增长了 17.2%。[③] 2004 年以来，基金会一直都是我国三类民间组织中增长速度最快的，2013 年同样延续了这一状况。与 2012 年基金会 15.9% 的年增长率相比，2013 年的增长率有一定的提高。

---

① 民政部：《2013 年社会服务发展统计公报》，2014 年 6 月 17 日。民政部网站：http://www.mca.gov.cn/article/zwgk/mzyw/201406/20140600654488.shtml。

② 根据民政部《2012 年社会服务发展统计公报》和《2013 年社会服务发展统计公报》的相关数据整理。

③ 民政部：《2013 年社会服务发展统计公报》，2014 年 6 月 17 日。民政部网站：http://www.mca.gov.cn/article/zwgk/mzyw/201406/20140600654488.shtml。

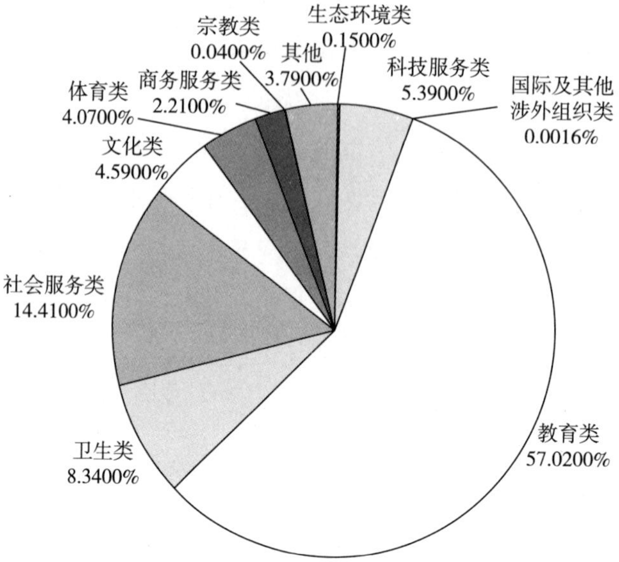

图3　2013年按领域划分的我国各类民办非企业单位的比例分布

资料来源：民政部《2013年社会服务发展统计公报》。

2013年，在基金会中，公募基金会为1378个，占38.83%，比2012年增长5%；非公募基金会为2137个，占60.21%，比2012年增长27%；涉外基金会为8个，占0.23%，与2012年持平；境外基金会代表机构为26个，占0.73%，比2012年增长37%。①

从以上数据可以看出，在基金会的各种类型中，境外基金会代表机构的数量增长最快，但其基数较小。非公募基金会仍然保持较快增长，在2011年超过公募基金会的数量之后，已经大幅度超过公募基金会的数量，很快将达到公募基金会数量的两倍，成为我国基金会行业中的主流形式。

（三）我国民间组织的就业、志愿者、经济规模和慈善捐赠情况

我国民间组织是解决公民就业的一个重要渠道，截至2013年年底，我国

① 根据民政部《2012年社会服务发展统计公报》和《2013年社会服务发展统计公报》的相关数据整理。

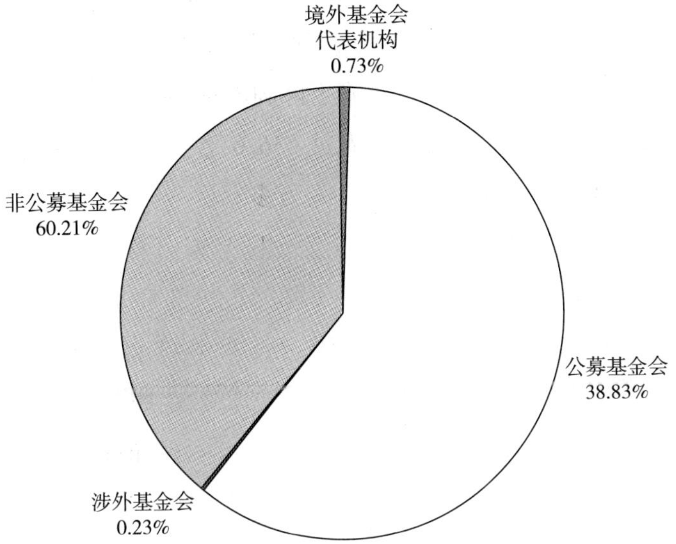

图4　2013年我国各种基金会类型的比例分布

资料来源：《2013年社会服务发展统计公报》。

民间组织共吸纳社会各类人员就业636.6万人，比2012年增长3.8%。[①] 民间组织就业人员的增长率大大低于民间组织数量的增长率，说明我国民间组织的规模仍然较小，解决就业的能力仍然比较有限。

据中国志愿者服务联合会的不完全统计，截至2013年12月，全国已建立43万多个志愿者组织、19万个志愿者服务站，全年开展活动的志愿者超过5000万人，志愿服务主体已经从青年志愿者为主发展为全社会共同参与，粗略统计，志愿者在2013年全年捐赠的总量为8.3亿小时。[②]

截至2013年年底，我国民间组织的增加值为571.1亿元，占第三产业增加值的比重为0.22%。[③] 纵向对比来看，民间组织占我国经济的份额在下降。在2007年，我国民间组织的增加值占第三产业的比重是0.28%，这意味着，

① 民政部：《2013年社会服务发展统计公报》，2014年6月17日。民政部网站：http：//www.mca.gov.cn/article/zwgk/mzyw/201406/20140600654488.shtml。

② 闫冰：《慈济：包容、博爱的自律管理法》，《公益时报》2014年9月3日。

③ 民政部：《2013年社会服务发展统计公报》。

2013 年我国民间组织的经济份额在过去七年中下降了 21%。2007 年中国的国内生产总值（GDP）是 246619 亿元，民间组织增加值为 307.5 亿元，占 GDP 比重为 1.24‰；2013 年占 GDP 比重则下降到 1‰。而且平均每个民间组织创造的价值很低，我国民间组织就业人员 636.6 万人，平均每人创造增加值 8971 元，而第三产业人均创造增加值为 8 万多元。①

据中民慈善捐助信息中心《2013 年度中国慈善捐助报告》统计，我国的慈善捐赠继 2011 年、2012 年连续两年下降后，2013 年出现回升。2013 年国内外社会各界向中国公益慈善事业捐赠合计 989.42 亿元，比 2012 年增加 172.09 亿元，增长 21.06%。在 989.42 亿元的款物捐赠总额中，货币及有价证券捐赠约 651.75 亿元，占比 65.87%；物资捐助折价约 337.67 亿元，占 34.13%。除了款物捐赠以外，2013 年我国筹集彩票公益金 861.67 亿元，各类志愿服务的折算价值约 22 亿元。中国公益慈善事业接收的各类捐赠和“准捐赠”总价值为 1873.09 亿元（不包括献血和器官捐献的价值）。②

二　我国民间组织迎来顶层制度设计和多项重大发展

（一）民间组织成为国家治理体系的重要主体

党的十八届三中全会通过的《中共中央关于全面深化改革若干重大问题的决定》，明确提出“全面深化改革的总目标是完善和发展中国特色社会主义制度，推进国家治理体系和治理能力现代化”。国家治理体系改革目标在坚持和完善中国特色社会制度基础上，充分发挥党总揽全局、协调各方的领导核心作用，紧紧围绕坚持党的领导、人民当家做主、依法治国三者的有机统一。与此同时，又充分继承中国历史传承和文化传统，借鉴、吸收了治理概念的合理内核与主要思想，譬如对治理主体的多元化、治理过程的多方参与、治理方式的协同共治等思想的凸显，对企业、公民和社会组织等社会主体开放公共治理

① 徐永光：《公益行业发展趋势及公益组织的蜕变》，南都公益基金会，2014 年 9 月 14 日。
② 中民慈善捐助信息中心：《2013 年度中国慈善捐助报告》。

空间，提供协商治理的渠道和途径等。《中共中央关于全面深化改革的决定》把治理体系和治理能力现代化作为全面深化改革的总目标，这就意味着在国家制度体系的最高改革目标和顶层设计层面，为中国民间组织的发展提供了发挥作用的宏大空间和无比广阔的发展前景。

党的十八届四中全会在三中全会的基础上，对更好地发挥民间组织作用以及提供法治保障进一步做出了规定和部署。十八届四中全会通过的《中共中央关于全面推进依法治国若干重大问题的决定》，不但为民间组织发展提供了更加充分的法治保障，还明确提出要发挥民间组织自律章程在社会规范中的积极作用，"深化基层组织和部门、行业依法治理，支持各类社会主体自我约束、自我管理。发挥市民公约、乡规民约、行业规章、团体章程等社会规范在社会治理中的积极作用"①。十八届四中全会不仅为民间组织进一步夯实了法治基石和提供了法治保障，明确回应了多年来的民间组织立法诉求，还把民间组织的"软法"治理作为社会规范的基本依据和治理基石。第一次在党的全会文件中对民间组织发展做出了如此大篇幅和浓墨重彩的规划。

十八届三中全会和十八届四中全会分别通过的两个决定为中国国家制度建设和法治建设完成了最重要的顶层设计。在这两个决定中，民间组织被纳入经济社会发展全局，成为国家治理体系的重要主体和法治社会建设的重要基础，开放了生存发展的公共治理空间，提供了至关重要的法制保障。两个决定浓墨重彩的直接描述和字里行间透露的思想脉络，共同为民间组织发展做出了顶层制度设计和搭建了法治框架，破除了制约发展的制度障碍，提供了发挥作用的广阔舞台。对于中国的民间组织而言，无疑是具有里程碑性质的重大历史意义。②

（二）直接登记管理制度普遍开始实施

在经过全国各地开展民间组织直接登记试点工作的基础上，民间组织登记管理制度终于迎来了国家顶层的制度设计，地方试点开始上升为国家层面的正

① 《中共中央关于全面推进依法治国若干重大问题的决定》，《人民日报》2014 年 10 月 29 日。

② 蔡礼强：《民间组织在中国式治理体系建构下迎来历史性发展》，见本研究报告。

式制度。2013 年 3 月国务院颁布《国务院机构改革和职能转变方案》，明确提出“重点培育、优先发展行业协会商会类、科技类、公益慈善类、城乡社区服务类社会组织。成立这些民间组织，直接向民政部门依法申请登记，不再需要业务主管单位审查同意”。根据该文件精神，在民政部的指导和支持下，一些省市进行了民间组织直接登记的探索。2013 年 4 月 1 日，北京市开始对行业协会商会类、科技类、公益慈善类、城乡社区服务类四类民间组织进行直接登记。截至 2013 年年底，北京市直接登记民间组织 221 个，占全年民间组织登记量的 33.79%，为历史最高水平。其中，市级直接登记的民间组织占全年登记量的 69.88%，区县直接登记的民间组织占全年登记量的 11.6%。在市级直接登记的 59 个社会团体中，行业协会商会类组织占新增社会团体的 49%。①上海市从 2014 年 4 月 1 日起施行《上海市社会组织直接登记管理若干规定》，行业协会商会类、科技类、公益慈善类、城乡社区服务类四类民间组织直接登记。截至 2013 年年底，安徽省直接登记成立的民间组织已达 671 家，较 2012 年年底的 154 家增加 517 家，增幅达 3 倍以上。②

据民政部统计，截至 2014 年 9 月，全国共有 27 个省、自治区和直辖市开展或试行了民间组织直接登记工作，有 18 个省、自治区和直辖市先后出台了推进民间组织登记制度改革的相关政策文件。在直接登记的民间组织中，行业协会商会类和公益慈善类社会组织所占比例较大。自 2013 年 3 月明确开展直接登记以来，全国直接登记的民间组织约 3 万个，占同期登记的民间组织总量的 40% 以上。③

由于相关政策文件没有对直接登记的四类组织进行明确界定，哪些组织应归属于这四类并不容易搞清楚。为了在实践中便于操作，一些地方政府对四类组织进行了具体界定。上海市出台了对直接登记民间组织类型的具体界定：行业协会商会类是行业协会、商会两类；科技类是自然科学、技术科学领域的学术性、科普性、综合性社会组织；公益慈善类是从事社会福利、救灾救助、社

① 《北京 2013 年社会组织登记数量达到历史新高》，北京市社团办社会组织登记处，2014 年 1 月 26 日。

② 汪国梁：《2013 年至今安徽省直接登记成立社会组织 671 家》，《安徽日报》2014 年 1 月 2 日。

③ 《民政部：已有 27 省区市开展或试行社会组织直接登记》，新华网，2014 年 9 月 24 日。

会保障及社会事务的社会服务类社会组织和教育、卫生、文化、体育、生态环境等社会事业类社会组织；城乡社区服务类是围绕城乡社区居民的多样化需求提供服务的社会组织。此外，哈尔滨市也出台文件明确界定了直接登记的四类组织。

（三）民间组织管理方面的简政放权和政策调整

在加快实施登记管理制度改革的同时，民间组织领域的简政放权和政策调整力度也在同步加快。简化登记程序、降低登记门槛、下放登记管理权限、调整公募资质、打破垄断格局等众多政策调整向社会民间组织释放利好消息。

1. 简化登记程序

为了促进民间组织的建立和发展，我国政府积极简化民间组织的登记程序。一是取消社会团体的筹备成立审批。2013 年，民政部提出取消社会团体的筹备成立审批。二是按照国务院《关于取消和下放一批行政审批项目的决定》和《关于修改部分行政法规的决定》，取消了法律规定自批准之日起即具有法人资格的社会团体及其设立分支机构、代表机构备案，取消了全国性社会团体的分支机构、代表机构的设立登记、变更登记、注销登记的行政审批。社会团体可以自行决定分支机构、代表机构的设立、变更和终止。政府不再受理社会团体分支机构、代表机构的设立、变更、注销登记的申请，不再换发上述分支机构的登记证书，不再出具分支机构、代表机构刻制印章的证明。而在此之前，社会团体成立分支机构和代表机构需要先征得业务主管单位和民政部门的同意，擅自成立即为非法组织。三是国务院取消了商务部对在华外国商会的前置审批，并对《外国商会管理暂行规定》做了相应修改。

2. 降低登记门槛

登记条件过高是阻碍民间组织登记的问题，各地采取措施降低门槛。一是放宽注册资金限制。例如，《广州市社会组织管理办法》规定，社会团体和民办非企业单位的注册资金由“实缴制”改为“认缴制”。广州还取消了社会团体和民办非企业单位（基金会除外）的注册资金要求，成立时不再需要提交验资报告。广东省中山市对社区社会组织的注册资金的要求，由 3 万元降至 2000 元。二是降低对社会团体会员的数量要求。例如，《广州市社会组织管理办法》降低了对社会团体的会员数量要求，社会团体的会员数量不少于15人即可。广东省中山市对社区社会组织的会员数量的要求，由最少50人降至20人。三是放宽住所限制。例如，《广州市社会组织管理办法》放宽了民间组织住所限制，民间组织应当有固定的住所（不再要求“非民宅”），住所必须是邮政通信可达地址。允许“一址多证”，即多个民间组织登记在同一住所。

3. 下放登记管理权限

按照《基金会管理条例》，基金会的登记只能在民政部和各省民政部门。2013年，民政部将非公募基金会和异地商会登记成立审批权限从省级民政部门下延到县级以上民政部门。我国的非公募基金会的数量已经超过公募基金会，如果将登记管理权限都集中于民政部和省级民政部门，不利于发挥地方的主动性和积极性。向地市级政府下放权力后，非公募基金会能更方便地登记，有利于非公募基金会的发展。以前只有省级民政部门才有异地商会登记审批权，从2013年开始，异地商会可以按其活动范围到县级以上民政部门申请登记。

4. 调整公募资质政策

长期以来，我国的募捐市场都被政府以及带有官方色彩的红十字会、慈善会和公募基金会垄断。在很多情况下，政府通过直接介入募捐市场、控制公募基金会的设立、由官办组织垄断公募资格以及在赈灾募捐中指定接收单位等方式垄断募捐市场。近年来，这种状况已经得到了一定的改变。第一，政府开始从募捐市场中退出。政府主导募捐市场的状况在2013年4月雅安地震后有所改变，民政部在文件中首次没有指定接收捐款的单位，所有具有公募资格的民间组织都可接受捐赠，打破了官办慈善机构在赈灾募捐中的垄断，让捐赠人可以自主选择捐赠给哪家民间组织，结果“壹基金”的募捐额超过了其他基金会。云南在2013年通过地方立法宣布政府退出公益募捐市场，实现公益领域由市场配置资源。第二，民间也可以举办公募基金会。2013年6月成立的北京市永源公益基金会是北京市第一家无主管单位登记的地方性公募基金会。北京新阳光慈善基金会在2013年10月正式获得公募资质，这是北京地区第一家从非公募转向公募的基金会。第三，放开民间组织的公募权。为了鼓励捐赠和规范募捐行为，《广州市募捐条例》从2012年5月1日起实施，是全国省会城市中首部规定民间组织也可以取得募捐资格的地方性法规，它的特点是开放公募权。该《条例》第五条设定了六类社会募捐主体，除现行法律、法规规定的红十字会、慈善会和公募基金会外，还扩大到为扶老、助残、救孤、济困或者赈灾目的而设立的慈善公益类的社会团体、民办非企业单位和非营利的事业单位，以解决民间慈善募捐无法可依的问题。自 2012 年 5 月 1 日《广州市募捐条例》实施以来，截至 2014 年 6 月 16 日，广州市共有 187 家慈善组织成功办理了募捐许可 333 件、备案 1453 件，共募集善款约 7 亿元。① 但该《条例》也存在一定的不足，募捐许可是针对项目而不是机构，民间募捐活动的许可期限不超过三个月，若想延期还需向民政局申请，这为民间组织设定了较高的门槛。

除广州以外，《上海市募捐条例》《江苏省慈善事业促进条例》等通过设立许可的方式，给予民间组织公募的权力。但北京市出台的新规只是将公募权限于公募基金会，根据 2014 年 1 月 1 日起执行的《北京市促进慈善事业若干规定》，公募基金会以外的其他慈善组织要进行公开募捐，只能与基金会联合开展并以基金会的名义进行。公募基金会以外的其他慈善组织擅自进行公募，主要负责人和主管人员将面临 5000 元以上 1 万元以下罚款，募集财产需要限期返还捐赠人。

5. 打破垄断格局

我国现有法规中有同一领域的民间组织不能再进行登记的规定，限制了民间组织的登记与发展，造成了现有民间组织的垄断。2013 年国务院机构改革与职能转变方案中明确提出要探索一业多会，引入竞争机制。在此之前，广东自 2011 年就开始探索针对行业协会实行“一业多会”，允许按国民经济行业分类的小类标准设立行业协会，允许按产业链的各个环节、经营方式和服务类型设立行业协会，允许跨区域组建，允许合并和分拆组建。这种做法已扩展到其他类型的社会团体。深圳市在 2014 年 4 月 1 日施行的《深圳经济特区行业协会条例》，规定只要名称不相同，同级行政区域内可设立相同行业协会不超过三家。

---

① 李强、赵新星：《广州民间和官方慈善组织“同台竞技”》，《南方日报》2014 年 7 月 29 日。

（四）政府向民间组织转移职能与购买服务快速推进

转变政府职能是本届政府深化行政体制改革的核心，不仅考验政府是否敢于“放权”、能否“转得出”，还考验社会能否“接得住”。为了能顺利推进政府职能转移，本届政府在推动政府职能转变时制定规划加大购买服务力度。

2013 年 3 月，国务院办公厅公布《国务院机构改革和职能转变方案》，要求加大政府购买服务力度。2013 年 9 月 30 日，国务院公布《关于政府向社会力量购买服务的指导意见》，指出教育、就业、社保、医疗卫生等基本公共服务领域，要逐步加大政府向社会力量购买服务的力度。进一步明确了购买服务的三大主体，“政府向社会力量购买服务的主体是各级行政机关和参照公务员法管理、具有行政管理职能的事业单位。纳入行政编制管理且经费由财政负担的群团组织，也可根据实际需要，通过购买服务方式提供公共服务”。在这份文件出台之前，各地民政部门实施的购买服务普遍将承接主体限定在民间组织，“政府购买服务”就是政府购买社会组织服务的简称。而这份文件将政府购买服务的承接主体由“社会组织”扩大为“社会力量”，将企业也纳入进来，“承接政府购买服务的主体包括依法在民政部门登记成立或经国务院批准免予登记的社会组织，以及依法在工商管理或行业主管部门登记成立的企业、机构等社会力量”。这就将承接服务的主体扩大到社会组织以外的各种社会力量。而且，承接主体必备的基本条件是独立的法人，能够承担民事责任。承接主体的具体资质条件，地方可根据实际情况，由购买主体会同财政部门根据购买服务项目的性质和质量要求确定。①

2013 年 11 月，十八届三中全会通过的《中共中央关于全面深化改革若干重大问题的决定》提出，“推广政府购买服务，凡属事务性管理服务，原则上都要引入竞争机制，通过合同、委托等方式向社会购买”。2013 年 11 月 21 日，民政部公布《2014 年中央财政支持社会组织参与社会服务项目手册》，中央财政再次拿出 2 亿元，用于支持民间组织参与社会服务项目。

2013 年 12 月，财政部发布了《关于做好政府购买服务工作有关问题的通

① 《财政部就政府向社会力量购买服务指导意见答问》，中国新闻网，2013 年 9 月 30 日。

知》，要求建立“政府统一领导，财政部门牵头，民政、工商管理以及行业主管部门协同，职能部门履职，监督部门保障”的工作机制。该意见同时指出，“政府向社会力量购买服务所需资金在既有财政预算安排中统筹考虑。随着政府提供公共服务的发展所需增加的资金，应按照预算管理要求列入财政预算。要严格资金管理，确保公开、透明、规范、有效”。财政部从“发挥牵头作用”角度进一步明确了政府购买服务的购买主体、承接主体、购买内容、购买机制、资金管理、绩效管理等内容。2014 年 9 月 3 日，财政部、发改委、民政部和全国老龄工作委员会办公室等四部委下发通知，明确政府购买养老服务的工作目标：“十二五”时期，政府购买养老服务工作有序推开，相关制度建设取得有效进展。到 2020 年，基本建立比较完善的政府购买养老服务制度。

政府向社会力量购买服务主体、购买服务领域和内容、资金来源与工作机制的确立，有助于购买服务的进一步深化和拓展。此外，国办文件还提出要“建立健全由购买主体、服务对象及第三方组成的综合性评审机制，对购买服务项目数量、质量和资金使用绩效等进行考核评价”。这就意味着将购买服务纳入绩效管理，有利于保证购买服务的质量和效果。

除中央层面的政府购买服务政策以外，地方层面政府购买服务工作也在广泛展开，在广东、深圳、北京、上海等地，政府购买服务已经成为一种常态化工作，将某些具体社会事务、微观经济调节职能、专业服务职能转移或委托民间组织承担，并逐步规范化和制度化。2012 年，广东省出台了《政府向社会组织购买服务暂行办法》等一系列政府向民间组织转移职能与购买服务的政策文件，特别是《政府向社会组织转移职能目录》《政府向社会组织购买服务目录》《具备资质条件承接政府转移职能和购买服务的社会组织》等三个目录的出台，标志着政府向民间组织购买服务的制度框架基本确立。2012 年，广东省各级政府向社会组织购买服务款项达 4.66 亿元；① 2013 年，广东省仅用于政府购买社会工作服务的经费就达近 6 亿元。②

---

① 广东省民政厅：《我省全面推动社会组织承接政府转移职能》，广东省民政厅官网：http://www.gdmz.gov.cn/zwgk/zwxw/201305/t20130516_32952.htm。

② 邓智平、郑梓桢：《广东社会组织发展报告（2008～2013）》，见本研究报告。

（五）官办社会组织去行政化改革成为改革重点

“去行政化”是与行政化相对应的概念，即民间组织不能按照行政机关的模式管理，而是按照民间组织自身的规律进行管理。民间组织去行政化包括去行政级别、公务人员不担任要职、财务自主、活动自定等内容，还要建立现代民间组织的制度，按照民间组织的特征进行运作管理。

很多官办社会组织行政化现象严重，民间组织功能发挥不足。习惯于借助行政力量、以行政化的方式开展活动，往往存在着自主性差、不透明、效率低的问题。既影响了自身社会功能的有效发挥，也制约了民间公益力量的健康成长，影响了民众参与公益的热情。

党的十八大和十八届三中全会的精神都要求民间组织要去行政化，实行政社分开，但是目前我国民间组织去行政化的进展并不顺利。业务主管单位对某些民间组织的负责人仍有人事任免权，间接控制着机构发展。根据我国法律，社会团体或基金会的秘书长应由理事会选举产生，但很多社团负责人仍是由主管部门任命或指派。党政领导干部兼任社团领导职务仍较为普遍。

民间组织去行政化的目标是要形成政社分开、权责明确、依法自治的现代社会组织体制，脱钩的重点是行业协会商会。在国家层面，计划 2013 年年底制定《行业协会商会与行政机关脱钩总体方案》，2014 年开始试点工作，争取到 2015 年年底前真正脱钩。但目前行业协会商会脱钩工作开展得并不顺利。

地方政府与民间组织分开的做法包括以下三个方面：第一，民间组织特别是行业协会商会要与政府脱钩。陕西省民政厅在 2014 年 10 月出台的《关于进一步加强社会团体管理登记工作的通知》中规定，“社会团体特别是行业协会商会必须在人员、财务、资产、职能、机构等方面与行政机关脱钩；社会团体禁止与政府部门合署办公；社会团体的财务禁止由行政机关管理”。第二，明确公务员不得在民间组织兼职。广州市在 2014 年 8 月出台的《广州市社会组织管理办法》明确规定，“社会组织坚持政社分开的原则，即现职国家公务员不得在行业协会、异地商会、民办非企业单位、基金会中兼职，离退休后确需兼任的应当严格按照有关规定审批”。第三，加快推进慈善会系统的去行政化改革。例如，深圳实现市民政局和慈善会分开，同时将市慈善会分离，分别成立深圳经济特区慈善公益事业联合会、深圳市慈善基金会。上海、北京、大连等城市也尝试官办慈善组织去行政化及转基金会。北京市慈善基金会在2013年12月15日正式成立，接管北京市慈善协会的募捐功能，开展社会救助，服务困难群众，慈善协会将只负责慈善项目的运作，不再负责具体的募捐事宜。

（六）民间组织进入制度化协商通道和社会规范主体

1. 民间组织开始制度化协商参与

党的十八届三中全会提出，要通过多种形式扩大公民有序参与，推进协商民主广泛多层制度化发展，并首次把与社会组织协商明确作为协商民主体系的重要协商渠道和协商形式。民间组织被破天荒地首度写入国家层面的民主政治制度建设规划，并成为公民有序政治参与和民主协商的重要渠道和对象。在中央做出明确规划之前，一些地方政府已经开始了积极的探索和尝试。广东省鼓励有条件的市、县（市、区）政协设立新社会组织界别，分配一定比例的党代表、人大代表、政协委员名额给社会组织，由民政部门按条件、名额推荐。2011年，深圳市给社会组织分配党代表4名、人大代表5名、政协委员10名；惠州市把社会组织列为政协界别，分配8名委员名额；珠海市人大分配7名人大代表名额给社会组织。上海浦东新区大力推荐社会组织领军人物，在本届区党代表、区人大代表和区政协委员中社会组织成员有47人，其中专职人员10人。更有1人当选为市党代表，2人当选为市人大代表，2人当选为市政协委员。[①] 2012年，广东省佛山市南海区民政和外事侨务局副局长一职的公选对象，除了机关事业单位人员和村（社区）干部外，还包括社会组织负责人。从事社会组织工作3年以上的现任南海区社会组织负责人，如果符合年龄、学历等条件，熟悉民政、社区、社会事务工作，都可参选。[②] 上海浦东新区把民间组织负责人纳入党校人才培训的主体班次，这些都意味着体制内的大门逐步向民间组织打开，民间组织将获得更多的参与渠道和发展机会。

---

① 邓智平、郑梓桢：《广东社会组织发展报告（2008～2013）》；庄大军等；《上海浦东新区社会组织发展报告》，见本研究报告。

② 朱丰俊、黎诚、陈惠婷：《从NGO到GO：被重视的力量》，《南方都市报》2012年4月24日。

2. 民间组织成为社会“软法”规范主体

党的十八届四中全会不仅为民间组织提供了更加坚实的法治保障，还明确强调要健全立法机关和社会公众沟通机制，充分发挥社会组织在立法协商中的作用，探索建立社会团体论证咨询机制，依法保障公民权利。十八届四中全会明确提出，要发挥民间组织自律章程在社会规范中的积极作用，“深化基层组织和部门、行业依法治理，支持各类社会主体自我约束、自我管理。发挥市民公约、乡规民约、行业规章、团体章程等社会规范在社会治理中的积极作用”①。这样的规定预示着民间组织的自治规范、自律章程所代表的“软法”规范体系与国家法律法规体系共同发挥在社会治理中的作用。

此外，民间组织还被纳入民事公益诉讼主体。2014 年 10 月 2 日，最高人民法院制定《最高人民法院关于审理环境民事公益诉讼案件适用法律若干问题的解释（征求意见稿）》，并向社会公开，对提起环境民事公益诉讼的主体“有关组织”的解释是“依照法律法规的规定，在民政部门登记的社会团体、民办非企业单位以及基金会等社会组织”。民间组织首次被纳入公益诉讼主体，突破了民事诉讼法原告是与本案有直接利害关系的公民、法人和其他组织的规定限制，弥补了我国现行利益冲突解决机制的不足。

三　我国民间组织发展中的创新实践与主要特点

（一）我国民间组织的发展呈现的新变化

近年来，中国民间组织的发展受到外部政治、经济环境与内部生态等因素的多重影响，呈现出加速变化的形态，中国民间组织正处于前所未有的大变局阶段。

1. 民间组织的资金来源渠道趋向多元化

来自国内基金会和政府的对民间组织的支持在增加。随着国内基金会的兴起，我国民间组织开始主要由国内资源支持。基金会应作为公益平台，由其提

① 《中共中央关于全面推进依法治国若干重大问题的决定》，《人民日报》2014 年 10 月 29 日。

供资金，让草根组织执行项目。一些公募基金会与草根组织共享公募权，通过设立专项基金或联合劝募基金的形式为草根组织的募款提供便利。另外，在民政部门“培育发展社会组织”的基调下，来自政府方面的扶持也在增加。

2. 互联网与新媒体给民间组织尤其是公益组织带来巨大改变

最近几年，互联网与新媒体的发展日新月异，据中国互联网络信息中心发布的《第34次中国互联网络发展状况统计报告》显示，截至2014年6月，中国网民数量达6.32亿人，互联网普及率为46.9%，微博用户数量达2.75亿人，网民使用率为43.6%。互联网实现了传播方式的根本改变和前所未有的互动性，微博和微信的广泛使用加快了互动社交的节奏。对于民间组织而言，新媒体是一个机遇，同时也要提高自身能力应对新的挑战。

一是改变了公益的传统思维模式。民间组织越来越多地开始使用微博微信、众筹众包、公益APP等新方式，但多数民间组织运用这些新方法的经验不足，只有熟练掌握这些技能的某些初创机构能够募到很多善款。

二是降低了公众参与公益的门槛，降低了募捐成本。随着手机APP的兴起，互联网的广泛应用使捐款更方便，人人可参与公益，也带动了青年人的参与热情。自从2008年“5·12汶川地震”将网络捐赠引入爆发期，中国已有超过5亿人次参与了网络捐赠。2011年新浪微博上的“随手拍解救被拐儿童”活动和“免费午餐”活动，初步显示了微博在公益领域的巨大潜力。新浪微公益在2012年上线，提出“平等地成就每一个用户的求助和爱心”。微博认证用户都有资格发起求助项目，经核实并经具有公募资格的签约基金会认领，即可面向公众募款。2014年3月底，微公益平台累计协助民间组织发起10147个项目，劝募善款达到2.1亿元。其中，2013年雅安地震期间72小时为16个公募基金会的32个微公益项目筹款超过1亿元。

三是降低了民间组织透明的成本。民间组织在熟练使用互联网之后，在公开透明方面降低了成本，方便了社会公众对公益项目及募捐的了解。在第三届慈善会上，“壹基金”等多家民间组织共同发布了透明公益手机平台——“爱你”APP公益平台。“爱你”APP借助阿里平台孵化，通过公开求助、在线发募、在线捐款、实名评价、月度反馈等方式，实现“需求透明、模式透明、财务透明、过程透明、结果透明”的公益模式。

四是促进了民间组织的传播推广。在新媒体时代，由于沟通渠道畅通，越来越多的公众开始表现出对公益的热情，新浪、搜狐和腾讯等门户网站都专门开辟了公益频道。新浪微博的统计显示，在2014年的“冰桶挑战”中，有近200位各领域的明星名人在新浪微博上发布了完成冰桶挑战的视频，通过新浪微博公益平台向“瓷娃娃”捐款的人数近4万，捐款700多万元。这些明星的公益宣传如果折算成广告成本的话，至少要上亿元，但在社交媒体上，其成本几乎为零。很多民间组织都有微信公众账号，定期推动有价值的项目活动信息，与官方网站、微博等联合进行推广，有的机构还研发了自己的APP。

五是增进了公益项目参与者的互动与协作。微博、微信的社交属性较强，促进了公益的跨界合作与社会资源的整合。

六是充实了社会和媒体监督的力量。互联网和新媒体的出现，使监督随时都可以进行，突破了政府单一监督主体的局限，任何公众都可以便捷地进行监督。

3. 公益资源对接平台的建设逐步推进

2014年9月举办的第三届慈展会以“践行友善，为中国梦助力添彩”为主题，共吸引了1683个机构、项目报名参展，经评估、筛选及审查，最终确定了896个参展项目和机构，其中草根组织和项目720个，占比达80%。慈展会的对接金额已经达到50亿元（前两届分别是2000万元和17亿元），涵盖2000多个项目。[①] 2014年9月，中国慈展会公益慈善资源对接平台上线试运行，该平台将为公益资源的需求方和供给方提供网上资源对接服务。该平台将重点扩展公益慈善项目资金募集和公益慈善服务公开采购两大领域的对接内容。

4. 公益项目和筹款活动更加具有平和性、参与性、互动性和体验性的特点

传统的慈善方式意味着一种贫富差异，而现代公益则是更广的范畴。以前总是以行政手段开展慈善，形式比较单一，现在的公益已经具有多元化的特点。

一是更加注重平和性。传统的募款活动往往是用救助对象的照片视频或悲

① 朱凌：《慈展会今日开幕　来听听公益那些事》，《南方都市报》2014年9月19日。

情故事来打动募捐对象，募捐对象在受感动的状态下发生捐助行为。由于募捐对象可能会有倦怠情绪，这种方式只能在短期内有效，而且不能反复使用。民间组织现在通过较高的透明度、及时反馈收支状况和救助进展来向募捐对象表明募捐活动的专业性和规范性。

二是更加注重参与性。现在，通过借助互联网技术和社会化媒体，每个人都可以以各种方式参与公益，相当多的人都在参与公益。伴随着新浪微博的兴起，中国在2011年进入了“微公益元年”，从于建嵘等人发起的“随手拍照解救乞讨儿童”到“免费午餐”“大爱清尘”“爱心衣橱”，这一系列由名人依靠个人信誉发起而不依靠民间组织的民间公益活动的参与人数众多，在官办公益组织信用接连遭到诟病的情况下，为民间公益热情提供了一个新的出口。

三是更加注重互动性。一些民间组织开展的公益筹款活动把兴趣和公益结合起来，使公益变为年轻人的时尚，让各方参与者在行动中充分互动、获得快乐。

四是更加注重体验性。以前公众参与公益活动的时候只是在看和听，现在还可以感同身受地体验受助者的处境。2014年8月从美国传入的“冰桶挑战”活动掀起了全民参与公益的热潮，每个参与“冰桶挑战”的参与者都可以亲身体会到“渐冻人”的痛苦。“冰桶挑战”之后，类似模式的公益参与活动有盛行之势。2014年10月，中国扶贫基金会在世界粮食日和中国首个扶贫日发起了“饥饿24全民公益活动”，倡导16～60岁有条件的人于16日20时至17日20时24小时不进食，以此表达对中国乃至全世界饥饿人群和贫困弱势人群的关注，表达对饥饿和贫富差距的重视。体验者可以分享体验计划和心得体会，并邀请三位好友参加体验。参与者通过亲身体验饥饿的感觉，达到对弱势群体生存困境的感同身受，进而转化为奉献爱心的行动。

5. 公益领域人才培养加快推进

做公益如同做产品，公益项目是从创意策划、项目实施与管理到绩效评估、信息反馈的过程，这个过程不仅需要责任心和爱心，还需要技术上的能力。我国公益慈善事业人才缺乏的现实已激发了业内外的关注和行动。近年来，我国公益行业人才培养进程加快，很多大学开设了公益课程和专业，社会机构也开展了多样化的民间组织从业人员培训项目。“银杏伙伴成长计划”

“公益星火计划”“慈善千人计划”“青年公益人才培养计划”“青年创想计划”等一大批社会培养公益人才项目的出现，培养了大批公益行业的领军人才。

6. 社区社会组织成为重要增长点

社区社会组织的发展近年来得到广泛重视，成为重点培育和优先发展类型。经过几年发展，我国的社区社会组织占社会组织的比重越来越高。在广大社区，社区社会组织发挥着推动政府职能转移、促进基层社区自治、为社区居民提供多样化服务、繁荣社区精神文化生活、维护社会稳定的重要功能。各地政府十分重视社区社会组织的培育扶持工作，北京市民政局在 2014 年 1 月 21 日出台《关于大力发展城乡社区社会组织的意见》；浙江省在 2012 年提出，社区社会组织在成立前 3 年内，减免 3 万元注册资金，可免费使用街道、社区提供的场地，并作为登记场地证明。出资人投资满 5 年后，可获得一定的投资回报。

在社区社会组织类型中，社区基金会的发展成为瞩目焦点。社区基金会是国外基金会的类型之一，从 2014 年开始在中国兴起。社区基金会是社区居民参与慈善的首选，它的工作人员、筹资、服务和项目都是基于本地社区实际，以解决社区的问题为首要目标。迄今为止，全国已登记的社区基金会有 16 家，其中多数位于深圳市，上海和重庆两市也有所尝试。[①] 2014 年 3 月，深圳市出台了《深圳市社区基金会培育发展工作暂行办法》及有关配套政策，为社区基金会的发展做出制度安排。该《办法》降低了国务院《基金会管理条例》对基金会原始资金的最低额度要求，规定 100 万元原始基金即可申请成立社区基金会，规定社区基金会的理事会主要由捐赠人和居民代表组成。目前，深圳经合法登记的社区基金会共有 9 家，并将在未来三年内批量培育 50 ~ 100 个社区基金会。[②] 今后，社区基金会的发展将进一步推动我国的社会治理创新和社区管理体制创新。

7. 民办社工机构获得跨越式发展

近几年，作为提供专业化社会工作服务的重要组织载体，民办社会工作服

---

① 金锦萍：《展现慈善发展张力的两个主题》，《新京报》2014 年 10 月 14 日。

② 《深圳三年内拟培育 50 ~ 100 个社区基金会》，《南方都市报》2014 年 4 月 1 日。

务机构迅猛发展。民办社工机构的出现、生存和发展既迎合了社会服务改革、政府公共服务职能转移和政府向社会力量购买服务的时趋形势，也在缓和社会矛盾与解决社会问题、满足社会公众多元服务需求、实现社会服务专业化和推进社会发展等方面发挥了重要作用。自 2003 年上海成立第一家民办社工机构开始，我国民办社工机构的发展经历了一个从缓慢增长到快速井喷式的增长过程，2010 年达到 600 余家，2013 年达到 2452 家。2011 年年底，中央组织部、中央政法委、民政部等联合发布了《关于加强社会工作专业人才队伍建设的意见》，这是第一个中央层面关于社会工作专业人才的专门文件，也是指导性纲领，在社会工作事业发展史上具有里程碑意义。2012 年，民政部、财政部联合发布《关于政府购买社会工作服务的指导意见》，对政府购买社会工作服务的主体、对象、范围、程序与监督管理进行规定。2014 年 4 月，民政部又发布《关于进一步加快推进民办社会工作服务机构发展的意见》，明确提出要“建立健全民办社会工作服务机构支持保障体系”[①]。正是由于政府的大力推动，我国的民办社工机构得到了快速发展，社会影响不断扩大。

（二）我国民间公益慈善领域的实践创新

近年来，我国民间组织尤其是公益慈善组织的新理念层出不穷，越来越多的实践创新涌现出来，在公益运作的模式、支持与投资公益的手段、慈善帮扶的方式、公益募捐与捐赠的方式等方面的创新改变了整个公益行业的运行规则。

1. 公益运作的模式创新

一是社会企业。社会企业以实现社会目标为价值追求，采取商业化的经营理念和运作方法，将商业模式与社会公益结合起来，实现自身的可持续发展。2008 年以后，随着社会企业相关的各种培训、能力建设、研究出版的开展，中国社会企业步入了新的发展时期。在过去几年中，“社会企业”概念在社会上得到了广泛传播，更多的人了解和接受了这种崭新理念，也有很多社会企业建立和发展起来。北京、上海、深圳等地的组织率先引入社会企业理念与模

---

① 何辉、卢磊：《国家与社会的互动关系：民办社工机构的发展历程及其启示》，见本研究报告。

式，涌现出北京富平学校、乐朗乐读、深圳残友集团、善淘网、天津鹤童养老院等典型社会企业。我国的社会企业涉及的业务领域呈多元化发展趋势，在环境保护、文化体育、教育、社区与老年服务、扶贫、农业发展、就业促进、手工艺产品、食品卫生、残疾人帮扶等领域中都有社会企业。①

二是公益信托。公益信托通常由委托人提供一定的财产设立，由受托人管理信托财产，并将信托财产用于信托文件制定的公益目的。中国慈善捐赠及项目实施多数是依托基金会进行，但基金会的设立门槛较高而且管理复杂，公益信托为慈善捐赠者提供了新的选择。我国在 2001 年出台的《信托法》对公益信托做了专章规定，但相关配套措施一直缺位，造成了我国公益信托发展中的诸多现实阻碍。据《中国信托业发展报告（2013～2014）》数据显示，截至 2013 年年底，信托公司开展公益信托以及类公益信托项目有 39 个，资金总额 129.17 亿元，仅相当于全国信托资产的 1‰。地方立法正在尝试改变这种状况，深圳市民政局正在起草的《慈善事业促进条例》中，公益信托被单章列出，按照立法思路，未来将放开公益信托中受托人的主体范围，公益组织、基金会、有公信力的银行、律所等都可以成为公益信托受托人。目前，这部地方法规草案正在接受市法制办的审查，有望 2014 年年底报深圳市人大审议。② 2014 年公益信托的发展开始提速，已经有多家信托公司发行了公益信托产品。国民信托发行了“爱心久久－贵州黔西南州贞丰‘四在小学’”公益信托计划，湖南信托发行了“湘信·善达农村医疗援助公益信托计划”，万向信托发行了“万向信托—中国自然保护公益信托”，安徽国元信托发行了“国元爱心慈善公益信托”。

2. 支持与投资公益的手段创新

单靠传统的慈善方式是不够的，很多基金会开始思考采用新的模式去解决社会问题。公益界也需要更多的资金支持，需要以可持续的方式开展公益，以解决社会问题。一是公益创投。公益创投即 Venture Philanthropy，是指应用风险投资的专业技术达到公益目的，创造更大的社会价值和影响。公益创投机构

① 王世强：《社会企业的兴起及其在中国的发展》，见本研究报告。

② 杨晓红：《公益信托发展时机来临　配套制度仍缺失》，《财经》杂志，2014 年 10 月 8 日。

与公益组织建立长期合作关系并为其提供管理和技术支持，促进公益组织提供能力发展。二是影响力投资。2007年，洛克菲勒基金会提出了一个全新的概念：影响力投资——投资者为了获得社会和环境的正向效应，更有效地解决社会问题，同时又不拒绝正常的财务回报。与传统投资模式相比，影响力投资对回报的方式和收益率的要求更加灵活。影响力投资也追求财务回报，但它是“耐心资本”。

公益创投和影响力投资都是社会投资的具体方式。我国社会投资的主体呈现多元化发展状态，一是非公募基金会，中国最初的社会投资就来源于非公募基金会。我国的一些非公募基金会已经转型为社会影响力投资基金，或成立了资产管理投资部门。2013年11月16日，友成基金会、气候组织、Green China Lab绿色创新实验室联合宣布共同发起设立国内第一支以社会价值为导向的股权投资基金——社会价值投资基金。该基金运用全球领先的社会影响力投资模式，倡导投资者在创新性地解决社会问题的同时获得经济回报。二是商业机构。联想集团在2010年对外公布，集团将把每年净利润的1%用于全球范围内的社会投资。海航集团于2011年创办“海航社会创新创投竞赛”。三是专业的社会投资机构。2007年以来，我国出现了一些专门的社会投资机构，如爱维稳特、LGT公益创投、岚山资本。

3. 慈善帮扶的方式创新

一是公益小额信贷推动普惠式金融。普惠式金融的目标是加大金融对小微企业和民生等经济社会发展薄弱环节的支持力度，使金融改革发展成果惠及广大群众。除商业性小额贷款机构以外，我国还存在一些非营利性的小额贷款机构。以前的扶贫是直接把钱给穷人，但是单纯的给予容易造成服务对象的依赖，现在可以通过小额贷款的方式扶贫，这是一种通过商业方式解决贫困人口生计的措施。由中国扶贫基金会成立的中和农信项目管理有限公司是一家专注于服务农村中低收入群体的小额信贷企业，这家机构的前身是中国政府与世界银行联合发起的“小额贷款试点项目”。2008年，正式改制为“中和农信公司”，从项目化运作转为机构化运作。中和农信小额信贷采用无需抵押、上门服务的方式让百姓足不出户就能得到资金，解决百姓贷款难的问题。“宜农贷”是P2P信贷服务企业宜信公司在2009年推出的新平台板块，它是一个小额信贷助农平台，通过宜农贷平台，有爱心的出借人可以直接将富余资金出借给贫困农村需要贷款资金的借款人，帮助他们脱贫致富。平台出借人和宜信公司均不以营利为目的，仅收取不超过2%的利息和不超过1%的管理费。

二是公平贸易。“公平贸易”的概念最早出现于20世纪40年代，欧洲公平贸易协会等四个组织将其定义为：一种基于对话、具透明度和互相尊重的贸易关系，其目的是令国际贸易变得更公平。公平贸易下的产品给予生产者更公平的采购价格，将边缘化的生产者从弱势地位转化为经济上的自给自足，在市场中扮演更加积极的角色。近年来，中国有些社会组织在倡导“公平贸易”，上海乐创益公平贸易发展中心是中国第一家致力于搭建创意类公平贸易产品平台的社会组织，使命是通过推行创意类产品的公平贸易，惠及贫困和弱势人群，帮助他们摆脱贫困。乐创益的核心项目是“创意类公平贸易产品帮扶计划”和“中国民族手工艺保护与传承项目”。前者通过将创作人的产品委托给贫困妇女进行加工制作，从而形成劳动帮扶机会；后者则通过设计师把民族的手工特色融入现代产品设计，并结合当地经济困难的生产者的劳动力完成产品的加工和制作。

4. 公益募捐与捐赠的方式创新

我国的社会捐赠以救灾捐赠为主，平时的日常捐赠比例不高，要调动公众捐赠的积极性，就要采取一些创新的募捐方式。近年来，除了传统的募捐方式以外，我国民间组织在积极使用一些创新方式进行募捐。

一是互联网公益众筹。公益界的互联网思维，可以理解为在移动互联网、大数据和云计算等IT技术背景下，对公益产品和服务、筹款以及对公益生态进行重新审视策划的思维方式。众筹利用网络平台，由个体力量以资金方式支持某些人或团队发起公益项目。具体方式是，那些有创造力但缺乏资金的发起人通过网络平台发起项目，对项目感兴趣的支持者给予一定数额的资金支持，使项目在限定时间内达到筹款目标。如果筹款成功，所筹款项将交给项目发起人实施项目，网络平台也会提取一定的手续费。众筹能够增强捐款者和募捐者的互动，增强了捐款者的参与度，有潜力推动慈善体制的市场化改革。目前的众筹模式主要包括钱易物、捐赠、无息贷款、有息贷款和股权等方式。我国知名的众筹网站有众筹网、点名时间、追梦网、大家投等。中国的很多草根公益组织都面临着筹款困境，如果可以充分利用众筹，将可能为自身发展带来机遇。众筹可以为民间组织提供长期的项目支持，扶持社会企业的发展，扩大民间组织及项目的影响力。①

二是微博微信筹款。微博微信捐赠让捐款变得更加便捷，促使更多人参与捐赠。据《中国网络捐赠研究报告》显示，针对2013年“4·20雅安地震”的捐赠，截至4月22日，依托新浪微博的微公益平台协助发起36个项目，累计筹集善款突破1亿，94069笔个人捐款超过900万。

三是虚拟交易筹款。有些民间组织研发了自己的产品用于虚拟交易，例如，2013年在淘宝网销售的“白雪可乐”，它并非实体商品，而是一种虚拟的公益捐赠，最后共募得善款214.65万元。

四是运动筹款。运动筹款是通过徒步、越野、跑步等形式进行筹款，这种筹款方式更强调募捐体验，更加重视公益精神的传播，使更多的人成为募捐者。目前国内知名的运动筹款活动包括：上海联劝“一个鸡蛋的暴走”、中国青少年发展基金会“挑战八小时”、中国扶贫基金会“善行者”、灵山基金会的“为爱行走”、壹基金的“为爱同行”，其中有些是为基金会自己的项目做筹款，有些是向参加活动的民间组织开放公募资质，由民间组织为自己的项目进行募捐。青基会发起的“挑战8小时”鼓励参赛选手以个人身份进行劝募，善款用于中西部小学体育场地的建设。报名参赛的选手需要在赛前募集到一定的金额，而且赛后还有一个月的时间进行募捐。对于基金会而言，运动筹款不只是为了筹钱，更重要的意义在于基金会的品牌建设，同时也维护了客户关系。

五是联合劝募。联合劝募是由一个联合劝募机构统一进行筹款，并依据一定的规则将善款分配给民间组织。我国草根组织的募捐渠道和能力都十分有限，而且缺乏募捐的专业人才，联合劝募可以减轻民间组织的筹款压力，更大程度地节约社会资源。现阶段，我国的联合劝募主要是为民间组织提供公募资质和免税优惠。很多民间组织或项目希望在网络筹款平台如新浪微公益、支付宝公益、腾讯公益等开展募捐，基金会通过联合劝募给民间公益组织做认证，使民间组织能够利用网络平台进行公募。另外，基金会不定期举办筹款活动，

① 王诺：《众筹：中国可持续发展新模式》，《中国发展简报》2014年7月18日。

帮助民间组织向企业及企业家筹款。上海公益事业发展基金会发起了以“一个鸡蛋的暴走”为名的劝募活动。中国社会福利基金会在 2013 年 5 月成立联合劝募中心，为民间组织提供公募平台，目前已有几十家机构加入。中华儿慈会的童缘项目已经有 200 多家民间组织加入联合劝募平台。

六是产品化筹款。有些民间组织把捐赠标的产品化，产品具有标准化、透明化、多样化的特点，公众的捐赠相当于买产品。例如，中国扶贫基金会推出的“爱心包裹”，分为学生型温暖包、学生型美术包、静新图书包等捐赠产品。位于上海的创绿中心推出的“一杯干净水”，将受污染乡村提供饮用水的筹款需求具体化为“一杯水”产品。

七是股权捐赠。经过多年推动，我国在 2009 年实现了股权捐赠的合法化。2011 年 5 月福耀玻璃创始人曹德旺成立了河仁慈善基金会，并捐出 35.49 亿元等值股票。2013 年海航向海南省慈航公益基金会捐赠了价值 30 亿元的股权，并计划将 20% 的股权捐给慈航公益基金会，捐赠后，慈航基金会将成为海航集团的第一大股东。但是股权捐赠还需要缴税，制约了股权捐赠的行为，因为还要支付捐赠股票增值部分 25% 左右的所得税及 0.05% ~0.1% 的印花税，这挫伤了很多捐赠者的积极性。

（三）民间组织的生态系统初步构建

从当前我国民间组织发展的整体情况来看，开始出现越来越多的资源支持、能力支持和人才支持等各类支持型组织，初步形成了一个有利于共生发展的生态链。目前，国内基金会正逐步取代国外基金会，成为公益行业最重要的资金供给方。非公募基金会是我国政府重点鼓励发展的一类民间组织，近几年一直快速发展。非公募基金会的资金量和收入、支出等方面也呈现出持续增长，已经成为我国公益领域不可或缺的重要组成部分。非公募基金会多由企业（家）发起成立，在运营上往往会引入商业操作经验，带动了公益行业的创新发展。非公募基金会作为民间组织，在了解具体社会问题和受益群体方面具有较大优势。

目前我国公益行业生态系统只是初步构建，还没有形成产业链，十分缺乏中游组织。在发达国家，公益行业已形成了完整的产业链条，有专门从事劝募、执行、支持的机构，它们之间密切合作，有效运转。欧美国家的慈善行业中都有一个完善的支持系统，美国有120万家具有免税资格的非营利组织，10万多家私人基金会，还有大量的支持型机构，其中咨询机构有2000多个。中国民间公益还处在初级阶段，需要各种支持型的机构支持行业发展。中国民间组织的发展，需要大量包括法律、财务、筹款、传播等方面的支持型机构。

要建立一个多方筹集资源、多方合作的机制，形成完善的民间组织生态系统，需要加快培育支持型组织，发展和引领更多的基金会转型为资助型基金会。基金会负责募集资金，草根组织负责执行项目和提供一线社会服务，这是我国公益行业未来的发展方向。

在上海浦东新区，逐步构建了上游有基金会，中游有支持型、枢纽型、示范性社会组织，下游有丰富多样的社区操作型、实务型社会组织的生态链，开始实现从单一行政培育模式转变为政府扶持培育、事业单位改制、社会专业机构孵化、公益项目催化、引进外部社会组织等多途径复合培育模式。[①]

在我国的2300多家非公募基金会中，定位于资助型的非公募基金会不足1%。而在国外，私人基金会定位为资助型机构，它们是民间公益组织的资源提供者。

资助型基金会的运作方式通常是，首先进行公益项目的招标，然后对民间组织进行评估，将标的给予运作效率最高的机构。基金会对项目实行合约化管理，在项目实施中对资金使用进行监控。项目结束后，基金会进行效果考察和评估。例如，南都公益基金会是一家典型的资助型基金会，它在成立时就确定了以支持民间公益发展为使命。到2013年，南都公益基金会一共资助了50余个公益项目，17家公益机构，开展“银杏伙伴计划”项目，共同发起了基金会中心网。

操作型基金会有转型为资助型基金会的必要性，基金会的筹资能力、品牌更强，草根组织在某个地域解决某个问题更加专注。公益事业应有分工，基金会有责任发挥优势去筹资，帮助民间组织的成长。民间组织没有募款资格，缺乏资金来源渠道，极易导致公益产业链断裂。

某些基金会无法转型的原因在于，一是有些非公募基金会原来就是草根组

① 庄大军等：《上海浦东新区社会组织发展报告》，见本研究报告。

织。《基金会管理条例》实施后，非公募基金会更容易成立，有些草根组织就登记为非公募基金会。二是有些基金会更信任自己的能力。这些基金会认为，它们有更强的实力，有更好的资源去把事情做好。例如，西部阳光基金会在农村教育领域，与地方政府、老师、孩子的互动能力是它们的核心竞争力，而筹款不是核心竞争力。三是基金会的非定向资金筹款不理想。基金会在资源配置上受到定向资金的限制。有些基金会也想资助民间组织，但是非定向资金的筹款不理想。四是活跃的民间组织数量不足。我国的民间组织数量虽多，但真正活跃和有能力的民间组织并不多。五是民间组织的能力不够。草根组织的多数项目没有专业团队执行，项目的科学性、透明度、效果评估等达不到要求。六是基金会通常不资助民间组织的人员和行政费用，将民间组织的管理费控制在10%以内，很多 NGO 不愿意承接基金会的项目。

为了促进向资助型基金会的转型，基金会可以从以下方面着手：考虑基金会的理事会和捐赠人是否认同向资助型的转型；确定基金会的团队人员是否可以找到足够的 NGO 合作伙伴；提高基金会项目官员的能力。有一定经验的项目官员，才能够把握资助的问题。例如，福特基金会是项目官员负责制，每个项目官员都是某个领域的专家；加强基金会的项目管理和绩效评估的能力。如果只是自己操作，自己清楚过程就可以。如果做资助型基金会，就要控制整个项目流程，对承接组织的项目检测评估要做好。①

（四）民间组织的信息公开成为社会关注热点

近年来，一些民间组织遭遇信任危机，几乎都被质疑财务不透明。质疑者认为，从事公益活动的民间组织应最大限度地公布信息，让公众知道每一分善款用在哪里。2011 年，“郭美美事件”将中国红十字会推向舆论的风口浪尖，随后接连曝光的公益丑闻，使民间组织公信力陷入危机。透明成为公众评判民间组织是否合格的首要标准，成了民间组织提升公信力的手段。

1. 民间组织公开透明的现状

中民慈善捐助信息中心在 2014 年 9 月 19 日发布的《2014 年度中国慈善

① 来超：《不同类的非公募基金会要如何转型》，新浪公益，http：//gongyi. sina. com. cn/gyzx/2013 - 01 - 10/105540491. html。

透明报告》有几个重要发现：第一，中国慈善透明指数稳步上升。根据中民慈善捐助信息中心的监测结果，2014 年度中国慈善透明指数为 44.10，比 2013 年度的 43.11 上升了 2.30%。通过近三年慈善透明指数进行对比，可以发现中国慈善行业的信息透明度已经进入平稳上升的状态。第二，公众慈善透明满意度大幅提升。中民慈善捐助信息中心将公众对信息披露各维度的满意度综合分析，并与2012 年、2013 年的问卷调查结果相比，表示“比较满意”的公众在这三年中有了大幅增长，由 9% 上升至 28%；表示“较不满意”和“不满意”的受访者从 61% 下降到了 50%。①

2. 民间组织公开透明存在的问题

我国民间组织的公开透明状况存在以下问题：一是没有达到法律要求。基金会中心网推出的“中基透明指数”显示，2012 年 12 月，全国基金会总数 2912 家，在上榜的 2213 家基金会中，1384 家基金会的合规性指标分值低于 48.8 分，即 63% 的基金会信息披露不合规。有些非公募基金会从来没有公布过年度报告，在地方上，有的是多年不公布年度报告。二是信息披露的对象局限于政府和捐赠者。一些非公募基金会的信息披露更多是直接针对捐赠人的，而针对捐赠人的信息披露通常又是不完整的，这样的信息披露是不完善的。三是忽略对小额捐赠人的披露。对大额捐赠人的信息透明度较高，但忽略了对小额捐赠人的信息披露。

3. 导致民间组织不够公开透明的原因

导致民间组织不够公开透明的原因包括以下几个方面：

第一，法律政策原因。一是法律缺失。我国还没有一部完整的慈善立法。《公益事业捐赠法》是规范捐赠行为的法律，但对于捐赠人的权利缺乏明确规定。政府只是通过政策文件规定信息公开的问题。民政部制定的《基金会信息公布办法》规定了信息公开的义务主体，基金会应该公开哪些信息，不公开的责任等。在信息公开上，对基金会的要求是最严的，但对专项基金和民办非企业单位没有细化。二是执法不严。法律有很多规定，政府没有能力监管或执行。《基金会管理条例》和《基金会信息公布办法》均对基金会的透明提出

① 《2014 年度中国慈善透明报告》发布词，凤凰公益，2014 年 9 月 19 日。

要求，规定“信息公布义务人不履行信息公布义务的”“由登记管理机关责令改正，并依据《基金会管理条例》第42条规定给予行政处罚”。现实中存在“有法不依”的问题，但很少有基金会因此受到惩罚。三是政府的保护主义态度。

第二，客观技术原因。一是信息披露有成本。当前，民间组织的信息公开压力较大，公开信息本身就有一定的成本。如果要求公布小额捐赠的信息，很多民间组织特别是大型机构做不到，透明的成本很高。如果民间组织用于信息披露的资金多，用于项目的成本会相应减少。二是技术原因。如果是非定向捐款，除非是一对一帮扶的公益项目，否则民间组织无法准确告诉捐款人这笔钱的具体使用，所有捐款都在一个资金库中，民间组织负责对其进行统筹分配。

第三，民间组织本身的原因。一是很多民间组织不具备公开透明的专业能力。慈善组织的能力建设薄弱，信息的收集、整理和发布都需要能力。有些民间组织没有专人负责信息披露，他们自己也不会做财务报表。有的虽然披露了信息，却没有分析或分析得不够，导致公众看不懂。二是民间组织公共性差别的影响。民间组织的公共性是存在差别的，对于公共性不同的民间组织而言，信息公开的意义并不一样。根据义务对等的原则，由于基金会是接受社会捐赠最多的组织，它的公开透明责任大于社会团体（公募的责任大于非公募），社会团体的责任大于民办非企业单位。因此，民间组织的公开透明重点是指基金会的公开透明。三是有些民间组织有不受社会影响的独立募捐渠道。有些机构具有浓厚的行政色彩，地方政府通过“行政逼捐”养活地方慈善组织，这些机构没有信息公开的动力。有些机构是创始人个人出资建立，从来没有接受过外界的捐赠或资助，对于这样的机构而言，如果没有免税优惠的话，就没有向外界公开信息的动力。四是保护机构知识产权的需要。民间组织之间也存在竞争关系。公益的知识产权也需要维护，而且有些信息涉及组织的核心竞争力，组织的内部管理和项目运作机制是核心竞争力，不能强制要求将这些内容公开透明。

第四，利益相关方的阻碍。一是捐赠人不愿意公开。有些企业担心如果太高调反而容易被外界挑毛病，尤其是房地产企业，捐得多会被网友说暴利。有些捐赠人怕露富，他们不想让外界知道自己的经济状况。有些捐赠人在网上公开自己的信息后，就被求助者列为精准目标而遭到不停的骚扰，所以他们不敢公开自己的信息。有些普通家庭担心亲戚、朋友的质疑，嫌他们不把钱留给亲人反而去做慈善。二是受益人不愿意公开。受益人也是有尊严的，他们也需要保护隐私，如艾滋病患者、残障孩子等。

第五，公众的监督意识不强。捐款是企业或公众捐出来的，应该有选择权、监督权。但有的企业考虑权钱交易等因素，更愿意给有政府背景的机构捐款。另外，公众“用脚投票”的意识很弱。

（五）我国民间组织发展面临的困境与挑战

尽管我国民间组织有了长足发展，但总体上仍处于发展的初级阶段，在发展基础、内部结构、运作方式、筹款、合规性、管理能力和招募人才等方面仍然存在诸多困境与挑战。

第一，民间组织的结构缺陷。结构缺陷表现在以下三个方面：一是民间自发组织少。社区民间组织的牵头人不多，民众的思想意识存在问题。在很多地方，社区社会组织的负责人是居委会人员。我国缺乏关注本群体利益的民间组织，民间组织做的事情集中在好人好事、慈善的层面，应该有更多为本团体谋利益的民间组织。二是社会服务组织少。工商经济类的民间组织强大，社区居民文娱类的民间组织数量多。老、残、幼等社会问题严重，但针对这些问题的服务类组织不多。三是专业性组织少。我国民间组织的社会服务的专业化程度不高。

第二，草根组织筹款困难。民间组织的服务对象往往不是付费方，必须依赖一定的外部资源。我国民间组织筹款难的原因在于，一是民间组织没有公募资质，缺少专业筹款人才。二是官办组织垄断募捐，流向草根组织的捐款极为有限。三是资助型基金会太少。基金会在公益市场中应该发挥金融功能，为民间组织提供资金，但现在只有少数的基金会向草根组织提供资助。2013 年 11 月，5 家草根组织联合发布了“中国基金会评价榜”，报告称，全国 3000 多家基金会中仅有 1.5% 曾资助过草根组织。而且，多数资助方只愿意承担项目实施成本，资助机构发展的资助方屈指可数。即使有些基金会和政府购买愿意负担实施成本，也对人力成本和行政成本有严格限制。四是公众不认可公益有成本，希望每分钱都直接用在服务对象上。当民间组织没有资金支持机构运营和发展时，可能做的项目虽多，但没有精力进行深度研发或管理升级，在疲于奔命中逐渐萎缩。

第三，民间组织的违法违规现象亟待加强监管。我国民间组织的违法违规有如下表现：一是民间组织违背宗旨大肆敛财。民间组织不应以营利为目的，但现实中很多机构是以营利为目的。有的民间组织头衔明码标价。例如，某环保联合会采取企业、个人两种会员方式，企业会员分会员单位、理事单位、常务理事单位、副主任委员单位、主任委员单位等 5 个级别。根据级别不同，每届分别缴纳 1 万 ~30 万的费用，其中很多都是曾经被曝光的污染大户。还有些民间组织收取企业的高额赞助费。民间组织获取商业赞助应是以维持社团正常运营为目标，而不能将社团变为获利的平台。有的基金会将主要精力用于投资营利，机构的定位出现了错位。河南省宋庆龄基金会以公益医保、投资换捐赠的模式进行筹款，以房地产开发为主业对基金进行投资。2010 年捐赠收入超过 10 亿元，但公益开支却只有 1.4 亿元，远低于公募基金会每年公益事业支出不低于上一年总收入 70% 的规定，完全颠倒了民间组织主业和副业的关系。二是某些组织未经登记，擅自以社会组织名义活动的。有的组织打着政府主办的旗号，非法举办评比表彰、培训认证等活动。还有一些不法分子以社会组织的名义从事诈骗、传销等活动，2014 年柳州市“中华慈善公益联合会”以及“北京集善家园文化发展中心”都号称致力于公益慈善事业，实际上都是传销团伙，以慈善为名义发展下线会员谋利。三是对分支机构和代表机构疏于管理，造成严重后果的。社会团体对分支机构的管理责任是全方位的，不能委托他人管理。社会团体对分支机构的管理责任是“严格责任”和“结果责任”。有些民间组织违规设立分支机构，交给企业市场化运作，每年收取一定的管理费。

第四，民间组织的管理能力与营销能力存在不足。相当多的民间组织仍处于“人治”阶段，筹款及运作过于依赖个人，在组织建设、管理模式、能力建设方面的经验欠缺。很多社会组织都存在机构定位不清晰的问题，只要能争取到什么项目就做什么，对所在领域的问题缺乏深刻的认识，没有系统的规划。民间组织的管理能力与营销能力不足体现在三个方面，一是机构自身管理能力不足，对捐赠人和公众的信息公开做得不好。二是项目管理能力不足，项目设计、执行和项目管理人员的能力需要提高。三是民间组织缺少市场理念，有排斥市场化的倾向。导致民间组织管理能力与营销能力不足的原因在于，民间组织的机构设置不健全，管理流程不尽完善；民间组织的管理人员缺乏在企业的管理经历，缺乏管理经验。

第五，民间组织专业人才匮乏和工作人员待遇差并存。现代民间组织发展需要一批职业公益人，他们相当于公益领域的职业经理人，拥有丰富的公益专业知识和专业技术，懂得如何管理和运作民间组织。我国每年几百家基金会，要新增几千名专职工作人员，一方面很难招到合适的秘书长等领军人才；另一方面也很难招到实践经验丰富的项目执行人员，还缺乏筹款、传播、财务、人力资源等专业人才。

与此同时，我国民间组织从业人员的总体薪资水平偏低。从业人员工资低给整个公益行业的发展造成了负面影响，一是无法吸引有能力的人来民间组织工作。因为工资没有竞争力，员工的就业门槛也比较低，来民间组织就业的很多人都是由于在其他地方找不到工作。二是造成从业人员的生存困境。公益从业人员收入微薄，一旦遭遇重大事故就不堪重负，自己反倒成为了需要救助的弱势群体。三是制约专业化水平的发展和提高。民间组织发展到一定阶段，更需要完善的领导指挥体系、内部运行机制、财务管理制度，目前的状况无法实现专业化分工和职业化运作。

四　对进一步推动我国民间组织健康发展的建议

（一）对政府的政策建议

1. 要深刻转变思想观念形成新的治理思维模式

新理念和新认识是治理体系创新的前提和基础，在某种程度上可以说对创新行动和社会实践具有深远的甚至是决定性的影响。治理体系改变了以往对政府及民间组织等社会主体关系的认识，意味着思维的转换，意味着对旧思维、旧模式的突破和超越。思维模式决定行动方式，思维是决定行为和态度的根基。推动新的治理体系建设必须构建与之相符的新的治理思维模式。

目前推动治理体系和治理能力的现代化成为全面深化改革的总目标，“治理”概念已在政治上吸纳、政策上采用，目标能否实现，更需要在观念上认同、在思想上接受、在实践中发展。通过政府职能转变加快有限政府建设，发挥市场在资源配置上的决定性作用，这两种观念从谈论的广度和认识的深度来看，已经成为社会的普遍共识。但对其社会自治以及民间组织作为社会主体的认识普遍不足，还没有广泛把政府、企业、民间组织看做是社会的三大组织支柱和稳定社会的铁三角，推动民间组织发展为其社会自治创造条件的力度远远不够。

李克强总理曾说“触动利益往往比触动灵魂还难”，以此来强调当前改革由于触动深层次的利益而面临的阻力。对于中国的民间组织发展而言，当前最主要和最突出的首先是观念问题。推动民间组织发展应避免两个错误认识：一是认为“治理体系”概念只是“穿新鞋走老路”、拿新瓶装旧酒，并没有什么实质性的改变，无视国家治理方式的巨大转变、政府职能的深刻调整以及民间组织发展的巨大机遇和广阔空间。依然持有完全漠视民间组织作用的“冷漠症”，无视其作用甚至小瞧其作用。二是认为治理体系的提出，意味着中国的民间组织发展也会走上对抗政府甚至与政府分庭抗礼的西方公民社会之路，认为民间组织发展将会挑战中国特色社会主义发展道路。谈社色变，过度敏感和杞人忧天，把民间组织当对手甚至“敌手”，患有一种老是千方百计压制民间组织发展的“恐惧症”。

这两种观念都是不准确，甚至是错误的，都是民间组织发展的巨大阻力，不利于民间组织的健康发展以及协同参与作用的发挥。中国式治理体系下民间组织的发展首先是坚持中国共产党的领导，是在党的领导、人民当家做主和依法治国有机统一下的有序发展。治理体系的提出，有助于摆脱对民间组织的误解和冷漠，有利于民间组织发展融入主流、成为主体，进而带来蓬勃发展的机遇和广阔发展空间。

思想决定行动，观念决定认识，而认识高度、重视程度则决定着所采取的政策力度。各级党委、政府要推动深层次的执政理念转型和观念变革，创造条件让渡空间，让市场力量和社会力量活跃在前台，调动社会的积极性、创造性和主动性。

2. 需要在治理体系顶层设计下进一步明确民间组织参与的制度措施

党的十八届三中全会提出，要通过多种形式扩大公民有序参与，推进协商民主广泛多层制度化发展，并首次把民间组织明确作为协商民主体系的重要协商渠道和协商形式。民间组织被首度写入国家层面的民主政治制度建设规划中，并成为公民有序政治参与和民主协商的重要渠道和对象。民间组织在国家治理体系中的顶层制度设计，需要进一步制度化和规范化，譬如，在党代表、人大代表、政协委员遴选方面如何具体落实，各级政协中的社会组织界别如何组成等。建议在借鉴参考广东、上海等地探索经验的基础上，出台全国性的相关制度规范。

党的十八届四中全会强调，要健全立法机关和社会公众沟通机制，充分发挥民间组织在立法协商中的作用，探索建立社会团体论证咨询机制，建立健全民间组织参与各类社会事务的机制和制度化渠道，并着眼于加强民间组织立法，来规范和引导各类民间组织健康发展。这些都是宏观层面的顶层设计，需要具体的制度和明确的措施来落实。

随着中国互联网的快速发展和公民意识、权利意识、参与意识和监督意识的日益高涨，当前一个突出矛盾和问题就是公民参与的无序化和原子化，缺乏有效的参与途径和组织化、制度化的参与渠道。要有效应对参与需求迅猛增加和参与渠道不足以及参与方式无序之间的矛盾，既要大力培育和发展公益慈善、社会服务等类型的民间组织，又要为类型多样、覆盖广泛、功能各异的民间组织参与公共服务、社会事务治理、社会资源动员以及社会意见聚合表达创造条件和环境，提供规范化、制度化的参与载体和参与方式，只有民间组织有效发挥功能，才能真正形成政府治理与社会治理良性互动基础上的有效国家治理。

3. 中央相关部门需加快改革步伐和加大具体政策实施力度

根据2013年全国两会后公开的《国务院机构改革与政府职能转变方案》，以及十八届三中全会通过的《全面深化改革的决定》要求，要在2017年基本形成政社分开、权责明确、依法自治的现代社会组织体制，从现在到任务完成只有三年多的时间，可谓时间紧、任务重、挑战艰巨。

改革时间表曾提出要在2013年9月底前提出“行业协会商会与行政机关

脱钩”方案，同年12月底前完成《社会团体登记管理条例》等相关行政法规的修订工作等具体改革政策。但一年多的时间过去了，事关民间组织发展的这些重要改革方案依然没有出台。这些被要求限时完成的工作严重滞后，一方面说明民间组织改革涉及的问题非常复杂、改革任务艰巨，另一方面也说明改革涉及多方面的利益调整以及需要大量的协商沟通。

2014年政府机构改革和职能转变任务清单明确提出：取消国务院部门对社会的水平评价事项，改由行业协会、学会认证，政府加强监督管理。逐步推进行业协会商会与行政机构脱钩，加强竞争，探索一业多会。要求相关部门在2014年年底之前总结试点经验，出台具体意见。

全面深化改革设定的时间段是2020年，按照这个时间段规划和部署各项改革任务，到2020年要在重要领域和关键环节上取得决定性成果。根据提出的关于民间组织相关改革的时间表和路线图，需要进一步细化和明确改革的任务目标和具体措施，加快改革步伐和具体政策实施力度。

4. 地方政府应在中央精神指导下进行地方层面的顶层设计和统筹规划并抓好具体落实

民间组织发展既需要全国层面的顶层设计和统筹规划，也需要地方政府在全国顶层设计和政策精神的指引下，从自身发展阶段和发展全局出发进行本地层面的顶层设计和统筹规划。全国层面的顶层设计和政策精神要想落地生根、产生实效，地方政府要对民间组织发展的相关政策进行分层对接和政策细化，要明确推动工作的领导体制和工作机制，明确本地层面的改革规划和政策指导，并有抓好落实的路线图和时间表。在基于本地发展全局考虑的顶层设计和统筹规划之后，要有具体的项目内容和具体工作抓手。

从民间组织发展走在全国前列的发达地区来看，都出台了大量地方层面的政策文件。广东省既有全省层面的顶层设计和统筹规划，如社会建设意见、社会组织发展意见等，又有从登记管理制度、转移职能与购买服务目录、培育扶持、专项资金等几十个相关文件，使广东省近几年民间组织的发展呈“井喷式”增长状态。①

① 邓智平、郑梓桢：《广东社会组织发展报告（2008～2013）》，见本研究报告。

上海浦东新区的经验同样如此，浦东新区制定了具有顶层设计色彩的宏观性政策文件，从新型政社关系构建、社工人才队伍培养、财政资金扶持、购买服务等重要方面做出了全面的部署，又在宏观政策文件的基础上，出台了更为具体的操作性文件来保障政策的落地。以上海浦东新区的川沙新镇为例，围绕着政府向民间组织购买服务就出台了 8 份具体文件。①

地方在对本地民间组织顶层设计和统筹规划时要充分依照中央精神，同时要考虑本地发展阶段和实际状况，按照可操作、可考核、针对性、实效性的标准进行规划制定，既要注意制度的标准化和科学性，也要注意制度的执行性和运行效果。

5. 加大购买服务力度、规范购买服务健康发展

2013 年 7 月，国务院常务会议研究推进政府向社会力量购买公共服务，对购买服务提出了一系列原则性指导意见。强调“凡社会能办好的，尽可能交给社会力量承担”，要求将适合市场化方式提供的公共服务事项交给社会组织等机构承担，并提出了建立购买服务指导性目录、购买方式、资金管理、监督评估、动态调整等五条具体意见。在养老服务方面，2013 年 8 月的国务院常务会议更是明确要发挥市场活力，推动社会力量成为发展养老服务业的“主角”。

购买公共服务拓宽了民间组织的资金来源渠道，但目前购买服务资金来源分散，相当多的购买资金还没有纳入财政预算，资金保障不够稳定，缺乏明确的详细标准和规范指引。资金支付滞后，不够及时，影响民间组织提供公共服务的水平和质量，也不利于民间组织的健康发展。

当前购买服务配套制度不系统、不细化，缺乏明确的购买服务规范，过于笼统，缺乏操作性。推动各地政府普遍建立政府向社会组织转移职能目录、购买公共服务项目目录，设置购买公共服务财政专项资金账户，并根据发展阶段创新动态调整机制，建立持续性的财政保障机制。对购买服务采取预算化管理，做到制度化、规范化、标准化、程序化、常态化、普遍化。根据购买服务的内容，采取项目型购买和常年稳定型购买等多种兼顾当前和长远的不同形

① 庄大军等：《上海浦东新区社会组织发展报告》，见本研究报告。

式，在明确购买服务标准的前提下，加强全流程监督，做好购买服务的绩效评估。

此外，购买服务中需要避免“唯竞争化”倾向，不能一味强调竞争性购买，当符合资质和条件的民间组织数量还比较有限的时候，过度强调市场化和竞争性购买，不仅面临没有足够的符合资质要求的服务提供者，还让购买服务变得形式上很市场、很公正，实质上无内容、形式化。

6. 推动直接登记制度落实到位

从近一年来民间组织的增长情况来看，很多地方还没有出台直接登记管理的具体操作制度和管理办法，直接登记的范围和方式并不明确。导致直接登记的政策利好并没有真正释放出民间组织快速增长的制度红利。需要中央主管部门专门督察该项政策的执行情况，打通政策贯彻的“中梗阻”和政策执行的“最后一公里”。

7. 加快官办社会组织去行政化改革和推动群团组织转型

行政化是制约民间组织功能发挥和规范成长的重要障碍。只有割断隐藏在民间组织身后若隐若现、若有若无的“有形的手”，才能真正清除捆绑在民间组织身上的制度障碍，才能断开民间组织与政府之间的利益链条和不当关系。

目前我国大量官办社会组织行政化色彩浓厚，采用行政化的组织规则和习惯于行政化的运行模式，使民间组织很难发挥其作为社会组织的功能和作用。行政化导致依附性和等级化，缺乏应有的自主性和独立性，妨碍其功能发挥。通过去行政化，让处于依附状态的民间组织真正回归社会，增强其自主性和竞争性。

民间组织的独立性或民间性本质体现为自治性，是作为独立社会主体的外在标志，也是社会是否成熟的重要指标。加快政社分开，推动民间组织明确权责、依法自治、发挥作用。通过培育民间组织的独立性，来提高社会自治水平和社会活力，进而带动整个社会的成熟和稳健发展。只有通过去行政化改革，才能有效完善法人治理结构，推动官办社会组织真正成为专业性和独立性并有效发挥其功能的民间组织。

在推动官办社会组织去行政化的同时，要加快群团组织改革转型，使其成为真正意义的群众组织。推动群团组织的基层化发展、实务化发展，转变群团组织的行政化运行模式，把群团组织的政治优势、组织优势和人才优势，实实在在地转化为功能优势和工作优势。由于行政化、机关化严重，群团组织的领导方式和运行机制已经不能充分发挥其作为民间组织应该具有组织动员特定群体、维护相关群体合法权益的本质功能。必须转变行政思维、转换工作方式，增强平等意识，把工作重点转移到联系群众、维护群众、服务群众和反映群众诉求的基础工作上来。

8. 培育扶持民间组织“走出去”

当今世界全球化日益紧密，在国际舞台上存在各方面的交流冲突，不能只有政府部门一个参与主体。应加大我国民间组织在国际舞台上的参与度和影响力。目前可重点培育三类民间组织走出去：

一是在经济领域方面的行业协会商会，在对外贸易、投资以及反倾销反补贴等事务中优势突出，要充分发挥经济领域民间组织在国际经济交流合作中的独特地位和重要作用。

二是较具实力的基金会，在国际文化、外交、环保等多领域的交流与合作中作用显著。基金会具有很强的资金优势、资源整合优势和灵活机动优势，在对外民间援助与交往中具有政府无法替代的作用，可与政府交流形成密切联动与互补。

三是专业性、学术性社团组织，在国际交流、对话中具有无可比拟的优势和作用。应进一步加大专业性与学术性社团与国际学术、行业发展的对话与交流，作为提升我国“软实力”的载体和重要途径。

9. 培育民间组织发展的良性生态系统、加大人才扶持力度

目前我国民间组织整体结构不合理，发展不均衡，资金支持型、能力支持型、规范引导型和公益服务类民间组织不发达，枢纽型组织、标杆型组织、国际型组织匮乏。具有资金优势、专业能力优势的基金会等大型民间组织，可发挥资金提供、资源支持、能力培训等专长，促进民间组织健康发展；一些枢纽型、评估型民间组织类型，可通过理念倡导、信息平台、资源引导、专业评估等方式，发挥规范引导、评估监管等作用来提升民间组织公信力。

良好的生态系统，有利于民间组织之间“以社管社、以社育社、以社带社”，形成合理的良性发展生态链和生态圈。

民间组织普遍高层次人才匮乏、专业化人才不足，专职人员结构老化、学历层次偏低。由于普遍薪酬水平不高，很难吸引优秀专业人才。

加强人才培养培训和职业教育，鼓励政府、企业和民间组织之间人才交流互动。制定符合当前社会流动需求的档案管理、人员流动、职称评定等具体办法，为高层次人才加盟民间组织扫除制度壁垒和进入障碍。

10. 构建综合监管体系

民间组织的直接登记管理制度为监管部门带来了巨大的监管挑战和监管压力。在明确登记管理部门监管职责的基础上，还需要进一步细化确认登记管理部门和相关业务部门之间的监管职责，加强合作协调互动，真正形成各司其职、分工协作的联动监管机制。

构建综合监管体系需要发挥多方力量，形成监管合力。第一，需要转变监管理念，从“迷恋审批”的重在事前预防，到克服“监管迷茫”的重在事中事后监管，重在依法监管下的过程监管、动态监管和全流程监管。第二，要转变传统监管方式，更新监管方式，多种监管手段并用。第三，要加强登记管理机构建设，增强监管力量，弥补以往监管人员严重不足的状况，提升监管能力。第四，要有效发挥民间组织自律和社会监督作用。通过发布民间组织内部治理指引、活动准则以及信息公开等方法，推动民间组织依法自治和加强自律，发挥枢纽型组织和联合型组织的行业监管作用，发挥信息披露、第三方评估、公共舆论的社会监督作用。

（二）对民间组织行业与自身发展的建议

1. 加强专业能力建设

专业化能力将是今后民间组织发展面临的主要挑战，也是民间组织的核心价值所在与决定其生存和发展的核心竞争力。民间组织不能泛使命化，使命的高尚伟大更需要专业化的能力去实现，不能把使命化等同于专业化。对于公益慈善组织而言，除不能泛使命化外，还要避免过于“道德化”，以为从事公益慈善事业就可以用头上的“道德光环”与做公益的能力和效果混为一谈，要纠正道德优越感的毛病。既要有爱心，也要有能力，而能力来自专业化水平。

我国民间组织整体的专业化水平不高，且缺乏专业化的工作方法和工作能力，在化解社会矛盾、满足社会需求、促进社会发展诸多方面都会面临一系列障碍。从事具体领域拥有专业化能力将是民间组织自身发展的核心竞争力，也是成长发展的内在驱动力。

2. 加强自身规范化、透明化建设

我国民间组织正站在规范化发展的门槛上，在新型治理体系之下，政府要对民间组织进行考核、评估和监管，将承接政府职能转移、参与购买服务等多种资源和机会，交给具有完善治理结构和具有较好资质的民间组织。

民间组织发展既要注重规模扩张，更要注重质量提升。规范化管理是民间组织健康成长的重要支撑，要不断健全完善民间组织的治理结构和组织制度，提升规范管理水平。通过自身建设，强化民间组织的功能实现和作用发挥。民间组织只有增强自我管理、自我服务能力，才能避免沦为政府的附庸，才能真正成为社会治理的主体。

信息公开是民间组织公信力的基石，民间组织尤其是公益慈善组织，从其组织结构到运行状态，从资源获取到财务开支，从服务项目到具体效果，都要逐步实行过程和效果的全面公开。

民间组织要根据政府关于信息公开原则、信息公开形式、信息公开范围、信息公开标准的要求，推动自我信息公开制度化、规范化和常态化。信息公开既是态度，也体现为专业能力，与民间组织的公信力水平直接相关。

3. 靠积极作为建构互补合作关系

民间组织要靠自身的专业能力和扎实的工作成效，发挥社会服务的重要提供者、社会问题的积极解决者和社会矛盾的有效化解者等多重角色，成为政府维护社会秩序与促进社会和谐的重要合作伙伴和离不开的重要力量，与政府建构一种靠得住、信得过、离不开的协作互补关系。

民间组织是靠使命驱动、围绕使命而积极服务于社会，但不应该有过多的道德优越感和使命崇高感，更不能有怨妇心态和颓废戾气，不能因为外部环境不顺和资源不足，而充满牢骚和抱怨。民间组织不是不能和不应该批评政府，而应该秉持积极态度和建设心态批评政府、监督政府、推动政府，而不是简单和消极地抱怨政府、反感政府甚至走向政府的对立面。民间组织本身是为了解决社会问题，而不应成为社会的麻烦制造者和政府的对抗力量。

4. 发挥民间组织社会规范的引导和柔性管理作用

民间组织行为体现社会规范，反映和引导社会关系行为准则和社会运行。健康、理性的民间组织能提高全社会的公民意识和价值精神，能提升社会的自治水平和自我管理能力。民间组织作为社会自治的主体和志愿精神、公共精神的组织载体，通过组织的章程、活动以及成员行为，把社会主义核心价值观转化为可感、可触、可学、可传的日常行动，有利于弘扬培育社会公德、职业道德、家庭美德和个人品德。

体现民间组织自治自律的市民公约、乡规民约、行业规章、团体章程等社会规范，是各类社会主体自我约束、自我管理的基本依据，代表着以道德为核心的柔性规范体系，也体现了法治社会的建设水平。以民间组织章程为载体的柔性规范体系，与以法律为核心的刚性规范体系并行不悖，共同发挥作用，是对传统中国“礼法合治、德主刑辅”治国理政经验的继承和发展，体现着依法治国与以德治国的有机统一。

民间组织能否成为公共服务的重要提供者、社会矛盾的有力化解者、社会公平正义的坚定促进者，发挥治理主体的重要作用，民间组织的自治章程至关重要。民间组织自治章程的合理性、有效性成为能否发挥社会自我规范、自我约束的前提条件。民间组织章程应遵守国家法律、保障成员权利、促进社会公益、体现组织使命，有助于提升民间组织自治能力，有利于增进组织成员的责任意识、价值意识、法治意识和公民意识。让参与民间组织的成员既为自己负责、也为社会负责，动员和组织群众依法理性有序地参与社会公共事务，发挥群众参与社会管理的基础作用。

5. 走出民间组织完全自主化的误区

民间组织去行政化增强独立性，并不是不要政府的管理。民间组织如果完全依附于政府，作为“二政府”或者政府的附庸，由于没有自由裁量空间和自主判断，这就意味着民间组织丧失了自身本应具有的社会功能，必然会效率低下、运作低效、能力弱化。如果民间组织完全跳开所有的控制，脱离政府的监管和社会监督，同样会带来糟糕的治理效果。著名学者福山认为，“自主性的多或少既可能是好事，也有可能是坏事”，这取决于组织本身的能力。[①] 一个组织的能力越强，就可以赋予其越高的自主性。当前既要改变民间组织过于依附而丧失自我的状况，也要走出完全不需要政府管理只需彻底自治的误区。

① 弗兰西斯·福山：《什么是治理》，郑寰译，《国家行政学院学报》2013 年第 6 期。

专题研究篇

Monographic Research

B.2

民间组织在中国式治理体系建构下迎来历史性发展

蔡礼强 *

摘 要：

在国家治理体系改革目标中民间组织被纳入了经济社会发展的全局来谋划，在最顶层的制度设计中被确立为重要的治理主体，对于中国民间组织发展而言无疑具有里程碑性质的历史意义。中国治理体系建设走出了一条国家与社会融合发展的新路，为民间组织开放了公共治理空间，破除了制约发展的制度障碍，提供了发挥作用的广阔舞台，赋予了无比重要的角色作用。今后的治理体系建设应首先通过政府职能转变推动政府治理体系建设，创新社会治理方式，加快构建与社会发展相适应的社会

* 蔡礼强，中国社会科学院研究生院民间组织与公共治理研究中心秘书长、教授，研究领域为民间组织、公共政策与公共治理。本文为蔡礼强主持中国社会科学院重点课题“民间组织与公共治理模式转型”的阶段性成果。

治理新模式，推动形成金字塔式的社会治理结构。

关键词：

民间组织　治理体系　金字塔式社会治理结构

一　治理体系改革对民间组织发展具有里程碑性质的历史意义

（一）民间组织在国家治理体系中被确立为重要治理主体

1. 党的十八届三中全会和四中全会为民间组织发展做出了顶层制度设计

有学者认为，十八届三中全会没有把社会改革提高到全面深化改革的最高议程上来，为此而感到遗憾。① 这样的判断和看法并不准确，从治理体系的改革目标和内容规划来看，虽然没有使用市场在资源配置中起决定性作用的提法这么直接和广受关注，但可以想见，没有社会领域的改革谋划，不可能建成一套系统完备、科学规范、运行有效的制度体系，缺了社会领域改革的顶层设计，又怎么能实现“使各方面制度更加成熟更加定型”的改革目标。② 也就是说，社会领域改革到底有没有在推进国家治理体系现代化制度建设中同样进行了至关重要的顶层制度设计，是一个必须明确回答的重大问题。

党的十八届三中全会通过的《中共中央关于全面深化改革若干重大问题的决定》（以下简称《决定》），明确提出“全面深化改革的总目标是完善和发展中国特色社会主义制度，推进国家治理体系和治理能力现代化”③。首次把“治理体系和治理能力”写入党的重大纲领性文件，首次把“社会治理”作为社会领域的明确改革目标，这是中国共产党与时俱进的一个重大理论创新和重大突破。《决定》作为指导今后中国全面深化改革的纲领性文件，已经开

① 郑永年：《不确定的未来：如何将改革进行下去》，中信出版社，2014，第 15 页。

② 《中共中央关于全面深化改革若干重大问题的决定》，载《十八大以来重要文献选编》（上），中央文献出版社，2014，第 493 页。

③ 《中共中央关于全面深化改革若干重大问题的决定》，载《十八大以来重要文献选编》（上），中央文献出版社，2014，第 527 ~ 528 页。

始并将在今后更加凸显对改革发展实践所产生的巨大作用和影响。

如果说《决定》中规划的经济体制改革是全面深化改革的“封喉之剑”，市场在资源配置中起决定性作用等 10 个亮点照耀经济体制改革前路。[①] 那么，《决定》在国家治理体系建设中对民间组织开放公共治理空间，使其在国家权力配置中成为重要的治理主体，堪称全面深化改革的“神来之笔”。《决定》对民间组织的功能定位和角色作用进行了前所未有的明确界定，对其发挥空间和重要作用赋予了超乎寻常的厚望，奠定了中国社会有序活力发展的坚实基石。

党的十八届四中全会在三中全会《决定》的基础上，对更好地发挥民间组织作用以及提供法治保障进一步做出了规定和部署。四中全会强调要健全立法机关和社会公众沟通机制，充分发挥社会组织在立法协商中的作用，探索建立社会团体论证咨询机制，依法保障公民权利。推动基层群众自治制度进一步发展，“完善和发展基层民主制度，依法推进基层民主和行业自律，实行自我管理、自我服务、自我教育、自我监督”。加大对政府权力的制约和监督力度，“行政机关不得法外设定权力，没有法律法规依据不得做出减损公民、法人和其他组织合法权益或者增进其义务的决定。”[②]

十八届四中全会不但为民间组织发展提供了更加充分的法治保障，还明确提出要发挥民间组织自律章程在社会规范中的积极作用，“深化基层组织和部门、行业依法治理，支持各类社会主体自我约束、自我管理。发挥市民公约、乡规民约、行业规章、团体章程等社会规范在社会治理中的积极作用”。对民间组织发挥作用的领域进行了列举，对发挥的作用做出部署，“发挥人民团体和社会治理中的积极作用。建立健全社会组织参与社会事务、维护公共利益、救助困难群众、帮教特殊人群、预防违法犯罪的机制和制度化渠道。支持行业协会商会类社会组织发挥行业自律和专业服务功能。发挥社会组织对其成员的行为导引、规则约束、权益维护作用。加强在华境外非政府组织管理，引导和监督其依法开展活动”。此外，行业性、专业性人民调解组织也是促进发展的

---

① 张卓元：《中国改革顶层设计》，前言，中信出版社，2014。

② 《中共中央关于全面推进依法治国若干重大问题的决定》，《人民日报》2014 年 10 月 29 日。

重点民间组织类型。①

十八届三中全会把民间组织纳入了整体制度建设的顶层设计，为民间组织发展构建了制度框架，奠定了发展基础。十八届四中全会对民间组织进一步夯实了法治基石和提供了法治保障，“加强社会组织立法，规范和引导各类社会组织健康发展”，不仅明确回应了多年来的立法诉求，而且还第一次在党的全会文件中对民间组织发展做出了如此大篇幅和浓墨重彩的规划。② 可以说，十八届三中全会和四中全会共同为民间组织发展做出了顶层制度设计和搭建了法治框架。

由此可见，中国的民间组织发展完成了具有里程碑性质和历史性重大意义的顶层制度的框架性设计和法治蓝图。

2. 民间组织首次在国家制度建设层面被确认为治理体系主体

国家治理体系改革目标借鉴吸收了“治理”概念的合理内核与主要思想，譬如对治理主体的多元化、治理过程的多方参与、治理方式的协同共治等思想的凸显，对企业、公民和社会组织等社会主体开放公共治理空间，提供协商治理的渠道和途径等。国家治理体系改革目标不只是合理借鉴了治理理论的有益思想，更是创造性地汲取了中国以往治国理政的经验和智慧，也是对当前中国发展现状和现实需求的有效回应，在中国改革开放历史上具有里程碑标志的重要意义。

就改革目标而言，如果只有借鉴而没有自身的历史传承将成为无根浮萍，如果只有传承而没有创新将成为明日黄花。中国的国家治理体系建设是在完善和发展中国特色社会主义制度的基础上，推进国家治理体系和治理能力现代化，体现了传承与创新的统一。国家治理体系建设进一步发展和深化了马克思主义群众观点和保证人民当家做主的社会主义民主政治制度，采用选举民主、协商民主和基层民主等多样化的民主形式，扩大了多主体参与的空间和渠道。这些思想在《决定》中具体体现为“更加注重健全民主制度、丰富民主形式、从各层次各领域扩大公民有序政治参与，充分发挥我国社会主义政治制度优越

① 《中共中央关于全面推进依法治国若干重大问题的决定》，《人民日报》2014 年 10 月 29 日。

② 《中共中央关于全面推进依法治国若干重大问题的决定》，《人民日报》2014 年 10 月 29 日。

性”。提出要通过多种形式扩大公民有序参与，推进协商民主广泛多层制度化发展，并首次把社会组织明确作为协商民主体系的重要协商渠道和协商形式。在发展基层民主方面，“促进群众在城乡社区治理、基层公共事务和公益事业中依法自我管理、自我服务、自我教育、自我监督……加强社会组织民主机制建设，保障职工参与管理和监督的民主权利”①。在这个国家层面的民主政治制度建设规划中，民间组织被破天荒地首度写入，并成为公民有序政治参与和民主协商的重要渠道和对象。这样的制度安排清楚地表明，民间组织不仅是社会领域中参与治理的一个主体，在宏观的国家权力配置层面，民间组织也被认定为国家治理体系中的一个重要主体。

《决定》把治理体系和治理能力现代化作为全面深化改革的总目标，这就意味着在国家制度体系的最高改革目标和顶层设计层面，为中国民间组织发展提供了宏大的作用发挥空间和无比广阔的发展前景。

“历史的分水岭往往并不壮观，而且发生时很少有人注意到。”② 对于中国的民间组织而言，国家治理体系建设就是其历史发展的分水岭。自此之后，有了明确的指导思想和可资依照的顶层设计，民间组织在中观和微观层面以及在诸多专门领域的使命，主要是在治理体系的制度框架下谋划和推动民间组织的发展。

治理体系现代化重大理论创新和改革目标的提出，不仅宣告了中国特色社会主义事业开始了一个新时代，对于中国的民间组织发展而言，可以说在这个具有里程碑意义的历史性文献指引下，在这样一个全面深化改革的新时代，开启了自身具有里程碑性质全面发展的新纪元。

（二）中国式治理体系建设为民间组织开放了公共治理空间

1. 中国制度建设的目标是构建中国式治理体系

《决定》提出的治理体系改革目标，吸收了治理理论的核心思想，更是在中国特色社会主义制度建设思想基础上的再创造，“这次全会在邓小平战略思

① 《中共中央关于全面深化改革若干重大问题的决定》，载《十八大以来重要文献选编》（上），中央文献出版社，2014，第512页。

② 〔美〕彼得·德鲁克：《管理新现实》，黄志典译，东方出版社，2009，第3页。

想的基础上，提出要推进国家治理体系和治理能力现代化。这是完善和发展中国特色社会主义制度的必然要求，是实现社会主义现代化的应有之义”①。中国的国家治理体系改革目标，体现了中国的历史传承、文化传统、基本制度和现实国情，是具有鲜明中国特色的中国式治理体系。

中国国家治理体系建设的核心目标是国家制度建设，“国家治理体系是在党领导下管理国家的制度体系，包括经济、政治、文化、社会、生态文明和党的建设等各领域体制机制、法律法规安排，也就是一整套紧密相连、相互协调的国家制度”。简而言之，国家治理体系就是国家的制度体系，国家治理能力则是运用这套制度体系管理社会各方面事务的能力，国家治理体系和治理能力就体现为我们国家的制度和制度执行能力。国家治理体系建设要根据时代变化的要求，“既改革不适应实践发展要求的体制机制、法律法规，又不断构建新的体制机制、法律法规，使各方面制度更加科学、更加完善，实现党、国家、社会各项事务治理制度化、规范化、程序化”②。

经济全球化把世界各国更加紧密地联系在一起，提供的一个便利就是，各国在全球化背景下的发展绩效更加容易比较。对比世界各国的发展绩效来看，国家间的竞争实质上就是国家之间制度及其执行效果的竞争。清华大学胡鞍钢教授对中美治理绩效进行了比较研究，研究结果表明中国国家治理绩效最好、国家治理能力最强，认为中国具有独特的制度创新和独特的制度优势。“中国的治理绩效为何会优于美国？根本的原因在于中国共产党不断完善与发展国家治理体系，兼顾制度延续与制度创新，进而形成良好的国家治理能力，与国家发展阶段相适应，与国家治理需要相因应。”③

中外治理绩效表明中国的国家治理体系和治理能力总体上是好的，具有自己的独特优势，但为了“推动中国特色社会主义制度更加成熟更加定型，为党和国家事业发展、为人民幸福安康、为社会和谐稳定、为国家长治久安提供

---

① 习近平：《切实把思想统一到党的十八届三中全会精神上来》，载《十八大以来重要文献选编》（上），中央文献出版社，2014，第547页。

② 习近平：《切实把思想统一到党的十八届三中全会精神上来》，载《十八大以来重要文献选编》（上），中央文献出版社，2014，第548～549页。

③ 胡鞍钢等：《中国国家治理现代化》，中国人民大学出版社，2014，第211页。

一整套更完备、更稳定、更管用的制度体系”①，在国家制度建设方面应勇于借鉴和大胆吸收西方治理理论的合理内核和有价值的思想，在完善和发展中国特色社会主义制度的基础和前提下，推进治理体系和治理能力的现代化。

习近平在省部级主要领导干部全面深化改革专题研讨班上强调，“一个国家选择什么样的治理体系，是由这个国家的历史传承、文化传统、经济社会发展水平决定的，是由这个国家的人民决定的。我国今天的国家治理体系，是在我国历史传承、文化传统、经济社会发展的基础上长期发展、渐进改进、内生性演化的结果。我国国家治理体系需要改进和完善，但怎么改、怎么完善，我们要有主张、有定力”②。也就是说，中国的治理体系，是基于现实发展需求和自身发展特点的自主选择，是不断学习他人的好东西，把他人的好东西化成自己东西的“化西”，而不是丧失自我盲目学习西方的“西化”。坚定的制度自信和勇于学习的进取精神，造就了具有独特民族特色的“中国式治理体系”。

2. 中国式治理体系的三个层面建设为民间组织创造广阔发展空间

中国式治理体系是中国特色社会主义制度的完善和发展，主要包括国家治理、政府治理和社会治理三个既互相区别又交叉融合的制度层面。

国家治理层面是国家的政治制度建设，包括人民代表大会制度、中国共产党领导的多党合作和政治协商制度、民族区域自治制度以及基层及群众自治制度。在国家的政治制度建设中，人民代表大会制度是我国的根本政治制度，中国共产党是领导建设中国特色社会主义伟大事业的核心力量，在坚持党的领导、人民当家做主、依法治国三者有机统一的基础上，国家治理层面建设的突出特点是围绕保证人民当家做主，提高党的科学执政、民主执政和依法执政水平，全方位扩大公民有序参与，推动协商民主广泛多层制度化发展以及推动基层民主促进群众依法自治。

政府治理层面建设的核心内容是政府自身的改革，主要是通过简政放权和深化行政审批制度改革来规范政府与市场和社会之间的关系，最大限度地减少

① 习近平：《坚定制度自信不是要固步自封》，《人民日报》2014年2月17日。
② 习近平：《坚定制度自信不是要固步自封》，《人民日报》2014年2月17日。

政府对微观事务的管理。“推广政府购买服务，凡属事务性管理事务，原则上都要引入竞争机制，通过合同、委托等方式向社会购买。”① 事业单位去行政化和建立法人治理结构，以及有条件的事业单位转为社会组织的改革目标等。政府治理建设的相关改革目标将为民间组织直接创造更大的活动空间和公平宽松的外部发展环境。

在社会治理层面，主要着眼于通过创新社会治理体制，最大程度地增加和谐因素，增强社会发展活力，提高社会治理水平。通过改进社会治理方式，鼓励和支持社会各方面参与，实现政府治理和社会自我调节、居民自治良性互动。通过激发社会组织活力，发挥社会组织作用。

从中国式治理体系三个层面的制度设计来看，每个层面都有大量内容直接涉及民间组织。国家治理层面的制度设计和规划，为民间组织作为公民有序参与和群众的依法自治组织形式开放了公共治理空间，为民间组织作为民主协商渠道和协商对象进行了制度性的安排。可以说，国家治理层面关于民间组织发展的规划，是民间组织政策和制度安排的顶层设计，对民间组织发展来说具有里程碑性质的意义。而在政府治理和社会治理层面，大量明确、具体的改革目标设定更是与民间组织直接相关，或是为民间组织创造良好发展环境、拓展施展舞台的空间、提供直接的资源支持，或是在民间组织登记管理制度、去行政化等直接相关的重大问题上提出改革的详细目标。

总而言之，中国式治理体系建设为中国民间组织开放了公共治理空间，重新调整了权力格局和权力空间，为民间组织提供了一个更加广阔的社会发展空间，给予了更加多样化的资源支持，赋予了无比重要的角色作用。

（三）中国式治理体系走出一条国家与社会融合发展的新路

1. 中国式治理体系建设是扬弃西方理论、立足本土的再创造

中国国家治理体系建设的核心目标是制度建设，强调要“善于运用制度

① 《中共中央关于全面深化改革若干重大问题的决定》，载《十八大以来重要文献选编》（上），中央文献出版社，2014，第520～521页。

和法律治理国家，把各方面的制度优势转化为管理效能”。[①] 这些制度建设的直接目的是进一步解放和增强社会活力，进而解放和发展社会生产力。通过治理体系的制度建设，国家向市场和社会主体开放公共治理空间，让社会更加自治和独立，使企业、公民、社会组织都成为重要的治理主体，这些举措无疑会极大地解放和增强社会活力。

中国式治理体系建设向公民、企业和社会组织等治理主体开放公共空间，并采用制度化的参与渠道和途径让三者有序参与国家治理，既增加了社会活力，又能保障社会有序活动，从而有利于更好地解放和发展社会生产力。可以说，当前正在全力建设的中国式治理体系，正在探索一条国家与社会融合发展的新路子。

中国式治理体系批判性地学习借鉴了西方治理理论和公民社会理论的合理内核与符合时代发展需要的正确思想，而不是对西方理论的照抄、照搬、照转，中国的国家治理体系建设具有鲜明的中国特色和民族风格，而不同于西方国家的治理体系建设和公民社会道路。

西方治理理论尽管有多个流派，强调多主体、多中心和多元化，强调政府分权并与社会共治是其共同的特征。与此同时，治理理论中倡导去国家化、去政府化，弱化政府权威甚至不要政府权威的声音也甚嚣尘上，没有政府的治理、无需政府的治理等观点广为流播。中国式治理体系建设借鉴汲取多主体合作治理的重要思想，向社会开放公共治理空间，加大公共参与的形式和力度。同时也强调在完善和发展中国特色社会主义制度的前提下，推进国家治理体系和治理能力现代化建设。

公民社会观念是起源于欧洲专制时代末期的社会理论，是欧洲国家与社会关系的经验总结。抛开欧洲经验的局限性，公民社会理论也只是学者建构的一个“理想模式”，而不是真实存在的社会现实。美国学者孔飞力曾告诫指出哈贝马斯等人提出“公共领域”及“公民社会”等概念所依据的“西方”并非

① 习近平：《切实把思想统一到党的十八届三中全会精神上来》，载《十八大以来重要文献选编》（上），中央文献出版社，2014，第549页。

历史上真实存在过的西方，而是一个“理论上的相似对应物”。[①] 公民社会有作为影子城邦的公民社会、作为公民权利的公民社会、作为政治发展的公民社会和作为治理方式的公民社会四种主要的解释，这些观点并不互相排斥，而是共同描绘了社会与国家的对抗，甚至被西方国家作为推行颜色革命的有效武器和意识形态工具。[②] 公民社会虽只是一个理想模式，并且带有西方的偏见和以欧洲为中心单线发展观的强烈色彩，但其对社会的重视和对公民权利的彰显，以及作为社会横向联系机制的社会组织和社会资本积极作用的思想，都可以为我们的治理体系建设提供有益的启发和借鉴。

2. 中国式治理体系回应现实需求走出国家与社会融合发展的新路

中国式治理体系在坚持党的领导、人民当家做主、依法治国三者有机统一的基础上，通过制度建设实现对权力的制约限制，以及凸显民间组织的主体作用和社会的自治地位。强调发展更加广泛、更加充分、更加健全的人民民主，把保障人民权利、增进人民福祉作为一切改革的出发点和落脚点。

中国治理体系建设回应了当前人民群众公平意识、民主意识、权利意识、参与意识和监督意识不断增强的现实需求，是站在人民立场上、从人民利益出发而谋划的改革。《决定》在最后一条强调，“人民是改革的主体，要坚持党的群众路线，建立社会参与机制，充分发挥人民群众积极性、主动性、创造性，充分发挥工会、共青团、妇联等人民团体作用，齐心协力推进改革”[③]。国家治理体系建设对人民主体性的强调和对人民群众权利意识的保障，体现了中国式治理体系走出了政府与人民对立、国家与社会对抗的老路，开创了国家与社会融合发展的新途径，走出了一条政府为了人民、人民监督并支持政府的新路。

治理理论和公民社会理论对于中国民间组织发展最大的贡献就在于，把民间组织从被动的政府管理对象，提升为与政府协商合作的独立主体。治理理论

① 〔加〕卜正民：《中国社会中的自发组织》，载〔加〕卜正民、傅尧乐编《国家与社会》，张晓涵译，中央编译出版社，2014，第21页。

② 〔加〕傅尧乐：《国家主导下的公民社会》，载〔加〕卜正民、傅尧乐编《国家与社会》，张晓涵译，中央编译出版社，2014，第44～51页。

③ 《中共中央关于全面深化改革若干重大问题的决定》，载《十八大以来重要文献选编》（上），中央文献出版社，2014，第545页。

的核心思想是政府、市场、社会以及公民的多元共治，强调多元主体之间通过持续的合作协商、互动协调，建构伙伴关系对社会公共事务进行合作管理。公民社会理论强调对公民权利的保障，提倡培育发展增进社会资本和横向联系的社会组织。治理理论打破了“政府中心论”和“政府唯一主体论”局限，强调建构政府、市场和社会三者之间良性互动、优势互补与合作共赢的治理模式。

中国式治理体系是马克思主义群众观点和西方治理理论、公民社会理论融合借鉴后的创造性成果。马克思主义群众观点强调人民群众是历史的创造者，人民群众是社会生产和生活的主体，要“一切为了群众，一切依靠群众”。治理体系建设只有通过坚持人民主体地位、发挥人民主体作用，才能保证人民的平等参与、平等发展权利，并由此而激发社会活力，才能实现“发展为了人民、发展依靠人民、发展成果由人民共享”的出发点和落脚点。

中国式治理体系走出的这条国家与社会融合发展的新路，坚持中国共产党改革发展的领导核心作用，强调保障公民权利有序扩大公民参与，并把民间组织作为治理体系中的主体等思想，不但完全符合马克思主义的群众观点和党的根本宗旨，更是在学习借鉴优秀外来思想的基础上顺应社会发展需求的伟大创新。

二　政府治理体系建设为发挥民间组织主体地位奠定制度基础

（一）政府治理体系建设的目标是打造一个卓有成效的政府

1. 政府治理体系建设的首要任务是推动政府职能转变

政府治理体系是国家治理体系和社会治理体系的联结点，政府治理体系建设成效直接决定着国家治理和社会治理的成效。政府治理体系建设的主要内容包括合理界定政府的职能并用恰当的方式有效履行职能。

推动政府治理体系建设，应该首先思考以下问题：“哪些职能是政府可以承担的，是只有政府可以承担的，而且是政府必须承担的？”“要在组织社会中承担这些职能，政府可以采取什么样的组织方式？”① 也就是说，合理界定

① 〔美〕彼得·德鲁克：《管理新现实》，朱雁斌译，机械工业出版社，2009，第190页。

政府职能应成为政府治理体系建设的基础和首要问题。以往所谓“大政府”和“小政府”的争论并不是政府治理体系建设关注的主要目标。政府规模的大小是由政府承担的职能决定的，“大政府”或者“小政府”不是界定政府治理体系建设成效的标准，政府治理体系建设的目标是在合理界定政府职能的基础上，打造一个卓有成效的政府。

政府治理体系建设要合理界定政府职能，本质上就是要厘清政府权力的边界，明确政府权力的有限性以及权力行使的规范性。准确界定和有效发挥政府职能，当务之急是推动政府职能转变，明确界定政府、市场和社会的边界，改变以往政府无所不能、无所不管而导致的职能不清、角色混淆等现象。正是基于对职能转变重要性的认识，本轮国务院机构改革把职能转变加入改革方案标题，并明确强调这次国务院机构改革的重点就是围绕转变职能和理顺职责关系推进改革。

新一届政府成立后，明确把转变职能作为改革的核心，李克强总理多次强调转变职能是新一届政府开局要办的第一件大事，是决定政府机构改革能否成功的关键。李克强总理在国务院第一次全体会议讲话中指出，“我们现在管的事情确实是多了，不该管的管多了，一些该管的又没有管好”。“要把我们不该管的放出去，放给市场、交给社会，还有一小部分可以放给地方”。对于政府而言，“不仅要搞好宏观调控，还应更多在市场监管、社会保障、公共服务方面承担责任，让市场和社会主体在公平的平台上去竞争、去发展”①。

十八届三中全会对加快转变政府职能进一步明确，强调“使市场在资源配置中起决定性作用和更好发挥政府作用”，根据这个指导思想提出“凡是能由市场形成价格的都交给市场，政府不进行不当干预”，通过简政放权和深化行政审批制度改革，“最大限度减少中央政府对微观事务的管理，市场机制能有效调节的经济活动，一律取消审批”。② 厘清政府与市场的边界，着力解决政府干预过多的问题。

---

① 李克强：《在国务院第一次全体会议上的讲话》，载《十八大以来重要文献选编》（上），中央文献出版社，2014，第252页。

② 《中共中央关于全面深化改革若干重大问题的决定》，载《十八大以来重要文献选编》（上），中央文献出版社，2014，第513~520页。

2. 政府转变职能后要着力打造一个卓有成效的政府

政府治理体系建设既要转变政府职能，又要在转变职能的基础上打造一个卓有成效的政府。

把职能转变作为深化行政体制改革、推动政府治理体系建设的核心，意味着政府职能的重大调整和角色的重新定位，意味着政府与市场、政府与社会关系、中央与地方关系发生了全新的变化。“转变国务院机构职能，必须处理好政府与市场、政府与社会、中央与地方的关系，深化行政审批制度改革，减少微观事务管理，该取消的取消、该下放的下放、该整合的整合，以充分发挥市场在资源配置中的基础性作用、更好发挥社会力量在管理社会事务中的作用、充分发挥中央和地方两个积极性，同时该加强的加强……真正做到该管的管住管好，不该管的不管不干预，切实提高政府管理科学化水平。”① 推动政府转变职能加强自身建设采取的具体措施为减少和下放投资审批、经营活动审批、资质资格许可和认定、改革社会组织管理制度等办法。

转变政府职能既包括转变经济职能，也包括转变社会职能。政府不仅对微观经济活动干预太多、审批泛滥，对微观社会活动同样干预太多、控制过严，而自身在公共服务等核心职能履行方面却又很不到位。今后的政府治理体系建设既要向社会放权处理好权力“瘦身”的关系，又要加强公共服务提供等职能对履职能力进行“健身”。通过转变职能、创新行政管理和服务方式，提高治理能力和服务水平，提升行政效能。

政府治理方式要围绕服务型政府和法治政府的建设目标，加大包括预算公开在内的政务公开力度，加强政府的绩效管理，建立权责对等的问责和纠错机制。政府治理体系构建完善的标志就是能够“创造良好发展环境、提供优质公共服务、维护社会公平正义”，从以往行政控制为主转为提供服务为主，从全能政府转为有限政府和有为政府。

政府治理体系的建设目标是以更低的行政成本和更高的行政效率，提供

---

① 《第十二届全国人民代表大会第一次会议关于国务院机构改革和职能转变方案的决议》，载《十八大以来重要文献选编》（上），中央文献出版社，2014，第228页。

更多的优质公共服务，得到更多的支持，把政府打造成为一个卓有成效的政府。

（二）政府治理体系建设遵从的原则为民间组织创造更大空间

1. 市场优先和社会自治是合理界定政府职能的基本原则

政府治理体系建设涉及政府与市场的关系、政府与社会的关系、中央与地方的关系等多种关系，通过对这些关系的调整来转变政府职能推进政府治理体系建设。政府治理体系建设应遵从市场优先、社会自治、基层优先和间接提供四大原则。从政府职能的合理界定和有效履行两个环节分析，政府治理体系建设应该按照市场优先原则和社会自治原则确定职能，依据基层优先原则和间接提供原则进行内部职能分工和选择履行职能方式。

合理界定政府职能首先需要厘清政府与市场以及与社会之间的关系，政府职能合理界定后还需要进一步明确不同层级政府的职能分工以及有效履行政府职能的方式。根据这样的内在逻辑，政府治理体系建设首先要经济分权和社会分权并重，按照市场优先和社会自治原则推动政府与市场、政府与社会关系的调整，并以此来界定政府的职能。

市场优先原则是发挥市场在资源配置中的决定性作用，社会自治原则是发挥社会主体在社会需求满足和社会矛盾化解中的基础性和先导性作用。

使市场在资源配置中起决定性作用，是十八届三中全会《决定》提出的一个重大理论观点，这一重大理论创新确立了界定政府职能的市场优先原则。市场优先原则有其明确的适用范围，就是在资源配置领域。需要明确市场只是在资源配置中发挥决定性作用，并不是起全部作用。市场配置资源是最有效率的形式，要让市场在资源配置中起决定性作用。市场优先原则并非不要政府，而是为了更好地发挥政府作用。

依据当前推行的最大限度地减少微观事务管理、最大程度地激发社会活力、社会组织管理制度等改革举措来看，虽然没有像市场优先原则这样被旗帜鲜明地确立，社会自治原则实际上是体现在改革举措之中的指导思想，与市场优先原则相向而行，共同推动着政府职能的转变。

社会自治原则就是让社会主体在社会领域发挥自律管理和自主决定的优先

作用。社会自治原则体现为政府的两大转变：一是从政府的权力本位走向了社会的权利本位。以往政府对社会的管理主要从政府的视角出发，强调运用权力管理和限制社会，忽视了人民的权利和社会的自治。而政府治理下的社会自治原则主要是从人民和社会自身的视角出发，强调人民的主体地位和社会的自治作用。二是政府在社会需求满足与矛盾化解中从"前场"走向"后台"。政府在满足个性化社会需求与化解复杂性社会矛盾方面存在天然的不足，这也是为什么政府冲在一线费心费力地提供需求和化解矛盾，不仅出力不讨好而且造成社会冲突日益尖锐的主要原因。社会自治原则就是充分发挥民间组织等社会多元主体在满足个性化需求以及化解复杂性社会矛盾的基础和先导作用，让政府从直接参与的"前场"走向坐镇指挥的"后台"。

市场优先原则和社会自治原则的优先顺位决定了政府履行职能的范围，也就是凡是市场可以自行配置资源和社会可以自行治理的事情，政府就不应该管。新一届政府成立后大力通过行政审批制度改革放权，正在逐步、最大限度地把权力放下去、交出去，放给市场、交给社会，给市场、给社会更大的空间，以此来激发市场潜力和全社会的活力、创造力。[①] 这些改革的思路正是市场优先原则和社会自治原则的具体体现。

2. 基层优先原则和间接提供原则帮助政府更有效地履行职能

市场优先和社会自治原则只是确定了政府职能的范围，对于政府履行职能的内部分工和履行方式，则要按照基层优先原则和间接提供原则的优先顺位来考虑。

基层优先原则是指政府履行职能时应首先考虑基层政府在社会事务中的优先作用，并根据这个原则来界定政府内部的职能分工，来规范中央和地方以及上下级政府之间的关系。根据基层优先原则，地方政府可以就近就便进行经济社会管理，不但职能履行会更有力有效，也可以更好发挥地方政府贴近基层的优势，便于地方政府更具针对性地提供公共服务和实施社会管理。《决定》按照基层优先原则明确提出加强地方政府的公共服务、市场监管、社会管理、环

---

① 李克强：《着力建设一个廉洁的政府》，载《十八大以来重要文献选编》（上），中央文献出版社，2014，第267～268页。

境保护等职责，“直接面向基层、量大面广、由地方管理更方便有效的经济社会事项，一律下放到地方和基层管理”①。

间接提供原则是政府履行职能时科学选择行使方式以便更有效地履行职能。依据间接提供原则，属于政府职责范围内的事情，如果可以采用间接提供而不是政府直接生产的方式可以完成，政府应尽量间接提供。新一届政府就是秉持这样的原则推动改革，“即使是基本公共服务，也要深化改革、利用市场机制、创新供给方式，更多地利用社会力量，加大购买基本公共服务的力度，要加快制定出台政府向社会组织购买服务的指导意见。凡适合市场、社会组织承担的，都可以通过委托、承包、采购等方式交给市场和社会组织承担，政府办事不养人、不养机构”②。政府根据间接提供原则把自己的角色由直接生产者变成提供者，政府设定相关标准并监督提供绩效，把直接生产的任务交给私人企业或民间组织。在间接提供原则下的政府，未来最重要的工作或许是设定标准和监督标准的执行。

当前的政府治理体系建设正是在市场优先、社会自治、基层优先和间接提供这四大原则的主导下推动的。市场优先和社会自治原则合理界定了政府的职能，基层优先和间接提供原则优化了政府职能的合理配置和履职方式。

政府治理体系建设的四大原则，尤其是社会自治原则和间接提供原则，为中国的民间组织发展极大地拓展了生存空间，创造了成长机会，提供了发挥作用的舞台和宝贵资源，奠定了民间组织在治理体系中真正发挥主体地位的重要基础。

（三）政府治理体系建设决定着社会治理体系建设成败

1. 政府能力的有限性推动政府进行社会治理体系建设

政府权力边界和能力边界的有限性已经成为当今社会的普遍共识。有很多事情政府本来就不应该去做或是先天就做不了也做不好，这类事情政府今后

① 《中共中央关于全面深化改革若干重大问题的决定》，载《十八大以来重要文献选编》（上），中央文献出版社，2014，第520~521页。

② 李克强：《在国务院机构职能转变动员电视电话会议上的讲话》，载《十八大以来重要文献选编》（上），中央文献出版社，2014，第301页。

要尽量少做。即使有些属于政府应该做也能做的事情，也需要考虑外在的环境和是否有一定的条件配合，这类事情政府今后注意选择更恰当更有效的方式去做。基于这样的看法，当前我国政府正按照市场优先、社会自治、基层优先和间接提供四大原则推进政府治理体系建设，着力建设一个卓有成效的政府。

政府治理体系建设的核心内容和改革的着力点，是以政府职能转变为核心的政府自身建设，而政府职能转变的过程和成效，决定着政府、市场和社会三者之间关系的变化和重塑。政府治理体系建设的主要目标是全面正确履行政府职能，要实现这样的目标，首先就要简政放权，通过审批制度改革为市场和社会让渡发展空间；其次要创新政府治理的方式，充分发挥和借助市场以及社会的力量。可以说，没有政府职能转变和自身治理方式的创新，就不可能有社会治理创新。政府治理体系建设是社会治理体系建设的基础和前提，决定着社会治理体系建设的成效。

管理学大师德鲁克曾预言，“一个政府不识极限为何物——不管是对它的活动而言，还是对它改造社会的能力而言，或是对它的财源而言——的时代，已经步入了尾声”①。

社会治理体系建设就是认识到了政府能力的有限性，“了解政府做事的能力有其极限十分重要，了解政府能用钱买到的亦有极限，也同样重要。事实上，在许多事情上，政府花钱只会让情况更加恶化。举例来说，政府可以用钱来改变社会吗?”② 美国在二战后的低收入者住房计划和社会福利计划，投入了巨额资金而结果却非常令人失望，就告诫人们应该放弃以政府支出来解决社会问题的观念，牢记政府不能仅仅靠钱来改变社会的教训。

2. 政府治理体系建设是社会治理体系建设的基础和前提

社会治理体系建设不可能脱离政府治理体系建设，政府治理体系建设是社会治理体系建设的基础。政府要重新思考对社会该管什么、不该管什么、采取什么方式管等重大问题。政府转变管理社会职能，重新调整政府与社会的关系，并通过政府改革重建社会，才能形成政府主导和社会参与、社会自治和政

① 〔美〕彼得·德鲁克：《管理新现实》，黄志典译，东方出版社，2009，第64页。

② 〔美〕彼得·德鲁克：《管理新现实》，黄志典译，东方出版社，2009，第59页。

府管理相结合的社会治理新模式。

社会治理体系建设就是按照社会自治优先、基层优先和间接提供原则推进政府治理体系建设所导致的一个结果，也就是凡是社会自身能自律管理和自我解决的事情政府要放手社会，优先采用非政府的社会机制解决。凡是基层政府能够处理和解决的社会事务上级政府要放手让下级政府处理，要把社会事务处理权优先由最切近基层的政府来解决。

社会治理体系建设的前提和基础是政府治理体系建设，要进行社会治理体系建设，当务之急是要推动政府全面转变职能，改进社会治理方式，转变滞后的社会管理理念。打破以往政府管理社会的思维惯性和行为惯式，改变以往思维方式上的管制依赖性、管理方式上的控制依赖性、管理手段上的强制依赖性。

政府治理体系建设决定着社会治理体系建设的成效，并不意味着政府治理体系建设就可以包办和替代社会治理体系建设。社会治理体系建设还包括培育扶持民间组织、激发社会主体活力、构建新型政社关系等重要内容。

三　社会治理体系建设要逐步推动形成金字塔式社会治理结构

（一）社会治理体系建设要推动社会治理模式转型

1. 政府必须加快构建与社会发展相适应的社会治理模式

社会治理体系建设首先要政府改进对社会的治理方式，关键在于政府向社会放权，激发社会活力，减少政府对社会的干预。政府向社会放权的目的不是削弱政府的管理，也不是不要政府的管理，而是在发挥政府主导作用的基础上，“鼓励和支持社会各方面参与，实现政府治理和社会自我调节、居民自治良性互动”①。只有实现社会自治基础上社会多元主体对政府的协同治理，政府才能真正改进社会治理方式。

① 《中共中央关于全面深化改革若干重大问题的决定》，载《十八大以来重要文献选编》（上），中央文献出版社，2014，第539页。

政府的社会管理职能以往曾被简单地等同于政府管理社会，认为就是政府对社会的单向度管理，忽略了社会的自我管理以及社会组织对政府的协同治理。忽略了社会的管理意味着社会管理的过度行政化，政府包揽一切导致管理过度，政府力量十分强大，只见政府不见社会，不利于调动社会力量参与社会管理，直接造成政府社会管理的成本过高、效率太低、矛盾尖锐。另外一个间接的后果是，社会自我管理程度较低，民间组织等社会主体发育滞后，社会资本开发利用不足，社会自主性和自我管理与服务能力较弱。

随着社会转型的不断推进，中国社会的开放程度越来越高，社会流动性加快，社会需求越来越多样化，社会矛盾日益复杂化。单靠政府一种力量已经无法满足日益多样化、个性化和复杂化的社会需求，以及化解诸多的社会矛盾。忽略社会自治和参与的社会管理模式已经难以为继，政府日益感到力不从心。政府对个性化的社会需求往往无能为力，“从本质上看，政府必然关注大规模的集团，而不是这个人或那个人的专业技能、背景和需求”①。政府不仅难于满足个性化的社会需求，对于越来越棘手的社会问题也往往束手无策。“政府无法成功解决我们所面临的这些社会问题，还有一个同样重要的原因在于，这些问题非常棘手。所谓棘手的问题，指的是它涉及许多利益相关人等，因为很难，甚至不可能确立精确的目的和目标……而比起现在这些处理的糟糕透顶的问题，今后几十年我们所面临的问题还会更棘手。每一个问题背后都存在各种强有力的利益集团，它们的目标和价值观极不相同，甚至彼此排斥，这就必然导致政府无法成功地解决这些问题。”②

对于政府难于满足的个性化需求以及难于应对的互相冲突的矛盾，有时候社会主体自身可以自我服务、自我管理，有时候社会主体在政府的支持和帮助下可以更加高效灵活地应对需求和矛盾。灵活多样、分布广泛的民间组织等各类社会主体能够发挥各自所长指向单一的目标需求，能够将复杂的矛盾逐步缓解或分解为简单的问题。民间组织等社会主体之间为了各自更好地生存和发展，也会为解决同样的问题展开互相竞争，探索形式多样的解决问题和满足需

① 〔美〕彼得·德鲁克：《管理前沿》，闾佳译，机械工业出版社，2009，第238页。

② 〔美〕彼得·德鲁克：《管理前沿》，闾佳译，机械工业出版社，2009，第241页。

求的途径。

政府在面对多样化的社会需求和社会矛盾时不仅没有民间组织等社会主体灵活高效，而且由于自身的过度介入导致政府在此起彼伏的各类社会矛盾面前日益被动。“在市场经济体制下，面对日益多元化的社会，如果不能在利益群体之间建立起群体对话、协商、谈判的博弈制度，培育出对称的博弈能力，社会生活领域的所有问题都有可能变成‘政府的问题’，社会生活极易‘政治化’。”[①] 面对如此严峻的社会现实，政府必须加快构建与发达市场和开放社会相适应的社会治理模式。

2. 社会治理转型要走政府与社会协同治理的新模式

构建新型社会治理模式关键在于重新调整政府权力和社会权利的框架和边界。政府要重新思考对社会该管什么、不该管什么、采取什么方式管等重大问题。政府权力在维护公民自由、公共安全和社会秩序之外，尽可能从过度干预的社会领域中退出来，把原本不该管也管不好的很多事务还给社会，保持“最小政府”存在状态。政府权力在社会领域面对公民自由和权利保持最小限度的存在，而社会主体遵循“法无禁止即自由”的原则，让公民个人和各类民间组织发挥自治作用，充分释放社会的发展动力和创造活力。只有政府还权社会，逐步培育社会自我管理、自我服务和自我修复的能力，让社会活力发挥出来，让社会的自主性和自治性充分显示出来，才能形成政府与社会协同治理的社会治理新模式。

社会治理体系建设推动社会治理模式转换不是弱化政府对社会的管理，更不是不要政府对社会的管理，而是要通过政府改革重建社会，形成政府主导和社会参与、社会自治和政府管理相结合的社会治理新模式。

新社会治理模式要实现基本立场和价值取向的重大转变。政府主导而不包办，实现政府与社会共同进行社会管理的模式，确立社会力量自治的基础地位和民间组织等社会各类组织的主体地位。破除政府包揽社会管理的陈旧模式，唤醒社会的自主意识和激发社会自治力量，推动逐步形成政府主导下的政府与社会的协商共治模式。在新的社会治理模式下，社会治理形态呈现多样化和灵

① 蔡禾：《从利益诉求的视角看社会管理创新》，《社会学研究》2012 年第 4 期。

活化，各种主体互相交织、互相依存，你中有我、我中有你，相互之间交互影响、多元发展。社会治理主体之间通过契约关系、对话关系、协商关系实现互动合作，多元治理主体采用多样化的管理工具构建起多元的协作关系。

（二）社会治理模式转型要逐步形成金字塔式社会治理结构

1. 按照社会自治优先原则推动形成金字塔式社会治理结构

创新社会治理首先要推动政府进行壮士断腕般的自我革命，通过自我“削权、分权和限权”实现政府职能转型。以往政府在社会管理方面由于没有向社会分权，政府一直处于第一线，虽然“劳心、劳力、劳神”，因为能力有限、矛盾复杂，政府常常会“引火烧身”，成为社会发泄不满的对象，最终管理效果并不好。与此同时，因为政府权力过大和管制过多，一些官员借机“寻租”而败坏政府形象，并导致公权力常常侵害公民权利。这种没有社会参与的政府对社会的管理，由于缺乏必要的缓冲空间，导致社会矛盾尖锐，这样的管理模式已经无法适应日益开放、流动和多元的新型社会形态。

社会治理模式转型要逐步形成和构建一种金字塔式的社会治理结构。金字塔式社会治理结构主要根据从下到上的原则，凡是社会能够自主解决的，由社会自治和自行解决；凡是可以依靠社会力量解决的，政府应与社会保持合作，充分发动社会力量来解决；只有在社会无力解决或解决不好的情况下，政府再借助和吸纳社会力量参与并最后出手解决。在这种治理结构下，政府只对“涉及全局性、长远性的公共利益的公共事务实施必要的管控与协调，而把那些涉及地域性的、群体性的、基层性的公共事务留给社会自治，让公民通过社区、合作社、民间组织、社会企业等多种自治组织方式实施自我管理”①。金字塔式社会治理结构是建立在社会自治与民间组织等多元社会主体共同参与之下的社会治理结构和机制。

2. 金字塔式社会治理结构的基本特征

金字塔式社会治理结构是一种按照社会自治优先原则建构形成的一种社会

① 燕继荣：《协同治理：社会管理创新之道——基于国家与社会关系的理论思考》，《中国行政管理》2013 年第 2 期。

治理形态（见图1）。自下而上包括四层四类治理类型：第一层也就是最底层是社会自治，公民、民间组织、企业等各类社会主体自我管理、自我服务，属于社会的自我管理。第二层是民办公助，民间组织等社会力量发挥自治主导作用，但需要政府的协助和支持，属于社会主导下的政府支持。第三层是公办民助，属于政府承担的公共服务和社会管理等职能采用转移、委托等方式交给社会力量承办，属于政府主导下的社会协助。第四层也是最上层属于政府发挥规则制定、安全保障、社会公平、公共服务等方面的终极承担责任，政府履行必须承担的社会管理职能，政府在承担这类“终极责任”时并不是自己“独自打保龄球”，而是出现越来越多的社会参与。这四层治理形态根据政府参与及发挥作用大小可以分成四类治理类型：发挥社会自我管理作用的社会自治、社会为主政府协助的民办公助模式、政府主导社会协助的公办民助模式、政府直接管理社会的政府管治模式。总体而言，金字塔式社会治理结构以城乡社区为平台、以各类民间组织为主体、以政府为主导，是在社会自治基础上的政社互动治理模式。

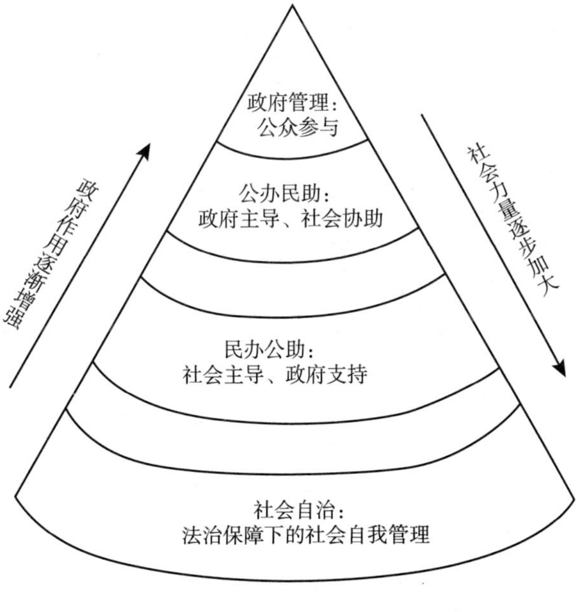

图1　金字塔式社会治理结构图

金字塔式社会治理结构体现了政府与社会之间社会领域中的多重相互关系，以及两者在社会治理过程中发挥作用的顺序和比例。社会结构分析方法认为任何事物都是一种结构性存在，结构状况影响和反映事物的发展状况。社会治理模式转型推动金字塔式社会治理结构形成的过程，意味着中国的社会管理开始从主要关注政府自身的“体制性改革”，走向既关注自身改革又关注与外部关系调整的“结构性改革”。金字塔式社会治理结构意味着政府、市场与社会关系的新变化，政府与企业、民间组织等社会主体之间开始形成新的关系结构。政府提供法治保障和制度条件，让社会领域各主体依法发挥自治的基础性作用。对于准公共产品性质的公共服务提供，政府在社会力量主导的基础上给予支持和协助。对于政府应该承担主要责任的基本公共产品和公共服务，政府在自己主导的基础上充分借助社会力量，发挥社会协同作用。即便是政府核心职能的规则制定等直接管理职能，也为公众提供更大范围、更大程度的多样化参与途径和方式。只有形成金字塔式的社会治理结构，才能真正“实现政府治理和社会自我调节、居民自治良性互动”的社会治理新体制。

金字塔式社会治理结构实现了几大创新：一是治理主体从政府唱独角戏的单一主体到政府、企事业单位、民间组织和公民共同参与的多元主体。二是治理方式从依靠人治到依靠法治，法治成为社会治理的基本方式和基本规则。三是治理手段从单向、强制和刚性的管制为主，转向双向的、协同的、柔性的服务为主。四是治理特征从强制型转向协商型，搭建了公众参与平台，政府与社会协商沟通。五是治理权力从单一行政权力自上而下转变为社会公共权力的上下互动，政府自上而下的行政管理与自下而上的社会自治相结合。

金字塔式社会治理结构形成的四层治理形态可以有效应对政府主导乏力、社会参与不力的两难窘境，是一种政府与社会分工协作、共担责任、共享共治的管理，是一种在社会自治基础上政府与社会的协同治理。这种管理模式纠正了把社会管理看成是政府发布命令和制定规则而社会服从的管理，亦即“没有社会的政府管理”；也纠正了把社会管理看成仅仅为社会的自我管理，亦即“没有政府的社会管理”，或者是“无需政府的管理”。没有社会的政府管理和没有政府的社会管理属于社会管理的两个极端，一种会导致社会的集中营化，一种会导致社会的无序化或者黑社会化。在社会日益多元化和复杂化的今天，这两类社会管理纯属白日梦般的空想。

金字塔式社会治理结构下的政府管理，由于最大化利用和发挥了社会力量，对政府而言，这种社会管理将是最有效的也是成本最低的社会管理。这种治理结构直接形成了政府社会管理的“重心下移”和“关口前移”，在保持社会秩序的同时，最大化地释放社会活力，提高社会管理的整体效能。

金字塔式社会治理结构，通过允许和鼓励社会自治来发挥社会的自我管理和自我调节作用，采用政府管理与社会自治的良性互动和分工协作来防范和化解社会风险，充分体现了源头治理和系统治理，最大化地调动社会的积极性、主动性和创造性。这种治理结构适应社会结构转型，改变政府时时处处冲在第一线的“出力不讨好”状态，推动社会管理模式扁平化，建立了官民冲突的多层缓冲带，最大化地激发了社会活力，也最大化地避免了官民对立。

金字塔式社会治理结构改变了政府对社会事务大包大揽的局面，减轻了政府的负担，剥离了影响政府核心职能履行的繁杂事务，有利于政府自上而下的少量行政性管理和社会自下而上的大量自我管理有机结合，形成全新的社会治理结构和社会管理模式。

3. 金字塔式社会治理结构有助于利用和发挥民间组织等社会力量

金字塔式社会治理结构能够最大化地发挥民间组织等多元主体的社会力量，在这种社会治理结构下最普遍、最大量的社会事务由民间主导治理和化解，形成政府与社会多轨并行的社会治理机制，能够适应当前社会面临的多元化主体、多样化需求和多类型矛盾。这种结构符合现代国家的政府管理基本原则：对不损害社会利益的私人事务，采用“自由放任”方式；对不损害社会利益的团体事务，采用“自我管理”方式；对于涉及社会利益的公共事务，采用政社合作的“民主管理”方式。① 符合“小政府、大社会”的现代政府理念，是最合理的社会治理结构。

金字塔式社会治理结构立足于让社会自己管好自己，发挥社会在社会治理中的基础性作用，承认民间组织、公民个人等社会主体在社会治理中的主体地位。政府为民间组织发展和社会自治创造条件，并与社会主体形成协同联手的

① 燕继荣：《现代国家治理和制度建设》，《中国行政管理》2014 年第 5 期。

“伙伴关系”。政府与民间组织等社会主体角色不同、功能不同、发挥作用的方式不同，通过金字塔式社会治理结构，可以充分发挥两者功能互补的作用。用民间组织等社会主体的灵活性、针对性，来弥补政府反映迟缓、成本较高、效率较低的不足。

民间组织等多元社会主体在金字塔式社会治理结构下参与社会管理和社会服务的方方面面，承担大量市场不愿做、政府无力做也做不好的社会事务，成为政府管理社会的合作伙伴和得力助手。当然，民间组织等多元社会主体不只是政府的“伙伴”和“助手”，不只是弥补政府的不足或者使其锦上添花而已。民间组织不仅对提高人民群众的生活质量、保证公民权利非常重要，而且还承载着社会和传统的价值观，对促进社会和谐和人的全面发展等方面发挥着无可替代、无与伦比的重要作用。①

民间组织在促进社会发展、化解社会矛盾上作用巨大，发挥社会的横向整合与沟通连接功能，可以大大提升社会的整合度、凝聚力，有利于实现社会的组织化和有序化发展，极大地增进和提升社会资本。民间组织能够为富裕起来的人民群众提供社交空间，为公民个体提供自我实现的平台，为公民的社会角色定位和功能发挥提供了主要形式和实现途径，帮助实现人的社会化交流和全面性发展。“我们会越来越清晰地认识到，只有在社会部门中和通过社会部门，现代发达社会才会再一次形成负责任和有所作为的公民意识，才会再一次向个人，特别是向知识工作者提供有助于他们在社会中发挥重要作用的环境和有助于他们再造社区的环境。”② 当前人民群众的民主意识、参与意识、法治意识和权利意识日益增强，民间组织为人民群众搭建和疏通了理性参与、有序参与、适度参与的平台和渠道。

（三）金字塔式社会治理结构下的政府主导和社会主体

1. 金字塔式社会治理结构实现了政府主导与民间组织发挥主体作用相统一

金字塔式社会治理结构可加速推动社会结构转型变革，不断扩大社会力量

---

① 〔美〕彼得·德鲁克：《非营利组织的管理》，吴振阳译，机械工业出版社，2007，前言。

② 〔美〕彼得·德鲁克：《管理新现实》，朱雁斌译，机械工业出版社，2009，第183页。

发挥作用的空间范围，增强民间组织的自主意识与自我管理能力，让民间组织成为塑造新型社会治理结构的重要推动因素。政府位于金字塔社会治理结构的顶端，不是放任自流、撒手不管，而是大量减少不必要的事前审批和直接管理，通过加强事中和事后监管保障社会秩序，在提供法治保障、规范自治行为等方面发挥主导作用，为社会自治和多元主体的协商参与提供公正平等的制度环境。

金字塔式社会治理结构既是为政府“减负”，减去对社会不必要的微观干预和直接管理，可逐步实现政府从“控制式管理”向“服务式管理”的巨大转变，是管理理念从对社会控制向为社会为群众服务的转变。同时也是为社会“松绑”，为民间组织“增能”，促进民间组织不断成熟发展，进而最大程度地动员各种社会力量参与社会建设，推动整个社会不断成熟和发展。

金字塔式社会治理结构依靠社会自治以及政府与社会的协同治理，有利于更好实现政府主导、发挥民间组织等社会主体和实现人民群众主人的三大作用。依靠社会自治和民间组织等社会主体的共同治理，适应社会多元化、利益多样化的发展趋势，既便于尊重和保障公民、民间组织等社会主体的权利，又有利于政府发挥维护社会公共秩序和促进社会福祉的主导责任。

2. 金字塔式社会治理结构需要大力提升民间组织发展水平

民间组织是人民群众发挥自我服务、自我管理并体现自身主人地位的群众自治组织，让人民群众通过民间组织实行自我管理、自我服务，并在此基础上参与社会公共事务的管理，符合马克思主义的群众观点和服务型政府建设的发展目标。

金字塔式社会治理结构为民间组织等多元社会主体成为治理体系中的重要主体创造了条件，只有在这种社会治理结构下民间组织才有机会和条件成为治理主体。此外，金字塔式社会治理结构还为民间组织等主体搭建了利益博弈的公共平台和累积社会资本的平台，这两种公共平台都需要培育和发展社会的自组织能力。社会的组织化程度是判断社会自组织能力的重要指标，社会的组织化程度决定着社会自治的水平。社会各类组织的价值取向是自治化，组织化社会的一个重要特征就是依托各类民间组织为载体的社会自治。社会自治水平高不仅意味着民间组织数量多、规模大，还意味着民间组织的内涵式发展和高效能实现。社会的组织化是最好的社会管理，也是政府最省心、最省力和最省钱的社会管理，显然也是社会最好和最有效的稳定机制。

社会通过各类民间组织联合组织起来，比原子化的一盘散沙更容易管理，民间组织公开化活动比隐蔽化生存更容易管理。各类民间组织发挥着社会中间角色和社会整合功能，将社会各主体连接贯通起来，将分散的社会细胞有机整合为类型各异的功能主体，增进社会资本、激发社会活力。支持培育民间组织健康发展，有助于在社会转型过程中实现社会的“再组织化”，有利于发挥社会自我运作、自我管理和自我服务的基础性和先导性管理作用。多元主体和多元利益格局下，政府应加大培育覆盖各领域各层面的多类型社会主体，充分发挥作为社会连接和整合主体的各类民间组织有效化解社会矛盾的最佳主体作用。

民间组织的发展水平不仅反映了社会自治的能力和水平，也决定着社会协同与公众参与的状况和效果。社会协同和公众参与需要有序化、理性化，有序化就需要“有组织”，需要通过各类型的民间组织来作为组织载体和协同平台。理性化需要组织载体发挥制度保障和桥梁纽带作用，分散多元化的个体通过民间组织合理有序、范围适度地参与政府治理。社会协同的范围领域和作用大小，以及公共参与的广度和参与的深度，可以说是由民间组织发展水平决定的，体现了社会自治原则在社会治理领域的实现程度。

提升社会自治水平需要发展民间组织，扩大社会协同和促进公众参与也需要发展民间组织。只有民间组织等社会主体较为成熟、社会自治能力突出，政府才能真正实现社会管理方面的“小政府”，只需要在塔尖也就是极少的社会问题处理上发挥直接作用，而主要扮演法治规则的制定者、执行者、社会秩序维护者的角色。

以往由于担心政府不直接管理、不全面管理会造成社会失序，政府不敢或者不愿还权社会、赋予社会自治更大空间。金字塔式社会治理结构意味着政府必须要突破“不愿”和“不敢”的思想和行动束缚，政府要大力培育民间组织等社会主体的自治，学会借助社会的力量，并最大限度地激发社会活力。通过社会协同和公众参与，构建政府与社会协同共治的新型社会治理结构。金字塔社会治理结构最大化地借助和依托社会力量，能够更好地履行和实现政府的社会管理职能，更好地实现社会治理。

3. 金字塔式社会治理对政府管理能力带来更大挑战

金字塔式社会治理结构中由于涉及政府、社会组织、企业、公民个人等多元主体，这些多元化的主体具有不同的利益和偏好，在参与治理中形成复杂多样的治理网络和互动过程。它们之间的活动过程“有可能会导致双赢的结果或者合作优势的实现，但是也有可能导致经常性的失败，诸如耗费大量的时间和交易成本。如果参与者完全来自不同的环境，并没有准备考虑和倾听他人的意见，则多主体互动的过程也有可能会变成对牛弹琴”①。同过去的政府单一管理主体相比，金字塔式社会治理结构由于多元主体的参与，显然增加了治理过程的复杂性。同过去的单一的行政控制为主的管理方法相比，多主体共同参与的管理也更加需要多样化的管理方法，“包括协商的技巧，凝聚各种行动者的方法，如何能够让不同行动者在过程中接受新的解决办法”②。治理过程的复杂性需要政府管理技巧的多样性和管理方法的灵活性，这意味着金字塔式社会治理结构对政府的管理水平提出了更高的要求。

过去政府对社会的管理习惯于发号施令，而在金字塔式社会治理结构中，政府与民间组织等社会主体构建伙伴式关系需要靠合作与信任。政府必须转变自己的理念和管理方式，需要思考和认识合作伙伴们，“他们想做什么？他们的目标是什么？他们的价值如何？他们做事的方式如何？”③ 这种转变对政府来说是一个不小的考验。政府与合作伙伴的关系是一种比较复杂的关系，他们之间既有合作也会竞争，甚至会出现摩擦和冲突，“既要求互相依赖与互信，又要求双方深藏不露地相互猜疑和经常打游击战争”④。

金字塔社会治理结构不仅考验政府对治理过程中的民主化参与，同时社会治理的效果也受到更高的期待。“当管理者为了民主而推动公民参与的时候，

① 埃里克汉斯·克莱恩、基普·柯本让：《治理网络理论：过去、现在和未来》，程熙、郑寰译，《国家行政学院学报》2013 年第 3 期。

② 埃里克汉斯·克莱恩、基普·柯本让：《治理网络理论：过去、现在和未来》，程熙、郑寰译，《国家行政学院学报》2013 年第 3 期。

③ 〔美〕彼得·德鲁克：《管理新现实》，朱雁斌译，机械工业出版社，2009，第 53 页。

④ 〔美〕彼得·德鲁克：《管理新现实》，朱雁斌译，机械工业出版社，2009，第 182 页。

这些公民可能期待的是实质性的结果，而不是为了参与而参与。活动过程的边界往往很难满足参与者的偏好。”①

4. 政府担负主导责任并需逐步推动金字塔式社会治理结构形成

金字塔式社会治理结构适应当前社会利益主体多元化、社会诉求多样化、社会矛盾复杂化的社会现实。有助于政府更好地担负起维护社会公平正义、提供基本公共服务、保障公共安全和社会秩序等必须承担的核心职责，在此基础上，最大化地利用和发挥社会自身的自治力量。

金字塔式社会治理结构对于政府承担的公共服务和社会管理职能，可以概括为政府管理与社会自治相结合、政府主导与社会参与相结合的社会管理和公共服务体制。政府的社会管理职能首先要最大限度地调动社会积极性和激发社会活力，最好的履行方式是在社会自治基础上的政府社会管理；政府的公共服务职能强调政府在保障提供责任的基础上可以采用多样化的供给方式，属于在政府主导下的社会参与。

金字塔式社会治理结构下虽然政府直接管理少了，但政府的责任和作用并没有减少，仍是决定社会治理成效的核心。当社会自治和社会优先原则在社会需求满足、社会矛盾化解、社会秩序维护、社会公平保障等方面失灵时，政府必须发挥“终极风险管理”的最终责任，扮演保护社会的关键角色。② 公共风险管理的历史充分体现和说明政府运用国家权力解决社会问题的必不可少，无论社会自治效果如何，政府都发挥着社会管理方面的主导作用。政府通过转变职能，为社会力量发挥作用、让渡空间、提供舞台、输入资源；政府通过“收缩力量”，集中力量履行核心职能，把该管的事情切实管好管到位。同时，政府通过采用购买服务等新型管理方式，变“划桨为掌舵”，牢牢掌控着整个社会发展的航向，以掌舵者、指挥者的角色始终处于主导地位发挥着主导作用。金字塔式社会治理结构并没有改变政府的主导作用，而是改变了政府发挥主导作用的方式。

---

① 埃里克汉斯·克莱恩、基普·柯本让：《治理网络理论：过去、现在和未来》，程熙、郑寰译，《国家行政学院学报》2013 年第 3 期。

② 〔美〕戴维·莫斯：《别无他法——作为终极风险管理者的政府》，何平译，人民出版社，2014，第 1 ~ 19 页。

政府不仅需要始终担负社会治理的主导作用，还需要通过转变自身职能创新社会治理方式、培育扶持民间组织发展等多种手段促进新型社会治理模式的构建。金字塔式社会治理结构能否建成以及何时建成，政府同样发挥着关键性的主导作用。

政府通过转变职能创新社会治理逐步形成科学有效的社会治理体制，构建社会自治与政府管理相结合的金字塔式社会治理结构，确保社会既充满活力又和谐有序。由于当前社会力量弱小、民间组织作用严重不足，无法有效承担起社会自治和协调共治功能，在承接政府职能转移方面还面临着很多困难和挑战。政府在加快政府职能转变的同时，应同步加大对社会力量的培育力度，不断提高社会自治的能力和水平，才能逐步实现多元共治的社会治理结构。

政府既要下决心把职能“转出去”，又要下力气培育民间组织“接得住”，政府职能转变的力度与民间组织的成熟度将成为金字塔式社会治理结构建设成效的重要指标，也是“政社互动”不断走向深入的关键。政府通过自身转变职能推动政社分开，实现从政府包揽到政社共治转变，引导和规范社会自治和协同治理。政府要建立制度保障机制，出台政府支持社会、培育社会和规范社会的相关政策文件。政府要改变以往比较习惯的行政命令式管理，转为依法治理基础上的契约委托与协商合作管理。没有政府的积极作为，就没有金字塔式社会治理结构的形成。这些都意味着政府的主导责任。

一个真正的金字塔式社会治理结构将是一个与健全市场经济体系相适应、相协调的成熟社会、稳定社会和活力社会。到 2020 年中国形成系统完备、科学规范、运行有效的制度体系之时，就应该是金字塔式社会治理结构真正完善之日。

B.3

国家与社会的互动关系：民办社工机构的发展历程及其启示

何辉　卢磊*

摘　要：

作为提供专业化社会工作服务的重要组织载体，民办社会工作服务机构近几年迅猛发展。民办社工机构的出现和发展既迎合了社会服务改革、政府公共服务职能转移和政府向社会力量购买服务的时代形势，也在缓和社会矛盾与解决社会问题、满足社会公众多元服务需求、实现社会服务专业化和推进社会发展等方面发挥了重要作用。本文从国家和社会互动的视角，认为在中国民办社工机构的发展过程中，通过政府购买服务这种市场化的方式，政府和民办社工机构得以互相增权，一方面，推动了民办社工机构的大发展，确认了其合法性和在社会建设中的重要作用；另一方面，民办社工机构提供的服务能有效满足民众的要求，政府的合法性和执政基础得以巩固。

关键词：

民办社工机构　社会工作　政府购买服务　增权

当前，我国正处于社会转型的关键时期，社会发展进入了社会治理时代，

---

* 何辉，中国社会科学院研究生院学报编辑部副主任，博士，研究领域为政府规制、社会组织；卢磊，北京社会管理职业学院（原民政部管理干部学院）社会组织管理系讲师，香港理工大学社会工作硕士，研究领域为社会工作、社会组织和公益项目管理。中国社会科学院研究生院民间组织与公共治理研究中心蔡礼强教授在本文写作过程中与作者多次交流，并提出宝贵的意见和建议；本文的写作也得到中国社会科学院研究生院社会工作硕士教育中心主任赵一红教授、副主任刘文瑞博士的关注和支持，在此一并感谢。

强调参与主体的多元性和社会服务的专业性。因此，社会组织的培育和专业化社会工作服务的发展被推向了历史前台。社会工作服务是社会工作专业人才运用专业方法为有需要的人群提供的包括困难救助、矛盾调处、人文关怀、心理疏导、行为矫治、关系调适、资源协调、社会功能修复和促进个人与环境适应等在内的专业服务，是现代社会服务体系的重要组成部分。近几年，作为提供专业化社会工作服务的重要组织载体，民办社会工作服务机构迅猛发展。民办的社会工作服务机构在国内尚没有统一的概念来指称，民办社会工作机构、民办社工机构、民办社会工作服务组织、社会工作事务所的概念均有使用，在民政部的文件中则使用“民办社会工作服务机构”。为了研究方便，下文统一使用“民办社工机构”或“社工机构”的名称。需要说明的是，本文所指“民办社工机构”，主要是指以具体的社会工作服务为核心业务的民办非企业单位，不包括社会团体和基金会。

民办社工机构的出现、生存和发展既迎合了社会服务改革、政府公共服务职能转移和政府向社会力量购买服务的时代形势，也在缓和社会矛盾与解决社会问题、满足社会公众多元服务需求、实现社会服务专业化和推进社会发展等方面发挥了重要作用。不论从第一个组织出现时间，还是从现在机构的总量来看，民办社工机构都还非常弱小，但这并不影响民办社工机构存在的意义。民办社工机构或许可以说是改革开放后由政府和民间共同推动建立，并通过政府购买服务的方式得到迅速发展的社会组织类型。民办社工机构作为我国社会组织的新成员和社会工作发展的重要载体，得到了政府、社会和学界的关注和支持，一些学者也从社会工作专业发展的视角对其进行了研究。笔者认为，民办社工机构的快速发展，不仅对中国社会工作的发展意义重大，而且是近些年中国社会组织发展的典型案例。因此，从社会组织发展的视角来研究民办社工机构的发展，应该成为学术界研究的重要课题。

在一个政府主导的社会体制下，政府对于社会组织的态度和相应政策是社会组织健康发展的前提。2003 年以来民办社工机构的发展变化，特别是近几年的快速增长，显然与政府对其的认可和支持有很大关联。通过梳理近年来政府部门在民办社工机构发展过程中对社会工作、民办社工机构的认知以及在民办社工机构发展过程中的行动和策略，笔者发现，政府对民办社工机构的功能性定位和鼓励性政策赋予了民办社工机构存在的合法性，而政府购买社会工作服务则为民办社工机构提供了广阔的发展空间，民办社工机构正是在这种制度环境下快速发展起来的。

笔者也发现，政府在民办社工机构发展过程中不只是一个让渡空间和赋权的角色，民办社工机构也不仅是一个被动的接纳者角色。一方面，民办社工机构的发展及其作用和功能的体现，增强了政府提供社会服务特别是为弱势群体提供服务的能力，一定程度上提升了政府在构建和谐社会中的权威性和专业性。也可以说，民办社工机构通过其社会工作专业服务为政府赋权；另一方面，民办社工机构在近些年的发展中，其自身的独立性和自主性也能够得以提升。

本文的安排如下，首先，系统总结民办社工机构的发展现状；其次，分析政府对民办社工机构的构建和影响，讨论民办社工机构发展中的政策空间的动态变化，政府购买服务和社工机构发展之间的关系；最后，希望通过对民办社工机构的一些讨论引出对我国社会组织发展的思考，特别是进一步引发社会组织与政府关系的一些理论思考。

一　民办社工机构的现状

（一）民办社工机构的规模及其增长变化

自 2003 年上海成立第一个民办社工机构开始，我国民办社工机构的发展经历了一个从缓慢增长到快速井喷式增长的过程。2010 年达到 600 余个，2011 年 800 余个,[①] 2012 年 1146 个，2013 年达到 2452 个[②]（见图 1）。

图 2 将民办社工机构 2010 ~ 2013 年以来的增长率与民办非企业总体、社会服务类民办非企业 2008 ~ 2013 年的增长率进行比较。可以发现，作为民办非企业的一类，社会服务类民办非企业 2008 ~ 2012 年的增长率高于民办非企业的年增长率，2013 年的增长率则低于民办非企业的年增长率。2011 ~

① 《2012 年全国民政工作报告》，http：//files2. mca. gov. cn/www/201312/20131230162042549. pdf。

② 《2013 年全国民政工作报告》，http：//mzzt. mca. gov. cn/article/qgmzgzsphy/gzbg/201312/20131200568948. shtml。

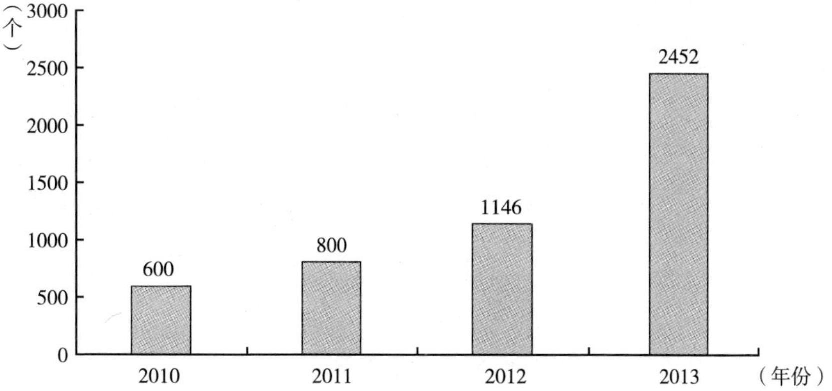

图 1　民办社工机构数量变化情况（2010～2013 年）

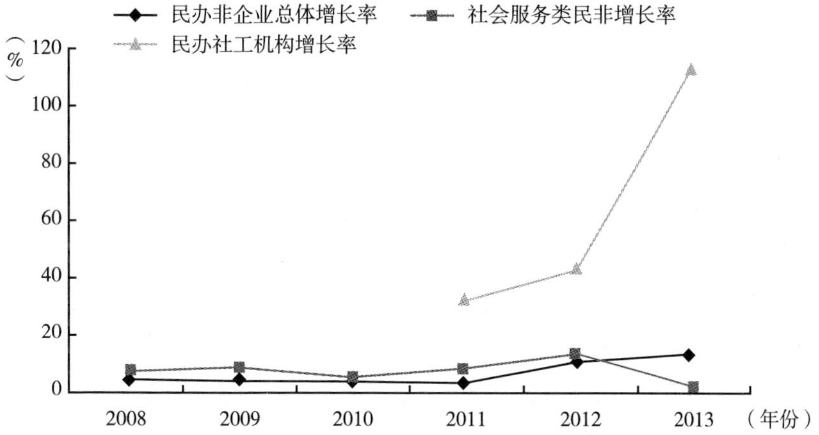

图 2　民办社工机构与民办非企业总体、社会服务类民办非企业增长率的比较*

注：＊民办非企业总体、社会服务类民办非企业的数据来自 2008～2013 年历年的《社会服务发展统计公报》，增长率是通过这些数据计算得出。

2013 年，民办社工机构的年增长率分别为 33%、43%、114%，远远高于民办非企业总体以及社会服务类民办非企业的增长率。

（二）民办社工机构的区域分布

尽管民办社工机构在近几年迅猛发展，但不同地区的发展速度是非常不平衡的。上海、北京、广东是民办社工机构发展较早、速度较快的地区。上海市早在20世纪90年代就开展了社会工作专业服务，2003年成立了国内第一家民办社工机构——上海乐群社会工作服务社。上海市还建立了国内最早的地方性社会工作协会和最早的社会工作职业评价体系等。目前上海市约有70余家民办社工机构，其中浦东新区为42家。[①] 北京近些年民办社工机构发展也较快，2009年北京市东城区成立了该市第一家民办社工事务所。截至2013年年底，北京市共有59个社工机构。广东省是目前国内社工机构发展最快、规模最大的地区。广东省社会工作师联合会和中山大学社会学与人类学学院联合发布的《广东社会工作发展现状调研报告》显示，截至2013年10月，广东省民办社工机构数量约有400家。广东省的机构数量超过了四川、上海、江苏、北京等社会工作发展较快省市的总和，占全国民办社工机构总数的近1/3。表1为笔者根据相关研究报告、政府文件等资料整理的广东省民办社会工作服务机构的数量变化情况。

表1　广东省民办社会工作服务机构的数量（2009～2013）

单位：个

年份	2009	2010	2011	2012	2013
广东省	58	111	166	298	400
广州市	13	43	71	140	217
深圳市	38	43	55	74	115
其他地区	7	25	40	84	68

从表1可看出，广东省内，广州和深圳地区社工机构增长迅速，且两地的机构总数占广东省总数的3/4以上，而广东其他地区社工机构数尽管也增长较快，但总量上仅占全省社工机构总数的不到1/5，在广东省的21个地市中，仅有7个地市拥有专业社工机构。[②]

这一数字显现出民办社工机构在一定区域内部发展不平衡的现状，以广东为例，“广东民办社工机构发展较快”，具体而言，指的是广东省珠三角地区

① 庄大军、赵颖、韩巍：《上海浦东新区社会组织发展报告》，见本研究报告。

② 《政府与基金会携手发力——民办社工服务有望“破局”》，http://sw.mca.gov.cn/article/gzdt/201407/20140700662501.shtml。

民办社工机构的状况。实际上，粤西粤北甚至粤东地区的社会工作发展还比较滞后。在一定意义上，广东全省不同地区民办社工机构乃至社会工作发展的现状是我国社会工作发展的一个缩影。究其原因主要体现在以下三个方面：一是珠三角地区经济基础雄厚，社会发展整体较快，有一定的发展基础。二是珠三角地区有着明显的地缘优势，濒临香港和澳门，文化相近，为本地区社会工作发展提供了外部力量。三是珠三角地区是我国社会发展的前沿阵地和试验区，有着敢为人先的探索精神，并得到国家的支持。如果从地区发展的角度分析，民办社工机构还称不上一个全国性的普遍发展的社会组织。作为一个新型社会组织，发展的地区差异是可以理解的。不过我们还是可以分析导致地区发展不平衡的原因，从而更好地理解民办社工机构的发展。

（三）民办社工机构的特征

总体来看，民办社工机构属于社会服务类的民办非企业，它具备了该类社会组织的基本特征。本文需要强调的是，从资源上看，由于有国有事业单位的服务托底，教育、卫生、体育等类型的民办非企业单位主要扮演“锦上添花”的角色，且以收费服务为主。由此这些民办非企业通过经营可以独立地可持续发展；而现阶段民办社工机构面临的服务对象大都为弱势群体，服务也多为免费服务。因此，民办社工机构更需要政府资金和制度支持。

在社会服务较为发达的国家和地区，政府支持社会组织发展的重要手段之一就是通过购买服务提供资金支持。这也是当前我国政府鼓励民办社工机构发展的重要举措。政府购买社会工作服务是政府利用财政资金，采取市场化、契约化方式，面向具有专业资质的社会组织和企事业单位购买社会工作服务的一项重要制度安排。[①] 在本文中，政府购买社会工作服务则具体指政府通过采购途径，与民办社工机构等签订服务协议，以社工实务服务为主要内容，规定了具体服务数量、质量指标，约定各方权利及义务，确保社会工作服务的有效开展并保证服务的基本质量。[②]

---

① 2012 年，民政部财政部颁布《关于政府购买社会工作服务的指导意见》。

② 向木杨、叶士华：《深圳社会工作发展研究》，《深圳社会工作发展报告（2012～2013）》，社会科学文献出版社，2013，第 226 页。

民办社工机构区别于其他民办非企业的特征还有很多，包括更加注重服务专业性、工作人员职业化等。当然，其自身也有不同的类型。

（四）民办社工机构的类型

民办社工机构的类型，既可以从提供服务的类别进行分类，也可以从机构举办者的特征进行分类。

从提供社会工作服务的种类看，民办社工机构目前主要包括三种类型，分别是提供一线专业社会工作服务的机构、提供组织能力建设的支持性机构以及专业社会工作评估机构。[①] 专业社会工作服务机构是目前民办社工机构的主体，它们专注于某个或某些领域的专业社会工作服务，例如，老人社会工作、青少年社会工作、企业社会工作等。提供组织能力建设的支持性社工机构往往在专业能力、资源整合、组织管理等方面具有优势，为一线社工机构提供支持性的培训、管理、服务等。社会工作评估机构则专注于担任第三方评估角色，为政府和一些公益机构提供民办社工机构的评价信息，满足政府和公益机构向民办社工机构购买服务等需要。这类评估机构目前在大陆地区还较少，如深圳市现代公益组织研究与评估中心，它受深圳市民政局委托负责深圳市各社工机构的评估。

民办社工机构的举办者来源很广，既有高等院校社工专业的教师，也有一些热心社会公益的人士、企业家等。[②] 举办者的不同背景，也能反映该民办社工机构的特点。依据举办者的不同，本文将民办社工机构大致分为五类：

一是由民间组织转型或民间人士举办的，这类民办社工机构主要是由发起组织或个人基于社会责任承担创办的，它们更加注重组织的独立性和自主性，重在社会问题的解决和对市民社会的追求。

二是高校教师举办的，这些机构比较重视提供服务的专业性和技术性，社工人员很多都是举办者所在学校的学生或毕业生。由于高校教师往往担任了当

---

① 陈蓓丽：《上海社工机构发展之制度困境及发展路径研究》，《华东理工大学学报（社会科学版）》2011 年第 4 期，第 27 页。

② 卢磊：《民办社会工作服务机构发展中的十个反思》，《中国社会工作》2014 年 2 月上（总第 184 期），第 28 页。

地政府特别是民政部门的社会工作发展顾问的角色，因此这些机构容易得到政府的支持。

三是由企业家举办，企业背景的人士往往是看到了社会工作服务的广阔市场前景，这些企业家利用自己的企业管理和经营经验举办民办社工机构，并实现自己的公益目标。当然，一些举办者并不是出于公益目的，更可能是一种逐利的行为。一般来说，企业背景的社工机构其经营管理效率比较高，市场化运作能力较强。但其企业化的管理和经营思路却很可能与社会工作的价值观存在差异并由此引发一些问题。

四是与政府相关的人员举办的，由于对政策了解较多，一些政府部门人员或者亲戚朋友等看到社会工作的发展前景而举办社会工作机构，他们通常利用较为特殊的“关系”在政府购买服务的过程中获取更多更大的资源。

五是也有很多城市的街道办事处、社区或者一些体制内单位直接举办社会工作机构。这一类与政府关系密切的社工机构，利用在政策上的优势，或者在社会工作服务区域（如社区）、领域（如老年社会工作）的体制和区域优势，能够获得地方政府的青睐。

二　党和政府对民办社工机构的构建和影响

民办社工机构为什么可以在很短的时间里快速发展起来？除了与社会公众的社会服务需求的变化及其对服务专业性要求越来越高等自下而上的因素相关外，很显然与两个因素有关：一个是政府对于社会服务和慈善公益类民办非企业采取直接登记并予以具体政策上的放宽，从法律和政策上给予支持。民政部也曾两次发文就推动民办社工机构发展提出鼓励性政策。这使民办社工机构更容易获得政治和社会的合法性。二是政府购买服务，在公共服务职能转移的同时，也使得民办社工机构更容易获得来自政府的资金支持，在资金上有了保障。简单说，近几年民办社工机构的快速发展，与政策法规上的降低门槛或者取消门槛，以及在资金上的大力支持有极大的关系。如果用康晓光的行政吸纳社会的模型分析，民办社工机构的发展，大体上属于政府支持发展的社会组织一类。那么，需要提出的问题是，民办社工机构是如何被政府如此定位的？政府的这种认识从何而来？另外，在支持民办社工机构发展方面，政府又是如何行动的呢？下面分别从党和政府对民办社工机构的认识和策略、民政部门的政策推动、地方政府的探索实践三个方面进行分析。

（一）党和政府对民办社工机构的认识和策略

1. 党和政府对社会工作的定位

王思斌认为，中央自十六届六中全会以来，将社会工作人才队伍建设的任务置于党的建设的宏观框架之中，实际上是将发展社会工作人才队伍、强化公共服务和社会管理、发展专业社会服务作为加强党的执政能力、推动社会主义和谐社会建设的重要手段。正是从我国社会管理转型、社会治理的需要出发，基于发达国家与地区的经验和中国本土实践提出的。基于此，党和政府在发展社会工作过程中，从对社会工作人才队伍建设的职能定位、社会工作人才的培养与使用的制度设计，到社会工作人才队伍培养体系建设以及社会工作人才使用方向的设定，都进行主动建构，并主导推动。通过这种主导、主动的建构，党和国家希望社会工作能更好地服从和服务于社会主义和谐社会建设的总任务。这是我国社会工作发展的重要特征。①

2. 党和政府对民办社会工作机构的定位和行动策略

由于民办社工机构是民办非企业单位中的一种（有一些社工机构是社团类型的，但为数甚少），因此，我们需要从政府对社会组织尤其是民办非企业的态度来观察。康晓光认为，分类控制是政府在转型时期管理社会组织的主要机制，它的两项原则是：社会组织是否能够提供各种经济和社会服务，协助国家进行管理；社会组织是否具有集体行动的能力，进而对社会稳定造成威胁。即国家会根据社会组织的“经济和社会服务”以及“对社会稳定的潜在威胁”采取不同的管理控制方式。政府一般对社区服务组织、农村专业经济技术协会、慈善组织等公益性、非营利性和非政治性组织予以肯定、支持和鼓励，且通过优惠政策和措施等进行扶持。对于社会需要又无政治危害的草根民间组织则多采取默许的态度，对于那些具有强烈的政治和宗教色彩的民间组织则采取

① 王思斌：《我国社会工作发展的新取向》，《学习与实践》2007 年第 3 期。

严加防范的态度。①

民办社工机构因为三个方面的原因，可能获得政府的青睐。一是民办社工机构能够很好地替代政府不同部门实现公共服务管理的职能，使得政府在面对社会公众服务需求和利益诉求时有一个相对缓和的时间和空间。同时我国社会工作发展始终以人才队伍建设为主线，这也符合我国人才强国的国家发展战略。② 二是社会工作具有贴合中国社会发展的价值理念，以及专业知识和技能。从深层次理解，社会工作的核心价值理念与当前社会主义的核心价值观有许多相通之处，比如民主、自由、平等、公正等，因而容易被政府接纳。而社会工作的专业服务方法在传统的社会服务机构中基本是不存在的，它也就成为了政府进行社会服务改革的重要手段。这也是政府看重民办社工机构的重要原因。三是社工机构与一些社会组织不同，它为人们特别是弱势群体提供社会服务，进而维护社会的稳定和谐，并没有明显的政治诉求。从党和政府的角度看，民办社工机构是吸纳社会工作人才的重要载体，是有效整合社会工作服务资源的重要渠道，是开展社会工作专业服务的重要阵地。③

（二）民办社工机构发展的政策空间：民政部的积极推动

根据我国社会工作发展职能分工来看，民政部门既是具体负责部门，也是我国社会工作和民办社工机构发展的主要推动力量，其在我国社会工作发展的顶层设计上发挥了至关重要的作用。因此，我们首先梳理民政部推动社会工作以及民办社工机构发展的情况。

1. 社会工作与新时期民政工作的关系

民政部之所以在中国社会工作和民办社工机构发展中如此着力，既有几任

① 何增科：《中国公民社会组织发展的制度性障碍分析》，《非政府部门的发展与地方治理》，浙江大学出版社，2008，第65页；康晓光、韩恒：《分类控制：当前中国大陆国家与社会关系研究》，《社会学研究》2005年第6期。

② 邹学银、卢磊：《制度化建设与中国社会工作发展——近年来中国社会工作政策发展的历史、现状与趋势研究》，《中国社会工作发展报告（2011～2012）》，社会科学文献出版社，2013，第24～43页。

③ 民政部《关于促进民办社会工作机构发展的通知》，http：//sw. mca. gov. cn/article/zcwj/200910/20091000039648. shtml。

领导的远见卓识，更是与民政部对自己部门的定位和发展息息相关。长期以来，民政工作虽然重要，但并不突出，常常被视为“政府中的弱势部门”。改革开放后，特别是市场经济体制的建立完善，计划体制下的民政工作方式、方法已经很难适应社会发展的需要。而社会工作，一种既强调专业性，又强调价值理念，且在西方有系统制度支持的社会性服务便成为民政部门转型的很好参照系。社会工作成为了社会转型和社会治理时期民政部门发展提升的重要契机，这也可以解释为什么在中国各地推动社会工作发展的过程中，民政部门是最全心全意的推动者。①

民政部是在自身的人才队伍建设和部门的职能定位时发现和接受了现代社会工作概念的。1987 年，民政部资助北京大学开设了国内改革开放后第一个社会工作与管理专业，并在民政院校率先开设社会工作专业和课程，推动社会工作教育的发展。1991 年民政部主导组建了中国社会工作协会，并于第二年代表中国加入了社会工作者国际组织——国际社会工作者协会。在这个过程中，民政部逐渐认识到，民政工作与社会工作息息相关。著名社会学家雷洁琼先生曾指出：“民政工作就是中国特色的社会工作。”随后，民政部一直致力于推动社会工作职业化的工作，部门自身或者通过与其他部委合作，出台社会工作相关政策措施。例如，2001 年民政部提出要在社会福利机构中设置社会工作岗位，2006 年与人事部联合印发《社会工作者职业水平评价暂行规定》《助理社会工作师、社会工作师职业水平考试实施办法》等。民政部试图通过开展社会工作培训、推动社会工作试点、开发社会工作岗位、社会工作的舆论宣传，社会工作人才队伍制度建设，社会工作及其人才队伍建设发展环境的改善等来突出社会工作的重要性，当然也是民政工作的重要性。2008 年，国务院在民政部的职能中增加了推进社会工作及其人才队伍建设方面的内容，并筹备设立社会工作司，从而标志着民政部成为负责社会工作及其人才队伍建设的政府职能部门。② 这初步实现和奠定了民政部在发展社会工作中的重要地位。

---

① 这是从整体上讲的。一些地方的民政部门由于对社会工作认识有限或者仅仅出于“多一事不如少一事”的考虑，而未全力推动社会工作的发展。

② 窦玉沛：《中国社会工作发展报告（1988～2008）》“序”，社会科学文献出版社，2009，第 2 页。

2. 从建设社工人才队伍到发展民办社工机构

民政部在推动社会工作发展的前期将重点放在人才队伍建设上，紧密贴合国家人才强国的战略需求。到2009年，以民政部为政府主管部门，采用“先试点、后推广”的发展方式，基本上形成了社会工作人才的“评价、使用、培养、激励”等方面的顶层制度设计。2011年年底，民政部与中央组织部、中央政法委等多个部门联合发布了《关于加强社会工作专业人才队伍建设的意见》，这是第一个关于社会工作专业人才的中央层面的专门文件，也是指导性纲领，在社会工作事业发展史上具有里程碑意义。

社会工作人才队伍建设进入实施阶段后，面临的一个问题是，这些人才去哪里？对此有两种思路，一是在既有的体制内部开发社会工作岗位；二是按照西方市场国家的经验，发展社会组织，以此开辟社会工作人才的“用武之地”。在体制内新增岗位较为困难，而将体制内的一些岗位转化为社会工作的专业岗位又面临既有岗位人员以及其他有可能设置社会工作岗位的部委的可能的“消极配合”。

民政部认识到，着力培育发展社会工作机构是推进社会工作人才队伍建设强有力的抓手。① 因此，民政部开始采取在既有体制外发展民办社工机构的方式推动社会工作的发展和人才队伍建设。如果说社会工作人才队伍建设是从培养专业性人才的角度出发的，培育和发展民办社会工作机构，则不仅涉及人才培养和使用的问题，而且涉及人才的流向、社会组织的优势等内容，是提升民政管理与服务专业化水平，实现民政工作又好又快发展的重要途径。因此，针对民办社工机构，政府在政策上给予指导、帮助、扶持、培育，使它们能够健全、健康地生长、发展。② 民政部在2006年就鼓励地方政府采取政府购买服务的方式发展民办社工机构。经过包括深圳在内的很多地方的成功实践后，2012年，民政部、财政部联合发布《关于政府购买社会工作服务的指导意见》，对政府购买社会工作服务的主体、对象、范围、程序与监督管理进行规

① 黄志华：《社会工作机构培育发展过程中的政府作用》，《社会工作》2009年第8期（上），第9页。

② 赵蓬奇：《加强社会管理的基础工作推进我国社工实务体系建设》，《中国社会改革评论（第1辑）》，中国人民大学出版社，2014，第93页。

定。2013 年，民政部、财政部再发《关于加快推进社区社会工作服务的意见》。2014 年 4 月，民政部又发布《关于进一步加快推进民办社会工作服务机构发展的意见》，其中明确提出要“建立健全民办社会工作服务机构支持保障体系”。民政部正是这样一步步地推动中国社会工作和民办社工机构的发展。

（三）地方政府的探索实践

仅有民政部在国家部委层面的“摇旗呐喊”是远远不够的，地方政府对民政部发展社会工作政策等的回应、采纳乃至推进是非常重要的。我国民办社工机构的发展中，包括上海、深圳、广州等地的地方政府的政策推动起到关键作用。不同地区在民办社工机构发展中的政策举措整体看呈逐步递进的特征。由此可以按时间先后将地方政府的基层经验分为三个时期，即 2003 ~2007 年的上海试验时期、2007 ~2010 年的深圳市的实践探索和顶层设计时期、2009 年至今以广州市为代表的广东省推广时期。

1. 2003 ~2007 年：上海市的试验

在 2007 年深圳开始大力推动社会工作发展之前，上海一直是国内社会工作发展方面的探索者。在没有国家相关政策的情况下，上海市政府特别是浦东新区政府成为了主要推动者。

表 2 列出了上海市在发展社会工作和社工机构方面的尝试。仅就民办社工机构方面看，上海从体制内和体制外两个方面来发展社工机构。2003 年 2 月，在政府官员、社会学者和香港社会工作专业人员的协力推动下，成立了中国第一家民办社工机构——上海乐群社工服务社。该机构基本采取政府委托项目等方式进行运作。[①] 它的建立尽管有政府官员的支持，但其从成立到发展都是在体制外进行的。2004 年初，按照“政府主导推动、社团自主运作、社会多方参与”的发展思路，上海市委政法委牵头成立了上海市自强社会服务总社、

---

① 该机构的宗旨是“立足社会、助人为念、倡导乐群、发展专业”，为广大市民提供专业化的社会工作服务，服务范围包括青少年服务、长者服务、社区及家庭服务，承接公益性项目等，并且为社会工作人员、社会服务从业人员提供咨询与培训。参见 http：//www. lequn. org/about. asp？ pageID = 14. 关于乐群社工服务社成立后的发展历程，可参见张钟汝、范明林《政府与非政府组织合作机制建设——对两个非政府组织的个案研究》，上海大学出版社，2010。

上海市阳光社区青少年事务中心、上海市新航社区服务总站，分别为吸毒人员、刑释解教人员、药物滥用人员、“失学、失业、失管”青少年和社区矫正人员提供专业化的社会工作服务。这三个机构依靠各区县、街道各级党政组织，在全上海 19 个区县分别建立了 57 个社会工作站，在 230 个街道、乡镇设立了 600 余个社会工作点，社会工作者数量达到 1300 多人。这三个机构尽管登记为民办非企业单位，但他们无论从组建到工作内容确定、薪酬等都由政府主管部门决定，机构基本上是政府职能的扩展，仍相当于在体制内。因而被一些学者称为体制内吸模式。①

尽管上海市在民办社工机构发展方面进行了多方面的大胆尝试和试验，但由于当时整个国家对民间组织发展的政策约束，也由于上海市在体制内吸的社工机构建设方面拥有很多经验，体制外模式的民办社工机构的发展比较平稳。

表 2　上海市在发展社会工作和社工机构方面的尝试

年份	上海市举措
1993	响应民政部号召成立上海市社会工作者协会
1997	浦东新区率先引进社工毕业生，进行社会工作人才基层实践工作的探索
1998	上海市儿童福利院在家庭寄养部引入社工，为院内儿童提供专业服务
1999	浦东新区成立区社会工作者协会、卢湾区成立社区社工协会
2000	上海市社会工作培训中心成立，专门开展社会工作岗位培训，上海育英学校设立社工站，上海东方医院成立医务社会工作部
2001	上海市民政局启动“新时期上海市社会工作职业化对策研究”
2002	上海市民政局成立了“推进上海社会工作职业化、专业化工作小组”
2003	上海市人大提出要“探索建立社会职业工作者制度”，政府颁布《上海市社会工作者职业资格认证考试暂行办法》并举行上海市第一次社会工作者职业资格认证考试
	成立全国第一家社工机构——上海乐群社工服务社
2004	上海市自强社会服务总社、上海市阳光社区青少年事务中心、上海市新航社区服务总站三家专业社工机构成立*，发布《上海市社会福利中心关于在本系统推进职业化社会工作的实施意见》
	上海市民政局增设职业社会工作处

① 韩俊魁：《当前我国非政府组织参与政府购买服务的模式比较》，《经济社会体制比较》2009 年第 6 期。

续表

年份	上海市举措
2005	《中共上海市委关于本市构建社会主义和谐社会工作的意见》提出要“大力发展和完善社会工作机制，建立相应的激励扶持政策，推进社会工作者和志愿者参与社会公益等活动”；上海市救助管理站设立社工站
2006	《上海市国民经济和社会发展第十一个五年规划纲要》指出要“推进社区专业社工和义工制度建设，新增社工3万人，义工30万人”
2009	上海市民政局发布《关于在本市培育发展专业社会工作机构的通知》
2011	上海市发布《关于推进本市社会工作人才队伍建设的意见》，几个部门下发《上海市“十二五”社会工作人才队伍发展规划》

注：*2004年，上海市政法委在结束了对美国的访问后，在国内率先尝试“在体制内建立新事业单位来购买社工服务”。

2. 2007～2010年：深圳市的整体谋划和顶层设计

上海市发展社会工作的尝试和试验，为深圳和广州社会工作的发展起到了一定的示范和借鉴作用。民政部的推动以及随后国家对社会工作的顶层设计，为深圳和广州的地方性试验提供了制度和政策上的支持。

2006年10月，党的十六届六中全会指出，要“建设宏大的社会工作人才队伍。造就一支结构合理、素质优良的社会工作人才队伍，是构建社会主义和谐社会的迫切需要”。民政部为了落实十六届六中全会精神，推动社会工作发展，当年12月在深圳召开了全国民政系统社会工作人才推进会，并且把政府向民办机构购买社会工作服务的试点任务交给了深圳。民政部希望深圳利用毗邻香港的优势，学习和借鉴香港的发展经验和模式，采取政府向社会组织购买服务的模式推动社会工作发展。这实际上表明，民政部已经确定了政府向社会组织购买社工服务的发展思路。

深圳市积极响应，成立调研组多次前往香港学习政府购买社会工作服务模式。为快速构建具有本土特色的现代社会工作制度，深圳市委市政府从该市全局工作的角度进行社会工作制度体系建设，成立了深圳市加强社会工作人才队伍建设推进社会工作领导小组，小组由市委副书记任组长、各局办负责人任成员，并确立了“组织部门牵头抓总、民政部门具体负责、各有关部门积极配合”的管理协调体制。2007年9月，深圳市颁布《中共深圳市委深圳市人民政府关于加强社会工作人才队伍建设推进社会工作发展的意见》和7个文件（简称“1+7文件”），[①] 这些文件就如何培养专业社会工作人才队伍、如何明确专业社工岗位和待遇、如何培养民间社工机构等做出明确规定，并将政府购买社会工作服务纳入政府购买序列统一管理，推行招投标制度，保证政府购买行为的公平、公正、公开。这些在国内都尚属首次。深圳市的这些重大举措可以说是一种地方政府层面的顶层设计。这种顶层设计可以通盘考虑社会工作的发展，摆脱政府不同部门之间的利益瓜葛和扯皮现象等。上海市尽管在很多方面开创了中国社会工作和社工机构的发展，但由于缺乏顶层设计，因此很长一段时间上海的社会工作发展与深圳相比呈现缓慢推进的局面。

不同于上海，深圳在推动社会工作职业化的伊始就明确提出“民间化运作”的基本思路，即通过政府让渡部分公共服务空间，由民间机构负责承接，提供专业化和职业化的公共服务。深圳市大力支持和培育民办社工机构，然后以政府购买服务的方式向民办社会工作机构购买社工服务。在具体做法上，通过优化政策环境、简化登记手续、倡导税收优惠政策、提供孵化和发展资金保障等方式，“边培育、边发展”[②]。深圳市对社工机构发展予以政策性支持，不单对社会组织的双重管理体制进行改革，放低准入门槛，而且在人数和资金的要求上也都放松了要求。2010年，深圳市颁布《深圳市社会组织发展规范实施方案（2010～2012）》《推进政府职能和工作事项转移委托工作实施方案》。两个方案明确提出了“四个凡是”，即“凡是能够由市场机制调节的事，坚决放给市场；凡是应由企业自主决策的事，一律交还企业；凡是能够由社会组织解决的事，积极移交社会组织管理；凡是应由政府承担的职责，要切实履行

① “1+7”，其中的“1”是指《中共深圳市委深圳市人民政府关于加强社会工作人才队伍建设推进社会工作发展的意见》，“7”是指《深圳市社会工作者职业水平评价实施方案（试行）》《深圳市社会工作人才教育培训方案（试行）》《深圳市社会工作专业岗位设置方案（试行）》《深圳市社会工作人才专业技术职位设置及薪酬待遇方案（试行）》《深圳市发挥民间组织在社会工作中作用的实施方案（试行）》《深圳市财政支持社会工作发展的实施方案（试行）》和《深圳市“社工、义工”联动工作实施方案（试行）》。

② 叶士华、马贵霞：《顶层制度设计与本土社会工作发展：反思与前瞻》，《华东理工大学学报（社会科学版）》2013年第5期。

好”。这些从体制机制上拓展社会组织的发展空间。①

上海市在资金支持民办社工机构发展方面谨慎小心，更多地希望通过民间资金的方式发展社工机构。深圳市的制度设计始终强调政府在财政方面的主导作用。在实际工作中，各区级政府均已将购买社会工作服务纳入区级公共财政体系，市级相关费用支出则由市福利彩票公益金等提供。这些政策推动了深圳社会工作机构的快速涌现和发展。2007 年 5 月，深圳首家民办社工机构“深圳市鹏星社会工作服务社”注册成立，② 到 2013 年年底，深圳的民办社工机构已发展到 115 家。

3. 2009 年至今：广东经验的推广和升级

2009 年 7 月，民政部和广东省签署《共同推进珠江三角洲地区民政工作改革发展协议》。协议规定民政部和广东省合作，在进一步推进社会组织改革与发展、深化社区建设和基层管理与服务体制改革、率先建立现代社会工作制度等八个方面加强合作，先行先试，将珠江三角洲地区逐步建成国家的社会工作发展和社会工作人才队伍建设示范区。这个文件是推动广东省探索建立现代社会工作制度的重要依据。很快，珠江三角洲的广州、深圳、东莞等城市都依此文件成立了由市委、市政府主要领导任组长，组织、民政、司法、财政、人事、教育、工青妇等相关单位负责人为成员的社会工作领导小组。这一点明显比上海的实践要更加强调地区层面的顶层设计。深圳经验是广东经验的早期基础，继深圳出台了“1 +7”文件后，广州市出台了“1 +5”、东莞出台了“1 +8”等文件。

经过了深圳、广州等地的实践后，广东省在 2011 年 8 月成立“社会工作委员会”，省委副书记担任主任，成员由省委、省政府 24 个职能部门人员组成。广东省和省内各地市在很多方面都继续进行尝试和创新。在实践中，广东省是在深圳的经验基础上，通过顶层设计推动了整个广东省特别是珠三角社会工作机构的快速发展。在广东省各城市的发展中，又以广州市的举措最为有

---

① 徐宇珊：《放权与赋权：政府推动下的公民社会成长之路》，《深圳社会发展报告（2010）》，社会科学文献出版社，2010，第 141 页。

② 易松国：《民办社会工作机构的问题与发展路向——以深圳为例》，《社会工作》2013 年第 5 期。

力。而深圳、广州等珠三角城市在社会工作发展中的顶层设计和实践又很快成为很多地方推进社会工作发展的基础和参考。

广州市推动社会工作发展的一个重要举措是整合街道管理服务机构执法、管理、服务功能和部门，推进社区综合服务中心建设（后来改名为家庭综合服务中心）。家庭综合服务中心，即政府将一个街道或社区的各类社会服务打包一揽子通过政府购买项目的方式，委托给民办社工机构，由其运行和提供服务。广州市财政给每个家庭综合服务中心每年200万元项目购买经费，这些费用包括场地经费、活动经费和社会工作者薪酬等。

由于家庭综合服务中心的急速发展，催生了很多民办社工机构。截至2013年年底，广州全市已有150多个家庭综合服务中心，民办社工机构200余家，投入购买社工服务财政资金累计7.7亿元，民办社工机构数量和累计投入购买社工服务财政资金数额两项指标为全国第一。① 在广州市快速发展的同时，广东省的一些城市，特别是珠三角地区的城市也都借鉴深圳和广州的经验开始大力发展社工机构。

4. 小结

下面概括分析几个地方政府在发展民办社工机构方面的策略和行动。

上海市政府在对民办社工机构的发展上，首先考虑的是通过行政的体制内吸方式，在体制内增设部门的方式来完成。与此同时，也开始尝试了政府和民间人士合作，在政策框架下成立民办非企业，并以此来承接政府委托或者购买服务。但在实际的运作中，一种强调独立自主的民办社工机构发展模式还很难被当时的多数政府部门接受。上海乐群社工服务社在艰难的摸索后，无奈之下选择有政府背景的人出任领导人。由于领导人的背景以及与相关部门的关系，机构具备了更多的合法性以及政治和社会资本，才得以顺利发展。② 当时的上海市政府尝试性地向民办社工机构购买服务，例如对社工机构的项目活动经费予以支持，但却不提供工作人员的薪酬及项目管理费等开支，要么就是在购买服务时通过简单的非竞争性的委托方式进行，并没有引入公开的竞争。

① http：//gz. ifeng. com/zaobanche/detail_ 2013_ 11/24/1501669_ 0. shtml.

② 参见张钟汝、范明林《政府与非政府组织合作机制建设——对两个非政府组织的个案研究》，上海大学出版社，2010。

到深圳时期，由于有民政部和广东省的政策支持、香港的社工发展经验，以及更加市场化的观念来支持，当地政府在对民办社工机构发展的政策上，通过增量改革的方式进行突破。增量改革体现为购买社工岗位政策，就是在体制内的各部门开发社工岗位，但这些岗位并不通过体制内用人方式解决，而是由民办机构派专业社工人员工作，人员工资则由政府买单。岗位购买的政策一方面避免了体制内增设人员岗位的难点，另一方面为民办社工机构的存在价值找到根据。这个方式，既可能是政府的一种权宜之计，也可能是政府深思熟虑后的策略。当然，此时民办社工机构主要扮演的是“劳务输出机构”的中介角色。

在购买岗位政策实施后，一些机构也顺势成长起来。政府看到了派驻社工的价值后，进而推动购买项目的政策。这种政策更受民办社工机构的欢迎，因为机构可以更加独立、自主地设计并独立实施社工服务项目。有了以上的经验后，政府开始赋予民办社工机构更大的“使命”，即整合社区内的各种资源，重新构建社区服务中心，并将整个社区服务中心的运营交给民办社工机构。这个过程中，社工机构拥有了更大的自主权。在政府购买社工的单个项目服务时，社工机构的运作是项目导向的，而项目很有可能是单期的，不存在延续性，因而也不存在持续发展的价值。当民办社工机构运作一个社区服务中心时，可以通过多样化的、综合性的社会工作服务来突出特色和优势。深圳从购买岗位、单一项目到社区服务中心的民办社工机构发展的三部曲，既是政府的主动作为，也是政府、社工机构双向互动的结果。政府主导下的民办社工机构的发展逐渐聚焦于两点：一是注重社工机构提供的专业社会服务；二是要具备明显的社会管理功能。这两点也就是政府赋予的社会工作的功能，以及民办社会工作机构的功能。当然，无论哪种政府购买模式在实践操作中都遭遇到了一些困扰和挑战，各有自身的优劣势，借鉴学习应充分考虑本土因素，亦要规避不同模式可能的不足。

有了上述经验后，包括民政部在内的一些政府部门对待民办社会工作机构，开始倡导“扶持”和“发展”两手抓的政策。一方面，要抓好前期扶持，扩大民办社工机构数量，实现外延式规模扩张；另一方面，要抓好后期发展，提高民办社工机构服务效能，实现内涵式质量提升。[①]

---

① 柳拯：《社会治理背景下的中国社会工作》，《社会工作与管理》2014 年第 1 期。

需要注意的是，现有的政府主导民办社工机构的发展，也存在两面性：一方面，推动我国社会工作发展是党和政府根据我国国情、学习国外经验，为加强执政能力、促进和谐社会建设而做出的主动、积极的选择。民办社工机构在此背景下迅速发展，并提供社会服务、促进社会和谐稳定。另一方面，民办社工机构容易因此产生对政府的依赖，以及为了满足政府对社会工作的“社会管理”的角色定位，而不易处理好社会服务和社会管理之间的关系，影响社会服务功能的发挥。在这方面，执政党和政府如何给社会工作一个合理、准确的定位，对于社会工作的健康发展和社会服务、社会管理目标的达成是非常关键的。①

三　政府与民办社工机构互动的主要载体：政府购买社工服务

当民办社工机构的合法性通过宽松的政策得以确认后，进一步的主要问题就是民办社工机构的资金支持。政府购买服务的政策由于能够给民办社工机构提供资金支持，因此是政府发展民办社工机构的重要举措。前文分析过，由于服务对象大都为弱势群体，服务绝大多数为免费服务，因而民办社工机构很难仅仅通过市场化经营独立发展。因此，民办社工机构需要政府的扶持。资金支持政策可以有很多种方式，政府购买服务则是最主要的。政府购买公共服务是中国城市社会管理改革的重要策略，它带来的一个影响深远的结果是推动了社会组织发展。② 民办社工机构当然也不例外，甚至可以说，民办社工机构的大发展正是得益于政府购买服务。在西方社会组织发展较快的国家，政府可以在市场上选择有声誉的社会组织作为政府购买服务的对象。但对于像中国这样民办社工机构尚处于早期发展阶段的情况，政府如何选择机构呢？投入多少资金进行服务的购买是合适的呢？机构提供的服务如何来评价呢？这些既是社工机构发展中面临的问题，也是政府面临的问题。

---

① 王思斌：《我国社会工作发展的新取向》，《学习与实践》2007 年第 3 期。

② 徐盈艳：《政府购买服务规制下的社会工作机构发展——广东四个城市试点项目的比较研究》，《当代港澳研究》（第九辑），第 15 页。

（一）政府购买社工服务的困境

我们仍然从上海的试验讲起。从2005年开始，上海市浦东新区开始尝试向民办社工机构购买服务。在实施购买服务后，社工机构通过承接购买服务，便有了来自政府的资金投入，这些资金如果能够持续地获得，当然比通过慈善捐助或者通过个人关系等获得的政府拨款要稳定得多。但是，很多民办社工机构在参与招投标和创投的过程中发现购买服务项目的预算中是没有“人员工资”的，这显然不利于初创期的民办社工机构的维持和发展。政府官员也自有道理，在无法证明社工机构的服务有效之前当然不能一下子投入大量经费。

地方政府在购买社工服务时由于在资金投入上的谨慎，很容易导致民办社工机构发展的困境：一方面政府对于民办社工机构的作用还缺乏信心和认可，因此在资金支持方面比较谨慎，有时监督远远多于服务和支持；另一方面，由于社工机构获得资源非常有限，且在具体工作中容易陷入大量的事务性工作，没有能力开展足够有专业性的大型综合性项目，因此也很难有机会用事实来证明社工服务在社会建设中的价值和作用。这种状况除了上海外，北京以及民政部的几个试点地区也都存在。①

如果说包括上海在内的很多地方政府对于社工服务到底有多大的作用、老百姓是否买账、政府到底是通过体制内方式提供服务还是通过购买服务去提供社会服务等，仍处于摇摆状态，那么到了深圳推动社工机构发展的时候，政府在观念上、政策上更加明确。认为政府不应该大包大揽地提供各类专业社会服务，而是通过购买服务的方式，由包括民办社工机构在内的社会组织来提供。深圳市政府之所以如此，大致有四个方面的原因。第一，政府已经从毗邻珠三角的香港那里借鉴和学习到一些政府购买服务的包括评估在内的经验和方法，心里比较有底。因此，更加务实，敢于在信息不对称以及服务的测量很难进行的情况下，暂时放松了对社会工作服务质量和绩效的要求。第二，深

① 陈蓓丽：《上海社工机构发展之制度困境及发展路径研究》，《华东理工大学学报（社会科学版）》2011年第4期。

圳市在民政部的推动下，希望在社会工作人才队伍建设以及社会发展方面做出大的成绩，因此有极大的动力去推动这个事情。第三，包括深圳、广州在内的珠三角地区，既是中国经济最发达，也是流动人口最多、社会治理问题最严峻的地区之一，因此政府有这方面的迫切需要。第四，由于广东省和民政部的部省协议，很多做法可以突破现有的制度束缚，这些都允许甚至鼓励地方政府进行尝试。以上四个方面的考量，决定了深圳、广州采取了与上海市不同的做法，政府首先相信民办社工机构的作用和价值，其次通过大量的财政投入对民办社工机构予以资金支持，从而使后者有可能在资金相对充裕的情况下更好地展现其社会价值。上述做法，使很多地方民办社工机构走出了发展的困境。

（二）政府购买社工服务的方式：从岗位购买到项目购买

政府购买社工服务主要包括两种，即购买社工岗位和购买社工服务项目。前文曾经论述过，民政部曾经推动地方政府将体制内的一些岗位转变为社会工作的专业岗位。而政府购买社工岗位则与此不同，虽然地方政府也在体制内部门，例如民政、卫生、教育、司法、工会、团委、妇联、残联等设置社工岗位，但这些岗位并不是体制内的编制，而是由体制外的民办社工机构在公开招投标中中标后，派遣专业社工人员到该岗位工作。例如，深圳市宝安区尚德社会工作服务社在2009年分别向宝安区的3个街道、10个学校和龙岗区妇联派遣了20名专业社工人员。专业社会工作者在这些岗位上，一定程度上能够利用其专业知识，给岗位所属部门的工作带来一些新的思路、视角和方法。社工项目购买包括两类，一类是单个社工服务项目，即政府通过举办公益创投大赛等方式，由政府提供资金或福彩公益金等专项资金，鼓励民办社工机构设计并申报社会工作服务项目，为特殊人群或者区域人群提供社会工作专业服务。例如，深圳市宝安区尚德社会工作服务社于2009年11月获得深圳市福彩公益金资助的“e路春风”——深圳市预防青少年网络成瘾社会工作服务项目。第二类是综合服务项目，目前开展的主要是购买社区服务中心综合服务项目。例如，深圳市龙岗区至诚社会工作服务中心中标龙岗区坪山新区2014年度江岭社区服务中心的综合服务项目。下面我们分别对岗位购买和项目购买进行分析。

1. 社工岗位购买

为了弥补《政府采购法》在购买公共服务的制度设计上的不足，政府需要出台一些规范性政策文件。以深圳为例，该市相继颁布了《政府采购社工服务合同》《社工机构行为规范指引》《政府购买社工岗位需求规定》等文件，明确了政府购买专业社工服务的相关规定以及具体措施。①

深圳市购买社工岗位的步骤如下：一是由主管部门制定年度总体计划；二是各用人单位申报社工购买需求；三是市主管部门最后确定具体购买计划；四是进行公开招投标；五是签订购买服务协议，落实购买资金；六是对社工机构进行财务审计和年度评估。在招投标中，政府将社工岗位按照所属服务领域及数量进行分类，接下来由当地具备资质条件的民办社工机构竞标；三是组成由政府部门的采购人代表与专家库中随机抽取的社工、财务、法律等方面的专家组成评标委员会，按照综合评分法（各机构上年度评估结果占70%，机构标书及答辩情况占30%）评分，并最终选出中标机构。深圳市购买社工服务的方式完全参照政府招投标的程序，既体现了一定的公平性、规范性，也创造性地将难以量化和用准确价格衡量的公共服务成功进行招投标，因此获得“2009年度中国社会政策十大创新”称号。②

在实践中，2007年深圳市培育出了鹏星社会工作服务社、社联社会工作服务中心、深圳慈善公益网三家社会工作机构。③ 随后，深圳市民政局安排下属的11个试点单位与这三家社工机构洽谈，并自行选定服务机构。2007年8月以后不到1年时间，社工机构分4批向市、区两级的民政、教育、司法、残疾人服务、社区（包括妇女、计生）、青少年、医务、禁毒、信访及劳务工单位派出了700多位专业社工人员。在购买社工岗位服务前几年，深圳市政府给每个社工1年6万元，其中1万元是社工机构的管理费，5万元是给社工的年

① 李海平：《政府购买公共服务法律规制的问题与以深圳市政府购买社工服务为例》，《国家行政学院学报》2011年第5期，第93页。

② 深圳市民政局课题组：《深圳政府向社会组织购买服务问题及对策研究》，载吴忠、余智晟主编《深圳社会发展报告（2011）》，社会科学文献出版社，2011，第114～115页。

③ 蒋金富：《政府向社会组织购买公共服务的现状》，载康晓光、冯利主编《中国第三部门观察报告（2011）》，社会科学文献出版社，2011，第138页。

度工资，其中也包括了保险、培训、活动、办公开支等项目费用。① 截至2012年年底，共开发1500多个社工服务岗位，遍布该市的各区、街道和各社工专业领域。

社工岗位购买制度对民办社工机构发展起到五方面作用：一是从组织来看，相对简便易行，便于操作，使政府强力快速推进社会工作进入社会服务相关领域。二是有力地支持了民办社工机构的创立和发展。由于这种购买方式仅仅要求将社工派到用人单位工作，管理较易，对于机构的项目设计和实施能力等并没有要求，因此为初创期的社工机构提供了相对稳定的经济支撑，为后续打造一支优质的社工队伍，积累必要的经验。② 三是使有限的社会工作专业资源广泛分布到社会各个领域或有需求的部门（例如医院、学校等），从而使社会工作以及社工机构迅速被社会所了解和逐步认同。③ 四是由于使用公开招投标制度，保证了岗位购买的公平性，为社工机构的健康可持续发展奠定了基础。五是由于购买岗位方式中社工人才的薪酬待遇明确、清晰，能够吸引和留住一批年轻的社工，既保证民办社工机构的持续发展，也推动了中国社会工作专业人才的培养。

但是，社工岗位购买也存在明显的缺陷：一是社工岗位本身由于涉及固有的体制和利益格局，易遭到抵制。二是双重管理的问题。社会工作者由社工机构招聘，然后根据用人单位的需要派到相应的工作岗位。因此，岗位社工往往需要同时接受民办社工机构和用人单位的双重管理。一般来说，民办社工机构和政府下属的用人单位对社工的要求并不一致。这种氛围下社会工作者就会面临严重的角色冲突与伦理困境。三是购买岗位模式使社工机构提供的社会工作服务过于分散化，容易导致社会工作专业服务“碎片化”，难以形成规模，很难体现社会工作的专业性。④ 四是被派驻到服务场域的社会工作者常常是“单兵作战”，一方

---

① 万道林：《深圳社会工作机构的成长与发展——访深圳慈善公益网总干事颜政》，《社会工作》2008年第7期（上），第21~22页。

② 马洪波：《挑战与回应：深圳社会工作发展中的实践》，《社会工作》2009年第9期（上），第47~48页。

③ 深圳市党校课题组：《适度普惠型社会福利制度下的现代社工制度建设》，载吴忠、余智晟主编《深圳社会发展报告（2011）》，社会科学文献出版社，2011，第236页。

④ 深圳市党校课题组：《适度普惠型社会福利制度下的现代社工制度建设》，载吴忠、余智晟主编：《深圳社会发展报告（2011）》，社会科学文献出版社，2011，第236页。

面服务成效难以保障；另一方面，社会工作者较难得到团队的有力支持，尤其大多数人是大学毕业生，职业生涯早期最需要有效的支持和引导。①

2. 社工项目购买

社工项目购买是国际上比较成熟的一种社工服务形式。但其对民办社工机构和政府而言都有较高的要求。一方面，民办社工机构需要有敏锐的社会需求的洞察力和调查能力，有较强的项目设计和策划能力，较强的项目实施和管理能力。另一方面，与岗位购买相比，由于不存在用人单位对社工及其项目的管理和监督，因此对于项目的评估就变得更重要也更困难。在社工机构从无到有的发展初期，这两点显然难以满足，这也正是深圳市首先选择岗位购买的原因。当然，一旦民办社工机构的发展达到一定规模，政府也逐步具备了更好的监管社工项目的能力的时候，社工项目购买自然成为发展的趋势。

深圳市在社工岗位购买实践的基础上，开始推动社工项目的购买。② 与岗位购买相比，项目购买的优势包括：一是社会工作者的专业优势能够得到发挥；二是项目购买不存在双重管理的情况，专业社会工作者的机构归属感和主人翁意识较强。在深圳和广州的实践中，社工项目购买包括了单个项目购买和综合项目购买两种。前期主要是单个项目的购买。在已有的购买单个项目的基础上，广州市和深圳市进一步将政府购买服务和社区治理、社区服务结合起来，推出了政府购买社区服务中心项目的做法，即政府将一个社区的现有的各种类型的社会服务项目、场地、资金等都整合成一个社区服务中心，这个中心在深圳叫社区服务中心，在广州则成为家庭综合服务中心。③ 这是对传统社区

① 卢磊：《制度建设视角下政府购买社会工作岗位的实践与反思》，《社会福利（理论版）》2014年第3期，第31~34页。

② 深圳市负责具体推动社会工作发展的部门，对于岗位购买和项目购买二者的优劣势，以及现实条件下孰先孰后的问题，是有比较清楚认识的。他们认为，以购买岗位服务起步，逐步探索购买项目服务，这样做的好处是适应深圳社会工作基础薄弱、经验匮乏的现状，操作简单，起步较快，便于积累经验，加快后续发展的步伐，在购买岗位取得成效并积累一定经验后，再逐步推进项目购买，从而实现循序渐进、稳步发展。参见向木杨《政府购买社工服务的“深圳模式”实践》，《社会工作》2009年第8期（上）。

③ 深圳市民政局社会工作处：《构建适应经济社会发展的社区服务新模式——以深圳对社区服务新模式的探索为例》，《深圳社会发展报告（2011）》，社会科学文献出版社，2011，第160~164页。

服务和管理体制的一种创新。① 例如，深圳市共有622个社区，计划到2015年年底实现“社区服务中心”全覆盖，也就是每个社区至少有1个社区服务中心，共计大约700个。社区服务中心亦是由区财政出资，区民政局作为甲方，社工机构作为乙方，另外街道办进来作为丙方，签订三方协议，购买社工机构的服务。每个“包”价值为50万元。② 政府购买社工岗位服务特别是这几年购买社区服务中心的项目，大大推动了民办社工机构建设的步伐。下面我们将深圳和广州已有的政府购买社工服务的几种方式进行比较（见表3）。

表3　政府购买社工服务模式分析

方式	资金来源	社工机构的组织定位	可能的优势	可能的劣势
岗位购买	财政投入	派出机构或中介组织	操作简便易行；适合于医院、学校等部门；社工的服务易于被用人单位评估；社工专业和知识在体制内的普及	社工行政化问题；社工面临双重管理困境；专业性知识难以集中发挥；缺少团队支持
单个服务项目购买	福彩公益金、财政投入	承接方	项目由社工机构独立自主运作，专业性得到发挥；有助于提升能力和水平；机构易于管理；克服社工行政化问题	项目涉及的服务标准、评估和监管等问题；服务受益方的评价问题；项目实施可能带来短期化行为
综合服务项目购买	财政投入	承接方	可相对长期进行项目服务，保持稳定，专业性得到更好发挥，更易取得服务成效	人员有限且服务范围广难以全面满足服务需求

3. 小结

上文已经对政府购买岗位和项目的优劣利弊进行了分析，需要反思和留意

① 国内大多数地区的社区服务存在以下问题：（1）福利性服务发展严重滞后；（2）公共财政资源供给弱化，虽然建设了不少社区服务场地设施，但后续资金和人力很少跟进，导致的发展滞后、场地和资源浪费严重；（3）官办色彩浓厚，社会组织作用微弱，街道、社区和各相关部门多头插手各自为政；（4）服务设施不足且分散；（5）服务专业化水平低下。深圳和广州社区服务中心（家庭综合服务中心）则具有如下特征：（1）服务内容以福利性服务为重点；（2）强化政府的资源供给主渠道功能；（3）确立民办机构的服务供给主体地位；（4）突出社区服务专业性要求；（5）整合资源提供跨部门综合性服务。这些举措有利于整合盘活社区场地资源，拓展提升各类社区服务，促进社会组织更快发展。

② 《政府购买服务推动社工发展》，《21世纪经济报道》2013年12月11日。

的是，在借鉴和参考广东经验时，应分析本地实际情况，亦可考虑将政府购买社工岗位与政府购买社工项目相结合，尽量各取所长。即使是购买岗位也应考虑社工岗位群的购买，即考虑管理岗和实务岗双重推进的策略。①

但是，无论如何政府购买服务都是当前我国政府与民办社工机构最重要的互动载体，以此为载体主体双方进行着相互的构建和影响，政府通过购买方式扶持和推动民办社工机构发展，民办社工机构也通过组织化和专业化的方式帮助政府提升公共服务的专业水平和服务有效性，并以此在取得社会公众对民办社工机构初步认可的同时，也提升了政府在社会公众中的威信。

四　民办社工机构的生存发展及其与政府的相互增权

（一）民办社工机构存在的问题及其解决路径

关于迅速发展中的民办社工机构，很多研究都指出了其中蕴含的问题和困难，凡此种种，不一一枚举。深圳市民政局曾经总结了该市社工机构发展存在的困难和问题（这一问题在广州等民办社工机构快速发展的地区同样存在），可概括为以下六点。

一是社工机构资源获取途径单一，资源数量不足。由于主要依靠政府购买服务的资金进行运作，总体上资金来源和数量不足。多数社工机构的经济压力比较大，很多机构除了支付社工薪酬、行政管理人员工资、办公场地设施费用和办公经费外，真正能用于服务拓展的经费十分有限。因此，民办社会工作机构应有意识地寻找多元化的合作伙伴、资金来源，包括政府部门、公益基金会、企业和个人等，实施资金来源的多元化策略。这样亦可使得民办社工机构不过于依赖政府，促使平等关系得以产生和存在。从法律角度上看，民办社工机构属于民办非企业，具有非营利性，“非营利”的本意是可以营利，但收入不能分红，继续用于社会公益服务即可。

① 卢磊：《政府购买社会工作岗位的思考与建议》，《中国社会工作》2013 年 11 月（下），第 28 ~29 页。

二是绝大多数机构都是近三年成立的，普遍缺乏管理经验，机构创办及管理团队不一定有成熟的管理理念，缺乏有效的组织运行能力、资金管理和财务规划能力，也缺乏必要的专业机构给予他们支持，导致社工机构的能力尚有待于社会认可。民办社工机构的发展既需要管理型人才更需要服务型人才，两者缺一不可。机构服务和管理是个系统工程，包含了专业服务、项目管理、财务管理、人力资源管理等，而不只限于某一个方面，机构服务和管理绝非易事，而这些能力的获得在组织发展早期更加需要外部技术支持和能力建设。

三是社工机构的公益特性有待强化。社工机构的创办者中有热心公益者，也有部分人抱有功利动机，希望从中谋取私利。因此在机构财务管理中，尽可能压低甚至克扣社工工资，既影响了机构中社工对机构甚至对社工职业的认同，也影响了社工对机构的信任。民办社工机构的筹建和发展应主要依赖创办者或创办团队的内生动力，出于对社会问题和社会发展的真正关怀和高度的使命感，有全面系统的思考和准备，同时相关政府部门也应加强监督。①

四是社工机构出于获取政府资金支持的考虑，注重于争取获得政府的购买服务契约以及满足各类评估和考核，缺乏发展定位，缺乏自身特色及擅长服务内容，缺乏专业能力的提升。民办社工机构应在发展过程中不断聚焦服务人群，明确发展方向，在项目设计和服务开展时有针对性地进行选择，这是基于服务专业性、最大限度满足服务对象基本需求及服务项目品牌建设的三重考虑。

五是由于资源总体上比较缺乏，从业人员的薪酬待遇比起同等条件的公务员或事业单位职员要低，很难长期留住优秀人才，员工流失率偏高，进而导致机构的管理和服务水平难以获得长期持续的提升。对此，民办社工机构负责人应善待社会工作者，同时政府应在薪酬制度和职业发展上提供政策支持。

六是由于政府对社工机构的指导和评估等还缺乏足够的经验，造成政府对社工机构的指导和监管还存在很多的问题，进而影响了社工机构能力和水平的提高。② 对社会组织而言，自律和他律是永恒的话题，因此需要政府部门加强

① 卢磊：《民办社会工作机构的发展与反思——基于北京市民办社会工作机构发展现状与需求障碍的调查研究》，《社会服务研究》第一辑，社会科学文献出版社，2014，第255~273页。

② 深圳市民政局社会工作处：《以公益创投助推深圳社工机构的发展》，《深圳社会发展报告(2010)》，社会科学文献出版社，2010，第222页。

监督管理，同时机构自身亦应做好自律。

将以上文字和很多研究文献列出社工机构的困境和问题进行比较，可以发现二者重合度很高。这表明，政府对于民办社工机构存在的问题其实是相当清醒的。因此，问题的关键不是历数民办机构存在的诸多问题甚至困境，而是如何认识或者就解决这些问题提出建议。

以上六条中，第二条和第六条是社会组织发展过程中的阶段性问题。假以时日，不论民办社工机构的管理经验和运作等，还是政府对机构的监管以及评估等都会积累更多的经验，从而更加规范、有效。第一条和第五条则不仅仅是当下我国民办社工机构存在的问题，也是国内以及国际上社会组织普遍存在的问题。社工人员的待遇问题，当然还有待于进一步提高。但社工的待遇不能仅仅从薪酬角度去思考，还包括社工工作所赢得的社会尊重等无形回报。很多社会组织的员工能够忍受较低的薪酬，正是基于其专业信念和价值信仰，以及社会对其的尊重。而资金来源不广、资金有限也是诸多非政府组织所面临的问题。很多西方的非政府组织在这种条件下通过转型为社会企业的方式开源节流、可持续发展。现阶段，继续增加政府的财政投入、扩大政府购买服务的规模和金额是必要的和可行的。

第四条为很多学者所重点关注，认为现有的政府购买服务制度下，政府是民办社工机构的“衣食父母”，机构为了能够在招投标中胜出，不得不按照政府的意思亦步亦趋，从而使机构丧失了部分或大部分独立性、自主性、专业性。对于这一点，我们需要讨论的是，首先，这是一个阶段性的问题还是政府购买服务模式下的必然结果？其次，这个问题是中国独有的，还是普遍存在的，在西方的非政府组织是否也有这样的困境？

笔者认为，如果从政府和社会互动的视角来看，我们可能低估了社会组织自身的韧性和发展趋势。社会组织目前的行动可能是现阶段的最优或者次优选择，但是并不代表这将成为长期的选择。而政府当下的举措和行动也并不表明它将一直对非政府组织严格控制下去。二者的互动关系是发展的、可塑的。

（二）从社工机构到社会组织：关于中国社会组织发展的一点思考

长期以来，学界往往将国家与社会的关系，或者说政府和民间组织的关系看成一种非此即彼的关系，国家强则社会一定弱，而社会强时则国家一定弱。我国很多学者在这种研究导向下研究社会组织时，往往强调国家应该从社会领域退出。许多对于中国社会组织的研究，都是将其与英美国家的社会组织相比较，从而产生中国的社会组织是依附于政府的、不独立的。但我们需要注意的是，这种对比和判断本身可能是存在问题的。

1. 国家在社会中：动态变化和相互建构

20世纪90年代以来，国家与社会的关系的研究思潮开始转向。国家和社会的零和博弈的倡导者约尔·米格达（Joel S. Migdal）1994年提出“国家在社会中”（state-in-society）的研究视角。他认为，国家和社会在相互作用的过程中，彼此的结构、目标、支持者，规则和社会控制都会发生变化，双方在社会结构中的相对位置及行动都是互动的结果。①

1997年以来一些学者提出“国家与社会协同”的理论，认为国家与社会是相互建构和赋权的关系。国家赋予社会行动者更大的力量，即“社会增权”（empowerment of society），由众多生机勃勃的社会团体和民间组织组成的社会，也可以为国家提供有效的制度能力，以帮助国家确定其政策目标并且推动政策目标的实现，为政府增权。② 一些学者进而主张国家要发挥其统和优势和能促型作用（enabling role），推动社会的发展。

由于国家主义传统的路径依赖，中国社会的发展以及社会组织与政府的关系都在一种大的社会转型背景下展开，无论政府还是社会组织都处于不断变动的政治和经济环境中，同时自身也在不断变化中。③ “国家在社会中”这一国家和社会互动的视角可以帮助我们认识我国社会组织的发展状况。

2. 民办社工机构的发展策略

国家和社会互动在本研究中可以具体化为政府和民办社工机构之间的互动。前文已经就党和政府对民办社工机构的定位及政策等进行了分析。现在我

---

① 郁建兴、吴宇：《中国民间组织的兴起与国家—社会关系理论的转型》，《人文杂志》2003年第4期。

② 陈华：《吸纳与合作——非政府组织与中国社会管理》，社会科学文献出版社，2011，第96~97页。

③ 朱健刚：《政府与NGO之间的关系模型：对三个组织案例的研究》，《中国社会工作研究（第八辑）》，社会科学文献出版社，2012，第229页。

们分析民办社工机构如何适应和应对。郁建兴等人认为，中国的很多民间组织能够主动接近国家，引述国家法律和政策，利用政府部门的符号资源和自上而下的权力体系，那是因为它有动力借此证明以社会自己的方式来解决社会问题的合法性，从而在活动推行和计划安排上更具有效率。[①] 由于民办社工机构的成长是政府推动的，因此它在发展中非常清楚政府对于其开展活动的合法性的作用以及经济支持的作用，在工作中更多地争取政府相关部门，包括高校和研究机构，乃至从国家到地方的社会工作协会等官方和半官方的支持。在开展社工项目服务时，也力求和政府的一些活动有机结合起来，既能够得到相关部门的认可和支持，也更容易让服务对象在刚接触时避免生疏。民办社工机构的这些举措非常有效地建立和政府的关系，为自身的发展乃至自主发展开拓了政策空间和资金上的支持，也推动了政府在政府购买社工服务时逐步赋予机构越来越大的自主空间和独立性。例如，在深圳的政府购买社工服务的实践中，购买岗位实际上相当于社工机构对政府的劳务输出，社区服务中心这样的综合服务项目购买则类似于经济学和公共管理学的特许经营权招投标，民办社工机构的自主性和独立性逐步增强。

当然，为了能够满足政府的相关政策和法规要求，满足政府购买服务的需要，很多机构在实践中需要进行妥协，例如，派驻到体制内单位的社工人员，对其的管理和评估则要尽可能考虑到这些单位的意见，尽可能让社工服务嵌入体制内的服务框架中。可以说，民办社工机构的应对策略也存在两面性：一是在努力获得政府的认可过程中，机构既增强了自身的合法性，也获得了发展的资金等方面的支持；二是机构在与政府的合作中，例如，在与街道办等政府部门的沟通中容易迷失自己，而忘却了社会工作的价值观和使命。例如，社会工作强调专业性服务，是以服务为本的，但在现有的政府购买服务的大环境下，机构很可能变为以管理为本而不是以服务为本。管理为本的机构在实施社会工作服务时，更多地从自身的人力及组织设计的角度考虑，服务对象因其弱势地位，其特异性需求往往被忽视。服务对象不再是一个个个体，而被划分为某类

① 郁建兴、吴宇：《中国民间组织的兴起与国家—社会关系理论的转型》，《人文杂志》2003 年第 4 期。

由许多有共同特征的个体集合而成的群体（如老人、青少年、妇女等），造成服务对象的“唯名化”现象。

3. 通过市场互相增权：民办社工机构的发展及其与政府的互动关系

在深圳的政府购买社工服务的实践中，购买岗位实际上相当于社工机构的劳务输出。而社区服务中心这样的综合服务项目购买，则类似于经济学和公共管理学的特许经营权招投标。因此，现行的政府购买社工服务实践，正推动着政府和社会工作机构之间达成一种市场契约关系。政府购买社工服务有诸多作用。一是在增强政府的合法性的同时保护政府。政府购买服务是市场经济条件下政府实现职能转移的重要方式，有助于改善和提高行政效率。[①] 政府在这个过程中通过职能分解、转移、委托和授权，从公共服务的直接提供者，变为公共服务的政策制定者、购买者和监督者，政府角色的转换使政府在提供公共服务时处于有利地位。例如，当社工机构服务存在问题时，政府可以说是社工机构的服务质量问题；当社工机构的服务得到服务对象的较高评价时，则容易被认为是政府的“英明”领导和指导的结果。二是政府购买社工服务的招投标过程中，社工机构之间的竞争，有助于政府对社工机构服务质量、投入产出效益等的客观评估，便于政府更好地进行购买服务。三是竞争的激烈将促使社工机构提升自身能力和服务水平，为自己赢得信誉，从而整体提升民办社工机构的服务水平。

由此，在很多学者看来，有可能对立的双方——政府和民办社工机构在这里互相取得了认可和合作，并达到了一定程度的互惠。在中国民办社工机构的发展过程中，通过政府购买服务这种市场化的方式，政府和民办社工机构取得了互相增权的效果。一方面推动了民办社工机构的大发展，确认了其合法性和在社会建设中的重要作用；另一方面，民办社工机构提供的服务能有效满足社会公众的要求，政府的合法性和执政基础得以巩固。这正是本文在研究民办社工机构发展的过程中得到的结论。

从民办社工机构的发展及其与政府之间的关系来看，国家和社会组织之间

---

① 刘志欣、孙莉莉、杨洪刚：《非政府组织管理：结构、功能与制度》，清华大学出版社，2013，第196页。

的互动可能并不会使国家和社会处于一种分离、紧张的张力状态，而是使双方在互动中界定相互的关系和角色，从而使改革开放后暂时的社会领域的真空状态得以重新界定和整合。民办社工机构迅速发展的过程提示我们，把包括民办社工机构在内的社会组织的发展途径归结到要么回归行政、要么走向自治两种截然相反的趋向可能是片面的，因为两大主体之间的内在关系一直是一种动态关系并不断处于互相建构和影响当中。

B.4

当前中国公益组织网络问责现状研究

卢宪英*

摘 要:

本文以当前中国公益组织网络问责为研究对象，对其概念进行了界定，并分别总结了公益组织网络问责在问责主体、问责对象、问责原因、问责内容、问责方式等方面的特征，对问责效果进行了评价，指出网络问责已经成为当前我国公益组织问责的一种重要而崭新的模式，其具有传统问责模式没有的很多特点，能够发挥比传统问责模式更好的问责效果，对推动公益组织公信力的建设能产生更加深远的影响。但是，由于发展不够成熟等原因，仍然存在很多问题，如网络问责呈现出非常态化、非专业化、非制度化，问责对象回应问责呈现出被动性，问责对象信息不够透明，网络问责环境不够健康等。文章最后还提出了对策建议。

关键词:

公益组织　网络问责　现状　对策

近年来，中国的公益组织得到了长足发展，在社会各方面发挥着日益重要的作用，但与此同时，各类问题也层出不穷。早在1992年就曾曝出“中国妈妈”胡曼莉挪用善款事件；2002年又曝出中国青少年发展基金会“希望工程”款投资失败及负责人贪污事件；2008年汶川“5·12”地震抗震救灾期间，公

---

* 卢宪英，中国社会科学院农村发展研究所助理研究员，博士，研究方向为公益组织治理、政社关系等。本研究得到了国家社会科学基金青年项目“中国公益组织治理与规制问题研究”（项目号：12CGL123）的资助。

众也对中国红十字会等公益机构的赈灾行为进行了很多问责。2011 年，“郭美美事件”“卢美美事件”“尚德门事件”等更是使中国红十字会、中国青少年发展基金会、中华慈善总会等组织陷入严重的诚信危机，并一度让整个公益领域陷入“冰点”。近年来，针对“壹基金”地震救灾款贪污质疑、“嫣然天使基金”关联交易质疑等，也一度在网络上引起很大反响。

应该说，如何加强对中国公益组织的问责已经成为紧迫而重要的工作。值得庆幸的是，伴随着公益组织越来越多问题得到曝光，公众的问责意识逐渐觉醒，他们开始对各种违背法律和道德的行为发出谴责和抗议。尤其是，伴随着网络新兴媒体的快速发展，通过网络对公益组织进行问责正成为一种崭新的模式。在上述公益组织丑闻事件中，各问责主体就通过网络对公益组织进行了问责。

一　公益组织网络问责的概念界定

问责，即 accountability，最初是指面向政府官员和行政系统的“行政问责”，20 世纪 80 年代，“公益组织问责”开始受到国际社会的关注。

关于“公益组织问责”的概念，学者们给出了不同的界定。比如，康晓光根据世界银行对“行政问责”所作的定义将“公益组织问责”界定为“问责是一个过程，这一过程涉及问责主体和问责对象。在问责过程中，问责对象要就其决策、行为、行为结果，向问责主体进行说明、解释、辩护，并据此接受问责主体给予的奖励和惩罚”①。其他学者也从不同角度对问责进行了界定。

关于网络问责的研究，目前学术界主要集中于行政问责方面，即认为问责的对象主要是指政府及其官员。比如，王敏认为，所谓网络问责，是指网民借助互联网平台，通过论坛、博客、微博等载体，以发帖、跟帖、转帖、人肉搜索、讨论等方式，对国家机关及其工作人员的不当行为进行曝光，从而产生强大的舆论压力，促成责任追究的过程。② 马武玲认为，网络问责是指公民等问

① 〔美〕丽莎·乔丹、〔荷〕彼得·范·图埃尔：《非政府组织问责：政治、原则、创新》，康晓光等译，中国人民大学出版社，2008。

② 王敏：《从网络问责的特征与过程看新媒体的舆论监督作用》，《当代世界与社会主义》2012 年第 3 期。

责主体借助新兴互联网技术，以网络为平台对政府官员等问责客体的不当行为进行责问、质询，并形成舆论压力，引起相关部门的调查处理，从而对政府官员进行有效监督。[①] 司林波则指出，将网络问责的对象界定为政府及其官员是对网络问责的一种狭义理解，网络问责从广义上讲，是指公民通过网络这一平台对政府及其行政人员就其因职务而承担的责任和义务以及对非政府组织、私人组织及普通公民对社会承担的遵守“公序良俗”的责任的履行情况进行质询，并要求其承担否定性后果的活动。[②]

借鉴上述概念界定，本文认为，“公益组织网络问责”是指问责主体通过网络这一平台对公益组织履行职责和承担责任的情况进行质询，并要求其进行解释、说明，进而承担奖励或者惩罚性后果的活动。可见，上文提到的“郭美美事件”“卢美美事件”“尚德门事件”等均属于公益组织网络问责。

二　公益组织网络问责的主体分析

按照利益相关者理论，公益组织的所有利益相关者都可以是问责的主体。公益组织同行、受益者、政府、捐赠者、合作方、公众、媒体等，在公益组织网络问责中都有不同程度的参与。其中媒体和公众的问责非常强烈。

媒体通过报道公益组织的违法违规行为对其进行直接问责，同时诱发其他问责主体共同参与问责。网络媒体由于受众广、传播速度快、局限少，更是发挥了异常重要的作用。此外，电视、报纸、广播等传统媒体在互联网时代，也都开设了网络主页，它们与网络媒体一样，通过报道、宣传等方式参与了公益组织网络问责。比如，2009 年 10 月媒体披露陈发树“空口捐献”，指出我国在股权捐赠上存在法律空白，同时私募基金会财务公开不够透明的问题。2011 年 4 月 15 日新浪微博博友转发微博，贴出上海市卢湾区红十字会高额餐饮发票，引发网民对红十字会的批评。

公众参与公益组织网络问责的热情也很高涨，其中又以网民的问责最为强

① 马武玲：《我国网络问责存在问题与对策探讨》，《理论界》2012 年第 9 期。

② 司林波：《网络问责的理论探讨》，《中国石油大学学报》（社会科学版）2012 年第 4 期。

烈。他们作为一个“新意见阶层”，具有很强的参与积极性，通过 BBS 留言跟帖、写博客等形式，讨论话题，进行思想的碰撞、观点的交流，从而使问责不断持续和深入。中国互联网络信息中心（CNNIC）发布的第 33 次《中国互联网络发展状况统计报告》显示，截至 2013 年 12 月，中国网民规模达 6.18 亿，全年新增网民 5358 万人。互联网普及率为 45.8%，较 2012 年年底提升 3.7 个百分点。2013 年，类似即时通信等以社交元素为基础的平台用户规模达 5.32 亿，较 2012 年年底增长 6440 万户，使用率为 86.2%。①

捐赠方和合作者因为牵涉到自己的利益和诉求等原因，通常会做出迅速和积极的反应，并以各种方式对问责对象进行问责。比如，“郭美美事件”发生后不久，很多曾经给红十字会捐过款的人，开始认为红十字会不值得信任，在网络上发帖要求红十字会“还钱”，甚至有人打电话到机构要求追回以前给红会的捐款。此外，廖冰兄基金会在网上自曝女出纳私吞基金会善款近 80 万元也属于捐赠者问责范畴。廖冰兄基金会为非公募基金会，基金会善款来源主要是廖冰兄的捐款。女出纳私吞善款，捐赠方发现后，马上采取措施协助警方办案，积极追缴赃款，同时通过在网站上自爆家丑的方式进行了问责。

政府会一直关注公益组织网络问责的进展，但不一定会介入，尤其不可能较早介入，这是因为媒体或者网络上曝出的公益组织丑闻在问责初期往往缺乏确凿证据，问责过程中更充斥着各种谣言和猜测，因此，政府不可能也不应该轻易参与到问责中。但是，一旦重要的证据呈现出来，或者网络问责的社会影响逐渐扩大，政府也会在必要时启动政府问责机制。比如，2011 年，中华慈善总会被曝出尚德“捐赠门”事件，曝料者称尚德公司于 2010 年通过中华慈善总会向第四届中国青少年创意大赛参赛学校捐赠的价值 1700 万元的物资遭变卖，且变卖款去向不明，此外，中华慈善总会还被指给钱就可开具免税发票。② 2011 年 8 月 19 日，中华慈善总会“捐赠门”事件爆料人罗凡华表示民政部正式介入调查。同年，河南宋庆龄基金会利用善款进行放贷、投资及非法

① http：//www. cnnic. net. cn/hlwfzyj/hlwxzbg/hlwtjbg/201403/t20140305_ 46240. htm.

② http：//news. qq. com/a/20110818/000027. htm.

吸储，导致公益项目缩水等行为被各大媒体相继曝出，引发公众网络问责，随后国家审计署对其进行了审计。[①] 最近嫣然天使基金卷入是非风波，爆料人周筱赟从2013年开始连续发长微博指其利用慈善为自己谋暴利。2014年3月9日，民政部新闻办官方微博表示，民政部早已关注并履行职责，业务主管单位、红十字会已经在进行调查工作。民政部对调查结果进行复核后，将给公众正面答复。[②]

公益组织同行出于良知、维护行业道德和标准等目的也以各种方式参与问责。当然，也有一些公益组织同行可能会有“兔死狐悲、物伤其类”的考量，或者碍于情面不忍“落井下石”，又或者担心参与问责会“引火上身”，因而问责并不积极。

受益方的参与也显得不足。这一点似乎不只中国如此，许多公益组织网络问责发育比较好的国家，其受益方对资助方的问责也比较弱。在中国的文化中，人们受到“滴水之恩当涌泉相报”，以及不能“以怨报德”等传统观念的影响，受益者更加不轻易参与到对资助方这一“恩人”的问责之中。当然，不排除个别受益人的参与，但他们都是以“公众”的角色出现，而不是以“受益者”这一角色出现。

三 公益组织网络问责的对象分析

从我国公益组织网络问责的现状来看，被问责较多的公益组织通常具有以下特点。

一是官办公益组织，以及一些规模或者名气比较大的民办公益组织，比如一些名人、大型企业或者企业家成立的基金（会）等。近年来最经常被问责到的公益组织主要有中国红十字会、中华慈善总会、中国青少年发展基金会、中国宋庆龄基金会、中国妇女发展基金会、深圳壹基金公益基金会等。究其原因，大概是民办公益组织的发育尚很微弱，能够进入公众视野的公益组织很

① http：//news. qq. com/a/20110820/000089. htm.

② http：//e. chengdu. cn/html/2014 -03/10/content_ 458203. htm.

少。官办组织或者规模、名气较大的民办组织一旦“犯错”，其后果或者可能产生的后果将更为严重，也才更容易引发各问责主体的问责。事实上，由于公益组织宗旨标榜的崇高性以及传统宣传主要以正面为主，问责主体十分倾向于将公益组织定位为“德行完美”的组织。官办组织以及规模、名气较大的民办组织，通常又承载着更高的期望。一旦曝出丑闻，现实与理想间的巨大反差，更迫使问责主体无法容忍问责对象的行为，从而发起问责行动。

二是被问责公益组织的关联机构。比如，受“郭美美事件”的影响，各地方红十字会均成为问责主体重点关注和问责的对象，也因此，各地红会一大批问题被揭露出来。比如，重庆、昆明、赣州等地红十字会被曝学员考驾照必须先向自己缴纳数十元的“救护培训费”；成都红十字会与出租汽车公司合作，要求出租车司机必须在规定时间内完成一定额度的募捐任务而涉嫌强捐；汕头市红十字会捐款灯箱刊登与公益无关的商业广告；四川省被曝料曾出台规定，要求社会团体必须通过慈善总会或者红十字会实施捐助；湖北省武汉市红十字会被曝将当地“备灾救灾仓库”违规出租给商业机构；深圳红十字会被指好心人通过其捐助的救命钱不翼而飞；北京红十字会涉嫌入住台湾五星级酒店，房价一晚近万元；福建永定县红十字会因“大肚女孩”辞世一个月后才将捐款送到，遭到公众强烈谴责；广东省红十字会千万商业捐赠被疑为商业推广；甘肃省红十字会和天水市红十字会被曝汶川震后重建拨款成“白条”；等等。[①] 事实上，截至目前，红会及其各地分支机构仍然是最经常被问责的机构，因为诚信是公益机构赖以立足的生命线，“郭美美事件”一度让红会及其各地分支机构的公信力降到了冰点，而公信力的重建则是一个漫长和艰苦的过程。

三是最可能存在同类问题的公益组织。比如，“郭美美事件”暴露出来的最大问题是公益组织与商业机构的合作可能存在商业利益，因此，公众以此为切入点，对其他最有可能存在此类问题的公益组织进行了问责。如对中国红十字基金会“老年公寓项目”、小天使基金“扣减血癌患儿家定向捐款”、中国青少年发展基金会“中非希望工程”、中国妇女发展基金会“温暖工程基金”、中华慈善

① 康晓光、冯利主编《中国第三部门观察报告（2012）》，社会科学文献出版社，2012。

总会“发票门”、嫣然天使基金“挪用资金谋取私利”等进行的问责。

此外，在质疑公益组织的同时，公众也在呼唤相关部门的干预，在某种程度上，政府也成为被问责的对象。比如，“郭美美事件”中，有网友发帖表示，“事件到了今天，仍未有最终的真相浮出水面，每一天都有新的线索出现，当全民在扮演着福尔摩斯跟柯南的角色时，人们不禁要问：为何我们的公益慈善机构会出现这样的问题？我们的监管，我们的相关官员在哪里？无论事件最终的结果如何，我们所要证明的，仅仅是一个女孩子以及她身后那些人的身份吗？可能我们要追寻并要查证的，比这些更为重要”①。

四　公益组织网络问责的原因分析

已有研究指出了问责主体对公益组织进行问责的5种缘由。一是康晓光总结提出的“基于权利的问责”，即“NGO既然享受了权利，就要承担责任，就要对利益相关者负责，就要对自己的所作所为做出交代，就要接受利益相关者的询问和评估，并接受相应的惩罚和奖励”②。二是Brown和Moore提出的“基于承诺的问责”。他们认为，行为主体如果承诺去做某件事，就要承担道德与法律责任，并竭尽全力地履行该承诺，这样，行为主体就是可问责的。③三是基于公益组织的公益产权性质提出的问责逻辑，即公益组织的财产主要来源于社会捐赠，其产权归属全社会，公益组织实际上是公益财产的受托人，接受社会的委托代为管理、运作这部分产权，作为产权所有者的公众，都有资格对其进行问责。四是委托－代理理论认为，资助方与公益组织有不同的目标、利益及动力。公益组织为了获得资助，可能会向资助方谎报自己的能力，而且有逃避或不履行职责的风险。要求公益组织报告结果及其他绩效信息是为了规避公益组织的不诚信行为，问责是资助方监督公益组织的主要方式。五是管家

① http://groups. tianya. cn/tribe/showArticle. jsp? articleId = f70032c7d5879360b7e95b594e1375ef&groupId = 452351.

② 〔美〕丽莎·乔丹、〔荷〕彼得·范·图埃尔：《非政府组织问责：政治、原则、创新》，康晓光等译，中国人民大学出版社，2008。

③ L. David Brown and Mark H. Moore, Accountability, Strategy, and International Nongovernmental Organizations, *Nonprofit and Voluntary Sector Quarterly*, vol. 30, no. 3, September 2001.

理论认为，资助方与公益组织事实上有共同或者类似的目标和利益，对公益组织进行问责其实质是一种交流机制，它能够提高公益组织的整体绩效，帮助建立诚信，确保双方利益一致，并促进长期合作。

应该说，不同问责主体之所以参与到公益组织网络问责中，的确存在着不同的缘由。比如，媒体参与问责是因为媒体具有社会监督的责任和使命，当然这也是媒体的权利。此外，媒体也会出于新闻敏感，有制造热点吸引眼球、提升媒体关注度以及迎合大众需求等方面的实际利益诱导。资助方参与公益组织网络问责，可能更多是基于委托代理理论中提到的预防受资助的公益组织“犯错”的考虑，也有通过问责强化沟通，使合作更加顺畅以及促进其履行合同和承诺的缘故。政府则负有监督和管理公益组织的权力和责任，这是政府履行公共管理职责的需要。

但是，上述这些都不是促成各问责主体如此积极、广泛、深入地参与到公益组织网络问责之中的最根本或者共同的原因。事实上，当前中国的公益组织网络问责更多的不是出于公众问责意识的觉醒，也不是基于问责权利的自觉行使，问责主体参与问责往往是因为，问责对象在网络上被曝做出了触犯人们道德底线的行为，而不是其他一般性“错误”或者“不足”，问责主体因无法忍受、迫于震怒参与问责。如果公益组织被曝出的只是组织制度不完善、管理不规范等泛泛的不足，是根本不可能引起一场网络问责风暴的。公益组织违背了人类最基本的社会道德规范，是目前能够诱发整个社会、各问责主体对公益组织开展大规模实质性问责，乃至爆发网络问责事件的唯一原因。

对于这一点，媒体似乎深谙其道。在这个新闻爆炸、各种骇人听闻的报道不绝于耳、“狗咬人”和“人咬狗”都不稀奇的年代，应该说，人们的新闻敏感已经降低到了前所未有的程度。要想引起人们的关注，媒体的报道必须超乎人们心理承受度。正如一篇题为《郭美美风暴》的文章所指出的，“人们对郭美美愤怒，不是因为她炫富，而是她财富的来源指向了慈善项目的善款，这彻底冲击了社会所能容忍的底线。对于腐败、血拆、恶劣的社会福利等问题，善良的民众或许还能忍受，或者看多了变得麻木。善款被挪用，却彻底击穿了所有人的底线”①。

① 张欢：《郭美美风暴》，《南方人物周刊》2011 年第 22 期。

当然，诱发网络问责的原因并不是整个问责行动的唯一缘由。一旦全社会性的问责行为启动，各问责主体就会相继参与进来。因为问责主体是多方位的，他们所掌握的资源和信息是方方面面的，他们会依据自身所关注的“面”和“点”去深入问责。一场问责的“群众运动”一旦展开，问责对象将可能面临事无巨细的盘问。人们不但最终将要求公益组织对照所有的要求和承诺进行陈述，还可能提出一些“过于严苛”的要求。比如，公众之前曾要求公益组织不收取管理费。

当然，公益组织网络问责是一种“基于道德的问责”，但这并不意味着，公益组织只要做出了违背道德底线的行为就会引发一场问责事件。一场网络问责风暴的引发，需要很多方面的条件。其中媒体是否报道、报道的方式和力度，其他新闻点的吸引度，问责对象的反应速度、态度及方式，网络策划者的有无及参与情况等，都可能成为重要的影响因素。

五　公益组织网络问责的内容分析

总的来看，公益组织网络问责的内容非常广泛，涉及公益组织运作管理的方方面面。

第一，公益组织网络问责大多与组织资源的来源及其使用情况有关。公益组织的资源来源是否合法，是否正当，是否按照组织承诺的或者法律要求的方法使用资源，公益组织的投资问题、与企业合作问题、关联交易问题、挪用资金问题、员工工资问题、管理费问题、贪污腐败问题等是近几年最经常被问责的内容。

比如，“郭美美事件”中，问责主体问责比较集中的问题包括：郭美美与中国红十字会是什么关系？郭美美的财富是否来源于红十字会接收的公众捐款？红十字会在与北京天略盛世拍卖有限责任公司、北京王鼎市场营销咨询有限公司、北京中谋智国广告公司、中红博爱等公司的合作中是否存在关联交易？这些机构之间的合作到底是什么状况？公益组织与商业机构合作是否合法？这种合作“涉及不涉及收益分成、中饱私囊、虚假招标、账外循环等问题？”网友在问责中发现，中国红十字会“红十字博爱服务站项目”在开展过程中，一直使用红十字会的标志进行运作，但所得盈利却全部由商红会副会长王树民女儿担任法人代表的中谋智国和王鼎公司侵占。问责主体不禁怀疑公益组织代公众进行管理的社会公共资产可能遭到了侵占或出卖，并进行了相关问责。

公益组织网络问责内容之所以多与组织资源有关，表面看是因为公益组织不断在这些方面曝出丑闻，其内在更重要的原因则与其资源的公益产权性质有关，公益组织产权主体模糊不清，政府相应监管缺乏才是公益组织资金管理容易出现问题的根本原因。

第二，公益组织网络问责也涉及公益组织管理的合法性、规范性等问题。公益组织网络问责的内容并不限于资源方面，随着问责的不断深入，组织其他方面的问题都有可能被问责到，这是因为问责的主体是方方面面的，他们关心的内容也多种多样。公益组织管理的合法性、正当性、规范性等问题也经常成为问责的主要内容。

比如，“郭美美事件”中，网络问责主体发现，商红会并没有按照民政部的相关要求进行注册，随即提出了系列质疑，包括：商业红十字会未注册即开展业务是否合法？商红会有无募捐资格？商红会不具有法人资格，却能开立基本存款账户，其间是否涉及非法操作？既然商红会开立了基本存款账户，为什么又使用王鼎公司的账户从事“慈善活动”？这样操作的合法性和规范性在哪？此外，随着网络问责中不断曝出的信息显示，王鼎公司等是可能违法运作的公司，也有公众质疑，公益组织能否与违法运作的公司合作做慈善？等等。

红十字总会作为商红会的上级主管单位，也面临着组织监管方面的诸多问责。比如，公众质疑，红十字总会是否对下属机构尽到了应有的监管责任？问责主体在网络问责中发现，红总会自商红会成立十年来从未对商红会的财务进行过审计。网友指出，红总会对于商红会存在的一系列违法或者违规操作也应承担相应责任。

对于红总会自身的内部管理问题，网络问责也给予较多关注。例如，网友曝料称中国红十字会司局级以上领导每人配两辆豪华公车；红总会原副会长孙柏秋发生经济问题下台；红总会副会长退休后，还将出任下属红十字基金会领导，继续领取高薪；等等。再如，网友曝料红十字会与员工签订协议，紧急封口，引致大量网友愤怒不已。[①] 此外，网络问责也关注公益组织的制度设计和内部治理等问题。例如，“郭美美事件”发生之后，红十字总会决定成立社会监督委员会，负责监督红会的日常工作，此举旨在完善红会的内部治理机制，提升机构公信力。但由于社会监督委员会的成立完全由红会主导，成员均由其聘任，因此问责主体对红会社会监督委员会的成立方式以及能否发挥实际治理作用等方面也提出了质疑。有媒体发表评论称，“监督唯有独立才更具力量。这就要求监督主体和被监督主体必须是相互平等的主体，即二者的地位应该是独立和平等的，而不是依附、命令和服从的关系。如果监督者的地位缺乏独立性，反而受制于被监督者，那么监督的力度和效果就必然大打折扣。从报道的情况看，社会监督委员会本身就由红十字会筹建，不仅在红十字会里办公，委员受其‘邀请’，恐怕连今后的日常开支也是由红十字会来埋单。这种与红十字会千丝万缕、错综复杂的关系，很有可能成为内部监督的变种，这种监督只能是‘软监督’，起不到应有的作用”[②]。

第三，公益组织的绩效状况也是网络问责经常涉及的内容。公益组织的行为不但要遵守法律法规、合乎社会道德及规范，还必须具有一定的绩效。在网络问责事件中，公益组织的绩效问责也是主要内容。

“郭美美事件”发生后，中国红十字总会做了一系列的改革措施，其中之一就是增加捐款使用信息的透明度，2011 年 7 月 31 日，中国红十字总会“捐赠信息发布平台”正式上线，首次公布了青海玉树地震公众捐款信息。平台一上线就受到网友关注，并引发公众和媒体等对其绩效的更多问责和质疑。一是捐赠平台显示的捐赠信息不完善，比如 10 万元以下捐款信息无法查询，很多企业的捐赠信息也无法显示。二是数额不符，比如，中国红十字会披露的日方对玉树县仲达乡寄宿学校和卫生院的援助金额，比日本红十字会官网公布的数据少了 23%；李连杰的捐赠数额与实际不符。三是同名同姓的捐赠人未加以区分。四是统计口径不科学，将玉树地震之前发生的捐款也计算在了玉树地震捐款数额之中。五是善款使用情况过于简单，个人 10 万元和企业 50 万元以下的捐

① 康晓光、冯利主编《中国第三部门观察报告（2012）》，社会科学文献出版社，2012。

② http：//opinion. hexun. com/2012 - 11 - 01/147474374. html.

款，其对应的援建项目及善款的具体使用情况均无法查询。对于能查到对应援建项目的捐款，其具体的资金使用明细等内容也没有显示。对此，有网友担心，捐赠信息不具体，很难达到平台设置的真正目的，出了假账也无法监督。六是灾后重建项目督导检查、审计等所需费用过高。玉树地震捐赠支出中显示，此项支出预计为583万元，网友质疑："去一个只有30万人的自治州督导检查审计灾后重建项目，需要花掉583万元吗？贵会是要包机前往？每顿吃一万块？"①

2011年8月17日媒体发布的一篇题为《红十字会在受捐女孩辞世一月后仍未将捐款送到》的报道也引起了公众对红十字会绩效的问责。报道说，2011年6月7日，媒体报道了"大肚女孩"苏田田患病一事，随后各界通过红十字会向其捐款五万余元，但直至2011年8月16日苏田田的母亲才接到签收善款的通知，而苏田田早已于7月11日去世。永定县红十字会解释说，是因为县里正换届，卫生局长没到位，没有局长签字善款不能转出才导致此事。这一事件让公众对红十字会的工作效率强烈不满，有评论说："'大肚女孩'永远也不会知道，在她遭受病痛折磨之时、在爱如潮水一样涌来之时、在弥留之时，有一笔5万元的爱心款，却硬生生地被人扣在银行账户中，始终没给她帮上忙……令笔者感到悲哀的是，为何个人捐款，只要是走官方途径，不得不让人担心：先前，是担心捐款是否透明、公开，自己的捐款是否能到达受捐人手中；现在，还要担心官方烦琐的程序，担心官方的效率，担心自己的捐款能否真成为'救命钱'。"②

近日，又有媒体报道称，四川省绵阳市三台县新生镇德光办事处有3间房屋堆满"5·12"赈灾物资，不少大米、方便面、面包、矿泉水等物资已发霉变质，引发社会对于"赈灾物资竟囤放6年不发放"的广泛质疑。网友问责道：储放6年的救灾物资为何无人问津？谁该为此事负责？

六 公益组织网络问责的方式分析

公益组织网络问责的方式包括建设性问责、惩罚性问责和奖励性问责。建

① http：//www. china. com. cn/news/local/2011 -08/01/content_ 23111015. htm.

② http：//news. sina. com. cn/s/2011 -08 -16/162923000258. shtml.

设性问责是指问责主体采取积极的、建设性的方式，通过提高问责对象负责的能力，改善其政策环境，使之更好地负责。惩罚性问责通常发生在公益组织被曝出丑闻之后，问责主体通过查找问题、追究责任、实施惩罚等方式对公益组织进行问责。奖励性问责重在奖励那些更好负责的公益组织。

第一，惩罚性问责是当前我国公益组织网络问责的主要方式。媒体问责的方式一般是知情人向媒体曝料，或者媒体自己调查探访，然后对公益组织的丑闻进行报道，继而激发其他问责主体的问责。近年来发生的公益组织问责事件，无一不是由媒体开始的。比如，“郭美美事件”起因是郭美美于2011年6月在新浪微博上炫富并自称是“红十字商会总经理”，网友因此质疑其财富与红十字会的关系，进而追查红十字会。“尚德门事件”是《人民日报》刊发了知情人的曝料引发的。“卢美美事件”则是由网友无意关注到了网页上的相关信息开始的。同时，媒体也通过持续追踪报道、发起相关议题等方式引导整个问责行动的方向。

公众问责的主要形式为通过媒体，尤其是网络媒体，对某些公益组织发出质疑。在各种论坛、博客等网络平台上，来自不同地区，拥有不同身份、职业和社会地位的人们相互回应，同时利用自己掌握的渠道和方法，不断调查事件真相，推动问责持续深入。同时，用拒绝捐款等实际行动对缺乏诚信的公益组织施以惩罚。公众问责还有一个最大特点，就是能够借助社会舆论形成强大的问责压力，这种问责压力将进一步激发媒体的追踪报道，并引起其他问责主体，甚至包括政府的重视和问责。当公众发出趋于一致的声音时，就会形成一种场域，形成一种强大的影响力，这种强大的影响力可以改变甚至决定舆论的走向，最终影响问责的效果和最终结果。

公众和媒体在网上的问责逐渐形成声势，进而引起问责主体的网下问责行动。网上问责与网下问责相互促进，共同推动问责的深入发展。比如，针对2011年爆发的网络“连环”问责事件，民政部于2011年8月23日公布了《公益慈善捐助信息披露指引（征求意见稿）》，该《指引》是公益慈善领域第一个信息披露行业规则。《指引》规定，公益组织及政府部门应在捐赠款物拨付后一个月内，向社会披露拨付和使用的详细信息。此外，政府也通过审计、司法介入、民政检查等方式对公益组织进行问责。根据公益组织违法违规行为性质及程度的差异，民政部还将给予警告、责令改正、限期停止活动、撤换直接负责的主管人员、撤销登记等处罚。情节特别严重时，可能还会追究其刑事责任。而资助方和合作方可能会要求被问责的公益组织对网络指责进行详细解释，情况严重时还可能亲自或者要求第三方机构对其进行评估或者审计，甚至可能要求政府司法部门介入。如果公益组织的违法或者违规事件属实，那么资助方及合作方则很可能因为问责对象的严重过错而终止合作，可能要求其进行赔偿，甚至永远将其列入黑名单，不再资助或合作。

第二，建设性问责正在被催生。公益行业的自律正在成为建设性问责的主要内容。比如，基金会中心网（www. foundationcenter. org. cn）由国内 35 家知名基金会联合发起，于2010 年7 月8 日正式上线。“基金会中心网”的主要目的是披露基金会的相关信息，并为基金会提供各类专业服务，定期或不定期公布全国各基金会的财务收支、资助项目和捐款信息，帮助社会公众和捐赠者监督基金会的日常工作和捐款使用情况，成为社会各界问责公益基金会的重要手段和窗口。“建立基金会行业信息披露平台，提供行业发展所需的能力建设服务，促进行业自律机制形成和公信力提升，培育良性、透明的公益文化”是基金会中心网的使命。[①] 根据基金会中心网发布的数据，截至 2014 年 5 月 29 日，全国各类基金会总数达 3818 家，其中公募基金会 1441 家，非公募基金会 2377 家。此外，基金会中心网还在成立一周年举办的“透明公益给力和谐社会”论坛上，发布了自律行动倡议，倡议包括四个方面：对待善款要以制度来保障；规范信息披露机制；增强自身能力建设；全面接受社会监督。

第三，奖励性问责正在兴起。政府、公益组织中的佼佼者以及媒体都开始参与到奖励性问责之中。

比如，一些针对公益组织的评选活动都采用了网络评选方式，或者设立了网络评选环节。参与评奖的公益组织的相关信息都在网络上予以公布，由网民通过网络投票来支持那些他们认为更有公信力的组织。比如，由公益中国·慈善联盟、中国扶贫开发协会产业委员会、北京商界风云影视文化传媒有限公司、国内知名媒体组织联合主办的“公益中国颁奖大典”就设立了网络评选

① http：//www. foundationcenter. org. cn/aboutus. html.

环节。网络投票的结果与专家评审委员会的评选结果各占一定的比重，共同决定最终结果。此外，公益中国的评选和颁奖活动的各个环节，也充分利用网络媒体及时进行了宣传，其评选结果经网络进行公示，充分注重了与网民的沟通等。公益中国评选活动自 2007 年第一届开始至今，已经成功举办了 6 届。

七　公益组织网络问责的效果分析

必须承认，只要网络问责能够持续深入，总会取得一定的效果。

一是问责对象对问责做出回应。近年来屡屡发生的公益组织网络问责事件，已经使公益组织及其从业人员深深感受到了网络问责的强大力量，也逐渐明白了及时回应、妥善处理公众问责的重要性，无形之中也使他们加强了对自身行为的各种约束，促使他们转变工作理念，改变工作作风。以“郭美美事件”为例，红十字会迫于舆论压力，对问责做出了一系列回应。第一，通过各种渠道向公众做出解释，如开通博客发表声明、参加电视节目访谈等。第二，邀请审计机构对中国商业系统红十字会进行审计，请中国商业联合会成立调查组对媒体所反映的中国商业系统红十字会的运作方式问题开展调查。第三，暂停中国商业系统红十字会的一切活动，邀请司法部门进行调查。第四，提高了响应问责的效率。伴随着网络问责的深入，红会整个系统应对危机的态度也更加积极主动，回应质疑、改进作风的效率也有明显提高。比如，2011 年 4 月 15 日，网友在网上贴出上海市卢湾区红十字会消费额为 9859 元的餐饮发票，被上万博友转发。当日，上海市卢湾区红十字会就积极响应，表示将迅速调查此事，并公布结果。第二天，上海市红十字会就通报了“卢湾红十字会高额餐饮费”调查及处理情况，向全市红十字系统通报批评卢湾区红十字会在公务接待活动中的铺张浪费现象，并要求全市红十字会系统厉行节约，严格按照相关规定和标准使用资金。此举获得了公众和媒体的高度认可，东方网发表文章称，“这是对‘曝光’事件正确处理应当持有的态度，‘万元发票’经媒体曝光后，我们看到，上海市卢湾区红十字……一天时间，迅速完成了调查核实、调查取证，包括对该项开支原始凭证、记账凭证和账册的核查，特别是对有关责任人的处理，都表现出了积极的态度。这种对矛盾问题不回避、不推诿、不懈怠的作风值得肯定……这也体现了对红十字会声誉的维护和对民意的尊重"①。

二是加快公益组织改革步伐。"郭美美事件"爆发之后，红十字会根据网络问责中暴露出来的问题，进行了相应的改革和调整。比如，2011 年 3 月至 10 月，红十字会委托中国社会科学院社会学研究所开展"关于促进红十字事业发展若干问题研究"，委托中国社会学会社会政策研究专业委员会开展"中国红十字会改革与发展战略研究"，将红十字会改革发展列为这两个课题研究的重点内容。2011 年 10 月至 2012 年 2 月，先后四次组织召开了中国红十字会南方、北方、西部片区座谈会和总会工作务虚会，对综合改革思路和措施进行研讨。2012 年 4 月以来，先后邀请有关部委和单位代表、专家学者赴多地，就红十字会体制机制改革、红十字会法的修订等内容开展调查研究。② 2011 年 7 月 21 日，红总会向地方红十字会及行业红十字会发出《关于贯彻落实"两公开两透明"承诺的通知》。2011 年 7 月 22 日，红总会公布"三公经费"预算和支出情况的说明。2011 年 7 月 31 日，"中国红十字会总会捐赠信息发布平台"上线试运行，为公众提供捐赠信息及善款使用情况查询服务。在此基础上，红会还启动了中国红十字会信息管理系统建设工作，计划用两年时间实现省级以上红十字会制度化、标准化和规范化的信息公开。2011 年 9 月，中国红十字会举行第九届理事会，对理事会层面人事进行了重大调整，在"郭美美事件"中曾代表中国红十字会回应各种质疑的原党组书记、常务副会长王伟改任副会长（兼职）。2011 年 11 月广东省南海红十字会医院发生"弃婴门"事件，引发公众对"红十字"冠名的大讨论，红十字会研究后随即罢免了该医院的冠名权，同时启动了对红十字会全面清理整顿冠名机构的改革举措。③ 2012 年 8 月，中国红十字会主动接受国际红十字会和红新月会国际联合会的 OCAC（国家红会组织能力评估与认证程序）评估与诊断。评估结果显示，红十字会存在诸如治理结构不合理、工作效率不高、对志愿者的管理不畅、宣传倡导不够等问题。据此，红十字会计划从六个方面启动改革，包括：

---

① http：//pinglun. eastday. com/p/20110417/u1a5843220. html.

② http：//www. china. com. cn/news/txt/2012 -09/20/content_ 26582252_ 2. htm.

③ http：//news. sina. com. cn/c/2011 -12 -08/023023594148. shtml.

完善内部治理机制、加强组织体制建设、建立新型财务管理模式、深化人事制度改革、完善政府支持保障体系、加强核心业务建设等。2012 年 12 月，中国红十字会建立了社会监督委员会，对红十字会的社会捐赠款物使用、资助项目等进行监督。①②③

三是问责影响波及整个行业。公益组织网络问责的特点，使得这种问责变成一种规模宏大的群众性运动，加上公益组织的特点，使得它的影响绝不仅限于单个公益组织，而是会波及整个公益系统。比如，“郭美美事件”后，公众开始怀疑整个公益系统的公信力。首先，红十字会整个系统的公信力受到重创，红总会及各级组织接收的捐款锐减。2011 年末，中国红十字会召开的第九届理事会上公布的财务报告显示，当年个人捐款虽然没有详细统计，但有很大的减少，原因之一是“6 月以来遭遇的‘网络事件’引发的信任危机”。据新浪公益 2012 年 5 月 15 日报道，北京市红十字会 2011 年 7 月仅接收社会捐款 28 笔，总计 154000 余元，相比此前三年月均百万元以上的捐赠额大幅锐减，并且这种情况在各地红十字会均有出现。据报道，“郭美美事件”后 1 个月，青海红会所获捐款数额仅为 1 分钱、2 分钱、1 角钱，绝大多数人捐赠了 1 元钱；深圳红十字会只收到捐款 100 元；佛山市红十字会医院学校未再收到一笔捐款；河南省红十字会仅获一笔捐赠。其次，相关或者相似公益组织的捐款也深受影响。比如，中国扶贫基金会因为受到“郭美美事件”的影响，2011 年也没能按计划完成应筹资的 3 亿元。最后，整个慈善行业接收的捐款也明显减少。民政部中民慈善捐助信息中心的全国捐赠数据显示，自“郭美美事件”后，公众通过慈善组织进行的捐赠大幅度下降。④ 民政部数据显示，2011 年全国 7 月份社会捐款数为 5 亿元，和 6 月相比降幅超过 50%，慈善组织 6 ~ 8 月接收的捐赠数额降幅更是达到 86.6%。⑤

① http：//www. bjnews. com. cn/news/2012/10/29/230309. html.

② http：//www. china. com. cn/news/txt/2012 - 09/20/content_ 26582252_ 2. htm.

③ http：//news. 163. com/11/0707/02/78AVGQRA00014AED. html.

④ http：//gongyi. sina. com. cn/gyzx/2012 - 05 - 15/094834333. html.

⑤ http：//news. ifeng. com/gundong/detail_ 2011_ 09/14/9165123_ 0. shtml.

四是问责造成的影响深远。网络问责的重要性在于它不但能够更为有效和快速地追究当事者的责任，更关键的是它能造成强大、深远、广泛的社会影响，对以后类似事件的发生能够起到警戒作用，这才是问责的真正目的。中国社会科学院社会政策研究中心发布的《中国慈善发展报告（2013）》指出，2011 年源自公众质疑的慈善界公信力“触底”却未在 2012 年“回升”，红会社会公信力的恢复和重建之艰难远远超出预期。时至今日，汶川地震已经过去 6 年了，“郭美美事件”也已经过去 3 年了，网友在论坛上发帖表示仍然对慈善缺乏信心，称仍然看不到公益组织的改进。“还有那些痛心的慈善。汶川地震，共收到多少捐款？收到多少物资？用在哪？怎么用？几年过去了，有没有一本可以公开的明白账目？为什么还有救灾物资堆在仓库里霉烂？为什么香港政府质疑救灾项目，要求收回捐款？是否存在假捐款？各国、各地人民的善心，有没有被黑心的机构、人员吞没？某些官员承诺的‘公开’、‘改变’呢？是什么让郭美美如此嚣张？又是什么让官员遮遮掩掩，不敢调查？你们理解‘捐你妹’后面的愤怒吗？”①

公益组织网络问责之所以能够发挥比传统问责更重要的作用，是因为网络问责能够形成一种强大的舆论压力，给问责对象造成极大的压力，迫使他们做出回应。而这种强大舆论和问责压力的形成，与网络问责自身的特点有关。网络问责具有开放性和平等性，不受时间、地域的限制，打破了话语霸权，每一位网民都可以在网络上自由表达自己的看法，对公益组织进行问责。网络问责也是一种更为主动和积极的问责，网络的快速普及及其自身所具备的快捷性和互动性，以及虚拟性和发表意见的低风险性等，都增加了公众参与问责的可能性，调动了公众问责的积极性。此外，网络问责不是单一主体在行使问责的权力，而是一种对社会力量的整合，网络实现了问责主体之间，以及其与问责对象之间的直接对话，网络强大的交互性使得网民能够针对某一事件汇聚信息、交流意见并形成共意，从而促进了公共话题的快速形成和深入推进，它形成一种合力，使得网络问责无论从力度还是效度，都要高于传统问责。此外，网络的公开性和透明性也大大提高了问责本身的透明度和民主化程度。当然，网络

① http://bbs.tianya.cn/post-free-4324272-1.shtml.

问责并不止于网络，它还是一种线上与线下的联动，以往单一主体难以或者无法实现的问责目标，通过这种联动机制得以实现。

此外，公益组织网络问责之所以能够取得较好的效果，还得益于公民问责意识的觉醒。伴随着互联网的普及，公民的问责意识逐渐萌发，问责机会逐渐增加，问责方式更为多样，问责能力也逐渐增强。一次次爆发的网络问责，又演变为一场场的公民教育，它不断鼓舞公众问责公益组织的勇气，锻炼其问责的技巧和能力，扩大其问责的影响，增强问责的效果，反过来又进一步促进公民问责意识的崛起，促使“臣民文化”进一步向“公民文化”转变。这种问责文化的形成为我国公益问责制度的发展奠定了良好的基础，是真正实现公益问责机制化的一种不可或缺的柔性机制。

八　公益组织网络问责存在的问题

公益组织网络问责是近年来伴随着互联网的发展新出现的一种问责模式，它的确取得了一些传统问责模式所不能产生的问责效果，但由于发展不够成熟等原因，仍然存在很多问题。

（一）问责的非常态化

相对于传统问责网络问责的一个最大特点就是其参与的便利性，问责主体可以随时随地对公益组织履行责任的情况进行问责，但是这并没有导致公益组织网络问责的经常性和常态化。事实上，我国公益组织的网络问责更多是以爆发群众运动式问责事件为主要形式，在 2008 年汶川地震之前，网络问责虽然也偶有发生，比如 1992 年“中国妈妈”胡曼莉挪用善款事件、2002 年中国青少年发展基金会“希望工程”款投资失败及负责人贪污事件等，但整体发生的概率是非常小的。2008 年汶川地震救灾期间，公众和媒体对于公益组织参与救灾的情况进行了较为密集的网络问责，自此之后，公众的网络问责意识才初步觉醒。2011 年“郭美美事件”及当年发生的一系列问责事件，则意味着各问责主体针对公益组织的网络问责越来越成为一种崭新的而且非常重要的问责形式。自 2011 年“郭美美事件”之后，公益行业又发生了“卢美美事件”

“尚德门事件”，以及针对深圳壹基金公益基金会、嫣然天使基金等的网络问责。应该说，公益组织网络问责越来越常见。但是，即便如此，目前我国的公益组织网络问责仍然是一个非常态化的模式。原因正如上文所述，针对公益组织的网络问责只有在公益组织被曝出触及人类道德底线的事件时才有可能发生。在互联网媒体日趋发展的今天，每天人们的视线都被千千万万的新闻信息点所牵引，即使有曝料人曝出某些公益组织的一些违法违规或者违背道德的新闻，也很可能会淹没在网络信息的海洋里。此外，我国广大网民的问责意识还不够强大，网络问责缺乏制度机制，网络问责能否形成一定规模，在很大程度上依赖意见领袖的有无、多少，以及他们在多大程度上、何种方向上发挥作用等。

（二）问责的非专业化

虽然，公益组织网络问责往往能有公众、媒体及其他问责主体的广泛参与，问责也非常积极，有热情，问责的内容非常宽泛，问责更凸显出传统问责模式下所不能比拟的效果和深远影响。但是，纵观问责的整个过程，我们很容易发现，整个问责缺乏一定的规则和程序，问责的内容过于发散，不同问责主体所问责的内容、问责的逻辑、问责的深度等也因问责主体的专业水准、个人素养、表达喜好等的差异而各有不同。问责过程中虽然出现了很多的意见领袖，但没有出现核心的领袖和组织者，没有问责的纲领或者指导性文件，问责缺乏方向感、节奏感和策略性。问责也没有出现有效的行动组织，没有进行有效的资源动员。虽然各大论坛、博客等网络言论平台在某种程度上发挥了行动组织的作用，但是这种组织是非常松散的、非正式的，缺乏有效的组织和协调能力。行动中，有一些参与者自发投入资源进行深入问责，但这种情况非常少。绝大多数问责主体只是参与讨论、发出质疑，以此形成舆论压力，从网络走到现实并付诸实际行动的问责较少。

（三）问责的非制度化

公益组织网络问责的非专业化、非常态化，在很大程度上要归因于相应问责制度的欠缺。此外，网络问责的非制度化还导致问责过程缺乏组织性、规范性、程序性和严密性，容易产生诸如激情问责、无序问责等风险，这在一定程度上损害了问责的严肃性，延误问责的进程，削弱问责的效果，甚至会误导问责的方向。此外，网络问责不是制度问责，所以很多时候效力有限。网络问责所反映的问题要想得到解决，最终还是要依靠有关权力部门的介入，否则最终容易不了了之。而当前我国各级监管部门仍缺乏制度化的网络意见吸纳机制，网络问责过程中，政府与公众之间的互动性明显不足。从近几年的公益组织网络问责来看，问责一旦发生后，政府在强大的网络舆论压力下最终也可能会有所作为，但这个过程往往相当漫长。

（四）问责回应的被动性

从以往发生的公益组织网络问责来看，虽然被问责的公益组织在强大的舆论压力下，都做出了一些回应甚至改进，但是在网络问责刚开始的阶段，还只有小范围、少量的问责主体参与问责的时候，问责对象往往不会做出实质性反映。只有当问责持续扩大和深入，问责对象才会从不予理睬转变到有所回应。然而，声东击西、巧言令色、百般抵赖、粉饰太平、遮遮掩掩、半推半就、忸怩作态，能不承认就不承认，能少承认就少承认，仍然是问责对象面对问责时常见的反应。主动回应、解释和说明的问责对象有，但是不多。多数问责对象都是迫于问责持续深入的压力，不得不策略性地变被动为主动。这一方面体现了我国很多公益组织缺乏主动解释、说明的勇气和责任心，另一方面也反映出公益组织在处理公共危机事件方面缺乏经验。

公益组织对网络问责的回应缺乏主动性，还因为他们对网络舆论的特点仍然认识不清，缺乏应对网上舆情危机的正确态度和方式、方法。首先，公益组织对公众问责重视不够，面对问责，最初往往摆出一副高高在上的姿态，要么置之不理，要么简单应付，或者不能及时发现网络问责信息，或是发现了也没有立即引起重视，结果短短几天网络舆论就形成狂潮，致使公益组织最后非常被动，局势越来越被动。其次是处理方式不够理智。绝大多数公益组织在网上舆情爆发后，第一时间想到的就是删帖，但是网络传播点多面广，这样做不但无法封锁消息、掩盖问题，反倒容易把自己摆到民意的对立面，错失正面引导舆论的时机。有些公益组织为急于转移舆论焦点，为应付而应对，在真相没有调查清楚前就急于发布结论，结果弄巧成拙，不但不利于解决问题、缓解舆情，反倒引起更多公众的质疑和不满。

值得一提的是，除了公益组织回应问责体现出的被动性之外，相关政府部门也表现出对公益组织网络问责反应的怠慢和迟钝，加之近年来一些政府部门公信力的缺失，使得公众在公益组织网络问责时怒火难息，以至于发牢骚、抱怨甚至谩骂经常出现，从而影响了网络问责的环境和问责的效果。

（五）网络问责环境的非健康性

公益组织网络问责具有进入门槛低、匿名性等特点，这些特点也为部分人借助网络宣泄不满和怨恨情绪提供了便利，也有一些人出于报复社会等原因在网络上散布虚假信息，使得网络问责带有一定的偶然性、复杂性、随意性。此外，网络推手加剧了网络问责的信息失真程度，可能误导网络问责的方向。在网络问责过程中，一些网络推手出于个人目的或者为获取不法利益，利用公众缺乏辨别各类网络信息真伪的能力等弱点，将一些虚假信息蓄意传播到网上，在各种网站论坛、博客、QQ、聊天室等公共舆论平台上发表误导性言论，结果引来大量跟帖和热议，使网络舆论越来越偏离事件的真相。这种行为严重干扰了网络问责的秩序，可能使得问责对象缺乏针对性，或者给问责对象栽赃，或者为问责对象开脱，甚至在一定阶段内左右了相关部门对案情调查、处理的方向。

（六）问责对象信息的非透明性

问责的前提是公开和知情。要真正推行网络问责制度，公益组织必须尽可能透明，必须时刻置于公众的监督之下。但是，从目前来看，我国公益组织在信息公开方面做得非常不够，包括组织接收了哪些捐款、捐款用往何处等最基本的信息公众也无从了解。个别组织虽然在网站上公布了年度报表等信息，但全都是大数据，细节数据完全没有，普通公众根本看不懂。连中国红十字总会这样有着严密组织体系、规模庞大的官办公益组织相关捐赠信息的公布也是在“郭美美事件”之后才开始，而且所公布的也并不是组织所有的捐赠信息。更为重要的是，很多公益组织的从业人员直到现在也还没有建立起主动公布组织相关信息的意识。比如，前段时间嫣然天使基金被指责唇腭裂人均手术成本超高，7000万善款下落不明，涉嫌利益输送等，引起广大网友集体问责，但电视台在采访其发起人时，李亚鹏除了简单否认之外，竟表示他认为组织没有向公众做进一步说明的义务。

从实践来看，当前我国公益组织网络问责之所以一次次发起，就是因为公益组织在信息公开透明方面与公众的要求和期待差距较大。正因为公益组织的透明性不足，也使得公益组织网络问责的效果大打折扣。因为问责主体对公益组织的相关信息缺乏了解，公众才有可能被网络上的一些谣言所迷惑。事实上，网络上对公益组织的所有不法、不轨行为的指责并非都是真实的，但是正因为公益组织自身信息的不透明，广大网友无法进行证实，才给一些网络推手或者不法分子以可乘之机，使得公益组织往往承受很多无妄指责，蒙受不白之冤，而且往往更容易纵容问责向错误的方向发展，使更多的网友因误听误信卷入到错误的问责之中。

九 完善公益组织网络问责的对策

公益组织网络问责能够发挥比传统问责模式更好的问责效果，对推动公益组织公信力的建设能产生更加深远的影响。因此，从目前来看，网络问责已经成为一种非常重要的公益组织问责模式。然而，如上所述，公益组织网络还存在一些问题，那么，如何对其进行加强和完善，提高公益组织问责的整体水平和效果？本文提出如下对策和建议。

（一）增强公众的网络问责意识

增强公众的网络问责意识，首先是一种公共精神的建立。随着互联网的普及，我国公民对公共事务的关注和参与热情日益高涨。对很多人来说，每天上网浏览新闻、参与网络论坛讨论、刷微博、看微信、关注社会热点问题，并在网上发表观点、针砭时弊已经成为日常生活中的重要组成部分。网络的匿名性和互动性使得他们在问责的过程中能够形成一股强大的网络舆论压力，进而产生强大的网络问责效果。这种良好的问责效果又将进一步带来公众网络问责意识的增强。因此，进一步加强互联网的普及工作，提高网民识别网络信息真伪的能力，加强网民素质，对于公众网络问责意识的增强具有重要作用。此外，公众公共参与意识的增强，还有赖于传统媒体的宣传和引导作用，有赖于政府加大推动公民意识教育的力度。

增强公众的网络问责意识，最重要的是让整个社会形成一种问责文化，问责文化是网络问责的灵魂，只有网民具备了问责的文化底蕴，网络问责才能健康持续发展。一方面，必须让公众树立良好的价值观、道德规范和行为准则。当前我国的公益组织网络问责是“基于道德的问责”，因此，只有人们的道德水准提高了，才可能降低对公益组织违法违规事件的容忍，也才能更经常地参与对公益组织的网络问责。另一方面，公民意识教育还必须融入公众问责权利意识教育的内容，公众需要明白，公益组织所使用和支配的资源是一种社会公共资源，公众是其实际上的所有者，公众对公益组织具有天然的问责权利。公益组织网络问责必须从“基于道德的问责”走向“基于权利的问责”，才能更加常态化和制度化，也才能取得更好的效果。

（二）提高问责的专业化水平

要提高公益组织网络问责的质量，提高网民素质至关重要。首先，要提高网民的道德水平和法律意识，使他们在参与网络问责时，能够遵循社会伦理道德，学会理性、客观地看待网上的信息，不出于宣泄心情而歪曲事实。针对网上的一些偏激言论，要学会冷静分析，理智对待，不盲目跟从。其次，要提高网民处理和分析网上信息真伪的能力，提高公众利用网络进行公益组织问责的意识和能力。最后，要培养公众的责任感与正义感。要让公众主动避免将网络舆论演变成网络暴力和社会突发事件，学会理智地行使自己的网络话语权，不传播有害或者低俗的信息。

媒体在网络问责中起着把关人和传播者的角色，在网络问责中发挥着引导舆论的作用，因此，要提高媒体自身素养与自律能力。要加强媒体从业人员的业务能力，提高其辨别、传播信息的能力。另外，要提高媒体从业人员的社会责任感和自律意识，杜绝虚假报道和低俗报道，遏制问责中谣言的传播，使问责能够健康推进。政府要运用好监管权力，提高媒体所报道内容的真实性，使之保持正义性和高尚性，重点在于通过新闻传播教育和专业知识培养使媒介从业人员具有相应素养。建立自律联盟是实现媒体自律的一个新途径，通过加入自律联盟，促使媒体遵守自律公约，更好地发挥媒体在网络问责中的作用。

（三）建立制度化的网络问责机制

建立健全网络问责制度的法律法规，给公众的网络舆论监督提供法律保障。随着网络问责事件的增加，问责所涉及的范围也随之不断拓展，网络问责所带来的影响力越来越大，建立和健全有关网络问责问题的法律法规制度，保障社会公众开展民主监督，是使网络问责健康发展、有序运行的根本保障和必然选择。因此，我国需要尽快从国家层面上加快立法，尽快制定和出台专门针对公益组织的网络问责法，通过法律，明确网络问责主体和客体的权利义务，有效规范问责行为，明确网络问责的合法性，加强可操作性，使网络问责有法可依、有章可循。

加大支持力度，以多种方式鼓励民间网络问责平台的建设与发展。各种互联网上的论坛、博客等平台之所以人气很旺，受到广大网民的青睐和欢迎，是因为这些论坛和博客更为开放、更加自由。例如，在以天涯论坛为主的各大网络论坛上，经常会发帖质疑一些影响力较大、影响范围较广的网络问责案件，通过发帖质疑，逐步形成了网络民意，进而推动涉案事件向前发展，直至案件得到比较公正的处理。与此同时，推动公民问责的发展还有许多民间监督网站，努力为公民问责问题提供法律援助和交流平台，不过，这些民间监督网站由于经常涉及比较敏感的社会问题而时常遭到封杀，难以充分发挥作用。因此，有效规范社会公众对公益性组织在网络上的监督行为，明确民间监督问责网站的合法身份，给予其合法地位，对民间各种监督网站的权利义务、法律地位、资金来源、调查方式等进行必要的规范和完善，保障其合法地位和政治权益，有效发挥民间监督网站的积极作用，是促进网络问责有效发展、健康发展、可持续发展的重要内容。

（四）加强对网络问责的应对能力

一方面，公益组织必须适应网络环境，顺势而为，提高认识，高度重视网络问责问题。在互联网空前发达的今天，网络问责已成为监督公益组织的一种非常重要且有效的方式。对公益组织从业人员来说，应该主动适应当前开放的网络环境，逐步转变观念，提高认识，主动倾听民意，充分尊重舆情，积极主动响应并引导舆论。要严格按照政府要求实行信息公开制度，在网页上及时发布客观、权威的信息，可以设立“网络发言人”，及时就社会普遍关注的事件、问题进行澄清，打消公众疑虑。

另一方面，政府的民政部门、司法部门、监察部门、公安网监机构也要加强舆情监测，对网络问责的效力和威力要有足够重视，要强化对网络问责的管理，建立网络舆情危机快速应对机制，建立有效的网络问责信息搜集渠道，根据网上出现的各种舆情，就社会各界普遍关心的热点问题，尽快收集和梳理网民反映的各种信息，为及时调查和处理提供服务。在所涉及的各政府部门之间，建立良性协调和互动机制，彼此之间既要进一步明确分工，又要通力合作。通过积极规范和引导，提高回应效率和办事效率，既要切实做到响应舆论，又要切实引导舆论，推动官民网络问责优势互补，形成官民互动、政网互动的良好氛围，有效推动传统问责与网络问责的无缝对接。

（五）净化网络问责运行环境

第一，法律制度是网络问责健康发展、有序运行的重要保障。通过完善的法律体系、明确的法律规定，可以为网络问责创造一个良好的空间，因此有必要针对网络行为进行立法，在保证言论自由的前提下，防止不良行为的发生。目前，我国已经初步建立了一套加强和完善互联网管理的法律法规，但是，这些法律法规尚存在一些不足，比如，在造谣诽谤与社会问责、人身攻击与言论自由、公民隐私权与知情权等概念上没有明确界定与区分。而且，互联网技术日新月异，新问题、新矛盾不断涌现，已有法律法规并不能完全适应新形势，因此，要不断完善和加强互联网的法律制度建设，加快相关法律法规出台和修订的速度，同时要加大政策执行力度，净化网络环境。

第二，要重视舆论引导，培养意见领袖。从传播理论可以看出，大众传播信息是经过意见领袖传播，而不是直接传播给一般受众，是通过意见领袖这一中间环节，把大众传播与一般受众联系到一起的过程。一般来讲，意见领袖主要包括一些行业专家、社会名人，还有一些论坛中的活跃分子。这些意见领袖一般具有较强的影响力和号召力、知识比较丰富、信息源比较广，因此，其发表的意见也常常比普通大众更有分量，常常能起到引导舆论的作用。因此，政府应该对此高度重视，着力培养和扶持一批意见领袖，在发生网络问责事件的过程中，可以充分发挥意见领袖的作用，有效引导社会舆论朝着健康方向发展，使社会主流声音、正面声音占领制高点，这样可以有效地防止各种流言、谣言传播，同时有效防止群体极化事件的发生，从而保证网络问责沿着健康的方向深入发展。

第三，合理利用屏蔽、过滤等技术措施，打造良好的网络环境。目前，各式各样虚假、恶意、低俗、反动的言论充斥着网络，公众对很多信息难以辨别真假，但却经常随意传播，不仅对网络环境造成了严重影响，也严重影响了网络问责的严肃性、公信力和效力。因此有必要合理利用已有技术，对网络不良言论进行过滤和屏蔽，同时积极研发更加有效的信息过滤技术，净化网络环境，为网络问责营造良好氛围。

（六）促进公益组织信息透明化

第一，政府部门要不断完善公益组织信息披露制度。目前，我国已经建立了基本的公益组织信息披露制度，《中华人民共和国公益事业捐赠法》《社会团体登记管理条例》《救灾捐赠管理办法》《民间非营利组织会计制度》《公益慈善捐助信息披露指引》等均从不同方面做了相关规定。但是，已有的这些制度还存在很多不足。一是信息披露不能满足公众的广泛需求。比如，《公益事业捐赠法》规定慈善组织的信息披露只是面向“政府有关部门”。二是信息披露的形式不明确，信息披露随意化。目前，我国相关制度不完善，只有《民间非营利组织会计制度》对信息披露做出了适度规范，且仅仅针对部分财务信息的披露形式，而其他非财务信息、重大事件信息的披露形式等都处于缺失和空白状态。三是强制披露信息的力度不够。比如，强制披露制度不够权威，强制披露的违规成本缺失，执行力度不大，强制披露的内容太少等。因此，为了促进公益组织信息透明化，必须使信息披露面向真正的信息需求者，直接面向公众。要进一步明确和细化信息披露的具体形式，实施信息披露制度，同时加大制度执行力度，提高违法违规成本。

第二，要推动公益行业自律机制的建立和完善。针对近年来出现的一些行业自律行为，政府应该进行适当引导、鼓励、扶持和推动。在行业自律机制的建立和完善方面，行业内部处于领先地位或者主导地位，对行业发展具有一定影响力的公益组织应主动承担起召集、组织和推动的责任。

第三，公益组织要加强自律工作。近年来不断出现的公益组织网络问责事件，让所有的公益组织看到了网络问责力量的强大和影响之深远，也意识到了公益组织公信力的重要，因此，公益组织应加强自律，主动进行公益组织信息披露，建立相关制度和机制。与此同时，建立有效的“网上信访”制度，为公众行使网络舆论监督、督促公益组织加强自律搭建平台和载体。

B.5

社会企业的兴起及其在中国的发展

王世强*

摘　要：

社会企业是一种新兴的组织类型，通过商业手段实现社会目标以解决社会问题。社会企业在满足社会需求、提供社会服务、构建平等而包容的社会方面发挥独特作用，其发展受到社会越来越多的关注。20世纪70年代，现代意义上的社会企业发展起来，欧美国家的社会企业开始重新复兴，并呈现蓬勃发展的局面。近年来，我国具有社会企业家精神的创业者不断涌现，诸多领域中都涌现出一批社会企业，针对社会企业的支持网络逐步建立。本文将对社会企业的概念和特征、社会企业的兴起背景和原因以及中国社会企业发展的现状与问题进行描述与分析，并提出发展我国社会企业的相关建议。

关键词：

中国　社会企业　兴起　发展现状

社会企业是一种新兴的组织类型，它的发展受到社会各界越来越多的关注。欧美学者从20世纪80年代末开始使用“社会企业”一词。社会企业既不同于传统的商业企业，也不同于传统的非营利组织，是处于商业企业和非营利组织之间的社会组织。社会企业是为了解决某个社会问题而创办，以实现社会目标为价值追求，采取商业化的经营理念和运作方法，将商业模式与社会公益有机结合，进而实现自身的可持续发展。社会企业模式有助于缓解非营利组

---

* 王世强，中国社会科学院城市发展与环境研究所博士后，研究领域为非营利组织、公益慈善、社会企业。本报告得到北京億方公益基金会的资助。

织的资金压力，也有助于减轻政府的财政负担，提高企业承担社会责任的程度。社会企业在国家的社会经济中发挥独特作用，在全球范围内已经成立了数量众多的社会企业，尤其是欧洲的社会企业已经在国民经济中占据重要地位。2008年全球金融危机后，社会企业在促进弱势群体就业、消除社会排斥、缩小贫富差距和推动可持续发展等方面取得了显著成就，社会各界对发展社会企业的呼声日益高涨。

最近几年，我国社会企业的发展受到越来越多的关注，开始形成了一股兴办社会企业的热潮。但是，我国社会企业的发展历程比较短暂，公众、第三部门和政府对这个概念仍然缺乏深入了解。什么是社会企业？社会企业是如何兴起的？中国社会企业分布在哪些领域？存在哪些问题？如何发展社会企业？这些问题都是值得关注的，本文将对这些问题进行深入探讨。

一　社会企业的基本概念

（一）社会企业的概念与特征

“社会企业”不能被很多人理解的一个原因是，很难清晰说明什么是社会企业以及如何界定社会企业，目前全世界对“社会企业”没有一个统一定义。在这种情况下，很多学者、民间机构提出了“社会企业”的概念，很多国家尝试通过规范性文件和立法的方式明确“社会企业”的概念。

作为社会企业大国，英国政府提出的官方定义无疑具有重要意义。英国贸易与工业部（DTI）在2004年提出了“社会企业”的定义：“社会企业是具有某些社会目标的企业，盈利主要按照它们的社会目标再投放于其业务本身或所在社区，而非为企业股东和所有人赚取最大利润。”① 英国社会企业联盟（SEUK）也提出了“社会企业”的定义：“运用商业手段，实现社会目的。”②

各国对社会企业概念的认识不完全相同。由于欧美国家的文化和历史背景

① DTI. Social enterprise: a strategy for success. London: Department of Trade and Industry, 2002, 13.

② 参见美国社会企业联盟官方网站 https://www.se-alliance.org/。

不同，各自的社会企业的内涵也有所差异。在欧洲，“社会企业”最初是用来重新推广合作社，社会企业是在民主参与的框架下，由社会合作社提供工作机会或特定公共服务。而在美国，“社会企业”更多是指非营利组织开展营利性的创收活动。

社会企业是一种新的企业形态，社会企业具有四个主要特征，这也是社会企业区别于其他组织的四个方面：一是以实现社会使命为目标，为了解决社会问题而存在。这是社会企业区别于商业企业的特点。社会使命可以是环保、扶贫、解决就业等目标。二是以创新的理念，采取企业的经营管理方式进行运作。这是社会企业区别于慈善组织的特点。社会企业通过市场运营赚取利润，实施量化绩效评估标准，解决慈善组织效率不高和激励机制匮乏的问题，能够实现机构自身在财务上的可持续，更好地实现社会目标。三是利益相关者参与治理。尤其在欧洲国家，社会企业的治理结构通常是建立在利益相关者参与的基础之上。普通企业的董事会是代表出资人利益并以股东利益最大化为目标，社会企业的董事会来自社会并代表广泛的社会利益。四是社会企业可以有限度分红。不禁止分红但有最高上限，以体现对创办人一定程度的激励，也促进自身更好发展。一个组织同时具有以上四个特征才是社会企业，如果只满足一两个特征并不是社会企业，就像某些环境保护、清洁能源领域的商业企业并不是社会企业。

（二）社会企业与其他组织的区别

社会企业是介于慈善组织和商业企业之间的组织形态，如果把其他各种类型组织放在一起进行比较，可以看出它们是一个连续的组织谱系。在这个谱系的最左端是商业企业，最右端是政府，中间从左至右依次是社会责任企业、社会企业、慈善组织。这些组织在首要使命、收入来源渠道、所有权性质、利润分配方式、决策权归属等方面都存在着不同。与普通企业一样，社会企业没有行业领域上的限制，它可以在任何经济部门运作，譬如健康和社会服务、艺术、儿童照顾、体育娱乐、金融、交通等。社会企业的不同之处在于，普通企业以利润最大化来衡量企业绩效，社会企业以社会使命来衡量企业绩效，获取利润是为了维持自身的持续运作。

社会企业与慈善组织的区别。慈善组织依赖于社会捐赠的支持，在筹资方面花费大量的时间和精力。即使筹集到资金，很多慈善组织也会出现资金困乏的情况，从而难以继续维持下去。社会企业的目标是实现自身的可持续发展，它的收入来源渠道更多，创办者不必把精力集中在募捐方面，而是专注于增进社会企业的公共利益。与慈善组织相比，社会企业更具有效率，在解决社会问题的同时创造了社会财富，还能有一定的财务回报。

社会企业与企业社会责任的区别。社会企业与企业社会责任都是基于市场的战略，都推动实现一定的社会使命。在现实中，很多企业的运作客观上会使弱势群体有所受益，不少企业也会有经常性的捐赠行为，任何企业的建立都将有利于解决社会的就业问题，但他们未必都是社会企业。企业社会责任的根本目的是用来树立公司的品牌形象，是企业市场部门的一部分工作，有些企业履行社会责任的目的是为了获得更多的社会回报，而社会企业是为了解决社会问题而建立，将社会使命置于企业使命的核心位置，将公益放在首位。可以说，企业社会责任是先赚钱再捐钱做公益，社会企业是一边赚钱一边做公益。社会企业家和普通企业家的最大区别是所追求的社会责任使命是否清晰，社会企业家追求的是社会目的而不是单纯的盈利。

（三）社会企业的认定标准

即使通过下定义的方式来描述社会企业的特征，但在界定一个组织是不是社会企业的时候仍然可能面临困境，这就需要明确的、量化的若干指标来界定社会企业。

英国在社会企业的认定标准方面进行了很多尝试。英国政府在 2005 年为社会企业创设的“社区利益公司”（CIC）法律实体中，对社会企业进行了界定。英国还有一些民间主导设立的社会企业标准，影响较大的主要是 SE Mark 的认证标准、英国社会企业联盟（SEUK）的社会企业徽章（Badge）标准、苏格兰社会企业联盟（Senscot）的社会企业标准。这几个标准的相似性更多一些，只有一些细节的差别。

近年来，英国 SE Mark 的认证标准影响力越来越大，值得我国的社会企业界关注与研究。2010 年，在英国内阁第三部门办公室和英国社会企业联盟

（SEUK）的认可及支持下，英国的一家民间机构 SE Mark 制定出了认定社会企业的六项标准。如果一个机构能够同时符合这六项标准，就可以被认定为社会企业。这六项标准是：第一，具有社会和环境目标，并在机构章程中有明确规定。第二，具有自己独立的章程和理事会，而不是政府、慈善组织或其他机构的一部分或个体经营者。第三，至少有 50% 的收入来自于市场销售。第四，至少有 50% 的利润被应用于社会和环境目标。第五，解散时的剩余资产应被用于社会环境目的，须在章程中体现“资产锁定”原则。第六，能提供外部证据，表明机构正在实现社会环境目标，努力扩大社会影响或减少环境危害。[①] 2010 年以来，SE Mark 在英国和欧洲其他国家推广这一认证标准，并力图在全球推广。这一标准已经得到了很多国家和国际组织的认可，2012 年，欧盟在针对社会企业的公开合同招标中使用了这一认证标准。

韩国在 2007 年开始实施《社会企业促进法》，韩国的社会企业审核认定是根据以下七项标准进行的。（1）组织类型：包括非营利组织、合作社、社会福利基金会、协会。（2）有酬员工：员工必须是支付薪水的雇员而不是志愿者和无偿劳动者。（3）来自商业活动的收入比例：申请登记前 6 个月的业务收入应超过工资总额的 30%。（4）社会目标：提供工作机会型社会企业至少有 50% 的员工是弱势群体；社会服务型社会企业至少 60% 的服务是提供给弱势群体；混合型社会企业为弱势群体提供的岗位和社会服务占总量 30% 以上。（5）治理：员工或客户应参与决策过程。（6）利润分配：公司、非营利基金会应将至少 2/3 的利润用于社会目标。（7）章程：章程应具体规定组织的社会目标、业务内容、治理、利润分配和再投资原则、投融资、员工构成、解散和清算，在解散时应将至少 2/3 的剩余资产捐赠给其他社会企业或公共基金。

由此可见，国外对社会企业在利润分配和市场收入方面的标准是折中性的。一方面，社会企业的收入不必全部来自于遵循市场规律的交易所得，也可以有少部分来自社会捐赠和政府资助的收入；另一方面，社会企业的利润不是不能分配，但要受到一定的限制。这些规定都要写入企业的章程，并且接受政府和社会的监督。

---

① 参见英国社会企业认证公司官方网站：http：//www.socialenterprisemark.org.uk。

二　社会企业在全球的兴起

（一）社会企业兴起的理论基础与现实基础

社会企业在全球的兴起并不是一个偶然现象，而是有着深刻的理论基础。一是市场失灵、政府失灵及志愿失灵理论。尽管市场和政府的力量十分强大，但是社会上仍然存在着市场满足不了的需求，政府也不会照顾到所有的弱势群体。在这种情况下，非营利组织和社会企业发挥作用，来弥补和解决市场失灵和政府失灵问题。但是，由于利益驱动、道德失控、约束缺失等因素的影响，非营利组织也会出现志愿失灵，包括慈善供给不足、慈善的狭隘性、慈善的家长式作风、慈善的业余性等问题。在市场、政府、非营利组织都可能失灵的情况下，社会企业的出现为解决社会问题提供了新的可能。二是资源依赖理论。这一理论认为，组织在高度依赖某一种资源的情况下，会主动寻求更多的资源以降低风险。传统非营利组织高度依赖于外部的捐赠，某些非营利组织为了降低单纯依靠慈善捐赠的风险，实行收入来源渠道多元化战略。社会企业自我造血的商业模式，降低了非营利组织依赖单一捐赠人的风险，增强了组织运作的自主性，成为很多非营利组织转型的目标。三是社会起源理论。美国学者Kerlin在考察了全球多个地区社会企业的发展后认为，各个地区有不同的社会经济背景、历史传统，造成了不同的社会企业活动。在西欧，非营利组织、社会企业、合作社是公民参与社会生活的重要组织形式。而且，欧洲国家对社会企业的理解与其悠久的集体合作的历史传统有关。但是，在其他地方，合作社、社会经济的传统并不是很深厚。四是制度理论。这种理论认为，社会企业是社会商业意识形态定式的结果。加拿大学者 Dart 认为，社会企业与社会环境中占据主导地位的商业思想之间具有一致性。道义合法性框架下的社会企业不仅是获取收入或实现目标的组织，而且是一种首选的组织模式。五是杂交优势理论。生物学界有“杂交优势”的说法，两种遗传基础不同的动物或植物进行杂交后，它们的后代表现出的性状可能会优于杂交双亲。一个典型的例子是杂交水稻，实现了优势叠加。社会企业就是商业和公益交融的产物，可以同时具有二者的优势。

社会企业在全球的兴起也具有深厚的现实基础。一是社会问题严重，催生社会企业的发展。在当今世界，很多国家面临着严峻的人口、失业、环境生态、社会治安、城市贫民等各类问题。老龄化人口迅速增加，青少年的身心健康问题也不容忽视，社会弱势群体的数量仍然庞大。这些不仅是问题，也是商业市场机会，不仅可以通过慈善的方式谋求解决，也可以通过市场的方式来解决。二是社会企业是市场经济发展到一定阶段的必然结果。随着市场经济进入成熟阶段，企业家的关注点从纯粹的追求利润最大化，部分转向追求更加和谐健康的社会生态，更加重视市场与社会的平衡。三是社会企业是在生存线上挣扎的非营利组织谋求改变自身命运的一种路径选择。

（二）社会企业的发展历程

虽然“社会企业”这个概念只是近些年才开始流行，但是，社会企业这种模式并不是最近才有。实际上，人类为了社会目的而进行的商品交易，几乎与人类社会的历史一样悠久。互助组织、合作社很早就已经有了，它们都是社会企业的雏形。

现在通常认为社会企业起源于英国。1844 年英国的西北部城市罗奇代尔，28 个纺织工人为了反对不合理的价格和为自己提供消费得起的食品，每人出资 1 英镑作为一股，成立了一家合作社——“公平先锋社”，被认为是世界最早的社会企业。后来这个合作社逐渐发展壮大，社员增加到近 3 万人，股金增加到 40 万英镑。这个合作社创立的原则就是著名的“罗奇代尔原则”，即入社自由、民主管理、收益分享、重视教育、恪守中立，后来成为国际合作社建立与发展的基本原则。此后，各种类型的合作社纷纷建立。到 19 世纪末，合作社运动已经成为一种世界现象。

传统慈善模式存在着一定的弊端，美国企业家卡耐基在《财富的福音》一书中反对富人的“布施式慈善”，认为慈善组织应给穷人带来创造财富的能力。“二战”后，非营利组织在市场失灵和政府失灵的背景下迅速兴起，同时，社会企业作为帮助弱势群体的新的慈善模式得以大量出现。1974 年，尤努斯教授在孟加拉国创立小额贷款，在 1983 年成立孟加拉乡村银行——

格莱珉银行。截至 2014 年 4 月，格莱珉银行累计发放了 152 亿美元贷款，贷款余额为 11.26 亿美元，贷款偿还率达 97.28%。格莱珉银行有着独特的运作模式，这种模式十分成功，尤努斯也因此获得了诺贝尔经济学奖。在运作中，格莱珉银行以贫困妇女作为主要目标客户，瞄准的是最贫困的农户群体；为他们提供小额短期信用贷款，一般按周分期还款，整贷零还，无须抵押担保；贷款采用借贷小组制，以加强内部的相互监督和约束，并执行小组会议和中心会议制度；按照贷款额的一定比例，收取小组基金和强制储蓄作为风险基金。

社会企业的兴盛始于 20 世纪 80 年代，很多西方国家采取了以市场作为资源调节机制的新自由主义政策，导致政府削减了对非营利组织的财政支持。非营利组织数量的不断增加导致了对政府拨款的竞争更加激烈，但人们对非营利组织提供的社会服务需求有增无减，非营利组织开始寻求其他的收入渠道并开始尝试市场化运作，以创新的思维和方法解决社会问题，市场服务收入开始成为非营利组织的主要资金来源。与此同时，很多商业企业也开始投资于社会福利领域。20 世纪 80 年代早期，阿育王创始人兼 CEO 比尔·德雷顿（Bill Drayton）首先使用“社会企业家精神”一词。

20 世纪 90 年代以后，全球社会企业步入了快速发展时期。美国管理学家彼得·德鲁克在 1993 年出版的《后资本主义时代》一书中曾经预言，社会企业这种形式上商业、本质上非营利的机构将成为发达国家经济的“增长部门”。社会企业作为非营利组织和商业企业之间的重要模式，一直没有相对应的法律形式是制约其发展的瓶颈。1991 年，意大利在欧洲率先颁布法律，为社会企业创制了“社会合作社”法律形式。此后，比利时、芬兰、英国、拉脱维亚等国纷纷效仿，创设了本国的社会企业法律形式。为了加强对社会企业的研究，欧洲的社会企业研究者在 1996 年成立了跨国的“社会企业研究网络”（EMES），为各国的社会企业发展提供政策建议。进入 21 世纪以来，英国成为全球社会企业发展的引擎。2002 年，英国政府出台了第一部社会企业战略。2005 年，英国为社会企业创设“社区利益公司”法律实体形式。2006 年，英国政府内阁办公室出台了一部新的社会企业行动计划，积极推动这个新兴部门的发展。

在社会企业概念传入中国之前，在计划经济时期，中国有安排残疾人就业的"福利工厂"，有为精神病人举办的集工作和康复为一体的"工疗站"，有向就业弱势群体提供工作岗位的"小集体"性质的"里弄加工组"，在当时解决了一大批人的就业问题。[①] 从 20 世纪 90 年代开始，伴随着市场经济的发展，中国的社会矛盾和社会问题迅速增加。1994 年，中国社会科学院杜晓山教授在河北、河南等地建立中国首批扶贫经济合作社，模式基本与格莱珉银行相同。此后，中国扶贫基金会成立中和农信项目管理公司，继续推动中国的小额贷款扶贫事业。2002 年，茅于轼等人创办了北京富平学校，除了在农村开展小额贷款金融服务以外，还为我国贫困地区的女性农民工提供职业培训、就业支持和权益维护。同年 11 月，投资设立富平家政服务中心。2004 年 1 月，北京大学的《中国社会工作研究》杂志刊载了北京大学刘继同的《社会企业》译文，是我国最早介绍社会企业概念的学术文章。2006 年，戴维·伯恩斯坦的《如何改变世界：社会企业家和新思想的力量》和查尔斯·利德比特的《社会企业家的崛起》的中文版发行，在中国开始掀起探索社会企业的潮流。从 2008 年开始，社会企业相关的各种培训、能力建设、研究出版逐渐增加。近几年，越来越多的青年人投身于推动中国社会的发展，青年人成为促进社会创新、社会创业的重要力量。AHA 社会创新学院、世青创新中心、CAPE、黑苹果青年、大未青年、创思客、Bottle Dream 等一批聚焦于社会创新的青年组织建立起来，很多是利用互联网络，收集、整理国外的公益创新案例，传播公益创新的资讯，举办青年人的线下沙龙活动，推动社会企业理念在社会中的传播。

三　社会企业的类型与模式

（一）社会企业的类型划分

社会企业有很多种分类的方式，依据转型路径、财务收入可持续情况、举

---

① 唐钧：《社会企业：市场的抑或计划的?》，http：//blog. china. com. cn/blog－1235986－237891. html。

办主体等不同标准，可以划分为不同的类型。

第一，根据转型的原型－路径进行分类。在现实中，一些社会企业是在建立的时候就已经是标准的社会企业模式，但多数社会企业是由非营利组织和商业企业转型而来的，无论它们此后如何发展，都带有原组织的特点和印记。一是传统非营利组织转型为社会企业，成为“偏 NGO 型社会企业”。偏 NGO 型社会企业在保留原有社会使命的同时，增加了商业市场的运作机制和创收手段。它们先天具有非营利组织的某些特征，如管理团队的慈善机构背景、完全不分红的制度设计、组织收入中仍然有捐赠的部分。二是传统商业企业转型为社会企业，成为“偏公司型社会企业”。偏公司型社会企业在保留原有商业机制的同时，增加了社会使命的目标。它们先天具有商业企业的某些特征，例如，管理团队的商业背景、可以分红的制度设计、组织收入均为商业收入。三是创始人直接创办社会企业。创始人比较了解社会企业的理念和方式，直接创办了社会企业。

第二，根据机构财务收入可持续的情况进行分类。一是具备可持续发展潜力的社会企业，超过 50% 以上的收入来源于市场收入。二是实现盈亏平衡的社会企业，所有收入都来源于市场收入。三是实现盈利的社会企业，收益还可以进行再投资。

第三，根据举办主体进行分类。一是由社会创业者（普通人）举办的社会企业，目的是为了解决某个社会问题或为弱势群体服务，涉及环境、教育、扶贫、助残等领域。二是由弱势群体举办的社会企业，例如，由残疾人自办的企业，其主要目的是为了解决自己的生计问题。三是由企业（家）举办的社会企业，是为了更好地实现企业社会责任、回馈社会，完全以公益的心态创办社会企业，为其提供资金而且不需要任何分红。

（二）社会企业的结构模式

社会企业并不是只有一种结构模式，而是多种类型的，有的还是复合体组织。这些模式主要可以归为单一实体型社会企业和复合实体型社会企业两大类。

第一，单一实体型社会企业。这种模式的社会企业是单一的实体组织，即只有一个法人实体。这种模式的社会企业通过商业手段来实现公益目标。这种模式下又分为三种类型：一是提供的产品或服务本身就具有社会使命的特点，如环保低碳类产品、为老服务等，它们提供产品或服务的行为就是在实现社会目标。二是提供的产品或服务不具备社会使命特点，它们将利润的一定比例用于社会使命并以此体现公益性。这种模式在一定程度上类似于现在企业市场营销的一种方式——“公益事业关联营销”。三是组织内部划分为经营性部门和非营利性部门，以经营性部门赚取的利润支持非营利性部门的成本支出。但这个模式也存在一定的困境，一个机构的人员同时要实现两个目标，容易造成组织文化与目标的冲突。而且，在吸引外部资金的时候将遭遇外界认知困难。在项目成熟的情况下，有些组织尝试把单一实体分解为两个实体。例如，科学松鼠会运作几年之后，把市场经营部分和非营利部分相分离，即营利部分的“果壳”和非营利部分的“哈赛”，分别成立法人实体，分别获得了风险投资和社会捐赠。

第二，复合实体型社会企业。这种模式的社会企业是多元的实体组织，既有商业企业，也有非营利组织，包含了多个法人实体，整体上被作为一家社会企业。复合实体型社会企业具体分为两种类型：一是非营利组织建立商业企业，用其利润支撑非营利的目的。有些非营利组织的创始人认为，只靠社会募捐是不够的，还要形成自我造血的机制，其方式就是自己创办企业，通过经营企业为非营利组织赚钱。在很多情况下，该商业企业是由非营利组织或创始人进行控股，以确保其社会使命不变。例如，黄华在 2008 年 1 月成立了贵州一生一世慈善互助会，但存在社会捐赠不稳定的问题，为了给互助会提供持续不断的资金，他又成立了刘大姐食品公司，互助会的运营经费由公司的利润支付，并提出不再接受社会捐赠。采取类似模式的社会企业还有不少，如郑州的若木书院是一家纯公益的图书馆，为了获取持续的收入，其创始人又创办了一家眼镜商店，其利润用于支持图书馆的发展。二是商业企业建立非营利组织，将自己的利润用于支持公益，由非营利组织控股商业企业。如残友集团成立了郑卫宁慈善基金会，郑卫宁在向基金会捐赠个人股权之后，实现了郑卫宁慈善基金会控股残友集团。

四　两大部门向社会企业的转型

社会企业是市场和社会两大部门相互融合的结果，商业企业和非营利组织向中间地带的转型是社会企业产生的基础。随着时代的发展，越来越多的企业家不再满足于单纯地追求利润，希望主动承担更多的社会责任，通过商业手段解决社会问题；越来越多的非营利组织希望摆脱对社会捐赠的依赖，在强调原有社会使命的同时，谋求实现财务上的可持续运作。企业的非营利化和非营利组织的商业化的趋势，共同推动了全球社会企业的兴起。

（一）非营利组织向社会企业模式的转型

非营利组织的发展主要有两个模式，一个是传统的慈善模式，另一个是社会企业模式。从近年来的公益发展趋势来看，我国有相当一部分非营利组织在尝试走社会企业道路。

1. 非营利组织向社会企业转型的原因

第一，传统慈善模式存在弊端。非营利组织都在解决社会问题，但自身却缺乏可持续发展的能力，很多机构完全依赖外部的公众捐赠和政府资助。非营利组织的工作效率普遍较低，效率要低于私营公司。非营利组织与市场也严重脱节，管理者和工作人员大多缺乏市场经验，存在资金浪费的情况，项目失败率较高。社会企业可以为受益者提供更多更好的服务，不会使受益者形成依赖性。社会企业资助者不必长期输血，投入还可以回本用于支持新的项目，甚至还可能获得经济回报。

第二，非营利组织谋求良性发展的需要。一是草根组织应对筹资困境的方式。我国社会捐赠中的主要部分是企业捐赠，个人捐赠的比例很低，人均捐赠的数额不高。草根组织在募捐领域很难与大型机构竞争，中国的官办组织垄断募捐市场，大部分民间捐款流向少数官办组织。受近几年“郭美美事件”等公益丑闻频发的影响，非营利组织的公信力不高。而且，国外基金会最近几年削减了支持中国非营利组织的预算，很多非营利组织无法继续依赖国际资助。以上这些问题，导致草根组织的筹款困境，面临着无以为继的生存危机。二是草根组织扩大规模的需要。如果非营利组织只依靠公益行为，难以做到规模化发展，因此大部分非营利组织的规模都十分有限。正如青番茄网上图书馆一开始为读者提供借阅服务都是免费的，但却没有可持续的收入，就开始探寻可持续的方式，把图书馆办成一家社会企业，用商业操作的方式实现自我供血。三是掌握自身发展主动权的需要。非营利组织都是以项目形式每年向政府或基金会申请资助，不仅缺乏稳定性，还总是受到各种限制。社会企业能缓解草根组织的资金困境，能把机构运作的主动权掌握在自己手里。对于某些人来说，运营一个社会企业比向社会公众筹款更容易。有了更灵活的资金来源，就不必再看捐赠人的脸色行事。四是支持人员行政经费的需要。目前，很多非营利组织都面临着工资低、人才流失的问题。非营利组织要发展，必须有人员经费和行政经费，但很少有资金支持者能提供这部分费用，造成专职公益人无法生存下来。市场收入是非限定性的收入，可以用于组织与人员的发展与建设。

第三，现代企业的管理经验被引入非营利组织。在整个社会体系中，由于市场的竞争压力较大，企业的效率相对较高。经过三十多年的发展，中国很多企业的管理已经达到国际领先水平。一方面，很多非营利组织都在向企业学习，在人力资源管理、筹款、绩效管理等方面借鉴了企业的管理机制。另一方面，企业社会责任的广泛传播，使得企业界开始更加关注社会问题。有些企业人员全职投入到了非营利部门，有的是以志愿者身份参与非营利组织的服务或管理工作。他们认为非营利组织缺乏企业的效率，尝试把企业的管理经验运用于非营利组织，社会企业理念符合他们的期望。例如，上海真爱梦想公益基金会的创始团队全部来自金融机构和上市公司，他们将商业化的管理方式全方位地引入基金会的运作管理，包括对投入项目的甄选、评估、投入过程的监控、投入项目的跟踪管理；也包括基金本身管理的透明化、筹款模式的多元化和善款管理的风险控制等。

2. 非营利组织转型的路径选择

关于非营利组织转型的路径选择，可以重点探讨两个问题。

第一，非营利组织参与经营。在社会企业的发展路径下，非营利组织进行市场化经营不是为了谋利，而是为了促进组织的发展，提高服务的水平。非营利组织经营的具体形式包括：一是向受益人收费。非营利组织的服务具有市场价值就可以收费。美国非营利组织 60% 以上的收入来自服务收费。很多非营利组织提供的服务是有条件收费却总不收费或象征性收费，隐含的意思是可不必向受益者承担责任。其实能够收费也代表着一种提升，说明受益者觉得服务是值得购买的。向受益人收费还可以维护受益人的自尊心，防止受益人的长期依赖。二是销售商品。非营利组织在销售产品的同时获得了收入，弥补自己的资金不足。我国有不少非营利组织在网上开店和出售实物产品，还有些在网上销售虚拟物品，如中国扶贫基金会的“白雪可乐”、动物保护组织的虚拟粮食等。三是承接政府采购项目。政府采取合同外包的方式向社会公开招投标，非营利组织参与项目竞标，政府根据竞标结果委托项目。非营利组织按照合同规定的数量和质量标准提供社会服务。四是经营闲置的资金和资产。有些基金会都有专门的理财人员和部门，将闲置资金用于投资。例如，中国红十字总会将闲置仓库出租给一家公司，每年赚取 90 万元租金，据称是为了解决红十字会的经费不足问题（财政只能解决红十字会 2/3 的经费）。

尽管社会企业模式是可行途径，但非营利组织没有必要都去经商。如果一个公益项目做得特别好，并不会缺乏社会捐赠和基金会的资金支持。对于很多非营利组织来说，它们没有办法通过产品或服务获得可持续的发展，收入来源只能是慈善捐赠。不是所有的社会问题都能通过社会企业模式加以解决，就像倡导类、救助类的问题并不适合社会企业模式。

第二，纯公益模式与社会企业模式之间的选择。将来，纯公益模式仍将是公益领域的主流模式，社会企业的数量虽然会越来越多，但并不会取代慈善组织成为公益慈善行业的主流模式，社会企业不应也不可能在公益领域占据主流。社会企业模式不一定意味着机遇，可能也是巨大的风险。社会企业模式将是对纯公益模式的补充，成为一部分非营利组织可以借鉴的模式选择。因此，非营利组织不能都盲目地商业化和市场化，而是要提高自己的运作能力，提升自己的专业运作水平，这是中国公益行业最为紧迫的工作。

如何在纯公益模式与社会企业模式之间进行选择？在本质上，社会企业是一种手段，传统慈善也是一种手段。在确保实现公益目标的前提下，应该是哪种手段更适合、更有效就采取哪种手段。各个非营利组织的背景与现状有所不同，可以根据自身的实际情况进行定位。有些非营利组织的公益模式运作良好，而且有稳定的资金来源，就可以维持原有的发展道路。有些非营利组织提供的服务符合市场需求、有市场竞争力，还具有高效的营销策略和可持续的商业模式，就可以尝试社会企业的发展模式。

（二）商业企业向社会企业模式的转型

在持续多年的经济高速增长之后，中国面临发展模式的转变。在这一背景下，除了非营利组织以外，一些商业企业也在积极向社会企业模式转型，开始将社会使命作为自己的首要使命。

1. 商业企业向社会企业模式转型的原因

很多商业企业在向社会企业模式转型，这种转型的主要原因是：第一，企业追求利润最大化的负面影响。商业企业片面追求利润最大化，引发了环境危机、贫富差距问题，影响了整个社会的可持续发展。越来越多的企业注意到了这些问题，并谋求主动解决问题。第二，企业社会责任存在不足。大多数企业仍然处于“企业社会责任”模式下，将社会议题作为自己的附属品，而没有将商业和社会整合在一起，缺乏一个整体性的思维框架。美国管理学家迈克尔·波特提出了“共享价值”原则，认为解决问题的途径在于共享价值原则，企业为社会创造价值，应对社会挑战，满足社会需求过程中，创造出巨大的经济价值。商业必须重新连接商业成功与社会进步。共享价值是一种达成经济成功的新方式。共享价值不是企业的次要活动，而是核心活动，它将引领下一轮商业思维变革。第三，为了提高企业的社会支持度。社会企业的最大优势是具有良好的企业形象，使自己与普通企业区别开来，赢得公众的尊重和认可，可以促进企业商品的销售。社会企业还能得到政府的政策支持、税收优惠等，这些也是促使某些商业企业转型的重要因素。

2. 选择的发展路径

社会企业的兴起不代表传统企业模式的终结。尽管社会企业是一种新型企业模式，但并不代表追求利润最大化的企业模式的终结。社会企业对商业企业的意义在于，它为企业家提供了一种新的选择，增加了可供选择的模式。社会企业给商业社会带来了新的思想观念，增加了社会使命意识的重要性。

在企业发展模式上如何进行选择是企业家个人的事情，外界不应强加干涉。社会企业模式意味着企业将放弃自己的一部分利润，将其贡献给社会尤其是弱势人群。商业企业是否想成为社会企业，应该由企业的所有者和管理者自己来决定。如果选择传统企业的道路，这并不是什么错误，没有人会强迫他改变决定；如果选择社会企业的道路，企业的所有者将会赢得社会更多的支持和尊重。

五　中国社会企业的发展现状

在过去几年中，社会企业概念在社会上得到了广泛的传播，有更多的人了解和接受了这种崭新理念，也有很多社会企业建立和发展起来。但总体而言，中国社会企业仍然处于成长的初级阶段，社会企业的数量还很少，有广泛影响力的社会企业案例也比较少，大多数社会企业的规模也不大。但这一领域的发展变化速度非常快，社会企业的支持体系已经初步建立，越来越多的资源正在进入这一领域，为中国社会企业的发展奠定了良好的基础。

（一）中国社会企业的基本特点

以北京市的社会企业发展为例，北京市现代社会企业研究会在2014年对北京市社会企业的调查结论表明：

第一，在行业发展的基本情况方面，社会企业的成立时间平均接近6年，但是多数社会企业的发展规模较小；近半数社会企业的身份是工商注册的企业，超过半数社会企业是“民办非企业单位+工商注册企业”的复合体模式；一半左右的社会企业服务于养老助残等传统社会领域，另一半社会企业的服务领域呈现多样化特点，涉及自然保护、文化保护、社区农业、职业生涯体验等新兴社会领域；大多数社会企业的创始人都接受过英国文化协会（BC）的社会企业家技能培训，大多数社会企业都曾接受过恩派（NPI）的扶持。

第二，在核心领导人的情况方面，社会企业的创始人以1位女性为主，有2家社会企业的创始人是夫妇2人，有1家社会企业的创始人人数为6人（女性），只有一家社会企业的创始人是男性；多数社会企业的创始人在创业之前没有商业创业或商业运营的经验；近一半创始人的创业领域与自身的教育或职业背景直接相关，一半左右创始人的创业领域与自身教育或职业背景无关，但是促发因素发生在创业前的职业生涯中，还有一家社会企业创始人的创业原因是家属因素；绝大多数社会企业发展到现在，其核心决策层依然是创始人自身。

第三，在机构收入方面，大多数社会企业的收入集中在100万～150万之间，极少量社会企业的收入在200万以上，这些收入较高的社会企业都服务于新兴社会领域；社会企业的收入来源渠道主要是政府购买服务、市场销售收入、企业与个人捐赠、基金会资助等四类，各个社会企业收入来源的比例有所不同，整体而言，收入较高的社会企业其市场销售收入比例一般较高。

第四，在治理方面，民办非企业单位的理事会制和企业的董事会制的治理模式同时存在；同时注册了企业和民非的复合体社会企业，其民非理事会发挥的作用有限，企业和民非也没有实现功能的独立和配合，基本上还是一套人马、两块牌子。

第五，在人力资源方面，社会企业的员工主要来源于非公益领域，招聘方式集中于网络招聘、社会推荐和志愿者转正，少部分员工在入职前有过志愿服务的经历；与商业企业相比，社会企业员工的收入普遍较低；商业人才的匮乏是几乎所有社会企业最急需解决的问题之一。

第六，在营销方面，多数社会企业已经注册了商标，但是在品牌营销方面没有整体计划；半数以上社会企业的市场销售来源于或依赖于集团采购（政府和企业），在零售市场的竞争力较弱；多数社会企业在媒体推广方面没有下大力气，但是却拥有与其企业整体实力不相匹配的社会美誉度。

第七，在投融资方面，只有一家社会企业得到了商业股权投资基金的投资。

（二）中国社会企业的支持体系初步建立

由于社会企业能够实现财务的可持续运作，运营方式十分灵活，越来越多的社会企业开始建立，这个领域也得到了更多的外部支持。我国社会企业的发展也迫切需要建立完善的支持体系，例如，推动理念传播与公众认知、提供资本支持、推动项目与组织成长、政府政策支持以及组建行业联盟机构。

第一，推动理念传播与公众认知。国外机构在推动社会企业概念向中国的引入和传播方面，起到了重要的推动作用。2008 年以后，英国文化协会在多个国家推广社会企业概念。目前，英国文化协会开展的社会企业家技能项目已经在中国和其他 19 个国家落地。2009 年，英国文化协会与友成企业家扶贫基金会、南都基金会共同启动“社会企业家技能培训项目”，迄今为止已经培训了超过 1000 名社会企业家。目前，中国大部分比较活跃的社会企业创始人都参与过这个培训。2013 年 8 月，英国文化协会联合中国多家基金会，启动了“社会企业家技能项目”的社会投资平台，经过培训的学员有机会得到这个投资平台的资金支持。环球协力社是中国最早引入社会企业理念的机构之一。2004 年 7 月，环球协力社在英国正式注册成立，并在中国设立办事处。2006 年负责编译戴维·伯恩斯坦的著作《如何改变世界：社会企业家与新思想的威力》和查尔斯·里德比特的《社会企业家的崛起》。易社计划（ECSEL）是“激励中国社会企业领导者”的全称，目的是培养中国的社会企业家。该计划始于 2008 年，是由美国 Schoenfeld 基金会赞助的。易社计划每年选出 30 位易社学者，提供超过 1 万美元的全额资助，前往美国进行交流培训。

社会企业发展迅速的国家都有专业的研究机构提供智力支持。我国最关注社会企业的是学术界，近年来，我国专业的社会企业研究机构开始建立。在我国社会企业概念的早期传播中，中央编译局的研究人员及其学术刊物《经济社会体制比较》发挥了重要作用。2008 年，朱小斌创建了上海财经大学社会企业研究中心（SERC），这是我国第一家专门研究社会企业的机构。该中心专注于社会企业研究，研究社会企业理论和实践、推动社会企业家精神和影响力投资。华北电力大学、湖南大学、浙江大学也成立了与社会企业相关的学术研究机构。北京师范大学在 2011 年成立社会创新研究院，致力于研究与推动中国社会创新，培养中国本土的社会创新人士、社会企业家。此外，一些民间咨询研究机构在实务层面为社会企业提供咨询和帮助，例如，社会资源研究所（SRI）、AHA 社会创新中心、明善道、YBC 中国国际青年创业计划、创思等。创思以奖学金形式支持社会企业创业家创业，提供包括导师、创业辅导的培训，2010 年开始给社会企业提供投资。

第二，提供资本支持。非公募基金会是我国公益界近年来崛起的一支越来越重要的力量，它们通过多种方式支持社会企业的发展。南都公益基金会资助了大量的优秀公益项目，推动民间组织的社会创新，开展“银杏伙伴成长计划”和“机构伙伴景行计划”，资助英国文化协会的社会企业家技能培训项目。浙江新湖集团在2011年设立“新湖公益创投基金”，向爱德基金会和上海仁德基金会捐赠1000万元，用于支持公益创新和社会企业发展项目，该集团在2012年再次捐出1000万元投入基金会。非公募基金会为社会企业提供资金的方式不尽相同，有些基金会如上海增爱基金会是为社会企业提供无息贷款，社会企业还需要偿还贷款；有些基金会如浙江敦和基金会是通过项目评奖的方式为社会企业提供直接资助，社会企业无需偿还资金。

专业社会投资机构是专门投资社会企业的机构，与其他资助机构相比，它们更具针对性、专业性更强。首次将公益创投概念引入中国内地的是新公益伙伴（NPP），该机构于2006年在香港成立。在运行一年多之后，NPP在国内注册为“NPP公益创投基金”。NPP的使命是以专业和创新的精神，促进中国公益产业发展。列支敦士登皇室家庭出资倡议成立的LGT公益创投基金会在2009年进入中国，该基金会在全球已投资了36家社会企业。LGT公益创投在2012年启动了“飞悦计划”，扶持国内有高增长潜力的社会企业，为它们提供资金支持和商业咨询，目前已经成功投资了6家社会企业。爱维稳特（Avantage Ventures）是一家总部位于香港的咨询公司，它通过为社会企业家和投资人提供信息、咨询和顾问服务来推动进步。我国社会企业投资领域公认的第一笔投资，即爱维稳特对乐朗乐读的70万美元风投项目。岚山社会基金在2011年成立，它是一家社会私募股权基金。作为中国社会创新背后的专业资本推动者，寻找、转化并支持市场化高效解决社会问题的企业或商业模式，以分担政府的压力并开拓新的民生产业。此外，还有京师青创天使投资基金会、乐平—富平社会投资平台等专业社会投资机构。

第三，推动项目与组织成长。公益创投竞赛主要是针对具有发展潜力的社会企业项目，选择优秀项目进行资助。一是面向社会的竞赛活动。英特尔“芯世界”从2009年开始创办，旨在搭建跨界合作平台，提倡运用创新的力量解决社会问题，推动社会发展。海南航空集团和《21世纪经济报道》从2011年开始共同举办海航社会创新创投竞赛，迄今为止已经举办了两届。二是面向高校的竞赛活动。谷歌（Google）在2008年发起了“益暖中华——谷歌杯第一届中国大学生公益创意大赛”。清华大学北极光杯首届“公益创业实践赛”于2009年2月启动，已举行了三届。GSVC全球社会企业创业大赛在2009年首次进入中国，中国赛区经过两年发展，GSVC China在2011年成为GSVC全球区域合作伙伴，首次获得直接选派优胜团队参加在美国的全球总决赛的资格。腾讯公益基金会在2010年与中欧国际工商学院发起了社会企业商业计划书大赛（SEBC）。零点公司从2010年开始在大学生中开展公益创投，成立了零点青年公益创业发展中心，YES以扶持中国青年公益创业、培育青年公益人才、推动中国非营利组织的机构发展和组织治理为宗旨。康师傅从2011年起与恩派、搜狐公益开展合作，发起康师傅—早稻田大学社会创新挑战赛。宁波诺丁汉大学从2011年开始主办社会企业创业大赛（NSEC），分为中国和英国两个赛区，目前已经举办了两届。

社会企业要建立和发展，需要专业培育孵化机构的支持。2006年，恩派（NPI）提出了“公益孵化器”的概念，成立了上海浦东非营利组织发展中心，目标是促进更多人在公益事业领域创业，成为社会企业家。此后，该模式在北京、成都、深圳、珠海等地成功复制。2009年10月，恩派旗下的《社会创业家》创刊，是目前唯一聚焦于社会企业的出版物。2012年8月，恩派在上海成立了社会创业家学院（SEI），目标是为社会组织提供能力建设的培训与辅导项目。各级政府也支持建立公益孵化器，大力扶持民间机构的发展。

第四，政府政策支持。在社会管理创新的背景下，尽管国家层面还没有社会企业的相关政策出台，但一些地方政府在社会管理创新的方针指引下，开始尝试出台促进社会企业发展的政策，包括制定社会企业认定标准、出台扶持政策、给予专项资金支持等。北京在2011年出台了《中共北京市委关于加强和创新社会管理全面推进社会建设的意见》，文件指出：“积极扶持社会企业发展，大力发展社会服务业。”“社会企业”作为一个新概念，首次在我国官方文件中出现。宁夏在2011年提出“社会慈善企业”这一概念，并将社会慈善企业纳入地方立法。2011年9月出台的《宁夏回族自治区慈善事业促进条例》提出，鼓励发展社会慈善企业，社会慈善企业是指不分配利润或者每年将所得利润中的一定比例用于社会慈善事业，持续开展慈善公益救助活动，集中供养生活困难的老年人、残疾人，集中安置残疾人和特殊困难就业人员就业达到规定比例的企业。《宁夏回族自治区慈善事业促进条例》规定，社会慈善企业可根据企业慈善项目投资规模享受贷款贴息；依法减免行政事业性费用；依法减免企业所得税。广东省佛山市顺德区在2012年6月出台了《顺德区推动公益创新发展实施方案》，在2014年9月25日出台了《顺德区社会企业培育孵化支援计划》，有力地支持了社会企业的发展。

第五，组建行业联盟机构。在外部支持力量对社会企业的发展日趋重视的背景下，2014年9月3日，我国16家机构（其中11家基金会）在北京联合发起了“中国社会企业与社会投资论坛”，致力于推动社会企业和社会投资的发展。中国社会企业与社会投资论坛不只是论坛，也要成为中国社会企业与社会投资的联盟。该论坛将从政策、人才、资本、支持性服务和社会认知五个方面推动整个市场的构建。论坛首届年会将于2015年5月在深圳举行，同期还将举办社会投资交易会等活动。除了年会，论坛还将举办各种社会企业和社会投资相关的活动。2014年9月19日，另一家支持社会企业的行业性机构“社会价值投资联盟”在第三届中国慈展会开幕当日正式成立。社会价值投资，是投资领域的社会创新，旨在探索政府、市场、社会三方面跨界合作、协同创新的投资模式。在2013年的深圳高交会上，友成企业家扶贫基金会首次在国内提出社会价值投资理念。遵循“共建、共享、共赢”的原则，联盟将成为连接政府、市场、社会，跨界合作、协同创新的社会公共服务平台，并遴选具备社会、商业双重价值的项目及资源。

（三）中国社会企业的多样化法律形式

目前，我国没有专门针对社会企业的法律实体形式，社会企业不能单独登记或进行认证。正因为如此，我国的社会企业呈现碎片化分布，公益慈善领域、商业领域中都有社会企业。在我国，如果要建立一家社会企业，可以采取营利或非营利两种形式注册，具体形式包括民办非企业单位、福利企业、以公益为宗旨成立的企业、合作社。

第一，民办非企业单位。民办非企业单位是最接近“社会企业”的实体形式，它的非营利体制确保了机构的公益宗旨，又可以进行市场经营。民办非企业单位多数是民间个人投资，其中教育、医疗、养老领域的民办非企业单位占绝大部分。民办非企业单位很少接受社会捐赠和政府资助，主要是靠自己的服务收费维持发展。

第二，福利企业。福利企业是指安置具有一定劳动能力的残疾人集中就业的具有社会福利性质的特殊企业，是我国具有很长历史的社会企业。也有些学者认为，由于福利企业多是政府主办，而且没有体现出一定的创新特点，比如技术手段创新、服务方式创新、团队工作方式创新等，因此不能被视为社会企业。福利企业是具有社会目标的营利性组织，可从事商业活动，利润可以分配给股东。例如，大宝化妆品公司的前身是一家以吸收聋哑人为主（400 多名残疾人）、经济效益和社会效益俱佳的福利企业，已被美国强生公司收购。

福利企业的认定方式是，企业在工商部门登记之后，需要到民政部门申请资格认定，在符合条件的情况下，可以获得福利企业资格。民政部于 2007 年 7 月颁布实行的《福利企业资格认定办法》中规定，福利企业安置的残疾人职工应占职工总人数 25% 以上；福利企业的残疾人职工人数不少于 10 人。

由于福利企业的社会属性，我国政府对福利企业一直采取扶持政策。20 世纪 90 年代初，由于政府对兴办福利企业的优惠政策，社会掀起了兴办福利企业的热潮，建立了 6 万多家福利企业，安置了超过 100 万残疾人。1994 年 3 月，财政部、国家税务总局《关于企业所得税若干优惠政策的通知》，规定民政部门举办的福利企业可减征或者免征所得税。1994 年 7 月，国家税务总局《关于民政福利企业征收流转税问题的通知》，规定民政福利企业享受“先征后返还增值税”的优惠政策，并且将享受政策的企业限定为民政办福利企业和“四残”人员（即盲、聋、哑、肢体残疾）就业，不包括智力和精神残疾人。2007 年 6 月，财政部、国家税务总局《关于促进残疾人就业税收优惠政策的通知》，综合了以往分散多项的扶持政策，出台《福利企业资格认定办法》，提出“可退还给福利企业的增值税或减征的营业税的具体限额，以当地最低工资的 6 倍确定，但最高不得超过每人每年 3.5 万元”。

由于经营不善和市场竞争能力不足，我国原有的福利企业效益不断滑坡，纷纷亏损倒闭。2006 年起，一批社会福利企业申请退出，相当一部分已经注销。截至 2013 年年底，全国共有福利企业 18227 个；增加值为 701.5 亿元，占第三产业的比重 0.27%；吸纳残疾职工 53.9 万人就业；实现利润 106.9 亿元；年末固定资产 1760.1 亿元。①

第三，以公益为宗旨成立的企业。在我国，由于受到登记难的影响，很多非营利组织转而采取企业形式注册，对于它们而言，社会企业的概念更加适用，而且，工商注册的 NGO 比较早地使用社会企业的概念。除了工商注册 NGO 以外，在企业的领域中，还存在着一些社会企业，它们把解决社会问题和实现社会目标作为首要使命，在这个意义上，它们和非营利组织有很大的共同点。区分社会企业和普通企业的关键是，该企业是否将社会使命放在第一位。但由于我国没有社会企业的认定规则，绝大多数工商注册的“社会企业”只是在某些方面具有社会企业的特点，而没有把社会使命、限制利润分配、内部治理机制等方面加以制度化，未写入企业的章程和管理规定。由于先天的商业属性，外界对其“非营利性”的评估认定困难。

在企业中，那些以公益为宗旨运营的企业是社会企业，这就排除了那些附带履行社会责任的普通企业。例如，以扶贫和发展为目标的小额信贷机构是社会企业，如中和农信项目管理有限公司。

第四，合作社。合作社是一种建立在会员制基础上的社会企业，这种组织具有悠久的历史。合作社致力于扶持和帮助社员，为社员服务而不以营利为目标，这是合作社与普通商业组织的区别。我国的合作社以服务“三农”的合作社为主，如供销合作社、专业合作社等。

（四）中国社会企业分布在多个行业领域

近年来，北京、上海、深圳等地的组织率先引入社会企业理念与模式，涌现出北京富平学校、乐朗乐读、深圳残友集团、善淘网、天津鹤童养老院等典型社会企业。我国的社会企业涉及的业务领域呈多元化发展趋势，在环境保护、文化体育、教育、社区与老年服务、扶贫、农业发展、就业促进、手工艺产品、食品卫生、残疾人帮扶等多个领域中都有社会企业。以下是我国社会企业中的一些知名案例，其中多数给自己贴上了“社会企业”标签。需要强调

① 民政部：《2013 年社会服务发展统计公报》，民政部网站，2014 年 6 月 17 日。

的是，由于我国还没有社会企业的官方认证，各个社会企业的模式呈现出多样化的特点。如果严格按照国外（如英国）的标准，其中有些还不能算作社会企业，只能是准社会企业或社会企业雏形。

第一，环境保护领域。我国环境保护领域的社会企业有：（1）合肥欣绿桥环保咨询服务有限公司。该公司是一家环保咨询公司，难能可贵的是该公司的章程规定，“公司所得净利润不允许分红，而是用来公司发展和开展非营利活动”。（2）深圳生源启动环保科技有限公司。该公司成立于2012年7月10日，是深圳一家专注于环保再生产品贸易的环保科技公司。（3）上海小青蛙环保科技有限公司。该公司成立于2011年，是一家专注于城市中高档住宅社区人工水系的设计、建设、修复、养护及宣导的社会企业。（4）格诺威特。2008年发起中小学生环保教育项目GECKO，将创新有趣的环境课程带给了全国的中小学生，激励他们成为社区的环保使者。

第二，文化体育领域。我国文化体育领域的社会企业有：（1）深圳家路文化传播有限公司。它是一家致力于传递创新公益文化、推动社会责任履行的社会企业，该公司通过为企业和公益组织提供咨询策划与品牌维护服务，帮助正在探索社会创新的个人、组织和企业提升社会收益，实现可持续发展。（2）深圳青番茄文化传媒有限公司。2010年在深圳成立，青番茄文化传媒是全球最大中文网上实体书图书馆，它以互联网为平台，基于推广全民阅读的朴素愿望，对个人完全免费。（3）花旦工作室。以生活在城市边缘的受教育程度较低的外来打工人员为服务对象，致力于研究和应用“参与式教育戏剧”，于2005年由罗琳女士创办。（4）广州齐天下游学馆。齐天下游学馆是由一群梦想周游世界的热血青年创立的骑行游学机构，拥有国内首个自行车游学馆和独立的自行车品牌。

第三，教育领域。我国教育领域的社会企业有：（1）北京谷雨千千树教育咨询有限公司。这是由北京富平学校与小橡树幼儿园合作成立的一家社会企业。（2）乐朗乐读学习潜能开发中心。我国10%的儿童存在读写困难，全国有1500万读写困难儿童。乐朗乐读是致力于改善读写困难儿童能力和环境的教育机构。乐朗乐读的公益创投资金来源于爱维稳特的运作。爱维稳特说服了七名投资人，每人向乐朗乐读投资10万美元。（3）金羽翼残障儿童艺术康复服务中心。金羽翼是一家在民政局注册登记的非营利组织，运用“散养家庭式”和“集中授课式”相结合的教育模式，对残障儿童进行艺术培养、心灵陪伴、职业规划。（4）北京歌路营教育咨询中心。该中心聚焦社会发展中凸显的青少年问题，如青年价值观、青年就业与职业发展、青年心理、社会流动等问题。（5）爱聚公益创新机构。专注于创新教育工具“一公斤盒子”的设计，同时提供公益咨询、企业公益营销服务、社会创新设计等服务。

第四，社区与老年服务领域。我国社区与老年服务领域的社会企业有：（1）天津鹤童公益养老集团。1995 年 4 月，第一家鹤童养老院在天津成立。经过 20 年的发展，“鹤童”已经建立起一个年收入突破 3000 万元规模的养老社会服务的公益养老集团，包括鹤童老年福利协会、老年公益基金会、7 座老人院、1 座老年病医院、7 座老人护理职业培训学校和 1 个国家职业技能鉴定所。（2）北京乐龄。2008 年注册为北京乐龄老年文化发展有限公司，2011 年注册为北京市石景山区乐龄老年社会工作服务中心。（3）上海寸草心家庭服务有限公司。寸草心家庭服务是一家工商局注册的中外合资公司，是上海首家提供专业康复、护理、心理慰藉等看护服务的社会企业。（4）福州市金太阳老年综合服务中心。该中心是由福州市老龄办主管，福州市民政局注册的非营利性养老服务机构。“金太阳”以呼叫中心、社区居家养老服务站、医疗机构、家政服务机构、培训机构、机构养老院、志愿者团队为骨干力量，融合加盟商家构建了完整的养老服务产业链。

第五，扶贫领域。我国扶贫领域的社会企业有：（1）大邑县兔王扶贫研究中心。该中心于 2006 年成立，除了向农户提供技术培训、种畜资金援助以外，农户还可共享兔业公司的商业网络，通过产业扶贫，实现家庭可持续发展。（2）宜农贷。“宜农贷”是宜信汇才商务顾问（北京）有限公司于 2009 年推出的具有社会企业性质的新平台板块，是宜信针对贫苦农村妇女设立的一项公益性小额信用贷款计划。（3）贷帮。贷帮由尹飞在 2009 年创立，公司总部在深圳。贷帮是一家金融信息咨询服务公司，通过自主开发的 P2P 网络平台，提供微型金融中介服务，帮助农村发展。（4）欣耕工坊。自 2007 年在上海成立以来，欣耕工坊通过培训社会弱势群体制作手工工艺品，搭建项目产品销售平台，为社会弱势群体提供就业机会，增加收入。

第六，农业发展领域。我国农业发展领域的社会企业有：（1）国仁城乡（北京）科技发展中心。发展中心办的小毛驴市民农园创建于2008年4月，占地230亩，鼓励农民用生态的、节能的、可持续的方法来生产。（2）北京爱农农场。爱农农场由正荣集团和中国人大乡建中心联合创建。爱农农场种植粮田、蔬菜、水果、经济林，养殖家畜和水产，配备基础运动设施。

第七，就业促进领域。我国就业促进领域的社会企业有：（1）北京富平家政服务中心。茅于轼在2002年创办北京富平家政服务中心。（2）广东蓝天大学生就业。蓝天大学生就业是由广东省高等学校毕业生就业促进会、广东白云大学生人才资源有限公司共同出资，于2004年10月成立的社会企业。（3）携职大学生旅社。携职旅社是专门为求职的大学生提供住宿生活和求职帮助的地方，它不只是一个住宿旅馆，它是漂泊在外的学子们的一个求职互助社区。

第八，手工艺产品领域。我国手工艺产品领域的社会企业有：（1）北京采桑子文化艺术发展中心。2003年成立，目标是使贵州的苗族妇女脱贫致富，公司的产品将传统文化与当今时尚相结合，将古老艺术与现代人生活相结合，打造成具有民族特点的手工文化精品。（2）重庆剪爱工艺品有限公司。以剪纸为主，辅以其他艺术品生产、销售的公司，是中国新一代社会企业，企业以支持和帮助血友病患者为己任。（3）北京笃挚优游文化发展有限公司。致力于手工艺品的公平贸易，为城乡弱势群体提供生产、就业的机会，并提供合理报酬和发展机会。（4）阿坝州妇女羌绣就业帮扶中心。2008年成立，为广大灾区妇女提供培训机会和就业岗位，为羌绣产品拓展市场营销渠道，为羌族文化的保护和传承建立传播平台和文化载体。（5）诺乐。在甘肃南部的仁多玛村，诺乐牦牛绒手工作坊只拥有几排不起眼的木头房子。在这里，当地的藏族妇女每年织出约9000条牦牛绒围巾，客户包括路易威登、爱马仕和索菲亚等奢侈品牌。（6）SHOKAY。青藏高原的牦牛绒原本并不产生价值，牧民依然贫困。SHOKAY向牧民收购牦牛绒，制成编织用品销售。SHOKAY帮助牧民获得稳定的生活来源，从而保护传统生活方式不被改变。SHOKAY为上海崇明岛的城市边缘的贫困人群创造就业。另外，该公司把零售所得的1%反馈给藏民，用于牧民的能力建设。

第九，食品卫生领域。我国食品卫生领域的社会企业有：(1) 健康起跑。由恩派 (NPI) 和熠美投资合作成立的 NE 投资基金与法国达能集团合作的“健康起跑”项目在中国多个省份启动，健康起跑的目标是解决欠发达地区儿童营养不良的问题。2011 年，我国首个“婴幼儿辅食起跑工程”项目试点在湖北省建始县三里乡启动。(2) 昆明帮帮健康生活馆。由云南青基会润土互助工作组和帮帮基金会共同成立的一家社会企业，本着社区支持农业的理念，鼓励城乡互助、人人互助。

第十，残疾人帮扶领域。我国残疾人帮扶领域的社会企业有：(1) 深圳残友集团有限公司。(2) 善淘网。善淘网的创始人周贤在英国留学时，受到伦敦慈善商店的启发，回国后在 2011 年创立了善淘网。善淘网接受全新或接近全新的闲置衣物捐赠，经过包括残障人士在内的全职和兼职员工消毒、重新包装以及拍照上传后，以较低的折扣在善淘网上出售，收入用来为公益项目“输血”。善淘网的收入在扣除运作成本后，承诺将全部作为捐款返回合作的公益机构。(3) 北京 1 +1 视障人工作室。依托科技的发展和应用，促进困难群体特别是残障人士在职业技能、信息补偿和社会发展方面的交流与实践，为各类民间组织提供服务和宣传平台。(4) WABC 无障碍艺途。这是一家在上海注册的民办非企业单位，无障碍艺途关注特殊群体，它的关注方式很特殊——“以当代文化艺术为媒介去教育和提升精障人士的精神生活品质”。它超越普通的物质帮扶形式，为精障人士提供了一种贴近艺术的可能。(5) 广州麦子烘焙。2012 年 12 月，广州慧灵下属的麦子烘焙食品有限公司门店开张试业，采取社会企业模式运作，解决了一些残疾人的就业问题。(6) 小笼包聋人协力事务所。该机构成立于 2010 年 5 月 21 日，是中国第一家专为聋人设计师建立的实习、就业的实战平台。“小笼包”主要的营利项目是品牌和设计，由聋人和普通人组成的团队为客户提供品牌管理传播、平面设计制作、企业形象设计、展览展示活动、活动策划执行、网页及多媒体等服务。

（五）典型地区的社会企业发展与政策

近年来，佛山市顺德区围绕“城市升级引领转型发展、共建共享幸福顺德”的战略目标，在社会建设、社会创新等方面不断探索与创新，社会企业成为顺德改革创新发展中的亮点。

顺德依靠丰富的企业家资源和浓厚的商业氛围，在2012年引入了社会企业概念，开始探索以商业模式解决社会问题。2012年12月，顺德首家社会企业“共融艺术咖啡屋”在容桂开业，这家由顺德星宇社会工作服务中心和容桂伍威权庇护工场合力开办的残疾人社会企业，为辖区内的残疾人士提供才能展示和就业机会，同时也推动消除歧视。2014年1月14日，顺德区首家由民营企业创办的社会企业“永亮善品”公园店在顺峰山公园内开业，通过为残疾人、边缘青年等弱势群体提供就业的同时，也为年轻人提供创业机会。2014年，顺德的社会企业增加到12家，均为工商部门登记的企业，领域涵盖了学生校外拓展、技能培训、优秀文化海外推介交流、企业“引进来”“走出去”支持服务等领域。顺德社会企业的开办主体包括社会人士、企业家和社会组织，吸引更多社会资本投入解决社会问题。例如，马冈青年营（永亮行知教育科技有限公司），首期投资达到1500万元。

近两年来，为鼓励更多社会资本创办社会企业，优化顺德社会企业发展的政策环境，顺德区做了多项工作：一是举办公益创新大赛。2012年6月底，顺德区政府出台了《顺德区推动公益创新发展实施方案》，其中规定社会企业等项目最高可获得50万元政府“种子资金”支持。随后，顺德社会创新中心在全区举办公益创新大赛，主要目的是催生更多社会企业。二是制定社会企业认定标准和扶持政策。在经过一年多的准备之后，顺德区在2014年9月25日出台了《顺德区社会企业培育孵化支援计划》。顺德的社会企业主要从组织类型、业务类型、利润分配、企业章程（含资产处置、治理结构）、经营年限等维度对社会企业进行认定：（1）社会企业的组织类型包括股份有限公司、有限责任公司、个人独资企业、合伙企业；（2）业务类型包括促进就业、提供社会服务、扶贫、教育发展、环境保护等，而不只局限于解决弱势群体就业和服务范围；（3）利润分配不得超过1/3；（4）规定在企业章程中应明确的内容。包括企业的社会目标和解决的社会问题、治理结构、利润分配、解散时的资产处置方式等。其中，治理结构，社会企业应该执行现代工商企业制度，鼓励社会企业吸收民主的治理方式，将员工等利益相关法纳入决策过程；资产处置，规定了企业解散时应将一定比例的剩余资产捐赠给其他社会企业或公益基金。(5) 经营年限规定必须是运作了一年及一年以上的企业才能申请认定。此外，《计划》还明确了金融政策扶持、创投资金对接、荣誉表彰、宣传推广等11项对社会企业的具体扶持措施，其中梳理并整合了顺德现有的相关政策和扶持办法。三是启动“汇贤50”高级社会人才培养计划及社会企业家培训计划，积极培育社会创业家、社会企业家，期望为社会企业的发展培育高素质经营管理人才，促进社会企业在顺德的更大发展。四是组织顺德社会企业家前往香港参加社会企业高峰会，为顺德企业家提供交流借鉴和资源链接的平台。①

表1 广东顺德社会企业孵化培育情况统计*

企业名称	成立时间	资金来源	场地来源	企业类型	社会效益体现
佛山市观效文化传播有限公司	2013年9月	自筹	陈村镇政府无偿提供	手工艺品制作（掐丝珐琅工艺画）	吸纳10名残疾人就业
容桂共融艺术广告策划有限公司	2013年11月	伍威权庇护工场自有资金	有关单位无偿提供	广告策划	为残障人士提供8～10名就业培训名额，吸纳3名残疾人就业
北滘甜梦成真甜品屋	2013年11月	顺德区2012年镇（街）社会创新项目专项资金	自行租赁	餐饮服务	提供残联人士工作训练和就业机会6～10人。所得利润提留50%用作自身发展，20%用于残疾人共融艺术计划项目的发展，30%用于社工机构的发展基金
共融艺术咖啡屋	2012年12月	区残联提供30万启动资金	自行租赁	零售	吸纳3名残疾人就业

① 顺德区委区政府办公室、区委决策咨询和政策研究室：《顺德综合改革》，2014年第十三期（总106期），2014年6月17日。

续表

企业名称	成立时间	资金来源	场地来源	企业类型	社会效益体现
佛山市永亮善品文化传播有限公司(顺峰山公园店)	2013 年 1 月	佛山市顺德区永亮企业发展有限公司	顺德区社会创新中心提供	饮品销售	各分店分别吸纳 2 名残疾人就业,占员工总数 40%,而且收益的 1/3 用于慈善事业
佛山市永亮善品文化传播有限公司(南城店)	2014 年 1 月		容桂街道无偿提供		
佛山市永亮善品文化传播有限公司(办证中心店)	2014 年 3 月		区行政服务中心提供		
佛山市益爱策划有限公司(60 吧)	2013 年 8 月	自筹	社会创新园社会书吧	策划公司	60% 的企业收益投入公益慈善事业
杏坛爱·简约面包烘焙工房	2013 年 10 月	镇政府投入	无偿提供	餐饮服务	吸纳 10 名残疾人就业
益腾职业技能培训中心	2012 年 11 月	自筹	各镇街工作站的场地,部分无偿提供,部分租赁	技能培训	为弱势群体(包括低保、残疾、4050 人员等)免费提供职业技能培训,并为这些家庭的子女免费提供兴趣爱好培训
顺德区艺缘善品工艺品有限公司	2012 年 12 月	自筹	租赁	手工艺品制作	帮助解决弱势群体(包括低保、残疾、4050 人员等)就业
淳爱康园阳光洗车场	2013 年 1 月	政府投入	租赁	洗车服务	吸纳残疾人带薪岗前培训
圆方中外商务交流服务公司	2013 年 12 月	企业家自筹	租赁	中介服务	服务企业“引进来”“走出去”,且股东不分红
永亮行知教育科技有限公司	2014 年 3 月	企业自筹(首期投入 1500 万)	由旧学校改造	教育培训	为学生提供校外素质拓展服务

* 顺德区委区政府办公室、区委决策咨询和政策研究室:《顺德综合改革》2014 年第十三期（总 106 期), 2014 年 6 月 17 日。

（六）我国社会企业的典型案例——深圳残友集团

残友集团的前身要追溯到1999年，当年，身患先天血友病的郑卫宁和4个残疾人，用一台电脑在家中创业，以2元注册了个体企业“深圳市福田区残友网社”，从事打字复印及网站设计。之后，“残友”招纳全国各地的残疾人，逐渐进入软件开发、动漫文化、电子商务等领域。

2009年，深圳残友股份集团有限公司成立。现在残友集团旗下有33家分公司、1家基金会、8家社会组织。从新疆喀什到海南海口，都有残友的分支机构。残友集团接纳了上千名残疾员工就业，员工90%以上是残疾人。互联网的兴起可以使残疾人不囿于肢体障碍，凭借“人脑加电脑”的方式，实现自我能力再造。1999～2010年，残友集团108名中高层管理人员辞职者只有1名（因病回老家退养），1099名一般员工流失8人，流失率仅为0.72%。稳定的员工，实现了企业与员工的共赢，2010年残友公司员工人均月收入4216.8元，持平或略高于深圳市平均工资水平。[①] 残友集团为员工提供衣食住行的保障，还有退休金以保障他们退休之后的基本生活。十余年来，残友公司没有向银行贷过款，没有拿过政府的民生补助，“残友”不靠社会同情，而是依靠自己的过硬专业实力在市场上竞争求得生存，像大亚湾核电站、央行总行都已经成为“残友”的客户。

为了保证残友集团始终坚持社会企业的性质，郑卫宁将自己在残友集团90%的个人股份和各分公司51%的个人股份以及商标品牌价值，捐赠给郑卫宁慈善基金会，此后由郑卫宁慈善基金会控股残友集团母公司。母公司的重要人事需由郑卫宁慈善基金会任命，企业重大战略需符合基金会章程。分公司的管理按照惯例，基金会不参与分公司的对接。基金会根据不同企业的发展进度调整分红比例，分公司不分红，留给当地发展。基金会旗下的非营利组织承担社会服务部分，实现自助自养发展。2012年，英国社会企业最权威的组织“英国社会企业联盟”把首次设立的“年度国际社会企业奖”颁给残友集团。

① 刘素楠：《公益与商业如何共舞?》，《南方日报》2012年6月20日。

六　中国社会企业发展的挑战与建议

（一）社会企业发展的问题与挑战

1. 社会企业发展的外部环境挑战

社会企业的建立和发展受到外部环境的影响，目前，我国社会企业面临的外部环境也存在一定的挑战。

第一，我国与欧美的国情不同。社会企业的发展需要双重支持，一个是健全的社会组织，一个是商业文明。随着市场经济的发展，我国的商业文明已经有了一定基础，但我国的社会发育仍然滞后，非营利组织也不够发达，在这样的背景下发展社会企业，困难比国外更大。我国社会企业的发展初期，相关理念、模式和培训都是从国外引进，国外经验是否适合中国国情，国外老师是否了解中国情况，都存在很大疑问。

第二，社会企业没有法律定位及保障。我国还没有社会企业的明确定义，也没有社会企业的立法和资格认定，社会企业只能选择以商业机构或社会组织等形式注册。据 FYSE（青年社会企业家基金会）在 2012 年的调研，我国 66% 的社会企业登记为工商企业，20% 的社会企业登记为社会组织，14% 的社会企业没有登记。没有官方认定标准，影响了外界对社会企业的认知，造成社会企业在税收优惠、服务配套政策支持等方面政府无法对其进行匹配支持。但也有人认为，我国的社会企业方兴未艾，现在并不需要对社会企业下定义，现在需要更多人参与进来，探索多样化的模式，现阶段没有必要严格限制。在公益慈善行业还没有做到公开透明的情况下，再增加大量以公益为使命和分红的社会企业，可能会有很多投机分子涌入。他们觉得社会企业可以得到外部支持和名声，还能降低运作的成本。如果有很多名不副实的社会企业存在，会影响到社会企业行业的声誉。

第三，现行法律政策对非营利组织市场行为的阻碍。根据我国法律规定，能够导致非营利组织撤销登记的情形有 11 种，其中有一条是“从事营利性经营活动的”，民政部门认为，社会团体的营利性行为在客观上有严格限制。即使最终将收益用于社团发展，也违背了“非营利性”。不因为社会团体没有剩余利润（或负债），就判断其符合“非营利性”原则。另外，现有法律对非营利组织的商业活动设定了一定的限制，《红十字会法》及《红十字会章程》规定，红十字会的经费主要源自会员会费、社会捐助、政府拨款以及“动产和不动产的收入”，并不包括市场化服务的收入，而且《红十字标志使用办法》第18条明确禁止红十字标志被用于“商标或者商业性广告”。

第四，公众对社会企业模式的接受程度不高。一是有些人认为公益与商业之间是互不相容的，认为公益和商业不能搅和在一起。商业企业转型为社会企业模式也会有一些质疑的声音，有的是复合体式的社会企业，非营利组织和企业一起办，经常被人质疑是否在靠慈善标签给商业圈钱。如果是正常运转的企业声称自己以社会使命为首要目标，则会遭到阴谋论的怀疑。受质疑最多的是非营利组织过度从事商业活动，尤其是2011年“郭美美事件”引出的中红博爱资产管理公司与商业系统红十字会间的复杂关系，以及河南宋基会投资房地产、中国红基会养老地产等一系列风波发生后，人们对非营利组织从事商业活动更加持有警惕及反对态度。二是社会企业也面临道德绑架的压力和风险，有些人认为非营利组织和社会企业都是在做慈善，都应该免费而不能收费。在这种情况下，有的社会企业为了提高公众对自己的接受度，很多是采用“社会创业”“公益创业”的概念，从而淡化自己的商业色彩。三是很多社会企业的员工是残疾人等弱势群体，有些人认为残疾人生产的产品质量标准低，心里有抵触情绪。他们认为，社会企业产品的价格中包含慈善捐赠的部分，不是产品真实价值的反映。

第五，市场竞争激烈，商业空间狭窄。凡是市场上利润较高的行业领域，逐利的商业企业都已经进入，并形成了规模化的经济体系。没有被企业关注到的领域往往是服务对象（如残疾人、贫困者、失业者等弱势群体）的经济实力无法支付全部费用或需求不足，导致社会企业不能获得持续和可观的收入，利润率和收入水平较低，不得不依赖第三方付费的方式进行补贴。即使是有适当的业务领域，社会企业也要和其他企业一起参与市场竞争，需要很强的实力才能生存下来。

2. 社会企业本身的问题与困境

我国社会企业的发展时间短，缺乏可以学习模仿的成功模式，社会企业本身还存在很多问题。

第一，我国社会企业的规模仍然有限。大部分社会企业还处于早期发展阶段，像深圳残友集团、天津鹤童公益养老集团这样的大型社会企业还很少，普遍存在着规模小、资金少、效益低的问题。根据 FYSE 发布的《2012 年中国社会企业报告》，我国 71% 的社会企业的年收入不到 50 万元，即使是成熟的社会企业，收入仍然有限；我国社会企业平均创造 7 个工作机会和 2 个志愿者岗位。无论这些社会企业是企业身份还是社会组织身份，都只能算小型组织。规模有限限制了社会企业与私营部门之间的合作，不利于扩大整个社会企业行业的影响。

第二，社会企业的运作比非营利组织和商业企业的难度大。一是社会企业针对的社会问题往往比较尖锐，具有一定的挑战性，实现盈利的时间更长。二是社会企业既不是普通企业也不是 NGO，如果没有特别的支持政策，它们难以获得风险投资、贷款和捐赠，造成初始资金缺乏。三是社会企业面临着激励的市场竞争，社会对其承担责任有更高要求，还面临着投资机构的分红压力。四是社会企业的很大一部分利润用于实现社会使命，社会企业在员工待遇、生产条件、保护环境等方面比普通企业承担更多的责任，使得经营的成本比普通企业更高。这就可能造成持续的低利润，导致自身积累不足、难以做大做强。这意味着投资社会企业可能面临较低的回报率，吸引外部投资的能力不足，而且需要比一般企业更多的耐心资本。五是社会企业要同时实现财务可持续运作和社会使命，二者之间有时候难以平衡和把握。六是社会企业要求管理者具有多方面能力与素质，不仅要有高度的社会责任感，也要有管理和经营企业的能力。也就是说，对社会企业家能力的要求要高于企业家和慈善家。我国社会企业的管理团队能力不足影响到社会企业的成功经营运作。国外的成功社会企业往往都是工商界人士创办的，我国社会企业的运营团队多是 NGO 或社工出身，缺乏企业管理经验，由他们带领机构参与市场竞争，成功几率不高。

第三，传统的 NGO 思维和模式影响到社会企业的发展。我国的社会企业多数是从非营利组织转型而来，他们为自己寻找新的发展出路，但是成功率较低。一是我国的社会企业普遍存在人力匮乏和运营不畅的问题，很大程度上是由于公益圈的很多从业者不了解商业的运作，没有自我造血的思维和能力。二是大多数社会企业不具有可持续运作的商业模式，这是社会投资机构对社会企业投资不积极的重要原因。社会企业不等于简单地卖商品，它意味着完整的能够赢利的运营模式。有的社会企业只在网上开网店，并没有形成自己的产品体系，成交量也很低，无法形成真正的赢利。三是一部分社会企业高度依赖政府、基金会资助、创业奖金以及公众的良心消费。由于政府提供启动资金以及购买服务的推行，很多社会企业都提交了项目申请，希望得到政府购买服务的项目资助。可是，如果离开了政府的资助，能真正靠自己的市场经营而存活下来的社会企业并不多。一直靠政府购买服务、基金会资助维持生存的社会企业，不是真正的社会企业。如果只靠激发消费者的善心来消费，就是承认了自己的产品与服务不能匹配价格，这些社会企业还不能算作真正的企业。尤其是在消费者只是普通人的情况下，要他们进行良心消费，购买几次还有可能，但难以做到持续性的良心消费。

第四，走商业化道路的非营利组织有被商业利润异化的危险。拥抱市场化、商业化的非营利组织转型为社会企业之后，能否一直保持公益宗旨不改变是要引起重视的问题。一是非营利组织可能将短期结果置于长期目标之上，可能会牺牲其社会使命。例如，2011 年的河南宋基会事件，河南宋基会因为年收入连续三年在基金会中心网位居榜首而引人瞩目，该机构以“公益医保”为名，从民间获取“捐赠”，实际上是非法集资。该机构将基金投资于房地产、企业债权等领域，名为“增值保值”，却涉嫌非法放贷，真正用于公益项目的资金不多。二是失去独特的价值观。非营利组织的一个重要功能是观点表达和追求自己的价值观，如果这种追求的前提是通过市场机制的检验，一些有价值的努力可能会被放弃。三是导致合法性危机。如果非营利组织变得像商业公司一样，可能会导致这个部门的身份认同危机和失去合法性，最终失去非营利组织所具有的特殊地位和优惠待遇。非营利组织合法性危机的结果是，它得到的政府拨款和社会捐赠数额减少，造成整体收入的得不偿失。

（二）对社会企业未来发展的建议

1. 对完善外部环境的建议

社会企业要实现快速发展，需要建构一个完整的外部支持体系，包括概念的宣传推广、政府政策的扶持、影响力投资机构的投资以及社会公众的道德消费观念的树立，才能形成完整的社会企业产业链。

第一，推广社会企业的概念，开展社会企业教育培训。国外大学中关于社会企业的课程越来越常见，牛津大学 SAID 商学院已经设立了社会企业硕士学位，Unltd 与英国 56 所大学和 35 所职业进修学校建立了合作关系，推动大学为社会企业提供更多支持。美国哈佛大学商学院从 2004 年开始招收“社会企业”博士生。我国可以推动高校设立社会企业的相关课程，鼓励研究机构深入开展对社会企业的研究，推动媒体对社会企业的传播报道，出版关于社会企业的系列书籍。通过这些方式，让更多的人了解和接受社会企业。

第二，制定社会认证标准，出台针对社会企业的相关支持政策。政府的相关部门应该重视社会企业的发展，从立法、税收、工商等方面来推动其发展。一是制定社会企业的官方认证标准。社会企业涵盖的组织光谱很宽，兼具公益、商业行为相关的各类组织都可能自称为社会企业。由于光谱太宽，不同界别对社会企业概念有不同解读，造成公众对社会企业的认知困难。国外的主流做法是进行社会企业立法和资格认定，比如英国依据《2004 年公司（审计、调查和社区企业）法令》创设的社区利益公司（CIC），美国联邦各州的公益公司、低利润有限责任公司等都是社会企业的相应法律实体，都是以具体的法人结构来定义社会企业，规范社会企业的治理、运作、责任及监管。我国的很多社会企业是注册为民办非企业单位，南都公益基金会理事长徐永光曾撰文指出，民办非企业单位的出资人没有财产权，不能分红，股权也不能转让，也不能贷款，也不能举办分支机构，这些规定阻碍了我国社会企业的发展。社会企业如果注册为企业，得不到任何投资、税收方面的优惠，也无法向外界表明自己的社会使命目的。我国可以借鉴国外经验，为社会企业创设一个独立的法律实体身份。二是社会企业为了实现社会公益使命和解决社会问题，而放弃了自己的一部分利润，没有赚取商业企业通常的全部利润，理应得到一定的优惠扶持。由于社会企业覆盖商业企业和社会组织两大领域，活动涉及教育、环保、就业、文化等多个行业，实施统一优惠政策的难度大。但是可以实施细分的优惠政策，不同部门可以先出台促进本领域社会企业发展的政策措施。三是至于是否应给予社会企业税收优惠的问题，目前社会组织身份注册的社会企业有资格享受税收优惠，但企业身份注册的社会企业无法享受，因此关键是能否给予后者税收优惠。如果社会企业要享受税收优惠，它们在利润分配、财务收支、内部治理等方面就要遵从政府的规定，可能将是比较苛刻的限制。社会企业的责任履行和享受优惠是相对应的，不能只享受优惠而不履行责任。但是，政府不要给予社会企业直接补贴或提供经费，避免社会企业形成对政府的依赖性，扭曲了原有的商业模式。四是可以建立社会企业园区，为促进社会企业家的创业提供良好的环境。

第三，鼓励社会影响力投资为社会企业提供资金支持。社会企业要获得更好的建立和发展条件，必须吸引投资，我国目前的投资界还没有充分重视社会企业。社会影响力投资（Social Impact Investment）是一种新兴的投资理念，它是专门针对社会企业的投资，既重视社会影响回报，也重视财务回报。与传统资助方式不同，影响力投资不是无偿捐赠，而是给予贷款，几年后才能收回投资，再投资于新的社会企业，有利于资金的可持续利用。在现阶段，可以多宣传社会影响力投资的理念及成功案例，让投资者、政府以及公众对此有更加深入的了解。目前投资社会企业的投资者仍然较少，投资额较低，应引导更多的资本进入社会影响力投资领域。可以成立社会影响力投资基金，这些基金可以是私募股权基金、风险投资基金等。政府可以制定优惠措施，鼓励更多资本进入社会企业投资领域。

第四，引导消费者树立道德消费观念，促进“社会意识市场”的形成。如果某些企业更倾向于将利润用于支持社会公益事业，比如，为了支持弱势群体就业、改善弱势群体的生活状况或保护当地环境，消费者会倾向于购买这些企业的产品，这就是“社会意识市场”。企业的公益行为会促使消费者改变购买行为，愿意为社会企业产品支付产品溢价，甚至惩罚那些没有做出公益行为的企业。可以引导消费者的消费理念，在普通企业和社会企业产品的价格、质量等同的情况下，更应该优先购买社会企业的产品。而且，政府、企业等其他组织在采购物资的时候，也可以优先购买社会企业的产品。

第五，对非营利组织从事营利性活动加强规范。非营利组织可以引入商业的思路和方法进行操作，但在出发点和宗旨目标上，必须保持公益本身的使命不变。社会企业不意味着要放弃不赚钱的公益项目，而是为公益使命与组织发展创造更多资金来源。政府应采取措施加强对非营利组织商业化运作的监督，防止它们变为牟利的企业，失去公益的本质。我国现有法律没有禁止非营利组织从事一切经营活动，但对于非营利组织的商业活动有一定的限制，即商业活动不能偏离组织的宗旨、产生的利润不能分配、商业收入不能享受税收优惠、经营活动信息要向社会公开。2014 年的中国红十字会“备灾仓库出租事件”，红十字会将国家级备灾救灾物资仓库以 90 万元的价格出租给某公司后，该公司以市场价格转租给 DHL 等物流公司，从中牟利每年可能达数百万元。红十字会因此被外界质疑收益没有用于公益目的，而是落入了私人腰包。

世界上很多国家都制定政策对非营利组织的收入流向做了限制，日本法律规定，公益机构的营利活动所占比例应低于 50%，这部分收入除了用于维持正常运作所需资金外，都必须用于公益活动。很多国家规定，非营利组织的商业行为只有基于组织的公益宗旨并将大部分收入最终用于公益活动时，其收入才可以享受免税优惠。[①] 为了维护市场秩序，可以把非营利组织的活动分为事业相关商业活动和不相关商业活动，将不相关商业活动限制在一定比例之内，并通过税收进行调节。

2. 对社会企业的建议

第一，社会企业应该遵循市场规则，秉承专业的商业手法进行运营。无论是商业企业还是社会企业，如果要在经济领域中获得生存，就要遵循市场竞争的基本原则，凭借有竞争力的产品质量、服务水准、更低价格在市场中取胜。作为一个企业，首先就是要实现盈利，要有完整的盈利模式，解决最基本的生存问题之后，才能有条件实现社会使命，才有资格讨论利润分配方式的问题。从管理到运作，社会企业都应该向商业企业学习借鉴。一是从 NGO 转型而来的社会企业要把市场化收入作为自己的主要收入来源，而不是社会捐赠。政府

① 韩晶：《非营利组织的“赢利”趋势与税收规制》，《黑河学刊》2004 年第 1 期。

和基金会资助只能是提供启动资金，不能长期依赖，几年后还是需要自负盈亏。这一部分社会企业要调整以往的经营思路，必须勇敢面对市场的竞争。被树为典范的美国慈善超市主要就是依靠商业化的方式获取盈利，主持美国慈善超市的善念机构在 2006 年 29 亿美元的总收入中，依靠零售业赚取的达 18 亿美元占了 62%，而依靠直接或间接方式获得的 4870 万美元现金捐助仅占 2%。该机构 2006 年年报显示，旗下 2145 家门店为 93 万人提供了职业培训服务，为 36 万人找到了工作。[①] 二是社会企业开拓市场要靠商品或服务本身的实力，而不是靠怜悯同情，否则就还是传统慈善模式。深圳残友集团与地方政府进行公共服务的合作，但没有接受政府的补助或社会捐赠，而是通过开发软件程序和信息服务获取利润。与普通产品一样，社会企业的产品也要具备商业价值，产品要考虑实用性。产品价格应是商品价值及成本的真实反映，而不能有捐赠的部分。否则，消费者可能会因为爱心购买一次，但如果产品本身不具吸引力，很难再有第二次购买。社会企业的行为应从客户的需求出发，一切从市场的变化出发。要不断提高产品水准，就要注重对员工的培训，坚持严格的产品标准。如果要与普通商业企业进行竞争，就必须做到和它们一样的水准。三是与企业一样，社会企业要有创新精神。只有不断创新才能使企业做到可持续发展，而且这是所有参与市场竞争的企业都必须具备的，社会企业也没有例外。四是应该清晰产权、权责明确，建立健全的监督约束机制，完善财务管理。如果不能做到这些方面，社会企业可能会重蹈以前国有企业的覆辙，造成管理混乱、决策不科学、缺乏民主监督等问题。五是在人力资源管理方面，注重对工作人员的经济激励，为员工提供完善的薪酬体制和事业发展机会，不依赖于免费使用志愿者来降低人力成本。可以通过让员工持有公司的股权，激励员工的绩效。

第二，注重商业伦理和理念倡导。在商业伦理和管理伦理方面，社会企业应有更高标准。有些企业为了降低成本，可能会使用劣质原材料以次充好，继续销售过期变质食品，要求工人加班加点、克扣工资、不改善恶劣的生产环境等。利润最大化不是社会企业追求的目标，社会企业追求社会目标和财务目标

---

① 萧善匀：《慈善超市不能打折营销是道德洁癖》，中国江西网，2011 年 9 月 3 日。

的平衡，缺一不可。社会企业应注重理念倡导和生产销售环节的设计，在所有环节贯彻社会使命的宗旨目标。

第三，选择适合社会企业的产业领域。在社会企业认知度不断提高的趋势下，良好的企业形象是社会企业的优势，但它们的资金和技术可能有所欠缺，因此，社会企业可以投资对企业形象和品牌要求较高的行业领域，纺织品、餐饮、有机农产品等行业都适合社会企业的快速发展。采桑子、羌绣和笃挚等少数民族手工项目，其工艺水平是机器生产达不到的，深受海内外高端市场的欢迎。而且要考虑员工群体的特点，有些是弱势群体就业型的社会企业，智障人士只能做一些不需要太多心智活动的工作，进入餐饮、手工等产业比较合适。由于社会企业有企业形象的优势，社会企业可以尝试进行慈善营销。社会企业可以适当投放广告，让消费者知道自己的公益性质。可以招聘优秀的营销人才，以传播社会企业的理念和品牌。

第四，社会企业要吸引高素质人才加入，不断提高企业经营管理的能力。社会企业家既要精通商业规则，又要有高度的社会责任感，必须是一种复合型人才。社会企业应吸引优秀的商业人才加入自己的团队，以更加专业的方式做事。不断提高自己的管理能力和投资能力，学习企业的提高经营运作效率的方式，提高自己的造血能力。

第五，确保社会企业的公益使命不变。社会企业应合理地进行商业化，如果将公益与商业、市场很好地进行结合，公益会得到很好的发展。但商业化不能改变原本的使命，市场化只是手段而不是目的。利润与责任之间经常会出现冲突，这就需要一个强有力的理事会负责掌舵。由 NGO 转型而来的社会企业进行商业活动，还是要与所从事的公益事业相关。对于从商业企业转型而来的社会企业，最好能明晰机构的产权，确保机构的社会使命不改变，做到准确定位，处理好利益分割问题。

域外镜鉴篇

Overseas Reference

B.6

美国非营利组织与社会治理中的替代性纠纷解决机制

徐彤武*

摘　要：

在美国多重的社会治理手段中，替代性纠纷解决机制（ADR）十分重要。美国的非营利组织发挥着ADR的实践者、倡导者、研究者、交流平台、资助人、教育者和国际合作促进者的作用，与政府一道努力，在总人口快速增长、社会财富分配不公的条件下，化解了大量社会矛盾。非营利组织深度和全面介入替代性纠纷解决机制的原因，可以从美国历史文化遗产、近40年来美国社会与司法制度的变化、非营利部门的壮大以及各级政府的支持中去寻找。美国的经验对于面临社会治理挑战的中国不失借鉴意义。

* 徐彤武，北京大学国际战略研究院研究员。

关键词：

美国　非营利组织　替代性纠纷解决机制（ADR）

美国是一个开放度和自由度很高的移民国家，又是贫富最为悬殊的发达资本主义大国。在这个复杂而多样的“马赛克社会”中，各种纠纷、矛盾、冲突乃至犯罪案件可谓多如牛毛，其“乱”的一面从远高于各国的在押犯人的统计数字上就可见一斑。① 但是，美国社会也有“治”的一面。人们无法否认的一个事实是，依赖较为完善的社会治理体系和较强的综合治理能力，美国社会在总体上能够长期保持稳定。一般来说，美国各级各地政府也并非不注意“维稳”问题，尤其是在现实的恐怖主义威胁并未消除的情况下，但整体上并不担心日常生活中居民之间的纠纷会闹出什么大事，更不用提防因为民间矛盾或官民矛盾的激化而造成大规模社会动荡，甚至引发可能动摇国本的危机。

美国社会的治理是多元和多方位的，除了深入公民骨髓的法治精神、强大且精密的国家机器、政府与私营部门的合作之外，美国各地、各行各业普遍应用的替代性纠纷解决机制（Alternative Dispute Resolution，ADR）也是重要的治理手段，其中，非营利组织发挥着非常显著的作用。本文力图根据最新资料，对当代美国非营利组织与替代性纠纷解决机制（以下简称为“ADR 机制”或者“ADR”）的关系进行初步的梳理与分析，期待抛砖引玉，引起学界对这个问题更多的关注、研究与讨论。①

---

① 根据美国联邦政府司法部的统计，2012 年在美国联邦政府和州政府管辖的监狱中，服刑犯人总数（判刑超过 1 年的罪犯）为 151.15 万人。按照服刑犯人与人口比例计算，美国一直都高居世界首位，是服刑犯人人数最多的国家。不仅如此，美国社会的一个大问题是暴力泛滥。2011 年在州政府管辖的监狱中服刑的犯人，53% 是由于暴力犯罪而被判刑。参见：U. S. Department of Justice, Office of Justice Program, Bureau of Justice Statistics, *BJS Bulletin NCJ243920*: *Prisoners in 2012*, December 2013, p. 2；英国智库国际监狱研究中心（International Center for Prison Studies，ICPS）发布的 2013 年全球 222 个国家与地区服刑犯人和在押嫌疑犯在每 10 万居民中的比例数据是：美国 716 人，英国 487 人，巴西 476 人，俄罗斯 475 人，中国 121 人。见：Roy Walmsley，“World Prison Population List (tenth edition)”, November 21, 2013, available at: http://www.prisonstudies.org/sites/prisonstudies.org/files/resources/downloads/wppl_ 10.pdf，访问日期：2014 年 5 月 28 日。

① 一些美国学者、非营利组织和地方政府认为，所谓 ADR 机制，也可以解释为“合适的纠纷解决机制”（Appropriate Dispute Resolution），缩写也是 ADR。本文所论述的 ADR 机制亦包含此意。

一　美国非营利组织涉及 ADR 机制的组织数量

美国拥有在规模、资源、能力和影响力方面雄踞全球之冠的发达非营利部门（nonprofit sector）。据官方统计，2013 财年美国共有经过联邦税务局（IRS）批准、登记豁免联邦所得税的非营利组织 159.9 万个，其中 105.24 万个是符合《国内税收法典》（*Internal Revenue Code*）第 501（c）（3）条款规定的公益慈善组织。① 若再加上其他各种非营利组织，包括活跃在社区的“草根”组织，全美真实存在且开展活动的非营利组织数量至少也有 230 万个。② 本研究关注的重点是联邦免税组织（tax-exempt nonprofit），它们是美国非营利部门的卓越代表。

作为属于私人部门的社会组织形态，非营利组织是联系美国政府部门、工商企业和普通民众的纽带，这一点在解决社会上各种民事方面的纠纷、争议、矛盾、冲突，或者民事案件的过程中尤为显著。③在英语中，ADR 机制是一个

① Internal Revenue Service, *Data Book 2013*, Table 25, Tax-exempt Organizations, Nonexempt Charitable Trusts and Nonexempt Split-interest Trust, Fiscal Year 2013, Washington D. C., March 2014, p. 56.

② Sarah L. Pettijohn, *The Nonprofit Sector in Brief: Public Charities, Giving and Volunteering, 2013*, The Urban Institute, Washington, D. C., 2013, pp. 1－2.

③ 需要特别说明的是，本文所说的“民事纠纷案件”是在当代中文语境中的一个宽泛概念，与美国司法系统分类方法中的民事案件（Civil Case）并不能完全画等号。事实上，在中文语境中，这个概念的内涵包括（或者部分包括）了美国州法院系统案件统计分类中的民事纠纷案件、家庭关系（Domestic Relations）纠纷案件、青少年案件（Juvenile Case）、交通、停车和地方法规方面的案件（Traffic, Parking and Local Ordinance Case）四个大类（另外还有一个大类就是刑事案件）。在美国的分类中，每个大类包括若干子类，每个子类中又有不同情况，可谓错综复杂、包罗万象。举例来说，民事案件大类中的子类有：与汽车有关的侵权责任纠纷（Automobile Tort）、故意侵权纠纷（Intentional Tort）、医疗事故（Malpractice-Medical）、非医疗事故（Malpractice-Other）、业主责任纠纷（Premises Liability）、产品责任纠纷（Product liability）、造谣诽谤（Slander/Libel/Defamation）、其他事故责任（Tort-Other）、购买方起诉（Buyer Plaintiff）、涉及歧视的劳动争议（Employment Dispute-Discrimination）、其他劳动争议（Employment Dispute-Other）、欺骗（Fraud）、业主与租户的纠纷（Landlord/Tenant Dispute）、住房抵押贷款违约（Mortgage Foreclosure）、卖方起诉（Seller Plaintiff，也称为收债 Debt Collection）、其他合同纠纷（Contract-Other）、房地产纠纷（Eminent Domain and Real Property-Other）、小额金钱赔偿案件（Small Claims）、成年人监护权纠纷（Guardianship-Adult）、青少年监护权纠纷（Guardianship-Juvenile）、不明监护权纠纷（Guardianship-Unknown）、涉及保管权或信托权的纠纷（Conservatorship/Trusteeship）、遗嘱纠纷（Probate/Wills/Intestate）、遗产纠纷（Probate/Estate-Other）、精神状况鉴别 （转下页注）

外延宽泛、内涵极其丰富的总概念，以至于有人说只要是不经司法机构主持的法官或陪审团正式审理便获得解决的纠纷，都可称之为应用了替代性纠纷解决机制（ADR），或者说在法庭之外得以解决。但即便如此高度概括，也未必能充分反映出 ADR 机制的实质。①在过去的近四十年里，ADR 机制在很大程度上改善了美国的司法体制和社会生态，成为美国当代社会治理的重要方面。2012 年由牛津大学出版社发布的一项研究表明，美国每年发生的成千上万件民事纠纷案件，95% 以上都能通过 ADR 机制等方式获得庭外解决。换言之，真正闹上法庭寻求司法判决的案件不足全部民事案件的 5%。②

ADR 机制的根本特征是，无论采取何种具体方式，纠纷的解决都不是通过“法庭审理”实现的，处理过程具有“非庭审性质”（non-trial manner of disposition），且相关规则或法定解决程序的“私人”或“民间”色彩浓重。因为从本质上讲，ADR 是民间自我解决纠纷的机制。具体来说，这种机制的主要方式或过程（procedure）包括当事人双方在第三方主持下的谈判（negotiation），由当事双方认可的第三方开展的中立性调查研究（neutral fact finding）、中立性初期评估（early neutral evaluation）、调解（mediation）和仲裁（arbitration），以及和解周（settlement week）、建立共识协商（consensus building conference）、和解会商（settlement conference）、简易陪审团审理

（接上页注③）（Mental Health）、行政复议申诉（Appeal from Administrative Agency）、司法复议申诉（Appeal from Limited Jurisdiction Court）、其他上诉（Civil Appeals-Other）、拘留合法性审查（Habeas Corpus）、不涉及家庭关系的限制令（Non-Domestic Relations Restraining Order）、税务案件（Tax）、法庭命令（Writ）以及其他民事纠纷（Civil-Other）等。还有一点需要注意：即便在法院正式立案的民事案件，最后也可能经过 ADR 机制解决。虽然没有法院判决，但在司法统计时会包括在案件总量之中。参见 National Center for State Courts, *State Court Guide to Statistical Reporting* (*Version 2.0*), pp. 5-8.

① Kenneth Gumbiner, "An Overview of Alternative Dispute Resolution," in *Alternative Dispute Resolution: The Litigator's Handbook*, edited by Nancy Atlas, Steven Huber, and Wendy Trachte-Huber, American Bar Association, 2000, p. 2.

② RAND Corporation Research Brief, "Would Increased Transparency Improve the Civil Justice System?" 2012; Joseph W. Doherty, Robert T. Reville and Laura Zakaras edited, *Confidentiality, Transparency, and the U. S. Civil Justice System*, Oxford and New York: Oxford University Press, 2012.

(summary jury trial)、[①] 小型审理（mini-trial）[②]、多重选择 ADR（multi-door courthouse approach）等。[③] 这些方式或过程间的主要区别在于：有些具有撮合、便利当事方的性质（facilitative），而有些就是由第三方对事实进行客观评估；有的解决方案，如商务合同争议仲裁，具有法定约束力（binding），而有些则没有。许多 ADR 是民间社团就可以操作的，而有些 ADR 需要由法院管理、按照一定规则运行（court-based ADR）。简单的纠纷通过一种 ADR 方式就可以解决，对于复杂纠纷，当事方可以在一个案件中采取多重 ADR 方式。对于所有 ADR 机制形式，以及大量的相关事务，美国的非营利组织均积极介入。

那么，全美一共有多少与 ADR 机制有较密切关系的非营利组织呢？通过检索美国最重要的官方和民间的非营利组织数据库，并对检索结果进行必要的甄别和筛选，可以大致推算出这些组织的总数在 1500 家左右。这个结论的依据如下：

1. 联邦税务局免税组织查询系统显示：在组织名称中包含纠纷解决（dispute solution）、仲裁（arbitration）及调解（mediation）等主题词的免税组织共计 2013 个。[④] 由于这个查询系统并未对收录的非营利组织的事业领域都

① 简易陪审团审理（summary jury trial）其实是一种调查性、评估性过程，一般由专业法官或司法人士依照相应的规则与程序进行，它旨在让当事双方在寻求正式打官司之前有机会认清事实和诉讼后果，如果双方通过该程序冷静下来，理性应对现实，双方极有可能最终解决纠纷，避免对簿公堂。

② 小型审理（mini-trial）的程序中没有评审团，更强调中间人的作用，它在很大程度上类似于调解。在进行小型审理时，完全中立的调解人（或中间人）向当事双方轮流提问，最后做出不具有法定约束力的裁决。参见 Kenneth Gumbiner, "An Overview of Alternative Dispute Resolution," in *Alternative Dispute Resolution: The Litigator's Handbook*, edited by Nancy Atlas, Steven Huber, and Wendy Trachte-Huber, American Bar Association, 2000.

③ 英文中的"Multi-door Courthouse Approach"并不是指一个法院有多个门，而是指在诉讼过程中司法机构就已经立案的民事案件向当事方提出多种 ADR 方式供其选择，以便于帮助当事方找到最为合适的 ADR 的具体途径。这里需要注意：在向当事方提供的选择中，也包括继续诉讼（continuation of litigation）这一选择。在美国，这一 ADR 机制已经变得日益普遍。

④ 在该数据库检索页面（http://www.irs.gov/Charities-&-Non-Profits/Exempt-Organizations-Select-Check）输入上述主题词，检索所得的结果分别是：纠纷解决（dispute solution）1754 个、仲裁（arbitration）38 个，调解（mediation）224 个，合计组织数 2016 个。需要说明的是，本检索包括了所有近期依法向联邦税务局提交简明电子年度报表 Form 990-N，即 e-Postcard（电子明信片报表）的联邦免税非营利组织。没有按期提交年度报表的组织不在检索范围内。检索日期：2014 年 5 月 15 日。

进行分类标注，所以有一批不相干的组织也被列出。综合各种情况考虑，可取1500为估计值。

2. 全美最大的民办非营利组织数据库“指引星”（GuideStar）收录了大约200万个联邦免税非营利组织的情况。笔者使用纠纷解决（dispute resolution）等主题词检索并且剔除被错误罗列出来的组织后，相关组织的数量大致为1500个。①

3. “了不起的非营利组织”（Great Nonprofits）是依据美国各地公众的体验评价而构建的一个大型数据库，它显示：获得较好公众评价的解决纠纷的非营利组织有1358个，它们绝大多数是联邦免税组织。由于这个数据库收录的组织必须与服务对象的直接感受相关，所以有一些这种“直接性”并不明显但很重要的ADR机构没有被列入其中。②

综上所述，在美国非营利部门中，与ADR机制密切相关并且享有联邦免税待遇的非营利组织数量约为1500个，这是个比较可靠的数字。它们中间不乏501（c）（3）条款组织，即法定的公益慈善组织，也有许多商会、商业联盟类的机构，即501（c）（6）条款组织。③ 不可否认，除了这些组织外，上百万草根性、非正式的民间团体和依法无需登记就自动享有联邦免税待遇的几十万个正式的宗教组织，对于推动ADR机制也发挥了很大作用。④

---

① 在该数据库检索页面（http：//www. guidestar. org/AdvancedSearch. aspx）输入相关主题词，检索所得的结果分别是：纠纷解决（dispute solution）511个、仲裁（arbitration）721个，调解（mediation）866个，三者合计数2098个，其中有重复和错误需要修正。最后检索日期：2014年5月15日。

② http：//greatnonprofits. org/organizations/browse/search：dispute + resolution/radius：10，检索日期：2014年5月15日。

③ 根据《联邦税收法典》的规定，501（c）（6）条款组织所享受的免税待遇不及公益慈善类组织，这里边最重要的一个区别是：向501（c）（6）条款组织捐赠的捐献者不能享受税收优待。

④《联邦税收法典》及相关的联邦政府规章规定，正式的宗教组织（congregation）无需登记即可获得免税地位，并且被作为公益慈善类团体对待。根据美国全国慈善统计中心（National Center for Charitable Statistics，NCCS）公布的数据，截至2014年5月，美国宗教组织的数量为324804个。见全国慈善统计中心官方网站：http：//nccs. urban. org/statistics/quickfacts. cfm，访问日期：2014年6月1日。

二　ADR 机制中非营利组织的七大作用

同 ADR 机制有着密切关联的形形色色的非营利组织，在 ADR 的事业中扮演着各种角色，发挥着各种作用。概括起来，这些作用主要体现在 7 个方面，即 ADR 机制的实践者、倡导者、研究者、交流平台、资助人、教育者和国际合作的促进者。一般来说，那些规模较小、资源有限的社区非营利组织作用比较单一，而大型的全国性非营利组织就有能力同时展开多种项目，发挥多重作用，甚至充当 ADR 事业中非营利组织阵营的“领头羊”。

（一）实践者：为社会提供专业并适用的 ADR 服务

严格说来，所有与 ADR 机制相关的非营利组织都可以称之为“ADR 实践者”。但这里所强调的是更为具体的实践，即充当公共服务的供应方，为社会直接提供各种 ADR 服务。实践者组织中，有许多全国性的非营利机构，也有不少属于扎根社区的非营利社团。

美国仲裁协会（American Arbitration Association，AAA）是美国成立最早的专门从事 ADR 事业的全国性机构，迄今已有近 90 年历史。它的宗旨是致力于发展和传播快捷、有效和经济的纠纷解决方式，强调服务与教育功能并重。[①] 由于业务涵盖了美国数量最多的商务民事纠纷领域，且注重质量，兼顾仲裁与调解，所以它在 20 世纪的 20～30 年代就确立了 ADR 组织的领军地位，深受

① 美国仲裁协会（AAA）1926 年成立于纽约市，是当年由柯立芝总统签署生效的《联邦仲裁法》（*Federal Arbitration Act*）的直接产物。它的主要 ADR 业务（涉及劳工与就业、保险、建筑和商业领域）遍及全美和世界各地。1996 年该协会的国际业务部改组为国际纠纷解决中心（International Center for Dispute Resolution，ICDR）。美国仲裁协会高度重视互联网络等新技术与纠纷解决的结合，2012 年 3 月推出了全新改版的官方网站 www. adr. org，受到来自 200 个国家和地区的访问者欢迎；同年 6 月 13 日推出第一款手机应用软件。更多详情见：2012 *AAA Annual Report* 及美国仲裁协会官网：https：//www. adr. org/aaa/。此外可参见陈聪《赴美国仲裁协会考察报告——对仲裁机构管理的思考》，《北京仲裁》（第 62 辑）2007 年第 2 期，第 180～185 页。

企业、政府部门和公众的信任。[①] 若要成为美国仲裁协会认可的仲裁员和调解员，需要比较高的条件。一般来说，除了必须具备的高等教育文凭外，还应当有至少10年的工作经历，接受过专业ADR培训，在过去3年中处理过至少5个ADR案子，而且已经加入至少一个专业团体或行业协会。“百年老店”商业促进局委员会（Council of Better Business Bureau，CBBB）的使命是通过信用机制促进企业遵守市场伦理、保护消费者权益以改善企业与消费者的关系，它和参与其北美网络的其他组织及各地方独立的商业促进局（Better Business Bureau，BBB）合作，也提供ADR服务，包括纠纷调解、具有法律约束力的仲裁，以及ADR咨询、培训等。[②]

为社区服务的非营利组织常常使用“社区纠纷解决中心”（Community Dispute Resolution Center）、“社区纠纷化解中心”（Community Dispute Settlement Center）、“调解中心”（Mediation Center等名称，比如在华盛顿州的皮尔斯县就有一家公益慈善组织皮尔斯县纠纷解决中心（Pierce County Center for Dispute Resolution，PCCDR），它主要向当地居民提供调解服务。[③]

比较具有典型意义的社区服务组织是在洛杉矶县律师协会（LACBA）帮助下于1978年成立的洛杉矶县民事调解中心（Center for Civic Mediation）。[④]

---

① 美国仲裁协会经常接受政府委托开展ADR业务。例如，2013年2月纽约州政府决定委托美国仲裁协会调解该州居民和保险公司之间就桑迪（Sandy）飓风损害赔偿发生的保险纠纷。详情可见美国仲裁协会官方网站上的相关专栏以及美国专业ADR网站“调解网”（Mediate. com）的报道：”Voluntary mediation offers speedy resolution when insurers and homeowners can’t agree,”（by Mediate. com）February 2013，available at：http：//www. mediate. com/articles/Hurricane Sandy Claims. cfm，访问日期：2014年5月25日。

② 商业促进局委员会的历史可以追溯到1913年由各地方的一些组织共同发起、以消除虚假商业广告为己任的“警觉委员会”（Vigilance Committee），后来这些组织很快成为独立的商业促进局（BBB）。1970年整个北美的商业促进局系统改组，成立了商业促进局委员会。这个委员会是美国和加拿大商业促进局网络的中心机构，由将近200家商业组织和企业的代表组成。目前北美的独立商业促进局有112个，为企业和消费者提供以商业信用为核心的服务。更多详情可见其官方网站：http：//www. bbb. org/council/。

③ 有关这个纠纷解决中心的详情可见其官方网站：http：//www. pccdr. org/。

④ 1978年该中心成立时名为邻里司法中心（Neighborhood Justice Center），是联邦司法部在全国支持的三个试点项目之一，1987年成为隶属于洛杉矶县律师协会的公益慈善类非营利组织，更名为纠纷解决服务机构（Dispute Resolution Services，DRS），2010年起使用现名。更多详情可见该民事调解中心官方网站：http：//centerforcivicmediation. org/。

这个民事调解中心是美国最早向居民个人及社区提供专业 ADR 服务的三家非营利组织之一，并且是其中唯一完全独立于法院支持系统的机构，主要业务是以居间调解、劝告、疏通、撮合对话等和平的方式解决社区内发生的经济纠纷、家庭矛盾、邻里关系纠纷等，并特别注重对年轻一代进行引导和教育，培养他们在解决纠纷的过程中反对暴力、用建设性态度对待各种社会矛盾的态度，并向他们提供 ADR 的培训与实践机会。成立 36 年来，该中心已经成为美国社区 ADR 工作的一个标杆性机构。事实证明，为居民和社区提供的 ADR 服务不仅能够有效分流法院受理的诉讼案件，分担了公共部门的管理负担，而且能够有助于促进社区形成良好的邻里关系和人际关系，营造和谐、安宁的社区生活环境。

（二）倡导者：努力传播 ADR 的基本理念和信息

倡导者的作用主要是传播有关 ADR 的专业信息，推动州和联邦的司法系统在受理民事案件时优先考虑采纳 ADR 机制。倡导者组织中的佼佼者之一是“解决方案系统研究所”（Resolution Systems Institute，RSI），它曾长期隶属于芝加哥著名非营利纠纷调解机构“冲突解决中心”（Center for Conflict Resolution），2013 年成为独立的非营利组织。[①]“解决方案系统研究所”宣布自己的使命是：用专业人才和经验促进法院的 ADR 机制，以便加强司法体系的作用。起初这家组织的工作集中于其所在地伊利诺伊州，后来随着声望和成就的积累，它的倡导和推动工作扩展到全美，目前已经成为负有盛名、为各级各类法院采纳 ADR 机制提供全方位专业协助的组织。它主办的文献数据库网站（CourtADR. org）是可靠的专业 ADR 公共数据源。

另外一个重要的 ADR 倡导机构是已有三十多年历史的“冲突预防与解决国际研究院”（International Institute for Conflict Prevention and Resolution，常用缩写 CPR）。这家规模可观的非营利机构也从事 ADR 方面的研究，且成效显著，但人们不要被它的名称所误导。它的机构宗旨是聚集跨国公司和顶级律师

① 解决方案系统研究所（RSI）1995 年在芝加哥创建，现为独立的非营利组织。芝加哥的冲突解决中心（CCR）诞生于 1979 年，主要提供调解服务和相关培训，目前已经成为美国最主要的非营利性 ADR 机制组织之一，每年由其志愿者和专业调解人员调解的案件当事人约有 4000 人。更多详情可见该中心官方网站：http：//ccrchicago. weebly. com/。

事务所的 ADR 专才，推动 ADR 在处理国际民事纠纷中的创新，以便在全球范围内减少冲突风险，降低解决纠纷的成本。其核心业务并非研究而是 ADR 机制的国际性实践与合作。[①] 这家组织的机构会员名单囊括了《财富》(Fortune) 杂志的500强企业和美国最大的100家律师事务所。1984年它发起了签署“ADR 誓言”(ADR Pledge) 的活动，旨在推动签署者解决纠纷时优先考虑 ADR 机制。

（三）专业平台：民间 ADR 精英的汇聚之地

在 ADR 方面做得最好的非营利组织，往往是那些行业协会类的全国性社团。这些社团不仅能够聚集 ADR 业内的精英，引领 ADR 实践的潮流，创造各方人士交流 ADR 经验、讨论 ADR 相关问题的机会，更为重要的是，它们是民间 ADR 机制的规则制定者（rule maker），对于政府的立法工作和公共政策也能够产生重要影响。[②] 从 ADR 事业角度看，最重要的全国性专业平台，除美国仲裁协会外，非美国律师协会（American Bar Association，ABA）莫属。

美国律师协会是美国历史最悠久的法律专业组织，也是世界规模最大、专业化程度最高的自愿性法律事务团体。该协会在1878年创建于纽约市，总部设在芝加哥，现有个人会员（包括法律专业的学生）约40万名，机构会员3500家，下属22个专业分会（Section）、6个分部（Division）和6个论坛(Forum)，此外还有几十个特定议题的专门委员会和大批法律教育、研究项目。[③] 在22个分会里，有一个分会是1993年成立、位于首都华盛顿的纠纷解决分会（Section of Dispute Resolution），它专注于司法管辖 ADR 机制（court-based ADR）的研究、教育、培训、交流、编纂、出版等事务，是法庭工作人

---

① 冲突预防与解决国际研究院（CPR，也有时被称为 CPR Institute）创立于1979年，设在纽约市，它是美国第一家为推广和应用 ADR 机制而把各大商业公司聘请的法律顾问与这些公司的业务和律师事务所联系起来的非营利组织。它在1984年推出的签署“ADR 誓言”（ADR Pledge）的活动得到热烈响应，已经有大约4000家公司和1500家律师事务所签署了这项誓言。有关该组织的更多详情可见其官方网站：http：//www. cpradr. org/。

② 例如，对于出现不到30年的 ADR 新形式——集团仲裁（class arbitration），美国仲裁协会专门制定了相关规则。关于美国的集团仲裁制度，可参见马红海《美国集团仲裁制度研究》，《北京仲裁》（第85辑）2013年第3期，第144～161页。

③ 更多详情可见美国律师协会的官方网站：http：//www. americanbar. org/。

员、法官、学者、相关 ADR 服务的提供机构及服务对象之间开展对话、寻求帮助、达成共识的平台，目前会员超过 1.8 万人。① 和美国律师协会类似，发挥着 ADR 的实践者、倡导者和交流平台多重作用的还有全国仲裁员协会（National Academy of Arbitrators，NAA）② 和纠纷解决协会（Association for Conflict Resolution，ACR）等组织。③

（四）研究者：把 ADR 作为一个专业学科

对 ADR 机制进行研究的组织，既有像兰德公司（RAND Corporation）这样的大型综合性智库，也有高等院校和其他非营利机构。进入 21 世纪之后，美国非营利部门中一个引人注目的现象是，不同类型的非营利组织之间越来越注重合作研究，甚至组成联合团队，共同对包括 ADR 机制在内的各种社会治理手段进行研究。例如，乔治·梅森大学（George Mason University）和哈佛大学是美国最早关注 ADR 专业研究与教学的高等院校。乔治·梅森大学在 1981 年成立了冲突分析与解决研究所（Institute of Conflict Analysis and Resolution），④ 两年后哈佛大学法学院设立了"谈判项目"（Program on Negotiation，PON）。目前，这个项目由哈佛大学、麻省理工学院（MIT）和塔夫茨大学（Tufts University）联合举办，作为专业 ADR 教学与研究联合体在美国处于学术和研究的领先地位，⑤ 由其编辑出版的 ADR 实践手册被誉为本行

① 有关纠纷解决分会的详情可见其官方网站：http：//www. americanbar. org/groups/dispute_resolution. html。

② 全国仲裁员协会于 1947 年成立，是美国和加拿大仲裁员的荣誉性、专业性团体，总部设在美国纽约州的科特兰（Cortland）。更多详情可见其官方网站：http：//naarb. org/index. asp。

③ 纠纷解决协会（ACR）是三个组织自愿合并而成，自 2001 年元旦起正式运行的机构。合并的三个组织是：家庭纠纷调解员协会（Academy of Family Mediators）、冲突解决教育网（Conflict Resolution Education Network，CREnet）和专业纠纷解决人士协会（Society of Professionals in Dispute Resolution）。目前，纠纷解决协会有 19 个专业分会（Section），在全美各地有 15 个分支机构（Chapter）。更多详情可见其委托开办的官方网站：http：//www. imis100us2. com/acr/ACR/？hkey = fc0e6673 - 89f3 - 44ca - 9bbf - 3334737765a1。

④ 今天这个研究所已经成长为该校享有国际声誉的冲突分析与解决学院（School of Conflict Analysis and Resolution，SCAR）。

⑤ 有关谈判项目（PON）的详情可见哈佛大学官方网站：http：//www. pon. harvard. edu/about/。

业的“金矿”，广受好评。[1] 加州大学洛杉矶校区（UCLA）与兰德公司合作成立了法律与公共政策中心（UCLA-RAND Center for Law and Public Policy），着眼于为21世纪的法律和公共政策决策服务，利用跨机构、跨学科的联合优势开展了许多高质量的ADR研究，主要关注点集中在医疗事故纠纷、集团（团体）诉讼、就业歧视和机构改革等方面。[2]

（五）教育者：面向大众的ADR宣讲员

教育者与研究者的作用是密切关联的，很多时候甚至难以完全区分，这种情况在高等院校尤其显著。其实，非营利组织的教育功能包括公共教育（public education）和专业教育（professional education）两个方面。对于公众而言，每一个参与ADR事业的非营利组织都是他们的ADR宣讲员、培训者和教育家。如果没有非营利组织的不懈努力，没有它们通过各种媒体（包括互联网应用的最新形式）开展的公共教育项目，ADR在当今美国的普及程度就是不可想象的。

在专业教育方面，以哈佛大学为代表的众多非营利性高等教育机构使ADR机制成为一个正式的跨学科专业，每年都培养出一批包括博士、硕士在内的专门人才。坐落在纽约市的卡多佐法学院（Benjamin N. Cardozo School of Law）、[3] 康奈尔大学的沙因曼冲突解决研究所（Scheinman Institute on Conflict Resolution）等也是享誉全美的ADR专业教育与研究机构。不少非营利组织，如“共识建设研究所”（Consensus Building Institute，CBI）、[4] “调解集团”

---

① Michael L. Moffitt and Robert C. Bordone (edited), *The Handbook of Dispute Resolution*, San Francisco: Jossey-Bass, A Wiley Imprint, 2005.

② 更多详情可见加州大学洛杉矶校区官方网站的相关内容：http://law.ucla.edu/centers/interdisciplinary-studies/ucla-rand-center-for-law-and-public-policy。

③ 1976年开办，属于美国创设最晚的法学院之一，但在ADR专业方面已经跻身于最好的十大法学院之一。

④ 共识建设研究所（CBI）于1993年由一批ADR业内人士创建，提供全方位的ADR服务和培训，宗旨是：让全世界的领导者都能合作、谈判和解决冲突（Empowering Leaders Around World to Collaborate, Negotiate and Resolve Conflict）。该机构总部位于波士顿附近的坎布里奇（Cambridge），在首都华盛顿设有办事处，与哈佛大学等高等院校和政府部门关系密切。其培训客户包括惠普公司、宝洁公司（P&G）和驻扎阿富汗的美国陆军单位。更多详情可见其官方网站：http://www.cbuilding.org/。

(The Mediation Group, TMG),[①] 还向企业、政府、军方和其他社会组织提供ADR 咨询，举办形式多样的培训活动，召开各种研讨会，出版各种简讯、报告、期刊、指南等。

（六）资助人：为民间 ADR 提供资金支持

非营利部门里为 ADR 相关事业（主要是非营利组织的 ADR 服务、研究、教育、交流等项目）提供资助的机构有两种：一种是专门的 ADR 资助组织；另一种是资助领域广泛的综合性私立基金会，把 ADR 作为其众多资助事业中的一项。

专门性资助组织的典型是 JAMS 基金会（JAMS Foundation），它的宗旨是推动 ADR 的应用，支持相关的教育计划并在全球促进纠纷和冲突的解决。它的资金来自美国首屈一指的营利性 ADR 服务供应商 JAMS 公司赞助，以及在该公司从事 ADR 业务的调解员、仲裁员和其他雇员的捐赠。2002 ~2013 年，这个基金会资助了从社区 ADR 组织、ADR 公共政策研究机构、青年 ADR 计划，到纪录片摄制和“温斯坦国际奖学金”（Weinstein JAMS International Fellowship Program）等 15 个门类下的一大批项目，累计资助额约 470 万美元。[②]

在综合性私立基金会中，福特基金会（Ford Foundation）作为第一家向 ADR

① 调解集团（TMG）于 1985 年成立，设在马萨诸塞州的布鲁克莱恩（Brookline），其核心理念是：无论是在会议室中还是在法庭上，当事方开诚布公的建设性交流会节省时间、金钱，获得更好的结果，改善关系。该组织擅长就家庭、卫生、国际事务等方面的民事纠纷提供 ADR 咨询与培训。它曾经帮助纽约州政府通过谈判解决固体垃圾处理难题。更多详情可见其官方网站：http：//www. themediationgroup. org/。

② JAMS 公司成立于 1979 年，目前有 300 多名具备顶尖专业技能的调解和仲裁专家，是美国规模最大的提供商业性 ADR 服务的私人公司，业务活动遍及全美和世界许多地方。JAMS 基金会是非营利性机构，2002 年创办，设在旧金山市。记录电影项目的例子之一是资助拍摄被奉为美国劳工纠纷调解与仲裁之父萨姆·卡戈尔（Sam Kagel）的生平记录片。卡戈尔在旧金山湾区（Bay Area）从事劳工纠纷调解长达 70 年，2007 年 5 月以 98 岁高龄辞世，《纽约时报》为此发了消息。“温斯坦国际奖学金”项目于 2008 年启动，资助对象是符合奖学金申请资格的到美国学习 ADR 的外国人，绝大多数奖学金获得者来自包括中国在内的亚非拉发展中国家。更多详情可见 JAMS 公司官方网站：http：//www. jamsadr. com/jams-foundation-grants – 2002 – 2013/，访问日期：2014 年 5 月 18 日。

事业提供资助的大型基金会，其历史性的捐赠举动已经载入美国 ADR 的发展史。[①]1968 年，在福特基金会资助下，处理社区、交通等民事纠纷的全国争议和解中心（National Center for Disputes Settlements，NCDS）[②]与解决种族纠纷的调解和冲突解决中心（Center for Mediation and Conflict Resolution，CMCR）成立，[③]这使已经在劳动争议解决过程中被广泛采用的 ADR 机制得到进一步推广。另外一家为 ADR 事业贡献良多的综合性基金会是休利特基金会（William and Flora Hewlett Foundation）。[④] 这家基金会从 1978 年起开始为 ADR 领域的若干非营利组织和项目提供资助，其中包括运行到今天依然效果良好的旧金山社区委员会（Community Board）项目。[⑤]1984 年，休利特基金会理事会决定正式建立“冲突解决项目”（Conflict Resolution Program），此后二十多年间，该项目向 320 多家组织提供了近 900 笔赠款（grant），累计捐赠额 1.6 亿

---

① 福特基金会现为美国第二大私立基金会（2012 年排名），规模仅次于盖茨基金会（Bill & Melinda Gates Foundation）。福特基金会于 1936 年建立，总部设在纽约市。其资助的战略性方向是以创新方式推动社会变化的非营利组织或领导者。福特基金会 2012 财年资产为 112.3 亿美元，目前每年收到 4 万份资助申请，批准 1500 份。更多详情可见其官方网站：http：//www. fordfoundation. org/。

② 与福特基金会一道为建立全国争议和解中心（NCDS）提供资助的基金会还有洛克菲勒基金会。该和解中心设在密歇根州的斯特灵高地（Sterling Heights），目前主要业务范围有 4 方面：汽车保修争议、房地产争议、谈判和客户满意培训、就业及劳工争议咨询。更多详情可见其官方网站：http：//www. ncdsusa. org/。

③ 在 20 世纪 60 年代末，由福特基金会资助成立的另外一家社区 ADR 服务组织是“纽约市社区纠纷调解委员会”（Board of Mediation for Community Disputes in New York City），后来这个组织与“调解和冲突解决中心”（CMCR）合并，成为位于纽约市的“调解与冲突解决机构”（Institute for Mediation and Conflict Resolution，IMCR）。今天，调解与冲突解决机构是美国影响力较大的社区纠纷解决机构之一，服务于纽约州 62 个县的社区调解组织。更多详情可见其官方网站：http：//www. imcr. org/index. html。

④ 休利特基金会是美国第六大私立基金会（2012 年排名），1966 年由美国著名实业家（惠普公司共同创始人）、慈善家威廉姆·休利特（William Redington Hewlett）和他的第一任妻子共同建立，总部位于加利福尼亚州的门罗帕克（Menlo Park）。截至 2012 年年底该基金会资产为 77.4 亿美元，当年共为 609 个项目提供资助款约 3 亿美元。更多详情可见其官方网站：http：//www. hewlett. org/。

⑤ 社区委员会是以民间调解为基本工作的社区非营利组织，1976 年成立，为其提供资助的包括政府部门。这个组织的最大特点是动员社区居民作为志愿调解人员参与到纠纷解决的过程中，并从 1981 年开始将纠纷解决教育与当地中小学教育挂钩。更多详情可见其官方网站：http：//communityboards. org/。

美元。[①] 受助对象除了提供各种 ADR 服务的实践性非营利组织外，还有 18 家休利特基金会选定的具备多学科基础、学术质量高、富有强大创新潜力的 ADR“理论中心”，它们一般落户名牌高等院校，其中包括哈佛大学的“谈判项目”、兰德公司、西北大学、密歇根大学、明尼苏达大学和斯坦福大学等。[②]

（七）国际合作的促进者：合作与规则并重

美国是利益遍布全球的超级大国。在同各国、各地区和各种组织打交道时，美国的公民、企业和其他机构不可避免地会遭遇各种跨境争议、纠纷甚至冲突。美国的非营利组织在促进美国对外开展民间 ADR 事业合作、推动采用 ADR 机制解决不同国家（或地区）的个人或组织之间的民事纠纷方面一直持积极和开放的态度。在这方面，美国仲裁协会的国际业务分支国际纠纷解决中心（International Center for Dispute Resolution，ICDR）的地位显赫，它每年受理大量国际 ADR 案件，工作人员分布于 80 多个国家和地区，可以使用 14 种语言开展业务。[③]“冲突预防与解决国际研究院”（CPR）也对开展 ADR 方面的国际合作十分积极。2013 年 1 月，它联合国际商用机器公司（IBM）、壳牌石油等若干大公司共同推出了针对跨国公司的“21 世纪公司誓言”（21th Century Corporate Pledge），誓词的中心段落是承诺为确立和实践全球可持续性的纠纷解决方案，在任何“适当的情况下”都会投入公司资源推动通过 ADR 机制解决纠纷。[④] 就国际性合作的区域而言，“冲突预防与解决国际研究院”的重点是巴西、欧洲和亚太地区。值得注意的是，在近些年才出现的“在线

① David Kovick, “The Hewlett Foundation's Conflict Resolution Program: Twenty Years of Field Building,” p. 1. available at: http://www.hewlett.org/uploads/files/HewlettConflictResolutionProgram.pdf，访问日期：2014 年 5 月 26 日。

② David Kovick, “The Hewlett Foundation's Conflict Resolution Program: Twenty Years of Field Building,” p. 20. available at: http://www.hewlett.org/uploads/files/HewlettConflictResolutionProgram.pdf，访问日期：2014 年 5 月 26 日。

③ 国际纠纷解决中心（ICDR）成立于 1996 年，与美国仲裁协会使用同一套组织标示（Logo），系该协会领导下的一个具有独立地位的非营利组织。更多详情可见其官方网站：https://www.icdr.org/。

④ 有关 CPR 推出的“21 世纪公司誓言”（21th Century Corporate Pledge）全文及相关情况，可见其官方网站：http://www.cpradr.org/。

纠纷解决”（Online Dispute Resolution，ODR）方面，该组织作为美国政府代表团成员参加了美国与联合国和欧盟有关机构的磋商，力图占领这个最新 ADR 业务的制高点，主导相关国际规则的制定。[①]

三　特大灾难后的 ADR 服务：非营利组织的案例

纵观几十年来美国非营利部门与 ADR 机制的关系，可以认为比较充分地展示了非营利部门的专业能力和公信力的案例是特大灾难发生之后美国政府和社会的应急反应过程，最典型的特大灾难是 2001 年的“9·11”事件和 2005 年夏季的卡特里娜飓风（Hurricane Katrina）。

在“9·11”事件发生之前，ADR 机制在美国已经得到普遍推广和应用。在非营利部门中，各种与 ADR 有关的组织、人才（包括专业的执业者和志愿者）、规则（或程序）、出版物、工具或技巧、研究成果、信息源或数据库等都相当丰富。但是，非营利部门对于特大灾害后各个方面如何运用 ADR 机制来解决突然出现的大量纠纷准备不够，经验不足。这表现为：非营利部门没有建立真正能够紧急应对特大灾害的 ADR“基础设施”，即比较统一的组织网络、随时准备可以动员的 ADR 人才（特别是调解员、仲裁员）、一致对外的声音和组织形象、强大迅捷的组织协调能力。这些缺陷既与非营利组织志愿性、独立性等特点有“共生”性的联系，也与许多社区非营利 ADR 组织在规模、资源和能力上的局限性有关。

“9·11”事件是对各种 ADR 组织的一次总体“唤醒”，使它们更加重视要提前做好准备，以便在特大灾难降临时做出应急反应，尤其是 ADR 资源方面的整合与协同行动。“9·11”事件发生后，纽约大都会地区的所有非营利 ADR 组织和专业人才紧急投入工作，不过在短期内他们主要是从事救援服务，随后才逐渐转移到 ADR 工作中。这时他们参与解决的纠纷带有明显的灾后应急特点：事发突然，工作量大，纠纷涉及捐款过程与管理、食品和药品的供应与分配、血液捐献、在公益慈善机构（如为灾民服务的厨房）的服务、人员

① 参见：CPR，*21th Century ADR：Engineering the Future*，*2012/2013 Annual Report*。

搜救、灾后恢复与重建等。与此同时，受害人及其亲属的情绪长久地处于极度的悲痛、震撼之中，容易激动、焦躁，语言交流的困难程度远超平时。一位积极参与纽约市非营利机构灾后 ADR 工作的志愿调解员体会到，这时的 ADR 工作，相对重要的形式是调解与仲裁，故对于 ADR 工作人员的要求，首先是能够耐心地倾听当事人的心声。[①] 2002 年 6 月，曼哈顿民事法院（Manhattan Civil Court）在纽约市律师协会、法律援助协会（Legal Aid Society）、[②] 安全地平线（Safe Horizon）等非营利组织，[③] 以及当地律师事务所和企业的配合下发起了小企业法庭援助项目（The Small Business Court Assistance Project），以帮助小企业解决"9·11"事件造成的拖欠租金纠纷。不过，总的来看，纽约的 ADR 案件数量有限。到了卡特里娜飓风的时候，情况有很大改观，仅在路易斯安那一个州，2007 年由美国仲裁协会帮助管理的飓风保险仲裁项目就至少接到 1.2 万个要求通过仲裁解决的案件。[④]

有一个非常值得注意并深思的现象是，无论是在"9·11"事件之后还是在卡特里娜飓风灾难发生后，ADR 机制中最重要的方式是促进有关方面的协商与对话（Facilitation and Dialogue）。仅以纽约市为例，以鼓励和引导公众参与公共政策和社会治理为宗旨的"美国开口"（AmericaSpeaks）机构[⑤]和纽约市的其他 80 多个组织一道，在 2002 年 7 ~ 8 月共同发起和组织了"倾听纽约"

---

① Alan E. Gross, Ph. D., "Conflict Resolution in the Aftermath of the World Trade Center Attacks: A Family Mediation Program," *Cardozo Journal of Conflict Resolution*, Vol. 9 (2008), pp. 317 – 331.

② 法律援助协会是美国历史最为悠久、规模最大的非营利法律援助组织，1876 年由纽约市的德国移民建立，2008 年其工作人员有大约 1400 人（其中有 850 名律师），目前每年接受的各种案件数量约 30 万件，开展了众多 ADR 项目。更多详情可见其官方网站：http://www.legal-aid.org/en/home.aspx。

③ 安全地平线是美国知名的暴力行为（含家庭暴力、性侵犯等）受害者援助机构，1978 年创办，设在纽约市。它每年的受助对象多达 25 万人。该非营利机构通过调解等 ADR 机制，每年帮助 1.1 万名当事人和平解决纠纷，并为 3000 名来自纽约市各部门和各社区组织的人员提供调解培训。更多详情可见其官方网站：http://www.safehorizon.org/index.php。

④ Maria R. Volpe, Ph. D., "Taking Stock: ADR Responses in Post-disaster Situations," *Cardozo Journal of Conflict Resolution*, Vol. 9, p. 388.

⑤ 这家非营利机构 1995 年由曾经担任白宫办公厅主任顾问、拥有丰富组织管理经验的卡罗琳·卢肯斯麦尔博士（Dr. Carolyn J. Lukensmeyer）创建，设在首都华盛顿。它开展的活动已经遍布美国各州，累计参加人数超过 16.5 万人。更多详情可见其官方网站：http://americaspeaks.org/。

(Listening to the City) 活动。它分为在纽约雅各布·贾维茨会议中心 (Jacob Javits Center) 召开的大会和民众在线讨论两个部分。大会汇集了纽约各界民众5000人，得到了大学、私立基金会、慈善组织、美林公司、德意志银行以及开发管理双子座大厦的纽约与新泽西港务局 (Port Authority of New York and New Jersey) 的热情支持；在线讨论也进行得非常热烈。这项活动通过新颖活泼的形式让纽约市民就灾后重建等一系列问题畅所欲言，取得了很大成功。[①] 纽约城市大学的纠纷解决中心 (CUNY Dispute Resolution Center) 发起了“让谈话起作用”(Make Talk Work) 计划，并在这个计划之下开展了众多ADR项目。[②] “9·11事件受害者赔偿基金”(9/11 Victim Compensation Fund) 的建立不仅是各方对话的直接结果，而且是在美国政府支持下ADR机制的一次大规模应用，因为凡是申请该基金赔偿的受害者必须放弃法律诉讼权利。[③] 曾经为这个基金会提供志愿服务的是一位在美国ADR业界大名鼎鼎的王牌调解员兼仲裁员肯尼斯·范伯格 (Kenneth Feinberg)。[④]

美国的经验证明，在特大灾害发生之后，ADR非营利组织最为擅长和最能够充分动员资源投入的工作，还是与公众开展各种方式的对话与交流。在ADR专业人士指导下开展的语言交流其实就是一种卓有成效的“话疗”，它有助于安定灾民情绪，也有助于促成灾后的纠纷解决协议。美国国土安全部所属

---

① 有关“倾听纽约”活动的详细情况，可见：Civil Alliance, *Listening to the City*: *Report of Proceedings*, available at: http://www.civic-alliance.org/pdf/0920FinalLTCReport.pdf，访问日期：2014年6月3日。

② 纽约城市大学的纠纷解决中心（通用缩写为CUNY DRC）成立于1993年，坐落在该校的约翰·杰伊学院（John Jay College）内，是一个对ADR进行学术研究，并开展相关的讨论、交流、培训与信息编纂、传播等工作的非营利机构，资金来自纽约城市大学和休利特基金会的资助。更多详情可见其官方网站：http://johnjayresearch.org/cdrc/。

③ “9·11事件受害者赔偿基金”是美国政府出资举办的基金，2011年根据由奥巴马总统签署生效的联邦法律重组和开展工作（该基金的最初组织可以追溯到2001年12月）。现任的赔偿基金总负责人（Special Master）由美国司法部长任命，是一位在纽约市长大、具有丰富ADR经验的律师希拉·伯恩鲍姆（Sheila Birnbaum）。有关该基金的更多详情可见其官方网站：http://www.vcf.gov/。

④ 肯尼斯·范伯格是美国的著名律师，曾作为“9·11事件受害者赔偿基金”的总负责人，无偿地工作了将近3年之久。在他的主持下，该基金得以确定一系列基本工作规则。2010年范伯格被当事方推举为英国石油公司（BP）墨西哥湾钻井平台石油污染事件赔偿基金（200亿美元）的管理人。除了经营自己的律师事务所之外，范伯格还参与了多家非营利组织的工作。

的联邦紧急事务管理署（FEMA）在2005年组建了由25名纠纷解决专家组成的队伍，随时准备为联邦应急救援工作提供ADR服务方面的专业援助，这也许就是从实践中总结经验教训之后而采取的一个行动。

四 非营利组织为何与ADR机制“结缘”？

在美国，非营利部门之所以能够深度参与到ADR事业中去，是由于若干原因的综合效应。这些原因可概括为四条。

（一）美国历史文化遗产的影响

从研究ADR的角度来看，美国的历史文化遗产包含两个方面：一方面是美国民间的习俗、传统做法，用托克维尔的话来说就是美国的“民情”；另一方面是美国在高速工业化和城市化的进程中社会治理所取得的历史经验。

就其本质而言，ADR其实是一种非常古老的纠纷解决方式，它最早的根源可以追溯到公元前1800年马里王国（Mari Kingdom，即今天的叙利亚一带）的灿烂文明。[①] 在美国立国之前的英属北美殖民地时期，民间组织在民事调解中已经相当活跃。美利坚合众国成立后，各种民间的“庭外”纠纷解决途径一直与司法体系并存。美国开国元勋华盛顿在他的最后一篇遗嘱中，专门写了一段话，为他身后可能发生的遗产争议设定了民间仲裁的安排。[②] 从文化、历史、民俗或人类学的视角认识ADR，可以对问题看得更加清晰：在美国社会中，虽然各种纠纷时常发生，但美国人民及社会贤达所拥有的平等、妥协、宽容等观念，以及这些观念影响下的心理习惯和社会生活习惯，构成了美国有利

① “ADR Timeline,” in Jerome T. Barrett, *A History of Alternative Dispute Resolution: the story of a political, cultural and social movement*, San Francisco: John Wiley & Sons, Inc., 2004, pp. xxv-xxx.

② 华盛顿最后一篇遗嘱的签署日期为1799年7月9日，该遗嘱篇幅很长，全文见美国国家档案馆（The United States National Archives）的官方网站：“George Washington's Last Will and Testament, 9 July 1799,” available at http://founders.archives.gov/documents/Washington/06-04-02-0404-0001，访问日期：2014年5月14日。

于 ADR 机制生长和普及的“民情”因素。[①]

19 世纪末叶，在美国迅速实现工业化和城市化的过程中，以劳资冲突为代表的各种社会矛盾空前激烈。在资本精英与权力精英的倡导下，以调解和仲裁为主要形式的 ADR 机制获得日益广阔的空间。与此同时，以改善社区居民生活为基本目标的社区服务中心运动在美国大城市兴起。[②] 1926 年，民间 ADR 事业的“巨无霸”机构美国仲裁协会成立，这对于在相关各方自愿基础上推动 ADR 的规范化无疑意义重大。在两次世界大战期间，美国政府有意识地运用 ADR 机制调控劳资关系，使国内的社会矛盾不至于影响国家的战争行动。第二次世界大战结束后，在总结历史经验的基础上，ADR 机制的制度化进程明显加快。20 世纪 80 年代以来，美国迎来了 ADR 蓬勃发展的时期。

应当特别指出，与历史文化传统直接关联的还有美国社会长盛不衰的志愿者精神。美国是一个志愿服务非常普遍的国度，2013 年，成年人中担任志愿者的比例（volunteer rate）为 25.4%，6260 万人参加了志愿服务。[③] 在提供 ADR 服务的非营利组织中，出任调解员、仲裁员、其他“名头”的解决纠纷的专业人员以及辅助工作人员的，除了领取固定薪酬的雇员和服务收费的 ADR 专业人士外，有很多是志愿者，其中包括自愿不收费或者少收费的律师、退休法官、经过 ADR 培训的志愿服务人员。没有他们，大量非营利组织的使命就无法实现。对于许多美国人来说，为社会提供志愿服务，尤其是像 ADR 这样要求具备一定专业知识基础和实践技巧的志愿服务，是为改善所在社区或州的公共生活做出的实际贡献，也是自己人生的一种经历，一种心理和生理上满足的体验，一种精神的升华，更是一种爱国的具体表现。

---

① 托克维尔认为，这种民情与美国得天独厚的地理条件和法制一道，构成了美国共和民主制度得以维护的三大主要原因。参见〔法〕托克维尔《论美国的民主》（上卷），董果良译，商务印书馆，1988 年 12 月第 1 版，第 320 ~ 367 页。

② 刘绪贻、杨生茂总主编，丁则民主编《美国通史（第三卷）美国内战与镀金时代 1861 ~ 19 世纪末》，人民出版社，2008 年 5 月第 1 版，第 228 ~ 264 页；〔美〕加里·纳什等编著《美国人民：创建一个国家和一种社会，下卷 1865 ~ 2002 年（第 6 版）》，刘德斌主译，刘德斌、任东波审校，北京大学出版社，2008，第 585 ~ 635 页。

③ Bureau of Labor Statistics, U. S. Department of Labor, News Release, “Volunteering in the United States – 2013,” (USDL – 14 – 0314) February 25, 2014.

（二）美国社会与司法制度的改变

ADR机制能够在当今的美国大显身手，一个重要原因是近40年来美国社会的巨大变迁，以及由此引发的民事司法制度改革。

美国20世纪60年代风起云涌的民权运动大大强化了公众的“维权”意识，在这个大背景下，到20世纪70年代，美国人民除了争取平等的政治权利（如黑人在各州的实际投票权）外，还要求在就业、教育、医疗和社会保障等方面消除歧视，享有平等权利。另外，社会各界要求保护环境、实现机会公正的呐喊也空前响亮。上述这一切，反映到司法方面来，就是产生了海量的新的民事纠纷（如以前没有涉及的就业歧视方面的案件）。这种局面是旧的司法体制根本无法应付的。要适应社会变化的新局面，坚持“政治正确”的方向，美国的司法体制必须有所改革和创新。

美国是一个法治比较完善的国家，也是一个诉讼发生率相对高、法院负担比较重的国家。美国法院系统对待案件的基本做法都是刑事案件优先，民事案件要为刑事案件让路。而真正进入诉讼程序之后，冗长的诉讼过程和高额的诉讼费用往往令许多民事案件错过最佳解决时机，当事方费时、费钱、费力、费神，到头来还是对结果不满意。在1976年政府部门和非营利部门都派人出席的“庞德会议”（Pound Conference）上，哈佛大学法学教授弗兰克·桑德（Frank Sander）介绍了多种ADR形式的复合型纠纷解决办法的应用及其现实效果，从而引发了被称为当代美国纠纷解决理论与实践的一次“大爆炸”（Big Bang）。[①] 这次会议的直接后果是促使美国政府迅速采取一系列司法改革行动，在政府机构管理和社会治理方面更加重视ADR机制

---

① 1976年4月7~9日，研究如何缓解公众对司法体制不满情绪的全国性会议（National Conference on the Causes of Popular Dissatisfaction with the Administration of Justice）在明尼苏达州的圣保罗（St Paul）召开。与会者包括联邦最高法院首席大法官在内的法官、政府官员、律师和司法领域的专家学者。由于美国著名法官和法学家罗斯科·庞德（Roscoe Pound）1906年曾在同一地点发表了同一主题的著名论文，故本次会议冠名为“庞德会议”。庞德会议讨论了两个相互关联的议题：司法途径之外的纠纷解决（nonjudicial dispute resolution）和更快、更便宜的司法程序。见：J. Clifford Wallace，“Judicial Reform and the Pound Conference of 1976，” *Michigan Law Review*，Vol. 80，No. 4，March 1982，p. 592.

的作用。

经过多年酝酿和社会各界协商，美国政府的行政和司法改革在 20 世纪 90 年代迈出了实质性的步伐，其基本目标是减少民事司法程序中的“费用和拖延”（cost and delay），提高司法工作的效率。在此后相当长的一段时间内，司法改革成了“减少费用和拖延”的同义词。1990 年，美国国会通过、总统签署生效的《民事司法改革法》（*Civil Justice Reform Act*，CJRA）具有里程碑的意义。在它出台之后，有关司法工作的联邦条例也进行了相应修订。这部法律通过建立半年案件统计上报制度、推行法庭推荐 ADR 并把它纳入案件管理流程等一系列措施，力求在整个联邦司法系统减少民事案件的费用和拖延。此后，无论是司法系统的创新还是非营利部门的努力，很大程度上都集中于司法效率这个核心目标。在联邦法院进行改革的同期，美国各个州的法院也在改革，让 ADR 与司法过程结合起来。有些州（如佛罗里达）的改革比联邦法院起步更早。尽管美国法学界对民事司法改革的争议不断，[①] 而且“庞德会议”之后几十年的经验性数据与人们平常的感觉似乎存在一定差距，[②] 但有一个事实是任何人都难以否认的：美国司法改革使普通民事纠纷的解决变得更加便宜、容易和迅捷。换句话说，如果没有《民事司法改革法》对 ADR 应用的强力推动，那么，美国今天的民事司法状况将会非常糟糕。

事实上，若要客观评价美国民事司法改革和 ADR 机制的应用成效，不能脱离两个相关的问题（或曰背景情况）：首先，应该看到美国人口增长对社会治理形成的巨大压力。由于人口自然增长和更多新移民的到来，美国的人口从

---

① Danya Shocair Reda, “The Cost-and-Delay Narrative in Civil Justice Reform: Its Fallacies and Functions,” *Oregon Law Review*, Vol. 90, pp. 1085 – 1134.

② 美国联邦法院系统根据《民事司法改革法》的要求对联邦法院案件进行统一口径的统计。根据这个统计，从 1990 年到 2012 年间，在联邦地区法院（U. S. District Courts）立案、结案和待判决的案件数量并没有明显的变化。例如，1990 年的待判决案件（等待期为 12 个月）数量为 244570 件，2000 年这类案件（等待期为 36 个月）的数量是 250202 件，2012 年这类案件（等待期为 36 个月）是 274365 件。见：U. S. Courts, “Judicial Facts and Figures 2012,” Table 4.1, U. S. District Courts-Civil Cases Filed, Terminated, and Pending, available at: http://www.uscourts.gov/uscourts/Statistics/JudicialFactsAndFigures/2012/Table401.pdf，访问日期：2014 年 6 月 5 日。

20 世纪 70 年代起进入快速增长阶段，不到 40 年的时间里人口净增 1 亿，总人口从 2 亿人口跃上 3 亿人口的台阶。[①] 人口多了，各种纠纷的总量便随之增加，自然加大了社会治理的难度。在观察美国 ADR 的经验性数据时，如果不考虑人口因素，就难以做出比较接近实际的结论。

另外一个问题是机会不平等导致的贫富差距。几十年来，美国贫富差距的扩大已经形成了强大的制度惯性，其后果是制造出越来越多的社会问题，包括各种纠纷、冲突甚至暴力犯罪。已经有许多欧美经济学家、社会学家的研究成果证明了这一点。

2014 年春季，年仅 42 岁的法国经济学教授托马斯·皮凯蒂（Thomas Piketty）似乎一夜间成为美国高等院校和媒体竞相追逐的对象，甚至引起白宫和美国财政部的注意。为什么？因为他用一部 557 页的新著《21 世纪的资本》（*Capital in the twenty-first century*）掀起了“皮凯蒂风暴”，无情地戳破了美国梦的美丽神话。皮凯蒂教授及其团队的基本研究结论是：在过去几十年里，美国的贫富差距没有缩小，相反，占美国人口千分之一（0.1%）的超级富豪在国民收入分配中所占的比例自 1973 年以来一直稳步上升。数据曲线图显示：2012 年美国收入的不平等程度甚至略甚于 100 年前的 1913 年。[②] 西方主流媒体上也有质疑皮凯蒂研究结论的声音，但皮凯蒂的基本结论无法被推翻，而且得到其他知名学者研究成果的支持。[③] 在财富不平等加剧的局面下，美国社会

---

① 根据美国人口普查局统计，美国总人口在 1970 年达到 2 亿，2007 年跨过 3 亿的门槛。见：U. S. Department of Commerce, *Statistical Abstract of the United States*, 2012 – 2013, New York: Skyhorse Publishing, Inc. , Table 2. Population: 1960 – 2009, p. 8.

② Gus Lubin, “23 Charts Of Rising Inequality That Will Make You Worried About The Future,” Apirl 23, 2014, available at http: //www. businessinsider. com/charts-on-us-inequality – 2014 – 4; John Cassidy, “ Piketty's Inequality Story in Six Charts,” March 26, 2014, available at http: //www. newyorker. com/online/blogs/johncassidy/2014/03/piketty-looks-at-inequality-in-six-charts. html，访问日期：2014 年 5 月 15 日。

③ 这方面的重要文献可参见：Emmanuel Saez（UC Berkeley）and Gabriel Zucman（LSE and UC Berkeley）, “The Distribution of US Wealth, Capital Income and Returns since 1913,” March 2014, available at: http: //gabriel-zucman. eu/files/SaezZucman2014Slides. pdf，访问日期：2014 年 6 月 10 日；中国著名经济学家的相关评论，陈平：《资本主义的空想与现实》，伦敦《金融时报》中文版网站“FT 中文网”，2014 年 5 月 29 日，available at: http: //www. ftchinese. com/story/001056468，访问日期：2014 年 6 月 12 日。

的纠纷不可能有显著减少，各种 ADR 机制所发挥的社会“稳定器”的作用是毋庸置疑的。应当说，包括 ADR 机制在内的多重社会治理手段受到美国掌权精英集团的空前重视，从而形成了改进司法体制的内生动力。各种民间力量对这一改革也起到了推动作用。

（三）非营利部门与非营利事业的巨大变化

美国非营利部门的面貌在过去 60 年中，特别是最近三十多年间的变化可谓沧海桑田。1950 年，全美只有 5 万个非营利组织。[①] 1954 年的《联邦税法》确定了联邦免税非营利组织的基本制度框架，《1986 年税收改革法》（*Tax Reform Act of 1986*）和此后的一系列法律、规章使这一制度持续完善。这些美国社会治理方面的重大创新，为非营利部门的健康可持续发展奠定了法治基础。

20 世纪 80 年代以来，在经济、社会和技术因素综合作用下，美国非营利部门迎来发展高潮。据联邦税务局统计，1982～2012 年的 30 年间，联邦免税组织的数量从 86.9 万增长到 161.6 万，其中公益慈善类组织从 32.2 万猛增到 108.1 万。[②] 在数量增长的同时，非营利组织的财务实力、项目实施能力、创新精神和内部治理水平也有了长足进步，这在进入 21 世纪以来更为显著。仅以向联邦税务局提交年度报表的一部分公益慈善类免税组织（约 30 万家）而言，2001～2011 年间，它们的资产总量从 1.57 万亿美元膨胀到 2.83 万亿美元，支出总额从 8120 亿美元增加至 1.5 万亿美元。[③]

伴随综合实力的增长，非营利部门有能力关注和介入远比传统型公益慈善

① 〔美〕贝希·布查尔特·艾德勒、大卫·艾维特、英格里德·米特梅尔《通行规则：美国慈善法指南（2007 年第二版）》，金锦萍、朱卫国、周虹译，中国社会出版社，2007，第 1 页。

② U. S. Internal Revenue Service, Table 20. Number of active entities on exempt organizations master file, Commissioner and Chief Counsel, *1983 Annual Report*, Washington, D. C., p. 64; Table 25, Tax-exempt Organizations and Nonexempt Charitable Trusts, Fiscal Years 2011 and 2012, *Data Book 2012*, Washington, D. C., p. 56.（作者注：同 2012 年相比，2013 年美国联邦免税非营利组织的数字略有减少）。

③ Sarah L. Pettijohn, *The Nonprofit Sector in Brief: Public Charities, Giving and Volunteering, 2013*, The Urban Institute, Washington, D. C., 2013, p. 2.

事业更为广阔的领域，[①] 其中就包括向 ADR 机制投入各种资源，提供丰富多彩的相关服务。这里应当顺便澄清的一点是非营利组织 ADR 服务的收费问题。如果相关的非营利组织是专业化程度较高的社团，ADR 的服务肯定是要收取费用的，其收费标准至少要达到维持正常业务的水平，但一般会低于商业性的 ADR 服务公司或律师事务所。至于那些小型的公益慈善类 ADR 组织，它们所提供的 ADR 服务不少属于低收费，也有些是完全免费的。总的来说，ADR 服务的收费并不是确定相关组织是否为非营利组织的决定性因素。在美国，非营利组织对其提供的服务进行收费是普遍现象，这是维持组织可持续发展的重要收入来源。非营利组织法定地位与是否有收费服务项目无关，对于这种法定地位的判定权掌握在州政府有关部门（如州检察总长办公室）和联邦税务局手中。

（四）各级政府的支持

美国政府对于 ADR 机制的独特贡献在于：在一个大国中大规模地推广 ADR 并且使之在法治轨道上逐步制度化。

首先，联邦政府注重 ADR 方面的立法。早在 1888 年，联邦法律中就出现了铁路劳资纠纷仲裁的内容。其后的上百年间，尤其是 20 世纪 70 年代以后，联邦法律中涉及 ADR 的规定越来越多。1990 年正式出台，又经过 1996 年“大修”的《行政纠纷解决法》（*Administrative Dispute Resolution Act*, *ADRA*）使联邦政府在推动 ADR 法制化方面迈出了一大步。[②] 1998 年的《替代性纠纷解决法》（*Alternative Dispute Resolution Act of 1998*）使 ADR 机制在所有 94 个联邦地区法院得到普及，固定了相关民事司法改革的举措。

---

① 关于美国的传统型公益慈善与现代非营利事业的关系及制度演变概述，可见：Kerry O'Halloran, Myles McGregor-Lowndes and Karla W. Simon, *Charity Law & Social Policy*, *National and International Perspectives on the Functions of the Law Relating to Charities*, Springer 2008, pp. 271 – 331.

② 《1990 年行政纠纷解决法》有不少瑕疵，在实施过程中效果不佳，故有 1996 年的“大修”。应当说，这次“大修”也是美国代表不同政治利益群体的两大政党在国会妥协的结果。《1996 年行政纠纷解决法》在保障 ADR 的私密性方面做了很大努力，令私营部门（包括非营利机构）介入 ADR 机制更为便利，但这也不可避免地削弱了联邦政府在涉及公共政策的纠纷解决过程中对公众的问责制。参见：Jonathan D. Mester, “The Administrative Dispute Resolution Act of 1996: Will the New Era of ADR in Federal Administrative Agencies Occur at the Expense of Public Accountability?” *Ohio State Journal on Dispute Resolution*, Vol. 13: 1, (1997), pp. 167 – 197.

其次，各级政府对于非营利组织参与 ADR 机制给予了包括资金支持在内的各种鼓励政策。如联邦政府最初资助设立的这类机构叫作“社区司法中心”（Community Justice Center），它是联邦司法部下属的执法协助局（Law Enforcement Assistant Administration）资助施行的一个试点项目。又如，在阿拉巴马州，非营利组织阿拉巴马纠纷解决中心（Alabama Center for Dispute Resolution, Inc.）的工作权限来自州司法部门的授权，资金则从这个州的最高法院预算中列支。①

最后，各级政府自身也越来越多地运用 ADR 机制解决与自己有关的各种民事纠纷。在这个过程中，联邦政府建立了跨部门的 ADR 事务协调机制。② 政府部门还越来越注意与非营利组织（尤其是那些对于 ADR 机制有长期且深入的专业性研究以及丰富实践经验的非营利组织）的交流、合作，这对于政府的工作是一个促进，同时亦有助于提升民众对政府的满意度。就联邦政府层面来说，ADR 工作成绩显著。例如，根据美国联邦公平就业机会委员会（U. S. Equal Employment Opportunity Commission）的报告，③在 2011 财年中，联邦政府系统各部门一共接到 36642 件关于公平就业方面的投诉，其中 53. 1% 的案件通过 ADR 机制得以解决（当事双方达成协

① 阿拉巴马纠纷解决中心于 1994 年 8 月建立，业务受州最高法院的纠纷解决委员会的指导和监督，从 1996 年起由州最高法院提供资金。更多详情可见该中心官方网站：http：//www. alabamaadr. org/index. php。

② 根据美国总统指令，1998 年 5 月 1 日联邦政府成立了跨部门的 ADR 工作组（Interagency Alternative Dispute Resolution Working Group）。该工作组由美国司法部牵头，参加机构包括国防部、国土安全部、教育部、内政部、卫生与公众服务部、环境保护署、退伍军人事务部等行政部门，以及 1934 年成立、专门受理跨州铁路和航空纠纷的全国调解委员会（National Mediation Board, NMB）。工作组下设 4 个分组（Section），分别负责工作场所的冲突管理（Workplace Conflict Management）、合同与采购纠纷（Contracts and Procurement）、执法与监管纠纷（Enforcement and Regulatory）以及针对政府的诉讼案件（Litigation Claims Against the Government）这四大方面的 ADR 工作。更多详情和相关情况可见这个工作组的官方网站：http：//www. adr. gov/index. html。

③ 公平就业机会委员会系根据美国《1964 年民权法》第 7 章的规定（*Title VII of the Civil Rights Act of 1964*）成立的联邦机构，50 年来其法定职责已经大大扩展。它的核心职责是依法监督有关反对就业歧视（包括基于种族、肤色、宗教信仰、年龄、性别、移民来源地以及个人基因信息的歧视）法律、政策、措施和计划的实施，提倡和宣传就业机会平等观念。详情可见其官方网站：http：//www. eeoc. gov/。

议或撤诉），从而无需进入法定的公平就业申诉处理程序（*formal EEO complaint*）。①

五　结论与启示

美国非营利部门中的1500个专业性的联邦免税组织，是美国民间参与ADR事业的中坚力量。这些非营利组织与各种草根性民间社团和正规宗教团体一道，对于解决民事纠纷、消纳社会矛盾、缓解社会冲突功不可没。没有非营利部门的努力，美国的社会治理将不可能是如今的状况。② 美国的经验表明：公民的自我管理、自我教育、自愿结社对于及时和有效地解决纠纷、营造比较和谐的社会环境非常重要，这是任何政府机构都无法替代的。

美国的经验，对于面临巨大社会治理困难的中国，提供了若干启示。

1. 没有社会组织的健康发展，公民就无法有效地参与社会治理。社会团体、基金会等社会组织既是普通公民参加社会治理、以社会人的身份介入公共活动的组织平台，也是公民实现自我教育、自我提高的组织媒介，还是为社会提供ADR等非基本公共服务的重要供应方。应当完善法律及行政制度环境，依法鼓励、扶持、引导具有独立身份的社会组织健康发展、大胆开拓、积极活动，让中国民众中蕴藏的积极性、创造性充分发挥出来，真正形成社会治理的多元共治局面。这一点对于消除今日中国社会中普遍的机会和财富分配不公平的现象尤为有益。

2. 建设法治国家、法治社会，绝不意味着什么纠纷都要打官司，更不意

① U. S. Equal Employment Opportunity Commission （EEO）, Office of Federal Operation, *Annual Report on Federal Work Force Part 1, EEO Complaints Processing, Fiscal Year 2011*, p. iii.

② 20世纪70年代以来美国ADR机制的普遍推广和应用与美国犯罪率的变化情况处于明显的正相关关系。英国《经济学人》（*The Economist*）2011年刊登的一篇报道援引美国联邦司法部门的数据称，1960年至今，美国的犯罪率和刑事案件曲线在半个世纪中呈现出先上升、再下降的“倒U形”。总体来说，最近几年，美国的暴力犯罪率处于40年来的最低水平，谋杀案件是50年来的最低水平。见：“America's falling crime rate: Good news is no news,” June 2nd 2011, Atlanta, from the print edition, *The Economist*, available at: http: //www.economist.com/node/18775436，访问日期：2015年5月26日。

味着法院的审理和判决是解决纠纷的最佳途径。越来越多的美国人已经意识到，美国的“诉讼文化”实在是弊多利少。如果能够寻找到法庭之外的和解途径，对于当事方来说不啻节省了金钱、精力和宝贵的时间。我国疆域辽阔，各地经济社会发展水平极不平衡，法制不健全，高素质的法官、律师和司法工作人员缺乏，整个社会的法治意识相对薄弱。在这种情况下，动辄就要打官司，无异于劳民伤财。这种连美国人都玩不起的游戏，我们为什么还要跟着学？应当在各方的努力下，努力改革创新，建设一整套完善的、符合中国国情的 ADR 制度，使 ADR 成为解决我国各种社会纠纷和民事案件的主要途径。

3. ADR 机制的推广与应用，ADR 事业的繁荣，离不开对公民的持续教育。这种教育是政府和非营利部门（在中国当然包括各级国民教育机构）的共同责任，而专门从事 ADR 事业的非营利组织在开展这种教育时具有特殊优势。这种教育所传达、灌输的基本理念是公民的社会责任、规则意识和对纠纷本质的正确理解。美国的非营利组织经过大量研究和实践，对纷繁复杂的民事纠纷产生了一种非常一致的基本哲学观点：凡是有人群的地方就会有纠纷（或曰矛盾、冲突），这些纠纷根本无所谓好、坏，大家应当客观地看待它们，以平常心应对遭遇到的纠纷，在共同遵守的规则指导下通过有效的语言交流达到纠纷的解决。成功的沟通是 ADR 机制的基础，而当事人对待沟通的态度取决于其心态和对纠纷的理解。ADR 反对任何形式的暴力（包括语言暴力），它需要当事人在和平的气氛中冷静商谈，摆事实、讲道理。没有具备理性思维、理性心态的当事方，没有具备公信力的 ADR 组织，没有相关的法律和全套 ADR 规则，要想在法庭之外为解决纠纷另辟捷径，只能是一种良好的愿望。

4. 政府作为全社会的公共管理者，对于主要属于民间范畴的 ADR 事业并不是可有可无的一方，而是负有重大责任。这一责任主要体现为提供相关的公共物品，确切来说就是在广泛调研和听取民意的基础上进行有关 ADR 的立法。没有基础性的立法，仅凭民间形成的 ADR 规则，难以推广普及 ADR 机制，无法形成各方共同参与社会治理、化解社会矛盾的合力。中国是一个人口大国，改革和发展的任务艰巨。由于发展道路上的各种问题和体制积弊，形形色色的社会纠纷逐年增多，且剧烈程度有加大趋势，在许多地方已经影响到了发展和稳定的大局。因此，尽快在调查研究的基础上出台相关法律，采取多种措施扶持和支持社会组织开展 ADR 工作，应当成为政府提高国家治理能力的一项重要内容。不过，在涉及政府自身和公共政策的 ADR 机制建设上，应当汲取美国的教训，注重相关纠纷解决过程的透明度和问责制。

B.7

日本老龄化背景下的养老护理 NPO 研究

胡 澎*

摘 要：

进入21世纪，日本的养老护理NPO在相关法律和政策的框架下，针对本地区的老年人开展了访问护理、日托护理、入住设施护理等灵活、细致的护理服务，使老年人在不脱离家庭和社区的情况下得以安度晚年，有效缓解了家庭和社区的养老困境。同时，养老护理NPO还为增进地区福利、构建和谐社区以及建立NPO与政府之间的新型伙伴关系发挥了积极作用，显示了日本养老护理事业未来的发展方向。

关键词：

老龄化 养老护理 NPO 护理保险

老年人口占总人口达到或超过一定比例的人口结构模型被称为老龄社会。目前，国际社会通常根据老龄化率，即65岁及以上的人口占该国（地区）总人口的比例，对世界各国（地区）进行分类，将老龄化率超过7%但不满14%的称为“老龄化社会”，老龄化率超过14%但尚未达到21%的称为“老龄社会”，老龄化率超过21%的称为“超老龄社会”。日本的《国势调查》显示，1970年日本的老龄化率达到7.1%，开始进入老龄化社会；1995年达到14.5%，正式进入老龄社会；2007年老龄化率达到21.5%，进入了超老龄社会。由此可知，日本老龄化问题十分严峻。

如何对自立老年人予以支援、对生活不能完全自立或需要他人照顾的老年

* 胡澎，中国社会科学院日本研究所研究员。

人进行养老护理，一直以来是日本政府和社会积极探讨并谋求解决的课题。近十多年来，为应对日本社会老龄化程度的不断加深，日本政府出台了一系列政策和措施，特别是1998年12月出台的《特定非营利活动促进法》（即NPO法）以及2000年4月实施的《护理保险法》①，为特定非营利组织（NPO法人）介入护理保险事业打开了大门。目前，日本的养老护理领域已形成了包括政府、企业、非营利组织②在内的多样化的组织形式。其中非营利组织，既包括有法人资格的各种团体（如NPO法人、社会福利法人、医疗法人），也包括没有法人资格的任意团体③（如自助团体、志愿者团体等）。日本有“福利NPO”“护理NPO”等概念，福利NPO范围较广，安立清史将“福利NPO”（狭义）定义为“从市民活动、市民运动诞生的志愿者团体、居民参与型和市民互助型居家福利互动团体，且在社会福利、地区福利、居家福利等领域开展活动并取得NPO法人资格的团体”。“护理NPO”被定义为“基于NPO法取得法人资格且成为护理保险指定事业者（指定机构），提供地区福利服务的团体”，这些团体大都“起源于护理保险制度开始以前的地区志愿者团体、任意团体，是对地区的残疾人、独居老人的生活予以支援，以家务支援服务为中心有相关经验的团体”④。本文的研究对象是那些为应对日本老龄化问题而从事

① 日语名称为《介护保险法》。“介护”有两层意思，一是指对因病卧床不起、认知症老人或身体障碍、精神障碍者进行身体护理；二是指对有需要的老年人在家务、日常生活、心理咨询等方面予以支援，使之尽可能自立地生活。国内有人直接使用“介护”一词，也有人使用“照护”，本文使用“护理”。

② 日本非营利组织的概念可粗略分为广义和狭义两种类型，如再细分，还可分为最狭义、狭义、广义、最广义四种类型。最狭义的非营利组织指根据《特定非营利活动促进法》（NPO法）所设立的特定非营利活动法人（NPO法人）。狭义的非营利组织也称民间非营利组织，即为达成一定社会使命、由市民们自发联合起来、持续进行非营利社会和公益活动的民间组织。狭义的非营利组织除了包括《特定非营利活动促进法》实施后获得法人资格的特定非营利活动法人，还包括各种市民活动团体和志愿者团体。广义非营利组织是指社会福利法人、民法上的公益法人等。最广义的非营利组织涵盖面非常之广，指依照非营利组织法、民法以及各种特别法规所设立的“特定非营利活动法人”“宗教法人”“学校法人”“医疗法人”“社团法人”“财团法人”“社会福利法人”等具有法人资格的“公益法人”，还包括不具有法人资格的市民活动团体与各种协同组合，以及不以营利为目的却从事盈余分配的互助性组织，如“协同组合”“共济组织”等。

③ “任意团体”也被称为“无权利能力团体”，即不具备法人资格的社团。任意团体不能提供护理保险制度上的服务。

④ 〔日〕安立清史：《福祉NPOの社会学》，東京大学出版会，2008，第133页。

养老护理服务的 NPO 法人，既包括护理保险法指定事业者，也包括在护理保险法以外从事养老护理事业的 NPO 法人，本文用“养老护理 NPO”表示。

日本养老护理 NPO 在相关政策和法律的保障以及政府的支持下，充分利用社会资源、人才，汇集社会各界力量，带领会员们针对地区所有困难群体以及生活可以自理的老年人、残疾人开展日托护理、访问护理服务；对那些生活不能自理的老年人，开展夜晚入住设施的护理；对那些不在护理保险范围内又无政府补助的困难家庭和弱势群体，也进行了多种形式的支援。这些灵活、细致的服务使老年人在不脱离家庭和社区的情况下得以安度晚年，有效缓解了地区、社区和家庭的养老护理困境。

一　日本社会的变化是养老护理 NPO 产生和发展的土壤

日本老龄化现状日益严峻。截至 2012 年 10 月 1 日，日本总人口为 1.27 亿人，65 岁及以上老龄人口为 3079 万人，占总人口比例为 24.1%。其中，65 ~ 74 岁的高龄老人有 1560 万人，占总人口的 12.2%；75 岁及以上高龄人口 1519 万人，占总人口的 11.9%。预计到 2035 年，老龄化率将达到 33.4%，即三个日本人中有一人是 65 岁及以上老人，2060 年老龄化率将达到 39.9%，即 2.5 个日本人中就有一位 65 岁及以上老人。① 随着日本人均寿命②的延长和医疗技术的进步，病人的生存期不断延长，需要护理的老人的数量也在不断增加，据统计，卧床不起的患病老人约有半数需要护理 3 年以上。

“二战”后，日本的家庭结构发生了很大变化，家庭护理功能弱化趋势日益显著。在传统日本社会，卧床不起老人主要依靠家庭成员进行照料和护理。这种护理方式在“二战”后相当长的一段历史时期依然占据日本社会的主流。在几代人共同生活的大家庭，家庭成员轮流照料和护理卧床不起的老人，尚可勉强做到。然而，随着战后以来日本家庭结构的不断变化，传统

① 〔日〕厚生劳働省：平成 25 年版《高齢社会白書》（2013 年版），http：//www8.cao.go.jp/kourei/whitepaper/w－2013/zenbun/25pdf_ index.html。

② 2012 年，日本男性平均寿命为 79.9 岁，女性平均寿命为 86.4 岁。据预测，日本人的平均寿命还将延长，2060 年将达到男性 84.19 岁，女性 90.93 岁。

大家庭减少，核心家庭增加，特别是进入 21 世纪以来，老年人家庭、单身家庭、夫妇二人家庭数量增多，有子女家庭大幅减少，依靠家庭成员对老年人进行护理已不太现实。日本总务省 2010 年的《国势调查》表明，日本的单身家庭数量最多，占一般家庭的 32.4%；其次是夫妇与孩子的核心家庭，占 27.9%；第三位是夫妇二人家庭，占 19.8%。夫妇与子女的核心家庭呈减少趋势，从 1996 年的 34.2% 减少到 2010 年的 29.8%。[①] 有 65 岁及以上老年人的家庭占全部家庭总数的 41.6%。65 岁及以上老年人与子女同居率从 1980 年的 70% 下降到 2011 年的 42.2%，尤以 65 岁及以上独居老年人的增加最为显著。[②]

伴随着家庭结构的变化，家庭成员的护理功能逐步下降，仅仅依靠家庭成员对老年人进行护理已变得十分困难。日本年轻人赡养老人的观念日趋淡薄。中低龄老年人照顾老龄老年人的情况较为普遍。据调查，与被护理者同居的护理者中有 64.8% 的男性，60.9% 的女性年龄在 60 岁以上。[③] 近年来，患认知症[④]老人的数量也在急速增加，据厚生劳动省统计，2010 年患认知症老人为 280 万人，2012 年为 305 万人。据预测，认知症老人数量还将继续上升，2015 年将达到 345 万，2020 年将达到 410 万。认知症老人的日常生活照料和身体护理给家庭成员以及同居者造成很大的负担。对认知症老人的调查表明，在家接受护理的有 140 万人，在特定机构的有 10 万人，在医疗机构的有 38 万人，在护理老人保健设施和护理老人福利设施的有 77 万人。一些护理认知症老人的家庭成员自身也罹患此症，轻度认知症老人照顾重度认知症老人已成为一个新的社会问题。另外，日本社会长久以来盛行“男主外、女主内”的性别分工模式，对老年人的照顾和护理主要依靠女儿或儿媳。然而，随着女性受教育水平的不断提高，女性的社会地位和家庭地位都有较大提升。女性高学历化趋

---

① 〔日〕総務省：《平成 22 年国勢調査》(2010 年)，http://www.stat.go.jp/data/kokusei/2010/kihon1/pdf/gaiyou1.pdf。

② 〔日〕厚生労働省：平成 25 年版《高齢社会白書》(2013 年版) http://www8.cao.go.jp/kourei/whitepaper/w-2013/zenbun/25pdf_index.html。

③ 〔日〕厚生労働省：平成 25 年版《高齢社会白書》(2013 年版) http://www8.cao.go.jp/kourei/whitepaper/w-2013/zenbun/25pdf_index.html。

④ 日常生活自立度 2，即稍加关照便可独立生活。

势以及女性就业率的不断升高，使女性的思维方式和生活方式发生较大变化，大多数女性从希望当专业主妇转变为希望工作与家庭兼顾，以往主要由女性承担的养老护理模式发生了变化。

在传统日本社会，对老年人的护理除了依赖家庭成员，还依仗着社区居民之间的互助合作。战后日本急速的工业化和都市化进程，带来了都市人口密度过大和农村人口稀少的局面。传统地缘社会逐渐解体，近邻关系疏远，难以通过邻里互助进行护理支援。现在，日本有很大部分 65 岁以上老年人独居，因得不到应有的照顾和陪伴而孤零零死于家中的“孤独死”事件频有发生。

日本老年护理服务主要分居家护理和入住机构护理两大类。公共养老福利机构的床位早已供不应求，而医院又很难让老年人长期入住。另外，一些从事养老护理的民间企业收费较高，难以解决普通市民和低收入者的养老问题。人口的老龄化还导致医疗费不断上升。老人医疗费包含诊疗费、药剂费、饮食疗养和生活疗养、老人保健设施疗养、老人访问看护及医疗费支出等。近年来，包括患者自己负担和医疗保险机构支付在内的医疗费用呈逐年上升趋势。厚生省的《老人医疗事业年报》① 显示，65 岁及以上老人医疗费支出 1975 年为 8666 亿日元，1980 年增为 21269 亿日元，1985 年为 40673 亿日元，1990 年为 59269 亿日元，1994 年为 81598 亿日元。人均医疗费开支也不断增高，1975 年为 18.4 万日元，1980 年为 36 万日元，1985 年为 49.9 万日元，1990 年为 60.9 万日元，1994 年为 71.9 万日元。

综上所述，从人口结构、家庭结构、家庭功能、地区社会关系等变化来看，单纯依靠家庭成员以及单纯依靠公共养老机构已不能满足日益增长的养老护理需求。因此，将家庭养老和社会养老有机地结合在一起的居家养老，作为对传统家庭养老模式的补充与更新，势必担负着日本应对老龄化问题的重要职责，也是未来日本老年福利的发展趋势。目前，日本政府正在积极构建全社会支持的居家养老的社会化服务，即以家庭为核心、以社区为依托、以专业化服务为依靠，为居住在家的老年人提供社会化服务来解决其日常生活困难和对其

① 〔日〕厚生労働省：《老人医療事業報告》（2007 年版）http：//www.mhlw.go.jp/bunya/iryouhoken/database/seido/roujin_ houkoku.html。

进行精神慰藉。居家养老不仅要发挥政府的作用、企业的作用，还要发挥非营利组织的作用，特别是养老护理 NPO 的作用。

二 护理保险制度为 NPO 参与养老护理打开了大门

20 世纪 60 年代初期，日本开始关注老龄化问题，并不断出台保障老年人生活和养老的法律。1963 年颁布了被称为“老年人宪章”的《老人福利法》。1982 年出台了《老人保健法》（1986 年 12 月修订），明确规定了国家、家庭和社区在养老护理中的职责，国家制定相关政策和实施监督，不再直接参与管理和经营。家庭和社区主要承担老年人的保健。为进一步满足老年人医疗保健服务的需求，将医疗与保健分离，为需要护理的老年人提供设施护理和“家庭病床”式上门护理服务。1986 年颁布的《长寿社会对策大纲》强调了扩充居家护理服务。1989 年颁布的《推进高龄者保健福利十年战略》（简称“黄金计划”）和《地区老人保健福利计划》，旨在推进居家养老服务，在市町村建设特别养护老人院、[1] 托老所、疗养型护理设施等，培养家庭助手等。因此，自 20 世纪 80 年代后半期，日本社会对养老护理的认识从单纯依靠家庭成员转向寻求地区、社区的支持，从设施养老向居家养老过渡。

1990 年，《老人福利法》等社会福利相关的八个法律被修订，[2] 服务重点从养老院或医院护理转到居家护理。在护理、保育等福利领域导入了准市场机制。1992 年《社会福利事业法》修改。1993 ~ 1994 年全日本都道府县和市町村完成了《地方高龄者保健福利计划》的制定。1994 年“新黄金计划”出台，充实居家养老护理成为重心。之后又出台了“黄金计划 21”（《今后 5 年高龄者保健福利政策实施方向》），制定了“营造和发挥社会活力”的福利政策目标。

2000 年以前，日本一直是由行政部门或其指定的社会福利法人作为养老

---

① 作为福利机构的“特别养护老人院”主要针对需要护理程度高且适用于保险或福利给付的老人，为其提供全天候的护理照护服务。

② “八个法律”即《老人福利法》《儿童福利法》《残疾人福利法》《智障者福利法》《母子寡妇福利法》《老人保健法》《社会福利事业法》《社会福利医疗事业团法》。

福利的供给主体。随着社会老龄化程度的加重、家庭功能的弱化以及居家养老需求的不断扩大，仅由行政和社会福利法人提供的服务已经无法满足社会需求。2000 年全面实施的《护理保险法》[①]（1997 年制定）是由政府、社会保险和个人三者共同承担费用，将护理制度从一种社会福利制度转变为一种社会保险制度。该法律规定年满 40 岁的公民必须加入并交纳护理保险费，以解决年老后的看护问题。参保对象分为第一号参保人与第二号参保人，第一号参保人为 65 岁及以上的老年人；第二号参保人为 40 ~65 岁者。享受护理保险服务须等到 65 岁以后。但对于不满 65 岁且加入护理保险的中老年人，如患有早期痴呆、脑血管疾患、肌肉萎缩性硬化症等 15 种疾病，可享受护理保险服务。当参保人希望得到社会护理时，首先要向所在市町村提出书面申请，在主治医生（社区医生）意见的基础上，调查员会前往参保人家中了解健康状况，然后将调查结果提交护理认定审查委员会，委员会再依照国家的标准对身体状况及日常生活自理能力予以认定。30 个工作日内判定意见和护理等级会以书面形式通过市町村转告申请人。在得到认定之后，会有护理援助专业人员根据老人的情况制定护理计划，对不同认定级别的参保人提供访问护理服务、日托服务、短期入住护理机构服务、入住特别养护老人院服务、入住老人福利院等不同服务。对认定有护理必要的参保人，以护理保险给付的形式服务，参保人承担 1 成，保险负担 9 成。

护理保险制度是一种“按需养老护理”，需要接受护理保险服务的老年人被划分为“需要支援 1 ~2 级”“需要护理 1 ~5 级”（见表 1）。2010 年年末被认定为需要护理者或需要支援者的人数为 506.2 万人，比 2001 年年末增加了 207.9 万人。其中，65 岁及以上老年人为 490.7 万人（2010 年年末），比 2001 年年末增长了 203 万人，占第一号被保险人的 16.9% 。[②]

---

① 2005 年《护理保险法》修改，并于 2006 年 4 月实施。修改后的护理保险法对地区性护理预防更为重视，强调开展地区援助业务，以减少需要援助或需要护理的人数，减轻或者防止护理状态的进一步恶化。

② 〔日〕厚生労働省：平成 25 年版《高齢社会白書》（2013 年版）http：//www8.cao.go.jp/kourei/whitepaper/w –2013/zenbun/25pdf_ index.html。

表 1　认定级别标准及服务给付形式

老年人	认定级别	身体状态	服务给付形式
需要支援	需要支援 1	基本能够独立如厕、进食，部分日常生活不能自理，需要一定帮助，可以维持或改善现有健康状态	预防给付服务
	需要支援 2	能够独立如厕、进食，但洗澡等需要一定帮助，有可能成为需要护理对象	预防给付服务
需要护理	需要护理 1	如厕、洗澡、穿脱衣服等部分日常生活不能自理，需要一定护理	护理给付服务
	需要护理 2	如厕、洗澡等需要部分或全面护理，穿脱衣服等需要全面帮助	护理给付服务
	需要护理 3	重度需要护理的状态，或伴有老年认知症等，如厕、洗澡、穿脱衣服等均需要全面帮助	护理给付服务
	需要护理 4	重度需要护理的状态，或伴有老年认知症程度加深，进食、如厕、洗澡、穿脱衣服等均需要全面帮助	护理给付服务
	需要护理 5	卧床不起，日常生活所有方面需要帮助	护理给付服务

资料来源：〔日〕鈴木恵子等著《タッチ》（touch）第 5 集，タッチ編集委員，2007，第 53 页。

为了缓解供需上的矛盾，护理保险制度对服务提供主体的规定有所放宽，特别是居家护理服务向民间开放，允许地方公共团体、社会福利团体、医疗机构、农协和志愿者团体、NPO 法人以及营利组织法人（民间企业）等作为服务供给方参与到社区福利建设中来，养老护理服务主体呈现多样化。

为了让老年人在自己住惯的地区自立进行日常生活，日本政府积极推进社区养老护理事业，在医疗、护理、预防、居住、生活支援服务等方面全面提供支持。2005 年日本政府对护理保险制度进行修订时，增加了建立地区综合性护理预防体系，强调通过设立新的预防护理给付制度，开展地区援助业务，减少需要援助或者护理的人数，减轻或者防止护理状态的进一步恶化，特别是对失能老人的支援，使其在地域继续自立生活。地区综合援助中心就是在护理保险法的修订之下，以提高地区居民保健、福利、医疗水平，防止虐待老人、进行护理预防等在市町村设置的综合机构。地区综合援助中心的服务是针对那些认定为“需要支援”者进行护理预防，对老年人和他们的家人进行护理保险制度以及制度外服务等咨询和援助。法律上市町村设施，也可以购买服务。一些养老护理 NPO 正在介入地区综合性护理预防体系，并发挥积极作用。

小规模多功能居家护理①是在 2006 年《护理保险法》修订后实施的一种综合性养老护理服务，将访问护理、托老所与短期入住设施的“短托”② 组合在一起。老年利用者通常可以一项服务为中心（多数情况下是以日间照护为中心），配合短期入住、访问护理等，进行自由组合，也被称为一种复合型养老护理服务。该服务可对独居老人的居家养老提供一年 365 天 24 小时灵活机动的一元化管理。之后，一种新的服务形式——小规模的地区紧密型护理模式开始出现，包括小规模多功能型护理设施、认知症老人应对型集体公寓、认知症老人应对型托老所、小规模特别养护老人院、夜间应对型访问护理设施等。这些设施规模比较小，大都建在老年人日常的生活圈内，让老年人在自己熟悉的社区环境中接受照料和护理，满足了老年人多样化的养老护理需求。

护理保险制度对护理保险法的指定事业者有着明确的规定，NPO 法人的活动大多被限制在以老人为护理服务对象的日间照料、短期住院机构、访问看护机构上。针对特别养护老人院、老人护理保健机构、认知症老人集体公寓，NPO 法人不可以作为护理保险法的指定事业者。收费养老院虽被允许 NPO 经营，但需要事前向都道府县登记，接受各种行政监督，并且如果发生因经营不善破产时，经营者个人负有向居住老人赔偿的责任。③

三 《特定非营利活动促进法》的诞生促进了 NPO 的活跃

民间非营利组织 NPO 兴起于 20 世纪 90 年代中后期，1995 年的阪神—淡路大地震是其发展的契机。在大地震发生后，来自日本各地的非营利组织、市民团体以及志愿者在救援以及灾后复兴过程中发挥了政府难以发挥的作用。政

---

① 规定每天来机构接受服务的人员在 15 名以下，住宿人员在 9 名以下，每天利用设施的登记者在 25 名以下。

② 针对那些因疾病或其他原因无法居家护理的老人，让他们短时间入住社区设施，原则上 1～3 个月。

③ 参见宋建敏编著《日本社会保障制度》，上海人民出版社，2012，第 434 页。

府也因此认识到由那些有责任心的公民组成的公民社会、民间组织的重要性，从而改变了对市民团体一贯的限制和谨慎的态度，并直接促成了 1998 年 12 月《特定非营利活动促进法》（即 NPO 法）的诞生。该法旨在促进市民自由、自发地展开各种非营利性活动，大大降低了 NPO 法人的准入门槛。[①] NPO 法实施之后，全日本范围内的 NPO 大批涌现出来，尤其是养老护理、育儿支援、残疾人福利领域的各种民间组织纷纷取得法人资格。2002 年，日本政府对《特定非营利法活动促进法》进行了修改（2003 年 5 月开始实施），将非营利组织活动领域由 11 个扩展到 17 个，并加强了社会对 NPO 的监督。

表 2 接受认证* 的不同活动种类 NPO 法人数（复数回答）

NPO 法人的活动种类		法人数(12 月 31 日时点)(人)			种类别构成(%)	增加数(人)	增加率(%)
		2000 年	2005 年	2009 年	2009 年	2005~2009 年	2005~2009 年
		3156	24763	38997	100.0	14234	57.5
第 1 号	增进保健、医疗及福利的活动	2000	14092	22524	57.8	8432	59.8
第 2 号	增进社会教育的活动	1179	11640	18020	46.2	6380	54.8
第 3 号	推进社区营造的活动	1027	9947	16023	41.1	6076	61.1
第 4 号	致力于振兴学术、文化、艺术以及体育的活动	800	7954	12909	33.1	4955	62.3
第 5 号	致力于保护环境的活动	820	7144	11193	28.7	4049	56.7
第 6 号	灾害救助的活动	255	1628	2481	6.4	853	52.4
第 7 号	地域安全活动	235	2313	3901	10.0	1588	68.7
第 8 号	致力于拥护人权、推进和平的活动	447	3775	6158	15.8	2383	63.1

① 该法规定：NPO 法人需要符合以下条件，不以营利为目的；以增进不特定多数人的利益为目的；理事要 3 人以上、监事 1 人以上；不对会员资格的取得或取消有不当条件；拿薪酬的职员数要低于职员总数的 1/3；不以宗教、政治活动为目的；非暴力团体或其成员设立的团体；设置由会员构成的最高决议机关的大会，大会要由 10 人以上具有决议权的会员组成；不从事选举活动；等等。

续表

NPO 法人的活动种类		法人数(12 月 31 日时点)(人)			种类别构成(%)	增加数(人)	增加率(%)
		2000 年	2005 年	2009 年	2009 年	2005～2009 年	2005～2009 年
		3156	24763	38997	100.0	14234	57.5
第 9 号	国际协力的活动	757	5255	7613	19.5	2358	44.9
第 10 号	促进男女共同参与社会形成的活动	281	2215	3251	8.3	1036	46.8
第 11 号	致力于儿童健康培养的活动	997	9810	15996	41.0	6186	63.1
第 12 号	致力于信息化社会发展的活动	—	1800	3460	8.9	1660	92.2
第 13 号	致力于科学技术振兴的活动	—	890	1922	4.9	1032	116.0
第 14 号	致力于经济活动活性化的活动	—	2428	5443	14.0	3015	124.2
第 15 号	支援职业能力开发以及雇佣环境和雇佣机会扩充的活动	—	2981	7523	19.3	4542	152.4
第 16 号	致力于消费者保护的活动	—	1068	2248	5.8	1180	110.5
第 17 号	针对从事以上活动的团体在运营以及活动予以联络、建言或支援的活动	1057	11069	17926	46.0	6857	61.9

* 由于 NPO 在税收方面享有优惠措施，因此，对 NPO 参与养老护理服务需要有一个对公益性的判断，由主管行政机构和专家进行“公共支持度检测”（public support test），即通过一个法定公式计算其获得有效公众捐款占总收入的比例来反映公众支持度。获得行政机构认证的则成为“认证特定非营利法人”。

资料来源：根据内阁府 NPO 网页 https：//www. npo-homepage. go. jp/整理。

2000 年，护理保险制度的实施给养老护理领域带来了巨大变化，其中最显著的变化是，政府将养老护理领域向 NPO 法人敞开了大门。取得法人资格的 NPO 在满足一定条件的情况下，首次被准许成为护理保险的指定事业者，在制度框架下参与养老福利服务供给。而之前，仅限于社会福利法人、社会福利法人协议会、福利公社等团体接受政府的委托从事福利服务。NPO 法人要想取得护理保险法指定养老护理机构的资格，就要先去所在地的行政机关申请护理保险指定事业者。在认定成为指定护理保险事业者后，即可通过提供护理保险服务获得国家拨付的保险给付作为收入来源。即便不是指定护理保险事业者，一些 NPO 法人也会获得政府购买的护理方面的服务。这样一来，居家养老的老人在享受养老护理服务时有了选择权，可自行选择服务提供机构。服务对象与服务提供者之间从不平等关系转向一种平等的契约关系。在日本民众心目中，社会性、公益性程度较高的养老护理 NPO 容易受到青睐。NPO 在参与护理保险事业后也有了稳定的收入，活动的范围扩大了，发展速度很快。

内阁府的调查表明，以增进医疗、福利为目的的 NPO 数量最多，其中以养老护理为主要活动内容的 NPO 大多集中在第 1 号“增进保健、医疗及福利领域”。厚生劳动省《平成 24 年（2012）护理服务设施、事业所调查结果概况》[①] 表明，从事护理预防支援事业的机构以社会福利法人居多，占 51.6%，从事居家护理支援事业的机构以营利法人（企业）居多，占 45.6%。相比之下，养老护理 NPO 的份额还很不够，比较集中的领域是访问护理、应对认知症老人的日间照护、小规模多功能居家护理领域，但占比均没有达到 10%。[②] 从今后的发展趋势来看，从事访问护理、日间照护、各种地区紧密型服务、居家护理支援的护理服务事业所中，NPO 法人的数量处于增加趋势。从护理 NPO 在全日本的分布来看，神奈川县最多，其次是长野县和东京都，显示了地区之间发展的不平衡。

对从事护理保险事业 NPO 的调查表明，[③] 正规职员数量在 5 名以下的占 55.1%，居第 1 位；其次是 6~10 名，占 24.4%；31 名以上的占 2.3%。有 5 名以下临时工、非正式工的占 33.9%，6~10 名的占 21.5%。在 NPO 的有资

---

① http：//www. mhlw. go. jp/toukei/saikin/hw/kaigo/service12/index. html.

② “护理服务设施、事业所调查”是厚生劳动省每年进行的调查，目的在于把握全国护理服务提供体制、提供内容的基础情况。调查对象是护理保险制度框架下，日本所有的相关设施、事业所。例如，护理预防居家服务、护理预防居家服务事业所、地区紧密型护理预防服务事业所、护理预防事业所、居家服务事业所、地区紧密型服务事业所、居家护理支援事业所、护理保险设施。

③ 〔日〕本郷秀和、荒木剛、松岡佐智、袖井智子：《介護系 NPOの現状と制度外サービス展開に向けた課題—平成 21 年介護系 NPO 全国実態調査における自由回答結果の整理を中心に—》，《福岡県立大学人間社会学部紀要》2011 年第 19 卷第 2 期。

格专业人员中（正式工，部分是兼职），社会福利员占29.2%，护理福利员占76.4%，二级家庭助手占69.8%，护理支援专门员占64.8%，护士占44.1%，理学理疗师占41.2%。中老年女性工作人员占63.6%，其次是中老年男性占8.6%。在问及组织内有无志愿者服务的问题时，有51.5%的回答为“现在没有志愿者”，有47.1%的回答为“有志愿者”①。

目前，日本养老护理NPO也面临诸多实际困难，如工作人员工作强度大、加班工作较多、睡眠不足、缺少业余时间、带薪休假很难取得。像护理福利员、家庭助手多属非正式雇用，在薪酬上比正式员工要低得多。② 因此，NPO中工作人员的离职率较高，护理人才短缺现象较为普遍。随着人口平均寿命的延长、医疗水平的提高、死亡率的下降，居家看护工作负担越来越重，今后如何改善从事养老护理工作人员的待遇，使他们安心养老护理福利事业是保证NPO参与养老护理事业并在其中发挥积极作用的重要课题之一。

四 养老护理NPO的主要服务内容

养老护理NPO主要开展以下两方面的活动：一是作为护理保险法上指定的养老护理机构，向护理保险对象提供服务（见表3）；二是对护理保险对象以外的人提供家务、送餐、陪聊、外出陪伴、心理咨询等方面的援助和服务（见表4）。之所以NPO介入大量制度外养老护理服务，是由于老年人在利用护理保险制度接受护理服务的时候，利用者的条件、服务的种类、内容、利用项目等都被详细规定。例如，原则上对有同居家庭成员的需要护理的老年人进行生活援助是被排除在制度之外的。因此，护理保险制度在利用者以及服务内容等方面有局限，不可能满足民众多样化的需求，而养老护理NPO在护理保险制度外的服务恰恰弥补了这一局限。

---

① 〔日〕本郷秀和、荒木剛、松岡佐智、袖井智子：《介護系NPOの現状と制度外サービス展開に向けた課題—平成21年介護系NPO全国実態調査における自由回答結果の整理を中心に—》，《福岡県立大学人間社会学部紀要》2011年第19卷第2期。

② 据劳动组合的调查，护理机构工作人员月工资平均为20万日元，比企业要低9万日元。问卷调查中还显示有半数以上的人需要加班。

表 3　护理 NPO 的服务分类（护理保险制度内）

访问护理型	在护理保险制度的框架内只提供访问护理服务
访问护理＋护理计划型	雇用护理管理员，在制订护理计划的同时提供访问护理服务
访问护理＋机构运营型	从事访问护理服务，运营托老所、（认知症老人）老人集体公寓、宅老所*
复合发展型	护理管理员制订护理计划、提供访问护理服务与运营托老所、宅老所、集体养老院等机构，提供综合发展服务
护理计划中心型	只提供制订护理计划服务，不提供访问护理服务，以护理管理员为中心来进行 NPO 的运营
专门运营机构型	不提供访问护理服务，专门运营托老所、集体老人院、宅老所等福利设施

* 宅老所是在社区由民宅改造的小规模多功能养老护理服务设施，定员多在 10 名左右，提供日间照护、短期入住等服务，可接受认知症患者，也可对婴幼儿进行短时间照顾。宅老所不包含在护理保险范畴之中，但不排除个别适用护理保险的部分。

资料来源：安立清史著《福祉 NPOの社会学》，東京大学出版会，2008，第 142 页。

养老护理 NPO 多从事访问护理、日间照护服务和小规模多功能居家护理服务。访问护理服务是由家庭访问护理员到服务对象家中，提供身体和生活上的护理及康复指导。如为老年人提供洗浴、如厕、进食等日常生活方面的基本护理服务，以及从事咨询、看护、康复训练等服务。访问护理服务对延缓老年人衰老进程、减轻家庭成员护理负担发挥了很大的作用。托老所是从事日间照护服务的机构，服务对象主要是 65 岁及以上行动不便、具有某种身体障碍或者精神障碍、难以进行日常生活的老年人，如需要护士观察的疑难病症患者、认知症老人、脑血管病等后遗症的极度需要照护者、癌症晚期患者。托老所负责白天将其接入社区养老机构，晚上再送回家。老人白天在托老所接受日常的生活服务、护理服务及护理预防服务，在专业人员的帮助下进行康复训练。如群马县高崎市的 NPO 法人“剪刀石头布”①（1999 年设立、2012 年取得 NPO 法人认定）就是一家从事日间照顾护理的养老护理机构。该机构的服务内容主要有：一是在护理保险制度下为本地区认知症老人提供支援，使其“在本地区健康生活”；二是以“社区咖啡馆”作为当地居民日常活动据点，开展社区营造，对到本地区避难的东日本大震灾受灾民众进行支援；三是针对社区独居老人提供送餐服务，营造日常交流场所，实施看护支援；四是对那些利用福

① 日语名称为“じゃんけんぽん”。

利设施的老年人、残疾人开展迎送服务；五是在本地区开展预防和了解认知症的宣传活动，包括开设讲座，讲授对认知症老人的健康和护理常识，培养养老护理宣传的积极分子，推进当地护理、医疗、行政等地域对认知症的支援体制等。这些活动深受当地民众的欢迎。

有些养老护理NPO虽不是护理保险法指定的事业者，但具备了厚生省所规定的条件，可由市町村来支付护理报酬。例如，在日本有不少NPO运营的宅老所，多为普通民宅改造而成的小规模多功能设施，服务非常广泛，有日间护理、短期入住设施、家庭助手上门支援、长期入住、轻度护理、配餐提供等。这些宅老所定员多为10名左右，利用对象范围广，如认知症老人、残疾人、儿童等凡是需要帮助的人皆可利用。[①] 因宅老所不需要很大场地，也不需要购进很多设备，因此成本小，气氛融洽，能较好地满足老年人居家养老的需求。

表4　护理NPO的服务分类（护理保险制度外）

类型	服务内容
家务支援型	提供作为制度外家庭助手上门服务的互助活动
家务支援型+a型	以家庭助手上门服务为中心，提供聊天、安全确认等服务
家务支援+外出接送型	提供家庭助手上门服务和外出接送服务
家务支援+日间照护服务型	提供家庭助手上门服务和日间照护服务
外出接送中心型	不提供家庭助手上门服务，以外出接送服务为中心
日间照护服务中心型	不提供家庭助手上门服务，以日间照护服务为中心
宅老所中心型	不提供家庭助手上门服务，以运营宅老所为中心

资料来源：安立清史著《福祉NPOの社会学》，東京大学出版会，2008，第145页。

针对那些健康的、生活可以自理的老年人，养老护理NPO还开展“护理预防事业”，延长其自立和自理能力阶段，延缓其进入需要护理、需要支援的状态。他们以65岁及以上老年人为对象，普及健康知识、宣传如何预防疾病，进行老年保健咨询和指导服务，如定期举办健康讲座，编写相关福利制度、福

① 一些不符合护理保险制度规定以及需要护理程度较轻的老人也可以利用，有些机构还提供对幼儿进行临时保育的服务。

利设施、服务内容的宣传品。对于生活自理能力尚未下降的高龄老人，尽可能维护并增强其生活能力。对于那些生活自理能力已下降但尚未接受护理保险认定且有可能成为需要援助或需要护理的高龄老人尽可能及早发现，根据其身体状况，对其进行日间服务、访问护理等，使老年人在不脱离家庭和社区的情况下安度晚年。

五 养老护理 NPO 的特点及在应对老龄化社会中的作用

（一）养老护理 NPO 的特点

从全世界范围来看，20 世纪 80 年代以来，非营利组织致力于各种社会问题的解决，活动范围涉及社区建设、地方自治、福利供给、公共政策制定和实施等，在现代社会占据十分重要的地位。美国霍普金斯大学的莱斯特 · M. 萨拉蒙（Lester M. Salamon）教授认为非营利组织具有自愿性、组织性、私有性、非营利性和自治性等特征，即非营利组织的成员不是法律要求组成的，而是自愿结成的；非营利组织有一定的制度和结构；在制度上与国家相分离；不向他们的经营者或“所有者”提供利润；独立处理各自的事务；非营利组织接受一定程度的时间和资金的自愿捐献，应享有政府税赋上的优惠。[①] 日本的养老护理 NPO 除了具有非营利组织所具有的共性之外，还有如下几个特点。

一是大多数养老护理 NPO 在成为法人之前大都经历了两个阶段，即志愿者团体与活跃在社区层面上的居民参与型和市民互助型团体。在 20 世纪八九十年代，以家庭主妇为中心的居民参与型和市民互助型团体，对社区老年人、残疾人和需要帮助的困难家庭开展了各种家务援助。1998 年《特定非营利活动促进法》和 2000 年《护理保险法》出台后，大量居民参与型、市民互助型团体获得 NPO 法人身份。随着其活动范围的扩展，一部分又成为了护理保险制度的指定事业者，从事护理保险制度的相关服务。例如，NPO 法人“互助

① 〔美〕莱斯特 · M. 萨拉蒙：《全球公民社会－非营利部门视界》，贾西津、魏玉等译，社会科学文献出版社，2007，第 3 页。

佐贺”最先起步于1993年募集4000万资金设立的社会福利法人“智障者共同作业所”，1994年以主妇为中心的市民参与型互助组织“福利生协佐贺准备会”成立，将支援老年人、残疾人和育儿作为团体的三大支柱事业。1999年4月“互助佐贺”成为NPO法人，并于7月获佐贺县NPO法人认证。2000年4月又被指定为护理保险访问护理事业所，开始了日间照护服务。安立清史根据调查也证明了这一点，“2001年这个时点，护理领域NPO大多数其前身是居民参与型、市民互助型居家福利服务活动团体”①。

随着养老护理需求的增加，一些养老护理NPO的组织规模不断扩大。NPO法人“樱实会”的成立及发展轨迹就非常有代表性。1995年，一些在养老领域有着相同志向的市民成立了“玉川学园老年人居家服务中心建设促进居民会”，第二年以公设民营方式开设了老年人服务中心。在NPO促进法出台后取得了NPO法人资格，并开始接受町田市政府的委托，管理和运营南大谷托老所。2000年又成立了玉川学园老年居家服务中心，在护理保险制度下开展了访问护理、居家护理支援，并接受市政府委托，管理和运营“居家护理支援中心”。

二是养老护理NPO从事护理保险制度内与制度外两大类服务，服务内容十分广泛。例如，在托老所对制度内的利用者进行进食、如厕、换穿衣服、身体和头发的清洁等方面的帮助和护理，上门为制度内利用者提供烹饪、洗衣、打扫等日常生活和家务方面的支援服务。养老护理NPO还针对被护理保险制度排除在外的利用者提供服务，或是对制度内利用者提供不属于护理保险范畴的服务，如代购生活用品、送餐服务、聊天服务（包括朗读、盲读）、外出陪同服务、家务援助服务、医院诊疗陪同服务等。有些虽然是有偿服务，但价格低廉，显示了NPO与生俱来的非营利性和奉献精神。

养老护理NPO还将为老年人制定护理计划、提供养老护理制度咨询以及入住养老设施方面的联络作为自己的日常服务内容。不少NPO还开设心理咨询服务，跟老年人谈心、聊天，对老年人进行开导和劝解。大多数NPO都开

① 〔日〕安立清史：《福祉NPO概念の検討と日本への応用——介護系NPOの全国調査から》，《大原社会问题研究所杂志》2005年1月号。

设不定期的讲座，聘请专家为老年人和老年人家属讲授包括护理现状、护理展望、传统生死观等健康和护理方面的知识，还及时将护理保险制度修改的最新信息以讲座的方式传达给社区居民。如 NPO 法人“团队－藤”是一家从事居家护理支援事业的非营利组织，服务内容十分丰富。该机构拥有 21 间老年公寓，对入住老人提供 24 小时照顾和护理；运营小规模多功能型宅老所“藤之花”，提供访问护理、日托护理以及按需要随时护理；对有需要的老年人进行家务支援、医院和外出随行、咨询、代写护理申请、负责联络市町村及养老护理设施等。这些服务既满足了老年人在身体上的护理需求，也满足了老年人的精神需求，解决了老年人家庭成员最迫切希望解决的困难。

三是养老护理 NPO 运营的托老所、宅老所发展十分迅速。对老年人进行身体护理、进食护理、医疗支援等问题是日常生活中每天都要面对的，理应在老年人生活的家庭和社区层面来解决。因此，NPO 运营的托老所、宅老所从成立之初就立足于社区，得到老年人家庭成员、社区居民的理解和支持。例如，NPO 法人“乐”从事小规模多功能居家护理服务与针对认知症老人的日间照护服务。他们开展活动吸收地区居民作为志愿者在养老护理服务中发挥力量，并为地区居民和老年人提供交流场所。实践证明，这类地区紧密型托老所和宅老所贴近社区、设施规模小、人情味浓、服务灵活，非常受居民欢迎。例如，NPO 法人“互助佐贺”（1999 年设立）致力于老年人、残疾人和儿童的福利事业，满足了当地民众的需求，事业规模不断扩大，目前在佐贺市内已开设了六家养老护理设施。

四是女性在养老护理 NPO 中发挥着积极作用。据调查，在养老护理 NPO 中工作以及参加相关活动的女性比例很高。安立清史根据调查结果表明，“参加居家福利活动的人员中有 90% 以上是主妇，年龄大多在 45～60 岁”①。这一中年女性群体大多完成了养育子女的任务，有时间和精力从事社会活动且对老龄化问题、养老问题有着浓厚的兴趣。养老护理 NPO 的不少创立者、机构负责人是女性，有相当多的人曾在医疗机构或福利机构从事过与护理相关的工

① 〔日〕安立清史：《福祉 NPOの社会学》，東京大学出版会，2008，第 110 页。这一数据来自安立清史与全国社会福利协议会进行的调查。虽然不是针对养老护理 NPO，但也很有代表性。

作，或是在家中护理过老年人。她们出于对自己生活周边的问题、老年人护理问题的关注以及强烈的危机意识，选择在养老护理领域创业。“互助佐贺”的创始人西田京子曾从事志愿者活动20多年，参与过对智障者的支援，50岁那年，她认识到现行福利制度存在诸多问题，于是进入大学学习社会福利。在“福利不仅仅是老年人和残疾人的事，还关系到社会每个人”的想法下开始创业。NPO法人“大家来此集合吧”（1993年成立、1999年获得NPO法人认证）① 的惣万佳代子也曾有多年的福利工作经验。她在医院从事护理工作时，感受到民众对护理的印象大都是冷漠、阴暗、病痛、悲伤、无奈，她也时常听到一些老人感叹“死的时候希望是死在自己家的榻榻米上”。于是，她立志要开办一家有笑声的，明亮、温暖的养老护理机构。“大家来此集合吧”20多年的发展历程见证了她一步步的追梦之路。

（二）养老护理NPO的作用

随着养老护理NPO数量的增多以及在养老护理领域中服务范围的不断扩大，其在日本社会发展进程中所发挥的作用也在不断加强。安立清史将福利NPO的功能分为服务供给功能、倡导功能、社会参与功能、社区形成功能（见表5）。本文参考安立清史的研究，归纳养老护理NPO在日本的社会发展中具有以下四点作用。

表5　福利NPO的角色功能分析构成

角色（role）	功能（function）	社会效果（social influence、impact）
需求的把握、发现 先驱、开拓 实证实验、示范	服务供给（Service Provide）	提供主要的服务 提供补全性服务 提供补充性服务
代言、拥护 批判 提案、提议	倡导（Advocacy）	对制度、政策予以批判 提出对策、替代方案 对社会制度予以改良、改革、变革

① 日本儿童在游戏时经常说“このゆびとーまれ”，意思是大家来此集合，该组织是富山第一家民间托老所。

续表

角色(role)	功能(function)	社会效果(social influence、impact)
形成当事者、弱势群体的参与途径 充当志愿者、市民、社会实业家等各种相关方的媒介、参与、策划	社会参与(Volunteerism)	当事者、弱势群体的组织化 利用者、利害关系方的代表、代言 政策形成、制定过程中的参与、策划、干预
志愿者、当事者等的组织化 结成各种各样的网络 培育对社会的信任	社区形成 (Community Building)	个人、团队参与社会的媒介 组织相互之间的网络 社会性协作、社会资本的形成、福利社区的形成

资料来源：〔日〕安立清史著《福祉 NPOの社会学》，東京大学出版会，2008，第 90 页。

一是通过提供持续、稳定、灵活的日常服务，满足了民众居家养老的需求，缓解了家庭和社区的养老困境。

日本有相当数量的老年人希望居家养老。据相关调查，在回答“日常生活上有必要进行护理的情况下，在哪里接受护理”的问题时，选择“希望在自己家中接受护理”的比例最高，男性为 42.2%，女性为 30.2%。[①] 养老护理 NPO 的服务就是为了满足越来越多市民希望居家养老的需求而开展的。为了让老年人尽可能在自己家中自立生活，消除其孤独感、维持并恢复身心机能，同时也为了减轻其家族成员的照料和护理负担，养老护理 NPO 在成立之际或是对老年人进行护理服务时，不仅针对性强，还能够将心比心，悉心观察老年人的困难，设身处地为老年人考虑，了解他们的真正需求。不少 NPO 还广泛征求地区居民的意见和需求，在此基础上追求服务水平的提高和高质量的服务竞争。NPO 法人“流山友爱网络”（1993 年设立，1999 年取得 NPO 法人资格）为让老年人在生活不便时得到照料、有病时及时得到医疗和护理，进行着富有创造性的服务。如派遣护理师对那些需要护理的老年人上门服务；为困难家庭提供送餐、家务等服务；还出租轮椅、升降床等用具方便残疾人。服务内容人性化，服务价格低廉，受到老年人的欢迎。

① 〔日〕厚生労働省：平成 25 年版《高齢社会白書》（2013 年版）http：//www8. cao. go. jp/kourei/whitepaper/w－2013/zenbun/25pdf_ index. html

不少NPO将服务面向那些被制度排除在外的群体，也就是提供制度外服务。“护理NPO的制度外服务对象中，老年人占54.5%，还有47.0%属于有困难群体”①，为制度外老年人、弱势群体、困难群体提供服务体现了非营利组织的宗旨。一些立足社区的小规模多功能的宅老所就是针对认知症患者设立的。NPO了解到认知症老年人不习惯在规模庞大的护理设施生活，其家庭成员护理的压力大、身心疲惫，还了解到一些轻度认知症老人因不属于护理保险范畴而被排除在制度之外等现实问题，宅老所就是为满足这一群体的需要而诞生的。社区的老人可根据自己的身体状况和愿望，接受访问护理服务、短托服务、日托服务等灵活多样的服务。宅老所减轻了家庭照顾老人的负担，特别是重度不能自理者和认知症老人家属的负担。

二是贴近社区，为增进地区福利与构建和谐社区发挥了积极作用。

养老护理NPO诞生于地区社会，大多数都在法人所在地的市町村进行活动，很少有跨地区的规模较大的组织。由于贴近地区和社区，养老护理NPO对于当地老人居住便利与否、与何人居住、对养老护理有何要求等居民身边的事情，大都比较了解。因此，能根据居民的切实需求，配合当地经济文化发展程度，满足居民的养老护理需求。特别是对于那些居家养老的老年人，贴近社区的人性化服务更显重要。如NPO法人“大家来此集合吧”是由富山市一处普通民宅改建而成的托老所，居住在社区需要护理的老人们白天来到这里，在类似家庭般的环境里吃饭、聊天、看电视，同时接受洗澡、剪指甲、按摩等护理，天气好的时候，在工作人员的帮助下出去散步、晒太阳。那些健康状况良好的老人还会做一些简单的农业劳作，享受亲近土地的乐趣。这类养老护理NPO因为立足社区、贴近居民生活而受到居民的欢迎。养老护理NPO“从开展访问护理到在护理保险制度下运营日间护理服务的托老所，提供接送、进食等各种制度外服务，再到改造或改建社区民宅等建筑物，用以运营新的地区紧密型多功能设施，作为地区新福利的提供根据地，对地区的整体福利产生影

① 〔日〕本郷秀和、荒木剛、松岡佐智、袖井智子：《介護系NPOの現状と制度外サービス展開に向けた課題—平成21年介護系NPO全国実態調査における自由回答結果の整理を中心に—》，《福岡県立大学人間社会学部紀要》2011年第19卷第2期。

响”①。

由 NPO 运营的小规模多功能宅老所、托老所不仅介入养老护理事业，还同时参与社区营造事业，对社区发展和构建和谐社区发挥了作用。NPO 法人“樱实会”以“营造地区福利”为宗旨，在玉川学园地区、南大谷、本町田以一部分居民区为中心，并构建了与东京都、町田市的伙伴关系。他们还与当地医院、各种志愿者团体、非营利组织、执政部门建立合作关系，做到社会资源信息共享。将自己不能提供的服务介绍给其他团体，或与其他团体共同配合开展服务。这些活动对于推动当地社会发展以及社会和谐起到了很好的作用。

贴近社区的养老护理 NPO 是增进地区凝聚力的重要力量。他们在政策、资金的扶持下，在志愿者团体的帮助下，将居住在社区内 65 岁及以上的老人，特别是独居或寡居等缺乏自理能力的老人凝聚在一起，开展了各种丰富多彩的社区联谊活动，如举办和当地居民的交流活动，召开社区老人家属护理交流会，开设健身体操班、各种讲座等。这些活动扩展了社区老年人的生活空间，使老年人排遣了孤独，减少了老年人智能弱化、痴呆化情况的发生。居民通过对老年人生活的支援，加强了邻里之间的联系，分享了经验，充实了自我，民主意识和社会参与意识都有所增强。社区居民参与养老志愿服务，不但增强了社区凝聚力，对于社区的和谐发展也产生了积极作用。

三是建言献策，为构建 NPO 与政府之间的新型伙伴关系发挥了作用。

近年来，日本政府、非营利组织、市民团体、社区居民之间正在形成一种新型的互助、互动的关系。这种在相互理解与信赖下，拥有共同的目标，相互配合，合作解决地区公共问题的做法在日本以“协动”一词来表示，即政府通常负责制定规划、提供经费支持以及进行审计监督，具体事项交给非营利组织等民间团体来负责和运营。“协动”是以市民的广泛参与为前提的。横滨市最早将“协动”概念引入政策并予以实践。1999 年 3 月，横滨市政府颁布《横滨市政府与市民活动的协动基本方针》，提出“协动六原则”，即平等性原则、自主性原则、独立性原则、相互理解原则、目标共享原则以及公开性原则。之后，“协动”迅速成为日本各级地方自治体竞相采用的政策用语。“协

① 〔日〕安立清史：《福祉 NPOの社会学》，東京大学出版会，2008，第 137 页。

动”方法有委托事业、发放补助金资助活动或共同举办活动，开展人事交流、进行人才派遣，提供设施和设备等。当今，不少养老护理 NPO 在保持自身独立性的同时，还注重与地方政府、其他非营利组织、当地企业、社区居民建立一种“协动”的新型关系。

日本政府对 NPO 参与养老护理事业是持鼓励和支持态度的，不仅对一些符合要求的养老护理 NPO 在护理保险法上予以认定，通常还以护理保险费的形式购买养老护理 NPO 的服务。目前，都道府县和市町村向 NPO 法人购买服务要大大高于营利组织。由于护理保险制度范围之内的服务不能完全满足民众的需求，因此，养老护理 NPO 从事大量护理保险制度之外的服务。这些制度外服务对于护理保险制度是一种补充和完善。各地小规模民间养老护理机构的增多，也使得政府的财政负担得以减轻。

在解决老龄化问题、满足居民养老护理需求上，NPO 与政府的目标是相同的，有些服务也是重合的。因此，发挥各自特性，构建 NPO 与政府的伙伴关系，推进两者积极、协调的联系非常重要。养老护理 NPO 与政府的关系是平等的、相互合作的，也是政策措施的贯彻者，因此常常作为居民代表被邀请参加到护理保险事业决策委员会中。① 厚生劳动省对其领域 NPO 的“协动”表现为在市町村范围内实施“地域支援事业”，即针对一部分从事护理预防事业、综合支援事业以及任意事业的 NPO 进行购买服务，其目的是在老年人成为需要支援和需要护理状态之前，推进护理预防。厚生劳动省还设立了“地域护理、福利空间改造推进交付金”对那些地区护理服务设施改造支付经费。具体做法是市町村将改造计划中 NPO 能够实施的部分予以资助。2011 年 5 月 26 日内阁府大臣官方市民活动促进课的《平成 22 年度（2010 年度）特定非营利活动法人的现状与认定特定非营利活动法人制度的利用状况的调查》② 表明，从地方政府（地方公共团体）得到补助金、援助金的 NPO 法人占 28.7%，受地方共同团体委托开展活动的非营利组织法人占 25.7%，从地方公共团体处获得场所和设施的 NPO 法人有 8.5%。以护理保险为例，NPO 法

① 〔日〕田中尚輝、浅川澄一、安立清史：《介護系 NPOの最前線—全国トップ16の実像》、ミネルヴァ書房，2003，第 9 页。

② 〔日〕内阁府 NPO 网站，https：//www. npo-homepage. go. jp/data/report29. html。

人作为受委托者的情形不断增加。

地方政府对从事养老护理事业的 NPO 予以各种形式的资助和补贴。NPO 法人“大家来此集合吧”在其发展过程中多次得到地方政府的资助。如 1997 年获得富山市民间日托服务培养事业补助金（5 位老年利用者每年 180 万日元补贴）；1998 年再次获得 10 位老年人和残疾人利用者 360 万日元补贴。因此，NPO 在保证自己独立性的同时，接受政府财政的援助也十分重要。

由于 NPO 具有能敏感捕捉到社会的前沿问题，能在活动中发现政策中存在的问题并积极谋求解决的特性，养老护理 NPO 也如此，因为一直走在日本福利的前沿，所以，容易发现问题、提出问题和解决问题。一些养老护理 NPO 积极参与当地福利政策的制定，在养老护理领域发现问题并给政府提案。NPO 法人“温馨护理中心”（1987 年创立）创办之初的理念是要改善社会福利服务的模式，为日本护理服务产业化做出有益的探索。创立者石川治江在与从事看护工作的社工交流的过程中，发现社工负担和压力过重，于是进行了一系列“合约护理服务”的探索，为日本政府在 20 世纪 90 年代后期养老护理保险制度的酝酿和制定提供了重要参考。NPO 的会员们感到现有居家福利、设施福利并不能满足居民多样化的需求，于是创造了老人集体公寓、宅老所这类新型养老护理模式，推动了护理保险服务中采纳认知症对应型共同生活护理、小规模多功能型服务，也使得自身取得了较大的发展空间。因此，有学者认为，“通过对 NPO 的实际考察，最大的发现就是，NPO 拥有社会运动这种批判精神，同时也进入到社会内部，作为担当社会系统一部分的市民经营体活跃地开展活动。它们在护理保险制度方面的活动就说明了这一点。护理保险是经常受到批判的制度，但 NPO 成为该制度的经营者，与企业、公益法人、医疗法人进行竞争，试图做些只有 NPO 可以做的事情。由于 NPO 的出现，有些方面已经发生了变化。NPO 进入到制度内部带来了变化和影响。已有的公益法人、社会福祉法人、医疗法人、企业等已经开始受到来自这个拥有不同价值观和行为规范的竞争对手的影响”①。

① 〔日〕佐佐木毅、〔韩〕金泰昌主编《中间团体开创的公共性》第 7 卷，王伟译，人民出版社，2009，第 329 页。

NPO法人“大家来此集合吧”开创了一种小规模多功能的日托服务——“富山型日托服务”，即针对老年人、残疾人、残障儿童，在同一机构内提供福利服务的一种方式。托老所里老年人、残障儿童、残疾人在一个空间里接受服务，托老所弥漫着家庭氛围，老年人和孩子在一起心态年轻了，核心家庭成长的孩子也可以得到如同祖父母的关爱。近年来，“富山型日托服务”发展速度较快，并向滋贺县、长野县、爱知县、德岛县、熊本县、佐贺县扩展。该组织也在发展进程中获得了诸多奖励，如作为魅力富山营造部门获得“93年度富山toyp大奖”、[①]《中日新闻》的“中日社会功劳奖”、“第一届NHK故乡富山大奖”、“日经年度女性2003”综合第二名大奖。[②]

四是居民参与及互助的形式，为日本养老护理事业提供了创新性和未来发展方向。

养老护理NPO是以开展市民自由的社会贡献活动为目标的，他们既开展护理保险事业，又从事社会贡献活动。因此，养老护理NPO在对老年人提供服务的时候，始终肩负着团体的使命，参与者都是由于对组织的目标认可，既是提供养老护理的服务机构，也是会员之间的互助组织。养老护理NPO是会员制，有理事、会员参与的形式、有偿制度外服务从事的形式，也有志愿者参与的形式。NPO与会员之间的关系，既是雇佣者也是具有团体运营责任的社员，这种会员关系与企业员工和公司缔结的雇用合同关系不同。例如，作为家庭助手在NPO里工作的员工，同时也是NPO法人的会员。像“北九州爱之会”（1991年开始互助活动，1999年成为NPO法人）有正式会员、活动会员和赞助会员。在很多场合，NPO的服务提供者与社区老人是同一地区、社区生活的居民，这就决定了养老护理NPO的活动方式是一种居民参与及互助型的。

养老护理NPO凭借与行政不同的视角、灵活的有先驱性的活动而显示了创新性和未来发展方向。这类组织“是生活在同一社区中的居民之间本着邻里扶助的精神成立的一种自发性的福利服务供给体，它的目的不在于营利，而在于通过互帮互助，营造一种民主管理体系和比较宽松的社区生存环境，它的

① Toyp即The Outstanding Young Persons，意思是杰出青年。

② 〔日〕《日経WOMAN》是日经BP出版社每月面向职业女性发行的杂志。1999年开始，每年12月，评选这一年在事业上活跃的女性并颁发奖励。

经济来源和劳动力来源主要是政府资助与社会捐助、经营收入以及志愿者提供的无偿劳动”①。养老护理 NPO 致力于发挥本地志愿者的功能。从近年来的情形看，养老护理 NPO 中，志愿者数量有了一定程度的增加。据全国社会福利法人协议会《全国志愿者活动现状调查》，以志愿者为目的的团体中，以老年人福利为活动中心的团体占 57.7%，活动内容以辅助用餐为多。其次是访问活动、咨询、陪聊、交流活动、外出陪伴等。② 越来越多的志愿者加入到养老服务领域将是未来的发展趋势。

今后，随着“团块世代”老年人养老护理需求不断增大，养老护理 NPO 提供的上门服务、日托服务、短托服务、长期服务以及老年保健咨询和指导服务的居家养老护理还将不断发展。同时，养老护理 NPO 在预防老年人疾病、维持老年人健康的预防护理体系建构方面，也将起到越来越重要的作用。我们有理由相信，养老护理 NPO 将会作为日本福利服务供给体系的一支重要力量，与地方政府、营利企业各自承担不同职责，共同发展福利事业，这将是日本未来的发展趋势。

① 沈洁：《福利非营利组织在社区福利供给中的作用——以日本社区福利为例》，《华中科技大学学报》（社会科学版）2004 年第 2 期。

② 〔日〕山内直人：《高齢社会におけるNPOの役割》，《オペレーションズ・リサーチ》1999 年 12 月号。

B.8

俄罗斯民间组织的发展与改革

庞大鹏*

摘　要：

俄罗斯根据国情与现实，将民间组织分为三类区别对待，取得了积极效果。俄罗斯民间组织的发展与改革和国家治理密切相关，涉及国家安全战略、软实力与国家形象，以及社会政治稳定等一系列基本问题。无论是防范、依靠还是扶持民间组织，其遵循的基本原则是一切为了国家的长治久安。

关键词：

民间组织　改革　国家治理

俄罗斯的民间组织可分为三类：一是指外国非政府组织分支机构以及得到西方各类资金资助的社会组织，它们是具有利益集团包括海外资本背景的民间组织，如开放社会基金会、新前景基金会、创造与建设基金会等；二是有官方色彩并为政府政策服务的民间组织，如俄罗斯国际科技文化合作中心、戈尔恰科夫支持公共外交基金会和国际事务理事会等；三是从事社会保障、公众服务、公益事业等活动的社会性民间组织，如宗教组织、退伍军人协会、残疾人组织、房屋委员会、学校—幼儿园家长会、体育和文化俱乐部等。

第一类民间组织受到了政府的警惕和严格限制，是政府重点防范的对象。第二类民间组织是为了配合国家对外战略以及国家安全战略实施的重要力量，是政府的智库和领袖的外脑，在俄罗斯治国理念的形成及制定过程中具有重要地位。第三类民间组织由于其公益性及非政府性的特点，受到积极资助和大力

* 庞大鹏，中国社会科学院俄罗斯东欧中亚研究所研究员，俄罗斯政治社会文化室主任。

支持。总起来看，俄罗斯政府防范第一类民间组织，依靠第二类民间组织，扶持第三类民间组织。

一 对外国民间组织和有外国背景的本国民间组织的管理

俄罗斯加强外国民间组织和有外国背景的本国民间组织的管理具有极强的针对性，其历史背景是以美国为首的西方国家，借用民间组织，打着开展合作、资助科研、促进交流的旗号，进行思想意识形态渗透，对俄罗斯的科研、教育和大众传媒施加影响。更有甚者，直接给反对党提供资助，插手选举活动，明目张胆地干涉内政。借助民间组织干涉内政的做法，引起俄罗斯的关注，并采取了行之有效的举措。

俄罗斯政府对此类组织加强管理的举措主要涉及以下三个问题：如何设置登记注册的门槛；如何对资金实施管理；如何对人员和活动实施监督与管理。

一是登记注册。对外国民间组织和有外国背景的本国民间组织进行管理的第一步是登记注册。这是从源头上实施监管。最基本的规定是要求这类民间组织章程规定的宗旨和活动要符合俄罗斯的宪法，必须遵守俄罗斯的法律，不得危害俄罗斯的国家安全。

这一点连声势最盛的美国和管理最为宽松的德国也不例外。美国联邦《国内税收法》明文规定，基金会等民间组织机构“不得从事煽动性的宣传或企图影响立法的活动，不得参与或卷入（包括利用出版物和散发有关的言论）支持某人竞选公职的政治性活动”；德国《公共社团管理法》规定“如果有关当局确认一个社团的目的或活动违反了刑法，或者反对宪法秩序或国际友好观念，可予以取缔处理”。

我国规定民政部门为外国民间组织的登记管理机关，这与俄罗斯不同。在俄罗斯登记注册机关是司法部，主要管理机关也是司法部，同时检察机关也承担一定的监察工作。中亚地区几个防范“颜色革命”工作做得比较成功的国家，如哈萨克斯坦、土库曼斯坦和塔吉克斯坦，都是司法部统一管理、负责登记注册。

在发生“颜色革命”之后，俄罗斯加大了立法约束的力度。俄罗斯对 20

世纪 90 年代出台的《社会联合组织法》和《民间组织法》进行修订，针对在俄罗斯外国民间组织设立分支机构和代表处不断增多、日趋活跃的现象，在登记注册上详加规定。其中有借鉴意义的两条：一是在俄罗斯联邦境内成立外国非政府、民间组织分支（代表）机构，申请方需要提交由创始国登记注册机关为其出具的担保；二是上述已列条款，即如果外国非政府、民间组织分支（代表）机构成立的目的和任务对俄罗斯联邦主权、政治独立性、领土不可侵犯性、民族统一和特性、文化遗产和国家利益构成威胁，或者那些已经完成法人登记的外国非政府、民间组织分支（代表）机构，发生了严重违反俄罗斯联邦宪法和俄罗斯联邦法律的行为而被取消法人登记的，俄政府有权拒绝给予登记，要求其不得在俄境内活动。

二是资金管理。资金管理是整个监管过程中的核心环节，应该予以特别的关注。从俄罗斯的经验看，强调资金使用必须遵守所在国的法律、法规，不允许将资金用于有政治目的的捐助；强调资金使用的规范性、公开性和透明性都是监管过程中应该遵循的最基本的管理原则。

在戈尔巴乔夫公开化和民主化思潮的影响下，俄罗斯一度为了得到西方国家的资金支持，对来自西方的基金会持欢迎的态度，实行全方位开放。除了方便它们在本国设立分支机构，还允许它们随意资助国内的反对党，资助建立学生组织和大众传媒。实际上，即使是法国、美国等西方国家也禁止外国民间组织资助本国政党，干预本国政治。1991 年开始生效的《关于承认民间组织法律人格的欧洲公约》规定，各国有权为了本国的公共利益，根据自己的法律对在本国的民间组织实施限制和约束；如果民间组织的目标和活动有损于国家安全、公共秩序、公共健康、伦理道德、他人权利和自由，或有损于和他国的关系、国际和平和安全，各国可不执行此《公约》，这表明禁止民间组织干预内政是国际规范的一部分。

俄罗斯强调资助不得用于政治目的。早在 2001 年 7 月颁布的《政党法》就明确规定，国内“政党及其地区组织”不允许接受“外国和外国法人”“外国公民”“无国籍人士”的捐赠。发生“颜色革命”后，俄罗斯开始重视监督外国民间组织的资金流向。

2006 年修订出台的《社会联合组织法》和《民间组织法》规定：在俄活

动的外国民间组织必须向俄方通报其资金和其他财产的数额、来源和它的用途，以及实际使用情况；本国民间组织如接受国外资助也必须说明资金来源和用途；国家权力机关有权禁止外国民间组织汇寄资金和其他财产；国家金融监察联邦机关、全权负责检查和监督税收的联邦执行权力机关、全权履行打击非法资金合法化（洗钱）和资助恐怖主义的联邦执行权力机关，有权对民间组织的活动和财务是否符合其创办时规定的目的和任务进行随机审查，将它们的决定结果报给注册机关，由其决定是否给予处罚或是直接取缔。

由于受到来自美国的很大压力，俄罗斯国家杜马进行法案修订时，取消了原有的对超过 50 万美元的资金流入进行监控这一条款。但是总体而言，这两部修订后的法律为俄罗斯政府限制外国民间组织的政治渗透提供了法律利器，正如普京所说，这些法律的目的就是要“防止国外势力干涉俄内部事务”。

2012 年俄罗斯对《民间组织法》再次修订。修订的主要内容依然是针对接受外国资助的民间组织。此次通过的修正案明确赋予接受国外资金及其他财务资助并参与俄境内政治活动的独立法人民间组织以“外国代理人”地位。法案规定，从国外获得资金并且参与政治活动的民间组织必须以“外国代理人”的身份进行登记。这些组织将被列入特别清册，必须定期汇报其活动以及领导者名单。一旦被列入“外国代理人”类别，该民间组织将在司法部履行特别的注册手续，每半年提交一次资金来源和使用情况报告，并接受其他特别检查。

对“外国代理人”民间组织违反相关法律的处罚措施如下：那些没有提供必要信息的“外国代理人”民间组织会被国家相关部门予以警告或者 1 万 ~3 万卢布的罚款，对法人处以 10 万 ~30 万卢布罚款；未登记的“外国代理人”民间组织处以 10 万 ~30 万卢布罚款，对法人处以 30 万 ~50 万卢布的罚款；如果“外国代理人”民间组织未按规定在媒体或网络上公布信息，而这些信息是为“外国代理人”提供帮助，将对其处以 10 万 ~30 万卢布罚款，对法人处以 30 万 ~50 万卢布罚款；禁止活动的“外国代理人”民间组织继续活动，对组织者将处以 3 万 ~5 万卢布的罚款，对于成员处以 3 千 ~5 千卢布的罚款。

三是对人员和活动的监管。对外国民间组织派驻机构及受到外国资金资助的本国民间组织，俄罗斯都运用法律法规对其活动及其成员的行为进行规范与监管。这些制度和措施主要包括以下内容。

设立检查和报告制度。外国民间组织在俄的分支机构必须接受有序、适当的活动检查，以便国家有关机构能够了解和监督其活动。分支机构要定期向俄当局通报其资金分配方案在俄罗斯的实施计划及其使用情况。这项规定便于俄政府了解和掌握外国人及外国组织向俄罗斯国内民间组织提供资助的情况，以便对资助活动和接受资助的组织进行更严格的监督和管理。

设立警告和惩罚制度和措施。外国民间组织在俄的分支机构必须严格按照其成立的目的和任务开展活动，不得违背俄宪法和法律。俄当局有权对它们的活动和财务进行随机审查。如果发现它们进行不符合章程宗旨和所通报目的违法行动，俄罗斯相关机关可以向其发出警告。外国民间组织的代表机构接到通知后必须中止在俄的有关活动，否则将遭到除名和取缔。

对外国民间组织在俄的分支机构领导的国籍规定。凡是被俄罗斯政府认定为“不欢迎其逗留（居住）”的外国公民和无国籍人士，不可以充当社会联合组织创办人、会员、参与者。

综上所述，基于国内外各种因素，俄罗斯加强对外国民间组织和有外国背景的本国民间组织的管理，限制其对俄罗斯国家安全的渗透，为俄罗斯的强国战略保驾护航。

二　有官方色彩并为政府政策服务的民间组织的发展与改革

有官方色彩并为政府政策服务民间组织的发展和改革，与俄罗斯对民间外交的认识息息相关。俄罗斯独立后，亲西方的“欧洲—大西洋主义”者一度控制外交大权，奉行向西方一边倒的政策。随着国内民族主义势力抬头和西方对俄政策本质的暴露，俄被迫不断调整对外政策。俄领导人承认，同西方结成战略同盟和尽快加入“文明世界大家庭”不仅是幻想，而且损害了俄自身利益，因此，强调俄是世界大国，并奉行独立的对外政策。1996 年以后，俄独立自主的大国外交政策最终确立。俄也开始反思外交政策的失误。俄承认在国际舞台上遇到困难，但重要的是分析失败的原因，弄清软弱的根源在哪里、俄还有哪些潜力与如何利用它们。正是在这样的背景下，俄民间外交的理念与举措逐渐清晰。有政府色彩民间组织在上述历史进程中逐步发展与改革。

（一）俄罗斯对民间外交的认识

其一，基本判断。俄罗斯高层重视民间外交，认为这是外交政策工具多元化的必由之路，提出民间外交是具有自身价值的国际交往渠道，有助于提高人民间的相互理解、巩固国际生活的共同法制基础，是对国际合作的天然补充。

其二，理论基础。俄罗斯认为，在普遍将民主和市场的基本作用视为社会制度和经济生活的基础的同时，民主和市场机制的实施又往往因各国的历史、民族特点和社会经济发展水平的不同而具有不同的形态。有鉴于此，俄领导层提出了“外交政策的人道主义方向”的理念，作为民间外交的指导思想。

其三，实现路径。发展文明间对话是俄外交政策战略的重要因素之一，并把它确立为俄外交在可预见未来的大思路。宗教外交是确立俄罗斯在国际政治中的精神领袖地位、坚持外交政策独立性以及在国际生活具体局势和问题方面推行俄罗斯国家利益的有效手段。

其四，优先方向。保护侨胞的利益是俄民间外交的优先方向。这主要基于以下判断：只有坚持全面地促进侨胞与历史祖国的联系，形成“俄罗斯世界”并使之成为全人类文明的独一无二的部分，才能实现既定的战略目标，即通过促使侨胞加强自己的民族文化的独特性，促进俄罗斯在国际政治中具有权威文明的、经济的和精神文化的伙伴。

其五，战略目的。俄语作为最基本的文化交流工具在俄罗斯民间外交战略中发挥了不可替代的作用。通过提高俄语地位，加强俄语在独联体地区文化和科技领域的合作。

其六，长期诉求。俄罗斯积极开展民间外交的长期诉求是为了改善国家形象。这是俄着眼于实现国家创新发展战略大局的主要举措。因为要想实现重新崛起的目标，俄罗斯需要为国内的改革和发展创造有利的国际环境，而且需要获得国外尤其是西方发达国家的资金和技术，并谋求加入世界经济一体化进程。这就要求俄罗斯保持良好的国家形象，改善与西方国家的关系。卓有成效的民间外交可以起到塑造正面国家形象的作用，从而实现俄罗斯与西方及外部世界的良好互动，为重新崛起创造有利条件。

（二）有官方色彩并为政府政策服务的民间组织成为俄开展民间外交的主要载体

其一，强化和利用俄侨网络。俄罗斯不仅要保护俄侨，更要以俄侨为依托开展民间外交。2006 年通过了保护侨胞利益的三个文件：2006～2008 年海外同胞工作纲要、“2006～2010 年俄语”联邦目标计划以及关于向生活在海外的同胞回迁俄罗斯提供帮助的国家计划。2006 年 10 月，俄在圣彼得堡举行世界同胞大会，成立了俄罗斯同胞协调委员会，把与同胞的合作提高到崭新水平，极大促进了俄各同胞组织的团结，巩固了海外俄罗斯裔移民的地位以及加强了他们同俄罗斯的联系。

其二，开展宗教外交。一是俄致力于民间组织参与外交进程。二是俄政府部门还积极与宗教组织和团体进行合作。通过近年来俄罗斯外交部同俄罗斯东正教教会加强合作的途径，推动俄罗斯东正教教会提出的一系列关系到参与国际组织问题的倡议的落实，其中包括建立联合国、教科文组织和欧洲委员会下属的宗教问题咨询机构。俄罗斯同穆斯林组织的合作发展成效也很显著。这种合作旨在发展宽容的伊斯兰的传统精神，限制国际极端伊斯兰势力对俄罗斯穆斯林的负面影响。在伊斯兰会议组织中的观察员地位使俄拥有了这样的可能性，以便推动伊斯兰世界的各个国家同俄罗斯穆斯林团体加强合作的外交政策。三是加强学术外交。保障俄罗斯专门研究国际问题的政治研究中心积极参与民间外交。俄高层认为，只有这样，才能避免由外国政治研究中心拨巨资在俄罗斯设立的分支机构在引导社会民意方面的消极影响。俄罗斯政治研究团体在引导有关现实问题的社会民意的形成方面的作用难以估量。为了达到这些目的，俄有关部门积极解决一系列的财政和组织问题，这些问题的解决可以加强俄罗斯科学院各个研究所的力量，理顺政府同它们及其他政治研究中心的关系，加强同它们中的具有国际实践经验的单位的合作。

其三，提高俄语地位。一是在海外保存俄语的使用空间，首先是提高俄语地位，包括通过支持俄罗斯剧院和俄罗斯大学或者斯拉夫大学、提高同胞在俄语教学机构学习人员的名额及奖学金、扩大俄罗斯科学与文化中心以及“俄罗斯之家”的分布网络等途径。俄在 2007 年举行了世界俄语年会，积极完成了上述任务。二是推广俄语和俄罗斯文化。俄罗斯不仅从政治、经济和军事上向中亚地区渗透，而且特别注意在这一地区扩大文化影响，加紧做争取人心的工作。俄罗斯千方百计力图保持在这里统治达 130 年期间所形成的优势，尽管经济非常困难，仍投巨资于这些地区的文化教育事业，例如，同塔吉克斯坦和吉尔吉斯斯坦在杜尚别和比什凯克共建“斯拉夫大学”。

其四，改善国家形象。一是确保俄罗斯在国外的大规模、全天候的新闻信息存在。首要之策是借助卫星广播，在全球各地，通过卫星电视，推介俄罗斯的娱乐、学术及新闻节目。二是借鉴在雅罗斯拉夫尔举办的全球政治论坛的经验，扩大与其他国家专家团体之间的联系往来，将俄罗斯对当今世界的发展道路及前瞻趋势的概念性研究成果投入到政治理论的科学交流中去。三是与直接向俄联邦总统负责的反篡改历史、反损害俄联邦利益委员会合作，在长期和系统化的基础上开展工作，让更多人了解对历史的客观评价，解释俄罗斯的相关立场，将围绕有争议历史问题展开的讨论非政治化，令其回归学术活动的轨道。与俄罗斯科学院的相关科研机构及俄罗斯的专业性民间组织（如“历史透视”“历史记忆”“俄罗斯世界”等基金会）开展合作。

（三）以俄对华民间外交的实践为视角看有官方色彩并为政府政策服务民间组织的发展

俄对华民间外交的实践取决于俄如何认识中国在俄对外战略中的地位。总体来看，这由以下两个因素决定：第一，中国是俄的邻国。俄各派政治势力都认识到，不同中国建立睦邻友好关系，就不会有东部的安全和稳定。第二，中国将要成为“富国”。在很多俄罗斯人的眼里，中国已是世界经济强国，甚至超级大国。因此，随着中国经济的发展和综合国力的增强，再加上俄同西方矛盾的增加，俄会越来越重视中国，越来越需要借助中国。所以说，俄把中国置于它对外政治战略的“优先方面”，不是偶然的。苏联解体后，俄汉学家由于缺少资金，不仅来华考察困难，而且缺少中国的报纸、杂志和其他基本资料。随着俄对民间外交的逐渐重视，上述情况得到极大改观。

俄对华民间外交的实践中比较有代表性的案例如下。

其一，俄罗斯中国友好协会及其各分支机构为巩固两国人民的友谊做出了不懈努力。俄中友好协会已经在俄罗斯多个州区以及高校建立了20多个分支机构，加强了俄罗斯广大社会民众与中国的友好联系。

其二，“俄罗斯世界”基金会在华设立多个研究中心。俄罗斯世界基金会是2007年6月由普京亲自授权成立的。基金会的主要目的是推广俄罗斯语言。基金会支持俄罗斯媒体和信息资源在国外传播、支持俄罗斯在国外建立俄语语言网站，在不同的国家为妇女、青年和儿童建立说俄语的机构等。

其三，建立“瓦尔代”俱乐部上海分论坛。“瓦尔代”俱乐部成立于2004年，俱乐部得名于首次举行会议的地点。俱乐部的目的是加强和发展俄罗斯同外国学者、政治家和记者的对话，并加强对俄罗斯和世界政治、经济和社会进程的科学分析。在俄罗斯国内外举行的“瓦尔代”俱乐部会议吸引了几十名各国政治学家参加。上海分论坛的设立直接密切了中俄两国学者的交流，起到了“二轨”外交的重要作用。

当前，中俄在人文领域互学互鉴，传统友谊日益加深。两国关系的社会和民意基础进一步牢固，但是如何形成长效机制需要进一步研究。应该培养知华派，大力开展民间外交。单纯靠高层出访带动双边关系发展显然不够。只有民间外交做得好，形成一个有效的外交缓冲区，才能预防和避免刚性冲突，拓宽合作领域，及时妥善地处理双边关系中出现的问题和分歧，推动建立中俄长期稳定健康发展的新型大国关系。

总之，近年来在推进中俄合作关系的过程中，双方间的利益共识和理论共识得到了较多的强调，但培养双方间文化共识对增进两国人民心灵沟通，促进中俄两大民族的相知与互信具有更加长远的战略意义。有政府色彩的民间组织在其中发挥了核心作用。

三　对社会性民间组织的大力扶持

在限制受外国影响的民间组织的同时，俄罗斯政府还加大对社会性民间组织发展的支持力度。国家的支持对象不是对单个社会组织，而是在社会服务所有领域有影响力、能发挥重要作用的民间组织。国家加大了对这部分民间组织的支持力度，支持它们从事社会保障、公众服务、公益事业等活动。

俄罗斯政府从联邦预算中划拨资金设立“总统津贴”支持公民社会制度框架下的民间组织。“总统津贴”额度不断增大，2011 年的额度为 10 亿卢布，2012 年超过 15 亿卢布。民间组织积极竞争，根据“总统津贴”的额度完成既定的社会计划。根据总统令“确保 2012 年国家支持民间组织参与公民社会的发展”，国家对以下方面的民间组织进行资助：公民社会总体情况的社会学研究和民意调查；保护公众和周围环境健康、教育、艺术、文化和公共外交领域的活动；保护人权和自由，法制教育；为贫困人口和弱势群体服务和支持；青年人的创新活动，青年运动和组织项目等。

另外，国家对社会民间组织进行重点扶持。根据 2010 年 4 月 5 日通过的联邦法（《修订某些关于俄罗斯联邦支持社会民间组织的立法的行为》），社会民间组织是指从事那些旨在解决社会问题和俄罗斯公民社会发展等问题的组织。根据 2011 年 8 月 23 日俄罗斯联邦政府《关于支持社会民间组织》的决议，国家优先支持社会民间组织的以下活动：预防遗弃儿童，支持母亲和儿童；提高老年人的生活质量；改进残疾人和他们的家庭条件；补充教育、科学—技术和艺术实践、群众性体育活动、儿童和青年在地方志和生态学领域的活动；促进各民族之间的团结合作；其他被批准的获得支持的民间组织的活动。

2013 年 7 月 4 日，普京表示，一些规范民间组织“外国代理人”的法律应当适度修改，以防止一些不参与政治的团体受到干扰。普京认为，把参与政治和社会问题的民间组织区分开来是有必要的，不会给只处理社会和卫生问题的组织带来麻烦。普京命令政府对这项法律进行分析和修改，避免出现模棱两可的情况。但他明确表示，得到外国资助的、被认为参与政治的民间组织仍然必须登记注册。

需要特别指出的是，俄罗斯设立了社会院，缓和社会紧张情绪，为社会性民间组织充分发挥作用提供了平台。

在 1993 年夏天召开的制宪会议上，叶利钦为了争取地方领导人赞同实行总统制而对地方做出了重大让步，同意把各民族共和国作为俄罗斯联邦的主权共和国并拥有退出联邦的权利载入宪法，也同意把 1992 年 3 月签订的有利于民族共和国的联邦条约载入宪法。十月事件后叶利钦改变了初衷，决定对制宪会议已通过的宪法草案再做修改。于是，停止了制宪会议各小组的活动，另成立新机构——社会院和国家院来分别征求各政党、运动和联邦主体的意见，在此基础上修订原草案。最早的俄罗斯社会院由此诞生。此后，俄罗斯社会院组织结构进一步完善，作用也由最初的修订宪法和遏制地方分立势力逐渐发展为由公众代表对国家机构的工作进行评估，对各类法案提出完善意见。1996 年 6 月 26 日，叶利钦发布命令，决定将俄罗斯社会院改组为总统政治协商委员会。叶利钦是根据一些党派的建议发布这项命令的。一些党派建议在建立经济改革和政治改革的法律基础时，改善联邦国家政权机构之间的相互关系并吸收社会各界广泛参加到这一进程中来。叶利钦建议，国家杜马中的各个党派和在国家杜马选举时未能在国家杜马取得席位的那些党派首先加入到政治协商委员会中来。别斯兰人质事件后，2005 年 4 月 5 日，普京签署《俄罗斯联邦社会院法》，法律从 2005 年 7 月 1 日起生效。根据法律第 26 条规定，为了保证社会院的有序活动，2005 年 9 月 30 日，政府总理弗拉德科夫签署《俄罗斯社会院机构章程》。2006 年 1 月 1 日，新的俄罗斯社会院正式运行。

2006 年 8 月 7 日，普京签署《关于组成隶属于联邦各部、各局和各署的、活动由俄罗斯联邦总统领导的社会委员会和隶属于以上各部委下属机构的社会委员会的程序》的命令。按照该命令，这些社会委员会可以按照俄罗斯联邦社会院委员会的建议、经审议后成立；社会院的代表有权参加一系列部、局委员会的工作，这些部和局有义务提前向社会院通报委员会会议召开的日期、时间、地点和会议日程，并递交所讨论问题的资料。

总之，从俄罗斯区分对待和管理三类民间组织的实践来看，有两点经验值得借鉴。一是需要正确区分不同性质的民间组织，进行分类管理。二是需要突出依法行事的特点。

四　俄罗斯民间组织发展改革与国家治理的相互关系

从对俄罗斯三类民间组织的论述可以看出，俄罗斯民间组织的发展与改革与俄罗斯国家治理的理念与举措密切相关。以国家治理为视角，俄罗斯从国家安全战略出发管理外国非政府组织分支机构以及得到西方各类资金资助的社会组织；从民间外交与国家形象的战略出发管理有官方色彩并为政府政策服务的民间组织；从政治稳定的需要出发管理社会性民间组织。

（一）从国家安全战略出发管理外国非政府组织分支机构以及得到西方各类资金资助的社会组织

美国从1946年起正式在其他国家“促进民主”发展。2010年这种开支总额达400亿美元。开支项目为支持经济、安全和医疗卫生。其中用于支持“民主”的资金是36.5亿美元，包括维护法律和人权（11亿美元）、国家管理（16亿美元）、发展政治竞争（3.12亿美元）和建立公民社会（6.47亿美元）。受援最多的5个国家是阿富汗、伊拉克、墨西哥、巴基斯坦和海地。对俄罗斯支持的顶峰时期是20世纪90年代，俄罗斯曾进入前15名。援助资金是通过以下方式分配出去的：国务院将绝大部分资金拨给美国的民间组织，如美国国际开发署和国家民主基金会等，由它们将资金划拨给级别更低一级的美国民间组织，如美国国际共和研究院、美国国际民主研究院，通过它们资助各国的非商业性机构。美国国家民主基金会网站上有2009～2010年得到资助组织的名单，其中常常看见俄罗斯的“士兵母亲”的各地区组织，如普斯科夫分支得到2.16万美元，受资助最多的是“圣彼得堡士兵母亲”，收到9.4万美元。拿到美国资金的其他组织有社会信息通讯社（6.7万美元）、极端新闻中心（5万美元）、下诺夫哥罗德反酷刑委员会（8.5万美元）、列瓦达民调中心（3.3万美元）等。在这个名单中还见到了轰动一时的保卫选民权利组织戈洛斯协会的身影。又比如，美国国家民主研究所从1989年起就在俄罗斯开展活动了。该研究所跟踪调查俄罗斯选民情绪。国家民主研究所在俄罗斯的主要工作任务是：推广为支持外国的民主制度而制定的教育计划；考虑到其他主权国家广泛的国家利益和民主人士的具体要求，通过资助发展民主的计划来提供支持；就对外政策问题实施针对大学生和政治活动家的教育计划；提供奖学金、补贴和有助于实现上述目标的其他支持。而《民间组织法》第23条第1款规定，外国非政府组织如果它成立的目的威胁到国家主权、政治独立、国家的统一和独特性、俄罗斯的文化遗产和国家利益，那么在俄罗斯不能开展活动。

直到普京上台，俄才基本解决了上述政治安全问题。就政策层面而言，主要的举措是通过《民间组织法》，对国外基金会加强管理，严格控制国外资助的民间组织，防止国外势力干涉俄罗斯内部事务。在此基础上，在意识形态领域，确立了以“主权民主”思想为核心的主流政治价值观，掌握了政治思想领域导向的主动权，并得到了俄民众的认可，从而有效化解发生“颜色革命”的可能性。

2008 年以来，金融危机对俄政治安全形成冲击，这体现在 2011 年第六届国家杜马和 2012 年总统大选时俄国内民众反抗声音不断。为应对俄罗斯政治安全出现的新变化，普京实施了一系列政治体制改革措施，但国家权力结构未出现实质性变化。俄政治安全态势总体稳定。

普京执政基础雄厚，控局能力强。第一，普京的民意支持率依然最高，右翼势力（或称自由派）和左翼势力（共产党等）无法同其抗衡。第二，普京的执政基础有统俄党和全俄人民阵线的双保险，足以应对选举形势变化。除依靠统俄党外，普京在选举期间组建了“全俄人民阵线”。如果统俄党支持率大幅下滑，全俄人民阵线可在新选举周期之前转变为真正的政党，形成由中右翼统俄党和左翼全俄人民阵线组成的双核政党体系。第三，通过国家杜马制定或修改法律，加强对政治和社会组织的管理，规范反对派的集会游行示威活动，维护社会稳定，如通过《保护儿童免受不良信息危害的网络审查法》，修改《行政法典》、《非营利组织法》以及《叛国罪修正案》、《集会、游行、示威法修正案》等，加强了网络管理和监控，限制和打击了政治反对派和民间组织的违法活动。第四，顺应民意，适度政治改革。如修改《政党法》，将组建政党所需的最少法定人数从 4 万名减少到 500 人；修改《选举法》，从 2012 年 10 月起恢复 2004 年取消的州长直接选举制；加大反腐力度；等等。

政党格局虽略有变化，但未根本改变。执政的“统俄党”依然掌控政权，政治生态总体稳定。从 2011 年新一届国家杜马（议会下院）选举结果看，统一俄罗斯党得票率 49.54%，获得 238 席（比上届减少 77 席）；俄共得票率 19.16%，获得 92 席（比上届增加 35 席）；公正俄罗斯党得票率 13.22%，获得 64 席（比上届增加 26 席）。虽然统俄党在国家杜马选举中席位减少，并且不再超过2/3多数，但仍是杜马第一大党，而且在2012年和2013年进行的地方选举中，统俄党大获全胜，在全部83个地方行政领导人中，74个来自统俄党，1个来自俄共，1个来自自由民主党，7个为无党派。

总之，叶利钦时代，从俄国内状况看，国家安全面临的国内挑战是由民主政权和管理体制的建立尚未完成、结构不稳定造成的。表现之一就是民间组织活动中表现出来的民族利己主义、民族中心论和沙文主义以及失控的移民现象，加剧了激进民族主义、地区分立主义和宗教极端主义的蔓延，并为爆发类似车臣战争的冲突创造了条件。因此，2000年通过的《国家安全战略》，指出国内政治安全面临的任务是：稳定宪法制度、国家权力机关及其机构，保证公民和睦和民族和谐，保障领土完整、法律空间统一、法律秩序、完成建立民主社会的进程，消除可能出现社会冲突、族际冲突及宗教冲突、政治极端主义、民族和地区分立主义、恐怖主义的缘由和条件。为此，在民间组织的管理上，进一步完善防止产生以分立主义和反宪法为目的的政党和社会团体并取缔它们的机制。2000年《国家安全战略》通过后，普京采取了行之有效的举措确保既定安全战略任务的实现。然而，俄罗斯的政治稳定依然受到独联体地区“颜色革命”的影响的冲击。

俄罗斯信息分析中心2013年的报告显示，仅2012年第四季度，国外为俄罗斯654个非政府组织提供经费283亿卢布，通过外国外交机构提供的资金有6.5亿卢布。这说明，西方国家，首先是美国动用大量资金通过软实力施加压力。为此在教育、文化和信息方面制定了约350个项目，以推动自己的民主模式，建立以美国价值和政策为方向的公民阶层。俄罗斯学者认为，有西方背景的民间组织作为外国代理机构有如下基本策略：不参与明显是为了巩固国体基础的项目；重点向基层组织和执行者提供资金和物质保障；在俄罗斯周边培训反对派积极分子；组织新的独立的分析中心，不仅研究社会进程，而且制定政治、法律、社会文化和宗教项目，加强外国的影响；帮助反对派参加竞选，通过组织群众抗议活动否认选举结果。与此同时，资助俄罗斯国内反对派集中精力从事以下几个方面活动：寻找和吸引资金来源；组织和举行没有明显政治背景的社会运动，以便赢得各类民众的好感；通过国家媒体和国际媒体最大范围地宣传自己的活动；与各国家机构和政权机关的代表接触，通过他们游说自己的利益。从以下几个方面实施得到非政府组织鼓励的反对派的战略和策略：制定和完善影响国家政治局势的手段和方式；务实并坚持不懈地与当局搞好关系，以便将自己的游戏规则强加给它们；通过引爆相关新闻由头与国家媒体进行合作；扩大同俄罗斯政治和商业精英的接触，并加强对希望变革的精英的工作，让其中尽可能多的人确信，在反对派上台的情况下将发生积极的改变；利用与社会经济问题相关的任何危机情况搞宣传，还要为扩大自身在群众中的影响而提出深入人心的口号。为此，在俄罗斯2009年通过的《国家安全战略》中早就指出，俄罗斯在民间组织的管理上必须揭露和抵制国际恐怖主义和国内恐怖主义，政治极端主义和宗教极端主义，民族主义和民族分裂主义。总之，对外国非政府组织分支机构以及得到西方各类资金资助社会组织加强管理的实质是确保俄罗斯国家安全战略的落实。

（二）从民间外交与国家形象的战略出发管理有官方色彩并为政府政策服务的民间组织

2013年，俄罗斯的外交构想中首次给出了俄罗斯软实力的定义，即“实现外交目标的综合手段，主要是公民社会、信息交流、人文以及其他能够替代传统外交的方式方法”。俄罗斯希望借助这样的“软实力”，来打造国家的“客观形象”。为此，构想建议使用新技术，如推特外交，并利用居住在全球各地的众多俄罗斯侨民。境外同胞将承担起非常特殊的作用，而俄罗斯国际合作署也首度出现在参与俄外交政策制定及实施机构的名单当中。有官方色彩并为政府政策服务的民间组织在践行软实力的尝试中做出了积极探索。

俄罗斯有官方色彩并为政府政策服务的民间组织，积极开展公共外交，其长期诉求是为了改善国家形象。这是俄罗斯着眼于实现国家创新发展战略大局的主要举措之一。因为要想实现重新崛起的目标，俄罗斯需要为国内的改革和发展创造有利的国际环境，而且需要获得国外尤其是西方发达国家的资金和技术，并谋求加入世界经济一体化进程。这就要求俄罗斯保持良好的国家形象，改善与西方国家的关系。卓有成效的软实力公共外交可以起到塑造正面国家形象的作用，从而实现俄罗斯与西方及外部世界的良好互动，为重新崛起创造有利条件。

（三）从政治稳定的需要出发管理社会性民间组织

根据2012年俄罗斯社会院的报告，俄罗斯的民族宗教民间组织共有19218个，致力于社会和谐发展的民间组织共115657个（其中含2180个哥萨克组织）。那么，为什么俄罗斯的社会性民间组织中有大量组织的宗旨是改善俄罗斯的民族宗教关系以促进社会和谐稳定呢？这与俄罗斯的国情与现状有关。

普京在2012年总统选举前夕，先后发表过7篇重要的竞选文献。第一篇《俄罗斯要面对的挑战》是对时代特征及俄罗斯发展阶段的分析。时代的特征及发展所处的阶段这两个问题一向是俄罗斯意识形态理论体系的基础，是俄罗斯领导层制定国家战略和重大政策的依据，所以开篇论述时代特征很正常。但是，在第二篇竞选文献中，普京并没有像在以往的竞选文献或者国情咨文中首先谈俄罗斯的经济问题，而是分析了民族问题。

第二篇竞选文献的题目是《俄罗斯的民族问题》。民族问题排在了随后论述的经济、政治、社会、安全与外交的前面，这本身就说明在当前形势下，俄罗斯领导层对宗教民族问题的极端重视。普京在《俄罗斯的民族问题》中表示，当前俄罗斯民族关系紧张的地区在扩大，宗教间紧张程度在加剧。事实上，这几年由于民族问题引起的恐怖事件时有发生。2009年11月，“涅夫斯基”特快列车爆炸事件；2010年12月带有民族主义色彩的球迷骚乱事件；2013年10月，莫斯科又爆发了三年中最大规模的反移民骚乱；2014年索契奥运会召开前夕，2013年12月29日，伏尔加格勒市火车站发生爆炸，30日又有一辆无轨电车爆炸，两起爆炸均被定性为恐怖袭击。俄罗斯是多民族国家，民族关系和谐稳定是俄罗斯复兴与重新崛起的基础，俄罗斯需要社会性民间组织发挥稳定器的作用。

俄罗斯需要社会性民间组织发挥稳定器的作用，恰恰是因为俄罗斯在社会经济与政治生态领域存在很多问题。

一是贫困问题。1992年俄罗斯有1/3的人收入低于贫困线，2000年贫困人口占29%。俄罗斯对贫困率的界定标准是收入低于最低生活保障线。目前俄将贫困人口标准界定在月收入6700卢布以下。按照这个标准，2010年贫困人口占12%，现在贫困人口又回潮到15%。俄罗斯10%的居民十分富有，他们的收入相当于10%最贫困居民的15倍，占全民总收入的1/3，而集中在穆斯林群众中的最贫困阶层的收入仅占2%。这种两极分化的贫困问题已成为民族矛盾的催化剂，因为排他和偏执的社会情绪更容易在贫困阶层中传播。而且，贫富差距造成民族心理上的被剥夺感，反映到现实的民族关系问题上就有可能造成隔阂和对抗。

二是地区问题。联邦主体中民族共和国的“90后一代”民族自觉意识也在抬头。这体现在瓦哈比主义在伏尔加河中下游地区的渗透。目前，出现了有地方分立主义色彩的政党，如“俄罗斯地区联合党”。虽然《政党法》不允许地方分立主义色彩的政党注册，但是这反映了一种社会情绪。

三是排外情绪问题。根据列瓦达中心2013年11月的民调显示，逾30%的俄罗斯人对与自己同城共处的高加索国家移民持反感态度，另有25%的受访者感到愤怒，6%的人表示害怕。社会中的排外心态和民族主义情绪皆呈上升势头。2013年10月在莫斯科爆发的反移民骚乱，其实并非令民族主义情绪飙升的导火索，只是当前社会心理的精准折射。当前，73%的俄罗斯人主张将来自独联体其他国家的非法移民驱逐出境，而在2012年，持同样看法者仅为64%；支持“俄罗斯属于俄罗斯人”这一观点的人，也从2012年的56%提至66%。而认同“受够了养活高加索”一类口号的受访者，已经从55%升至2013年的71%。在所有外来移民中，54%的俄罗斯人最主张限制的是高加索人的数量。民调还显示，41%的人认为出现排外和民族主义情绪的原因是移民的不良举止，30%的人承认这是对移民的害怕及不满情绪的宣泄。43%的受访者强调，执法机关及地方政府深陷腐败，向非法移民提供保护伞也难辞其咎。在拥有1150万人口的莫斯科，有统计称居住其中的信奉伊斯兰教的人有150万。现在莫斯科已成为欧洲最大的穆斯林聚集地。随着穆斯林人口的不断壮大，伊斯兰教的力量也在发展，并且出现与其他宗教信仰居民的对立情绪。2013年11月4日，俄罗斯团结日的当天，莫斯科警察如临大敌，出动大批警力维持秩序，是莫斯科乃至全俄民族关系紧张的一个体现。2012年10月29日，在起草民族政策战略的工作小组会议上，以鞑靼斯坦共和国为首的一些俄罗斯联邦的民族地区，反对联邦中央继续合并行政区的倡议和立法以及加强俄罗斯文化在国内优势地位的做法。

四是伊斯兰民间组织的政治化问题。伊斯兰教政治化即伊斯兰主义是俄罗斯联邦社会制度及国家体制面临的最严重威胁之一。其表现之一是俄罗斯穆夫提委员会不少成员经常发表与俄罗斯国家利益不相契合的主张，伊斯兰极端主义分子甚至从思想意识上将北高加索地区与俄罗斯的其他地区剥离开来。其表现之二是“瓦哈比院外集团”已经形成，并发展成为一个具有高管理水平的专业团体。可见，俄罗斯执政阶层必须抵制上述原教旨主义的思想倾向，打破伊斯兰院外势力想通过媒体和现行政治体制对社会施加影响的企图。

五是高加索地区稳定问题。高加索民族关系方面对俄罗斯国家安全的威胁包括：地区族际关系紧张，民族政治和宗教政治极端主义的现象屡禁不止；国际组织使民族因素政治化，试图利用一些社会团体扰乱俄罗斯社会；派系斗争和营私舞弊依然存在，并与民族矛盾和地段争议混为一体；一些民族地区的头面人物抵制全俄公民一致。当然，对高加索安全的主要威胁是旷日持久的恐怖活动。恐怖分子的目的是在高加索建立伊斯兰国家。俄罗斯必须在北高加索联邦区建立更完善的国家和全球监控体系，监控应对恐怖主义、分裂主义和排外行动的状况、因素和应对措施的效率，这种体系的工作不仅依靠统计数据，也依靠对社会舆论和专家意见的研究结果，为打击恐怖主义、分裂主义和排外行动而采取一系列政治和法律的必要措施。目前在北高加索，对伊斯兰教信奉者进行了积极的信息宣传活动。

应对上述问题，既需要在政府层面改善民族宗教政策，更需要俄罗斯大量的社会性民间组织，尤其是民族宗教组织在实现民族和谐领域开展大量细致的工作。梅德韦杰夫指出，阻止民族仇恨爆发首先是地区领导人而不是强力部门的任务。责成地区行政长官亲自管理民族和宗教关系问题。在民族关系上建立良好的疏导机制是俄罗斯政府需要面对的挑战。大力扶持致力于从事社会保障、公众服务、公益事业，促进社会和谐稳定发展等活动的社会性民间组织，如民族宗教的民间组织，是俄罗斯坚定不移的政策。普京除了在竞选文献中专文阐述俄罗斯民族政策外，在 2013 年的瓦尔代论坛和国情咨文中都强调了民族融合的重要性。2012 年 6 月 7 日，普京成立隶属于总统的民族关系委员会。2012 年 12 月 19 日，俄罗斯政府正式公布 2025 年前国家民族政策战略。2013

年 7 月 21 日，俄罗斯政府批准了 2025 年前国家民族政策战略实施计划。这份计划包括 82 项内容，包括完善民族政策方面的国家管理、保障公民平等权利、落实公民宪法权利、加强俄罗斯多民族间的民族团结和精神一致以及保障民族间和平与和睦。这份计划还包括为有效实施民族政策采取措施保障社会经济条件，促进俄罗斯民族多样性发展、教育体系发展、下一代爱国教育、支持俄语作为官方语言以及为移民适应社会和文化创造条件。在上述领域，俄罗斯社会性民间组织的发展迎来新的机遇。

五　结论

俄罗斯民间组织的发展与改革，是俄罗斯在苏联解体以来处理国家与社会关系时面临的基本问题。俄罗斯执政阶层根据俄罗斯的国情与现实，将民间组织分为三类区别对待，取得了积极效果。无论是防范、依靠还是扶持民间组织，其遵循的基本原则是一切为了国家的长治久安。

俄罗斯民间组织的发展与改革及俄罗斯的国家治理密切相关，涉及俄罗斯的国家安全战略、软实力与国家形象，以及社会政治稳定等一系列国家治理的基本问题。俄罗斯民间组织在俄全面深化改革以及治理体系构建中具有独特地位和重要作用。

从前景来看，首先，俄罗斯民间组织未来的发展与改革依然需要政权顶层的规划与定位，其次，俄罗斯强国战略的实现需要公民社会的发展，需要实现人的现代化以及国民心态的现代化，而在这一波澜壮阔的过程中，俄罗斯民间组织的地位与作用只会进一步加强，更好地服务于俄罗斯的重新崛起。

地方发展篇

Regional Development

B.9 上海浦东新区社会组织发展报告

庄大军　赵颖　韩巍*

摘　要：

浦东新区开发开放以来，始终坚持“小政府、大社会”的发展理念，以构建新型政社合作关系为突破口，不断加大社会组织培育扶持和监管服务力度，着力形成与经济社会发展相协调、结构合理、功能完善的社会组织发展格局和监督有力、引导有方、民主自律的社会组织管理格局。社会组织在承接政府转移职能、整合社会资源、引导社会参与、推动产业发展、协调社会关系方面的重要作用日益凸显。涌现出一批有社会影响力、特征鲜明的社会组织。本报告对浦东社会组织的发展情况、特色与作用，以及浦东在培育发展社会组织中

* 庄大军，浦东新区民政局副局长，研究方向为社会组织培育发展与服务管理；赵颖，浦东新区民政局社团处处长，研究方向为社会心理学、社会组织培育发展与服务管理；韩巍，浦东新区民政局，法学博士，研究方向为思想政治教育原理、传播学。

的探索与实践、思考与前瞻进行了深入分析，并提出相应的对策建议。

关键词：

浦东新区　社会组织　发展

党的十八届三中全会对于深化改革提出了更高的要求，明确指出要创新社会治理，激发社会组织活力。作为改革开放的排头兵，浦东新区立足上海“创新驱动、转型发展”的大局，围绕综合配套改革和二次创业的中心任务，以培育发展为前提，以发挥社会组织积极作用为目的，着力构建与经济社会发展相协调、结构合理、功能完善的社会组织发展格局，以及监督有力、引导有方、民主自律的社会组织管理格局。社会组织在承接政府转移职能、整合社会资源、引导社会参与、推动产业发展、协调社会关系等方面的重要作用日益凸显，成为浦东社会建设的一支重要力量。

一　浦东新区社会组织发展概况

（一）社会组织整体情况及趋势

截至2013年年底，浦东登记的社会组织共1662个（其中社会团体353个，民办非企业单位1309个），约占全市总量的近1/7，另有备案的社区群文团队5200余个。

从浦东社会组织近年来的发展看，呈现出以下特点。

1. 社会组织“质”与“量”得到不断发展。社会团体的发展从重视“量”逐步转向“质量并重”，民办非企业单位发展迅速，服务范围覆盖助老、助小、助残、助社会融合等多个领域（见图1、图2、图3）。

2. 社会组织力量日益壮大。注册资金总额成比例增长，从业人员数量快速增加，新锐力量不断进入，领军方阵不断增强（见图4、图5）。

3. 社会组织类型不断优化。社会团体类型多样，民办非企业单位类型丰

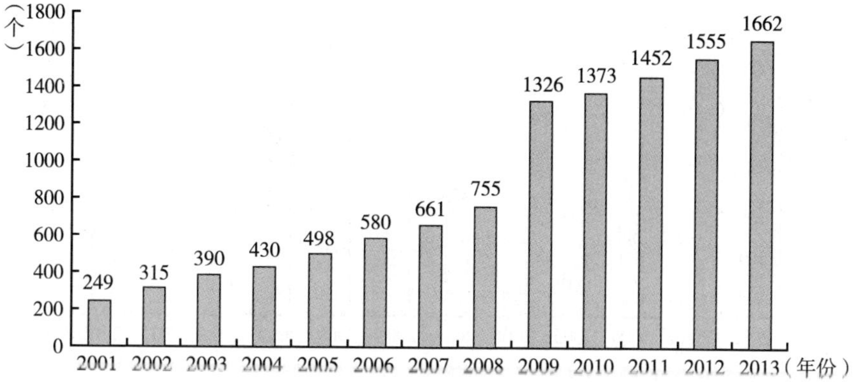

图 1　2001～2012 年浦东新区社会组织发展概况*

资料来源：上海市浦东新区社会组织 2013 年年度检查数据**（下同）。

*2009 年原南汇区并入浦东新区，当年统计数中净增量包含了原南汇的社会组织总数，浦东社会组织在总数和增量上都表现出大幅上升。2010 年，两区合并后一些同性质的社会组织（主要是社会团体）进行了合并，因而 2010 年社会团体总数数据显示有所下降。

**2013 年年检数据不包括 2013 年 6 月 30 日以后成立的组织，2013 年 7 月 1 日至 2014 年 6 月 30 日浦东新成立社会组织共 128 家。

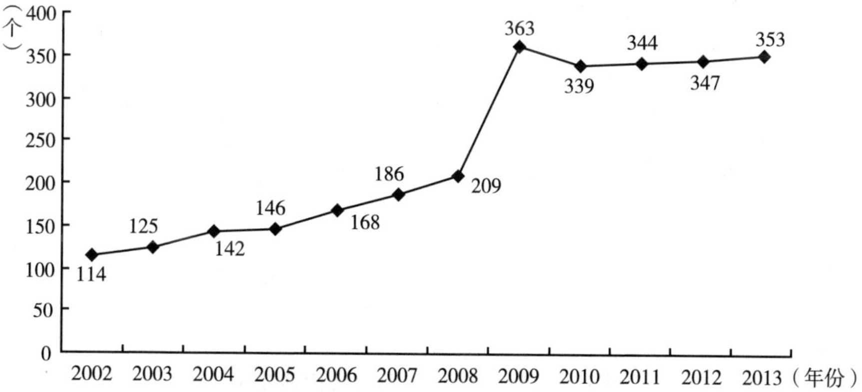

图 2　2002～2013 年浦东新区社会团体发展概况

富，服务民生的公益性社会组织约占全年增量的 50%（见图 6）。

4. 社会组织资金来源日趋稳定。收入总额逐年递增，资金来源日益多元，

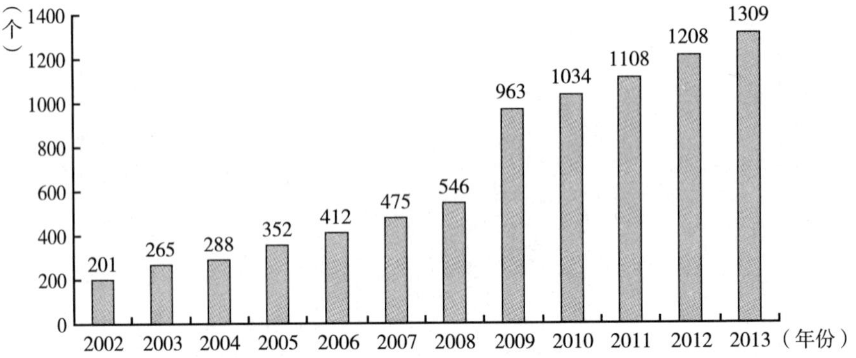

图3　2002～2013年浦东新区民办非企业单位发展概况

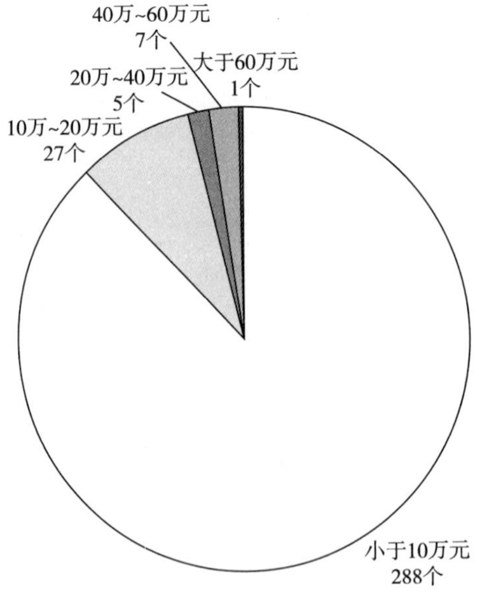

图4　2013年度浦东新区社会团体注册资金分布情况

包括组织自身的业务收入、政府购买服务、企业资助、社会资助等多个方面（见图7、图8）。

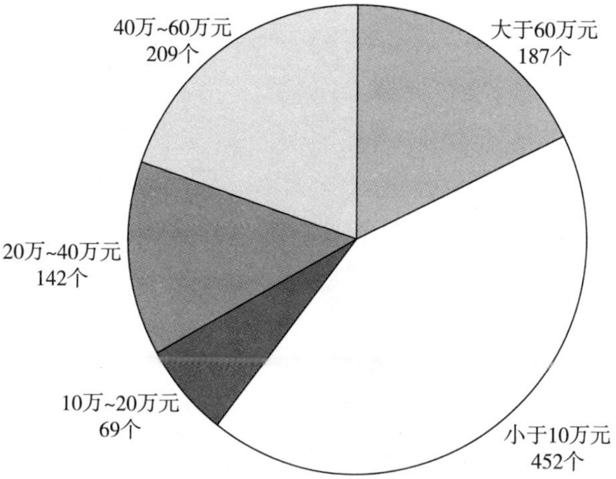

图 5　2013 年度浦东新区民办非企业单位注册资金分布情况

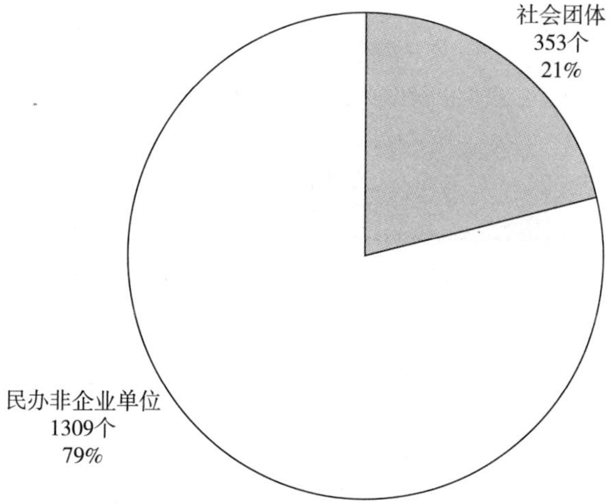

图 6　2013 年度浦东新区社会团体、民办非企业单位比例

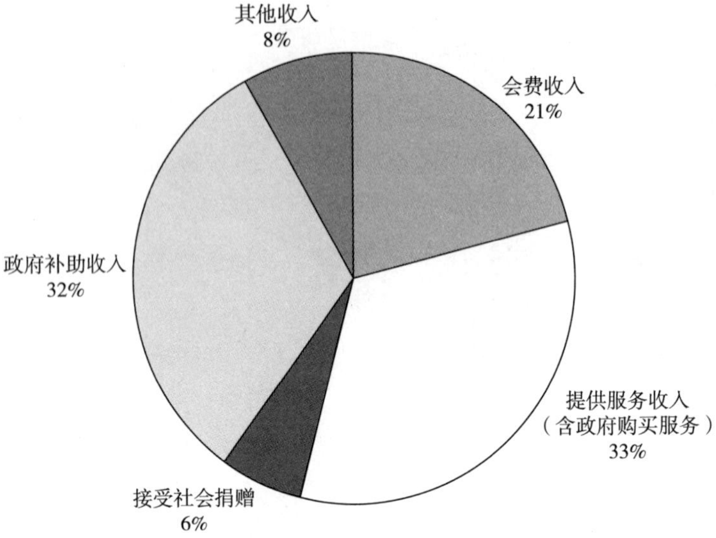

图7　2013 年度浦东新区社会团体资金来源

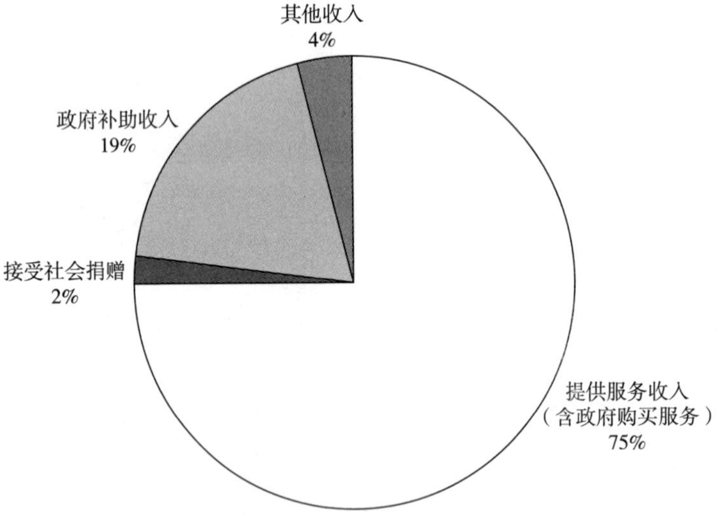

图8　2013 年度浦东新区民办非企业单位资金来源

（二）社会团体情况

截至 2013 年年底，浦东有行业性社会团体 22 个，占总数的 6.23%；专业性社会团体 175 个，占总数的 49.58%；学术性社会团体 42 个，占总数的 11.90%；联合性社会团体 114 个，占总数的 32.29%（见图 9）。

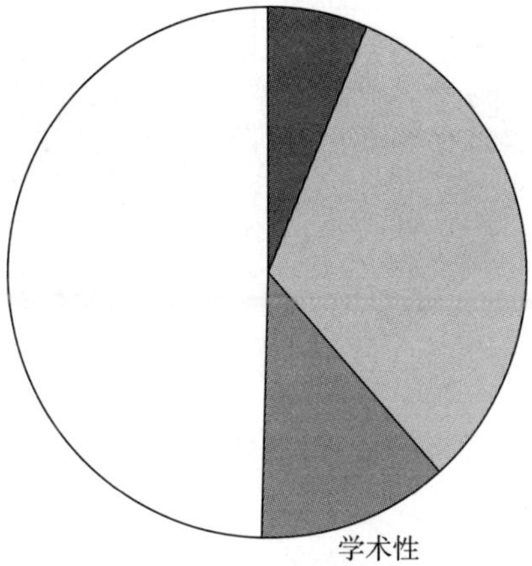

图 9　浦东新区社会团体的分类

数据来源：上海市浦东新区社会组织登记数据。

2013 年年度检查资料显示，社会团体工作人员总数为 2864 人。其中，持有“社会工作者”资格证书的有 88 人；持有从事岗位相应专业技术资格证书的有 385 人。

从年龄结构看：35 岁及以下有 672 人，占总数的 23.46%；36 ~ 50 岁有 837 人，占总数的 29.22%；51 ~ 60 岁有 614 人，占总数的 21.44%；60 岁以上有 741 人，占总数的 25.87%（见图 10）。

从学历结构看：高中及以下学历有 827 人，占总数的 28.88%；大学本科及专科学历有 1796 人，占总数的 62.71%；硕士及以上学历有 197 人，占总数的 6.88%；留学半年以上归国人员有 44 人，占总数的 1.54%（见图 11）。

（三）民办非企业单位情况

截至 2013 年年底，浦东新区有教育领域民办非企业单位 449 个，占总数

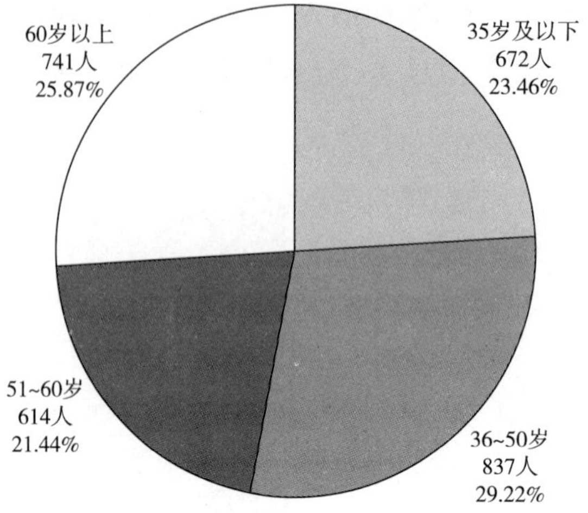

图10　浦东新区社会团体从业人员的年龄结构

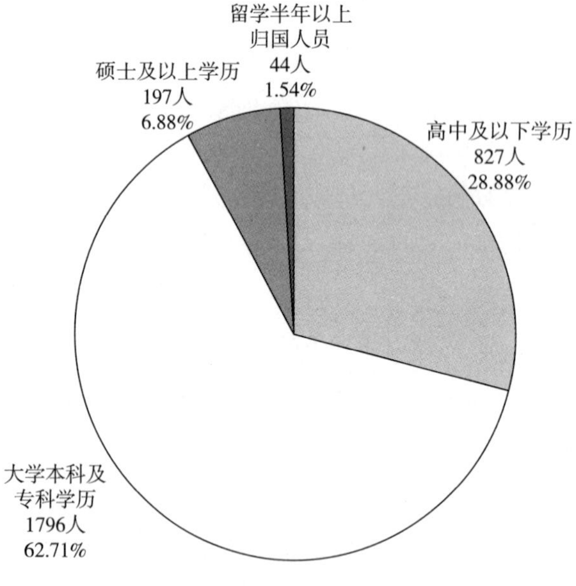

图11　浦东新区社会团体从业人员的学历结构

的34.2%；卫生领域民办非企业单位36个，占总数的2.76%；文化领域民办非企业单位74个，占总数的5.67%；科技领域民办非企业单位32个，占总数的2.38%；体育领域民办非企业单位36个，占总数的2.76%；劳动领域民办非企业单位 92 个，占总数的 7.06%；民政领域民办非企业单位 435 个，占总数的 33.36%（见图 12）。

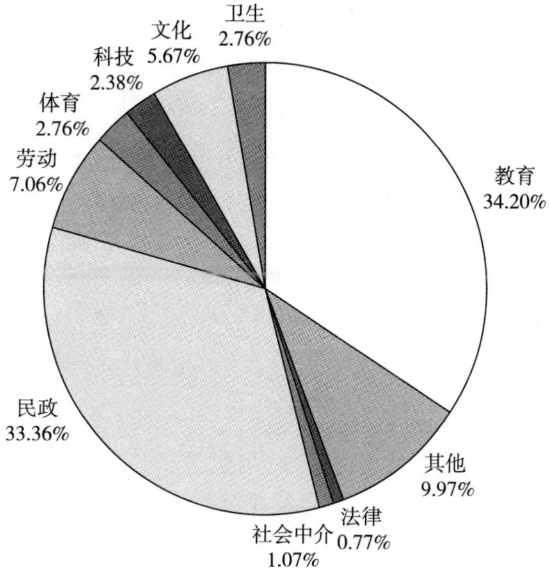

图 12 浦东新区民办非企业单位的分类

资料来源：上海市浦东新区社会组织登记数据。

根据 2013 年年度检查资料显示，民办非企业单位工作人员总数为 31530 人。其中从业人员中持有"社会工作者"资格证书的有 867 人；持有从事岗位相应专业技术资格证书的有 12147 人。

从年龄结构看：35 岁及以下有 9866 人，占总数的 31.29%；36～50 岁有 12162 人，占总数的 38.57%；51～60 岁有 7189 人，占总数的 22.80%；61 岁及以上有 2313 人，占总数的 7.34%（见图 13）。

从学历结构看：高中及以下学历为 15024 人，占总数的 47.65%；大学本科及专科学历为 15102 人，占总数的 47.90%；硕士及以上学历为 1220 人，占总数的 3.87%；留学半年以上归国人员有 184 人，占总数的 0.58%（见图 14）。

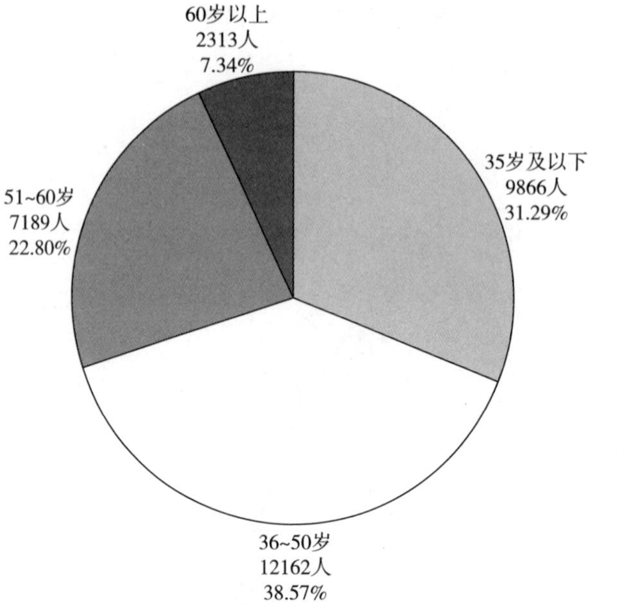

图 13　浦东新区民办非企业单位从业人员的年龄结构

资料来源：上海市浦东新区社会组织 2013 年年度检查数据（下同）。

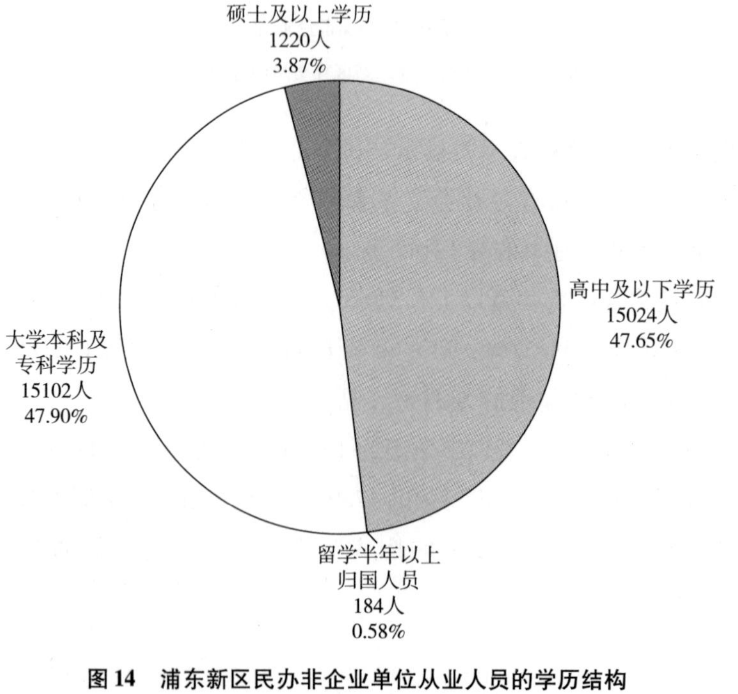

图 14　浦东新区民办非企业单位从业人员的学历结构

二 浦东新区社会组织的特色与作用

浦东社会组织的发展不仅是数量上的增长，而是“质”“量”并重的成长；不是单一类型的突进，而是多个领域的百花齐放；不是政府一家独大的推动，而是政社多方互动，协力前行。经过多年的发展，浦东已经涌现出一批具有社会影响力、特征鲜明的社会组织，在各自的领域发挥着日益重要的作用。

（一）具有独特民间性的组织

民间性是社会组织的基本特征之一，也是组织活力的重要来源，浦东社会组织不仅民间性强，而且业已形成一些具有独特民间性的组织，并在丰富社会公共服务方面发挥了重要作用。这类组织的特点：一是发起人层次高。一般或是名校毕业、研究生学历，或是有在企业工作多年的经历，或是专家学者，具有专业知识、创新理念和实践经验。如上海复恩社会组织法律服务中心的发起人就是专业律师，其机构致力于为公益组织提供法律支持；上海惠迪吉公益人心理关爱中心的发起人是华师大心理学博士，将心理学知识融入社区服务和家庭服务。二是关注的领域新。率先关注社会发展中出现的新问题、新需求，在服务的同时引导社会关注，推动政策发展。如上海久牵志愿者服务社是为贫困青少年尤其是来沪务工人员子女提供优质和免费的课外艺术教育，帮助他们获得实现自我的信心与能力。上海浦东手牵手生命关爱发展中心则是致力于生命教育和临终关怀，它的工作助推了上海市卫生局相关社会政策的制定。上海睿家社工服务社是一家致力于婚姻危机干预的机构，针对近年来离婚率居高不下的现象，建立家庭健康工作室，进入浦东市民中心婚姻登记处，开展婚姻危机干预和心理咨询服务，成立两年多来劝和夫妻达1000多对。由海外留学归国大学生创立的上海伙伴聚家养老服务社，借鉴英国居家养老的服务模式，结合国内的特点，开发新型的居家养老服务内容和服务模式，2009年创立时仅有4人，如今已发展到100多位员工。三是志愿者团队强大。除专业力量作为中坚外，志愿团队是这些组织运作的重要资源和支持，不仅数量大、向心力强、拥有较强的专业知识，而且具有引领和凝聚作用。其志愿者往往能够带动身边更多的人关注相关问题，并逐步参与其中，聚集起更多的人力和资源。

（二）具有很强支持功能的组织

浦东很早就关注到支持型组织对于社会组织个体发展和公益行业整体成长的重要作用，并给予了大力的支持。这类组织的特点：一是为其他社会组织发展提供支撑。如上海市浦东新区社会工作协会为社工机构和社会工作者提供社工专业培训、社工服务项目研发、社工实务调研、行业标准制定、政策咨询导读、行业服务评估等服务。同时，在指导项目运作的过程中，随着项目的优化、队伍的成熟，还孵化出了一批专业的社工机构（见表1）。

表1　活跃在浦东36个社区的浦东社工协会团体会员

序号	机构名称	序号	机构名称
1	慈爱公益服务社	22	阳光慈善救助服务社
2	东方医院社工部	23	优爱助残公益服务中心
3	儿童医学中心社工部	24	中致社区服务社
4	复惠社会工作事务中心	25	睿家社工服务社
5	公益社工师事务所	26	睿新社区服务中心
6	养老公益事业促进会	27	上海市东方青少年国际文化交流中心
7	伙伴聚家养老服务社	28	上海浦东联洋健康服务中心
8	久牵志愿服务社	29	上海浦东联洋家庭(教育)咨询服务中心
9	居家养老评估与服务指导中心	30	上海浦东新区创益生活文化交流中心
10	乐爱社工师事务所	31	上海浦东启程社工师事务所
11	乐家社工服务社	32	上海惠迪吉公益人心理关爱中心
12	乐群社会服务社	33	上海彩虹青少年发展中心
13	乐耆社工服务社	34	上海爱拍社区公益影像发展中心
14	民政第二精神卫生中心	35	上海乐业社工师事务所
15	青翼社会工作人才服务中心	36	上海海皮家园社区青少年发展服务社
16	手牵手生命关爱中心	37	上海中和社区矫正事务所
17	四惟社会工作者培训中心	38	浦东新区人民医院社工外联部
18	屋里厢社区服务中心	39	上海浦东联洋新社区服务社
19	香山中学学校社会工作室	40	上海浦东新区塘桥社会组织服务中心
20	欣耕工坊	41	上海浦东新区川沙新镇社会组织服务中心
21	新途社区健康促进社	42	上海浦东新区社区服务中心

二是形成了组织群、业务群。如上海浦东非营利组织发展中心，在浦东的支持下率先在全国启动公益组织孵化器项目，通过申请、评估等一套严格的程序，为创新性强、有发展潜力的社会组织，提供包括场地设备、能力建设、登记协助和小额补贴等创业服务，扶助初创性公益组织逐步成长，目前孵化出壳的机构已达39个，涉及健康、教育、助残、影像等多个领域。其自身也发起成立了专注“社区服务平台”建设的屋里厢社区服务中心，专注资源整合的上海公益事业发展基金会，专注企业社会责任的明善道管理顾问有限公司。

三是服务半径已扩展到全市全国。如上海映绿公益事业发展中心致力于推动公益组织能力建设，提高公益人才职业化水平，促进公益行业健康发展，成立十年来，“映绿”已为全国近2000家民间公益组织10000多人次提供培训、咨询、评估等服务，举办200多场次公益交流活动，开展20多项公益研究课题。特别是近两年在深圳、宁夏，大力推动了当地组织和业态的发展。根据浦东的实践，支持型社会组织呈现出机构孵化、项目研发、能力提升、绩效评估、智库支持、伙伴同行、行业规范、资源拓展、文化传播、平台支持十个方面的功能，社会组织发展的良性生态环境正在形成（见表2）[①]。

表2　支持型社会组织的功能

支持路径	具体表现	典型案例	
能力性支持	机构孵化	上海浦东非营利组织发展中心	已孵化出壳公益组织53家，正在孵化的机构有14家
	项目研发	上海新途社区健康促进社	开发常青藤计划、咏年楼计划、新市民健康关爱计划等多个品牌项目
	能力提升	上海映绿公益事业发展中心	为全国近2000家民间公益组织10000多人次提供培训、咨询、评估等服务，举办200多场公益交流活动，开展20多个公益研究课题
	绩效评估	上海复惠社会工作事务中心	开展评估等项目20多个

① 庄大军、韩巍：《上海市浦东新区支持型社会组织的功能呈现与发展生态》，《中国社会组织》2013年第4期。

续表

<table>
<tr><th>支持路径</th><th>具体表现</th><th colspan="2">典型案例</th></tr>
<tr><td rowspan="5">结构性支持</td><td>智库支持</td><td>上海仁德公益研究中心</td><td>开展行业协会发展能力、公益组织可持续发展等多个研究课题</td></tr>
<tr><td>伙伴同行</td><td>塘桥社会组织服务中心</td><td>开发公益服务项目集成模块，由 19 个社会组织形成社区服务团队，基础产品达 20 多项，服务 260 多家社会组织（含社区备案组织）</td></tr>
<tr><td>行业规范</td><td>上海市浦东新区社会工作协会</td><td>推动行业发展，制定的某些标准上升为国家标准的雏形</td></tr>
<tr><td>文化传播</td><td>上海吾同公益文化促进中心</td><td>定期举行公益人艺文交流站、残障人士艺文俱乐部等系列文化活动</td></tr>
<tr><td>平台支持</td><td>浦东公益服务园（上海市浦东新区公益组织项目合作促进会）</td><td>近两年成功组织数十场公益项目供需对接推介活动</td></tr>
<tr><td rowspan="3">资源性支持</td><td>财力支持</td><td rowspan="2">上海仁德基金会</td><td rowspan="2">定位于社区的“资助型为主、操作型为辅”的创新型公募基金会</td></tr>
<tr><td>物力支持</td></tr>
<tr><td>人力支持</td><td>浦东新区职工志愿者协会</td><td>45 个分会，约 40 多万职工志愿者</td></tr>
</table>

（三）政府推动民间化运作的组织

在强政府的背景下，对于整体而言还刚刚起步的中国社会组织而言，政府始终是重要的推动力量。浦东也有这样一批由政府推动成立的快速扩展性的社会组织。但是它们并没有变成“二政府”，而是坚持社会组织的发展规律，成为公共服务和政府管理的重要助手。这类组织的特点：一是项目迅速覆盖至浦东街道、镇。能够与政府的资源有效结合，产生较强的动员力和执行力。如区妇联推动成立的上海浦东幸福家庭服务中心，承担了“和谐浦东　幸福我家”心理健康服务进万家实事项目，为浦东 36 个社区普及心理健康知识和服务，建设“幸福家庭心灵驿站”。二是具有推进部门明显的业务特点。像区政法委推动的上海中致社区服务社和区司法局推动的上海中和社区矫正事务所，分别以药物滥用人员、社区青少年和社区矫正人员、刑释解教人员为服务对象，覆盖浦东所有社区，成为社区综治工作与司法工作的重要帮手和有益补充。区总工会推动的上海浦东公惠社会工作服务中心探索的是职业化社会化工会队伍建设，是浦东工会工作改革发展的重要抓手。还有活跃在社区的调解工作室等一批调解组织，为矛盾的化解、缓解打开了新的思路（见表3），以东明社区新老娘舅调解工作室为例，2010年成功调解各类矛盾纠纷案56起，签订调解协议书40份，与去年同期相比增加38%。2011年，成功调解疑难矛盾纠纷97起，达成书面调解协议书88份（其中9起简易调解），88份书面调解协议比2010年同期40份增加120%。2012年成功调解65起达成书面协议60份，简易调解5起，婚姻家庭恋爱纠纷12起；处理徐浦中医院医患纠纷2起，得到医院好评。三是兼具姓“社”姓“政”两种特征，机构使命清晰。这些组织大都能较容易地获得政府资源的支持，同时也能认识到自身社会组织的定位，在充分利用资源优势的同时，更努力坚持社会组织的运作方式和规律，不断开拓可持续发展的空间。像“中致”在社会组织规范化建设评估中就获评了5A等级。

表3　浦东新区社区调解工作室名录

序号	机构名单
1	上海浦东新区洋泾社区老娘舅调解工作室
2	上海浦东新区浦兴社区董怡娴调解工作室
3	上海浦东新区潍坊社区亚英调解工作室
4	上海浦东新区东明社区新老娘舅调解工作室
5	上海浦东裴蓁调解工作室
6	上海浦东新区周家渡社区老娘舅调解工作室
7	上海浦东新区泥城文元人民调解工作室
8	上海浦东新区陆家嘴民本调解工作室
9	上海浦东新区金杨社区建华调解工作室

（四）依托园区推动产业发展的组织

社会组织，特别是经济类的社会团体，在经济发展领域同样发挥着重要的作用。浦东处在开发开放的前沿，各大产业园区就集聚这样一批社会组织，它们聚焦产业发展，在当前自贸区建设过程中更是积极响应国家战略要求，成为园区企业成长和整体产业经济发展的重要推力。这类组织的特点：一是同时获得企业的认可和政府的支持。这些组织不局限于单一的服务对象，同时注重对企业和政府两方面的服务，从而树立自己的地位，进而成为联通双方的桥梁，解决问题的钥匙。如位于外高桥保税区的上海浦东医疗器械贸易行业协会，就与保税区管委会合作优化通关系统，加快通关速度，令企业和园区同时受益。二是坚持专业化运作，保持自身的独立性。这些社团大都由企业界领军人物或领域专家担任负责人，聘请专业执行人员具体运作，为企业、政府提供专业化创新性的服务。如上海市浦东新区生物产业行业协会，是 2007 年浦东试点无业务主管单位的 9 家行业协会之一，本届会长由陈凯先院士担任，协会围绕生物医药技术工作的重点，加速科研成果产业化，积极推进生物医药技术的繁荣与发展。三是关注产业前沿，促进强强联合。如张江高科技园区的社会组织发挥熟悉行业、贴近企业的优势，积极发挥智库作用，2013 年在服务招商引资、帮助企业融资、提供人才服务、组织专题培训方面为企业提供 150 项服务；围绕产业发展形成 60 多个研究课题；并且推动产业细分、园区公共服务等领域的强强联合，通过组建联盟的方式，提升产业技术创新能力，提升产学研结合的组织化和制度化程度，促进产业集群发展。

三　浦东新区社会组织发展的探索与实践

浦东开发开放以来，始终坚持“小政府、大社会”的改革方向，秉承务实、创新的工作理念，以构建新型政社合作关系为突破口，为新区社会组织的蓬勃发展创造条件。

（一）坚持先行先试，探索创新社会组织的发展思路

新区政府坚持把社会组织的发展作为综合配套改革、创新社会管理和发展转型的重要内容，注重促进政府职能转变，多渠道推进政社合作，积极为社会组织发展腾出空间、让渡资源，引导社会组织在党和政府希望、人民群众需要的领域发挥积极作用。在不断创新发展思路的引领下，推进诸多试水改革和近

20项全国率先之举，如最早开辟社工职业化、专业化、年轻化道路；最早探索社区、社会组织、社工"三社"联动机制；率先成立民间发起自主运作的社会工作者行业管理机构和内地首家民间社会工作服务机构（目前浦东的专业社工机构约占全市的60%，在浦东社会发展中发挥了重要作用）；率先建立内地第一个公益组织孵化器；率先成立全国第一家社会组织的公益服务园区；成为上海市首批公益招投标工作试点区县（见表4）；率先在公益招投标中引入第三方机构（如复惠社会工作事务中心、上海映绿公益事业发展中心等）提供评估等服务，率先在全市实行社区群众活动团队备案工作。有些创新项目在全国产生很大影响，获得"中国社会创新奖""中国地方政府创新奖""中国社会政策十大创新项目"。浦东是民政部批复的支持浦东综改在社会组织先行试点和社会组织改革创新的综合观察点，2014年浦东成功创建为首批"全国社会组织建设创新示范区"。中央和地方各类调研团组逾500批次数千人次考察浦东。浦东经验成功复制到全国许多地方。

表4　2011～2013年浦东新区社区公益招投标概况

项目总数(个)		2011年	2012年	2013年
		50	49	45
其中	安老	25	21	28
	助残	6	12	2
	济困	7	10	4
	青少年服务	8	6	9
	其他	4	0	2
涉及资金		1900多万元	2300多万元	1900多万元

（二）拓展政社合作，探索创新社会组织培育模式

逐步从单一行政培育模式转变为政府扶持培育、事业单位改制、社会专业机构孵化、公益项目催化、引进外部社会组织等多途径复合培育模式。以2009年启动的公益服务园项目为支点，逐步拓展基金会服务园、浦东公益街、社区公益服务（塘桥）园（见表5），被授予上海唯一的"上海公益社会组织示范基地"，全区23个街镇成立了社区社会组织服务中心（社），逐步构建上游有基金

会，中游有支持型、枢纽型、示范性社会组织，下游有丰富多样的社区操作型、实务型社会组织的生态链，成为社区公益性社会组织孵化成长的重要阵地，进一步发挥树立行业标杆、探索发展路径、传播公益文化、促进公益发展的积极作用。

表5　浦东公益示范基地概览

园区名称	简介
浦东公益服务园	中国内地首个公益组织集聚办公并提供多种共享服务的园区。秉承"创新、合作、成长"的理念，形成专业孵化、规范引领、人才输送、公共服务、项目发展和供需对接六大运作机制，发挥良好的辐射和溢出效应
浦东基金会服务园	为基金会提供办公场地、咨询服务、能力建设、信息资讯等专业化支持的综合服务园区与培育基地
社区公益服务(塘桥)园	社区层面建立的为公益性社会组织提供支持和服务的平台，通过支持更多的公益组织参与社区民生服务，推进社区志愿精神培育和弘扬，壮大社区公益力量
浦东公益街	激发社会活力、集散公益资源的互动空间，对社区公益组织可持续发展模式的重要探索，通过开展公益社会组织自我造血运营模式及社会企业实践试点，寻找社会服务的多种实现途径，提升社区公益服务的社会认同

活跃在浦东的基金会（见表6）为公益事业的发展提供持续的动力，如真爱梦想公益基金会，致力于推动中国教育改善，通过在一些贫困地区和农村建设"梦想中心"等教育公益项目，帮助当地儿童获得优质的素质教育，努力为公众搭建可以信赖的公益平台，连续三年荣登《福布斯》（中文版）"中国慈善基金榜"榜首，被誉为中国最透明的基金会。

表6　住所在浦东的基金会和基金会分会名录

序号	名称
1	上海市慈善基金会浦东新区分会
2	上海市老年基金会浦东新区分会
3	上海市拥军优属基金会浦东新区分会
4	浦东新区红十字会
5	上海阎宝航社会公益基金会
6	上海市浦东新区中小学幼儿教师奖励基金会
7	上海市建国社会公益基金会

续表

序号	名称
8	上海浦东新区社会发展基金会
9	上海科普教育发展基金会
10	上海市自然与健康基金会
11	上海市九段沙湿地自然保护基金会
12	上海中欧国际工商学院教育发展基金会
13	上海市安济医疗救助基金会
14	上海木兰教育基金会
15	上海东方爱心基金会
16	上海新建桥老龄事业发展基金会
17	上海浦发公益基金会
18	上海真爱梦想公益基金会
19	上海曙光中医药研究发展基金会
20	上海公益事业发展基金会
21	上海汇添富公益基金会
22	上海有爱公益基金会
23	上海仁德基金会
24	上海国泰君安社会公益基金会
25	上海现代服务业发展研究基金会
26	上海富国环保公益基金会
27	上海喜马拉雅文化艺术基金会
28	上海汤臣慈善基金会
29	上海海事大学教育发展基金会

一批支持性社会组织日趋成熟，有的服务能力逐步拓展延伸至全国。在全市率先建立第一家区级市民中心，搭建信息沟通、政策征询和社会组织培育发展的互动新载体，以讲座报告为例，年均超过100场。浦东在搭建社会组织培育物理平台的同时，积极推进活动平台建设，连续五年举办社会组织公益活动月（见表7），连续两年举办公益文化周，展示社会组织形象，聚焦公益文化资源，关注社会组织持续发展。在多途径培育下，浦东社会组织多年实现7%以上高增长，公益性社会组织数量逐年增加，目前已达新增量的50%以上。

表 7　历年公益活动月部分特色活动

序号	特色活动	序号	特色活动
1	“公益社区行”系列活动	7	社区公益课堂
2	“公益之窗”系列活动	8	“公益金种子”计划
3	公益论坛	9	公益体验团
4	公益鹊桥会	10	公益集市社区行
5	公益活动大赛	11	社区公益项目推介会
6	公益机构开放日	12	身边的公益创意大赛

（三）注重制度安排，探索创新社会组织政策环境

为鼓励和支持公益性社会组织的发展，浦东持续出台了一系列大力扶持公益性社会组织的政策。2004 年就根据综合配套改革的相关要求形成制度安排。2005 年出台《关于促进浦东新区社会事业发展的财政扶持意见》，鼓励大力发展公益性民间组织，促进政府职能转变，优化社区服务。2007 年连续出台《浦东新区社会工作人才队伍三年发展纲要》《关于着力转变政府职能建立新型政社合作关系的指导意见》《浦东新区关于政府购买公共服务的实施意见（试行）》《关于促进浦东新区民间组织发展的若干意见》等一批文件，提出了逐步实现政府与社会组织的“六分开”（即主体、机构、职能、人员、资产、住所）；通过培训的方式提升社工人才的专业能力，造就一支结构合理、素质优良的社会工作人才队伍；着力推进政府职能转变，积极培育和发展符合浦东产业特点、促进现代服务业发展的民间组织；对可由民间组织承接的社会管理和公共服务事项，应当转移或委托给相应的民间组织承接。2011 年出台《“十二五”期间促进社会组织发展的财政扶持意见》，明确提出服务民生的公益性社会组织是重点扶持对象。新区在财政资助、管理服务、人才培训等方面探索并逐步建立了相关配套政策，优化了社会组织发展政策环境（见表 8），累计落实扶持资金已超过 3000 万元。在 2011 年的时候浦东以民政局和各街镇作为业务主管单位的社会组织①总计 580 个，占全区

① 以民政局和各街镇作为业务主管单位的社会组织是服务民生的公益性社会组织的主要组成部分。

社会组织总量的39.97%，超过了教育类社会组织数（总数533个，占总量36.7%），2014年初此类社会组织已超过700个，其他省市①、区县教育类社会组织数一般占总数的一半以上，有的达70%左右。新区社会组织结构日益优化，政策导向作用明显。

表8　浦东的政策体系

政策文件	操作性文件
《关于着力转变政府职能　建立新型政社合作关系的指导意见》	《浦东新区关于开展社会组织规范化建设评估工作的实施意见(试行)》
《浦东新区关于政府购买公共服务的实施意见(试行)》	《浦东新区社会团体规范化建设指导意见》
《浦东新区社会工作人才队伍三年发展纲要》	《浦东新区民办非企业单位规范化建设指导意见》
《“十二五”期间促进社会组织发展的财政扶持意见》	《浦东新区街道、镇社会组织服务中心建设指南》
《关于推动浦东新区建立企业社会责任体系的意见》	《浦东新区社会组织年检指南》
《上海市社会组织直接登记管理若干规定》	《浦东新区社会组织预警网络工作记录本》
《关于加强本市社会组织综合监管体系建设的指导意见》	《浦东新区社会组织信息报送和奖励办法》
	《浦东新区“供需对接·一站式服务”平台制度》
	《上海市浦东新区社会服务机构专业人才薪酬指导方案》

（四）调动各方资源，探索创新社会组织支持路径

新区政府注重协调机制建设，成立了浦东新区社会组织建设与管理工作联席会议，由区委副书记担任总召集人，分管副区长为第一召集人，成员包括：区委办、区府办、区委组织部、区委宣传部、区社工委、区发改委、区民政局、区财政局、区人社局、区总工会、团区委、区妇联、区残联。各层面各部门间进一步形成合力，特别是团委、妇联等人民团体枢纽作用的发

① 汪中芳：《广州市社会组织登记管理体制改革实践与探索》，《社团管理研究》2012年第10期。

挥，条块结合的格局日趋完善，成为推动社会组织发展的重要力量。条线上，团区委通过建立“淘公益网”，鼓励青年人拓宽公益视野、实践公益梦想。区妇联委托浦东社工师事务所施行的“维稳妈妈”项目，通过专业力量和柔性力量的介入化解矛盾，促进社会和谐稳定。区总工会向社会组织发布需求信息，鼓励社会组织为工会工作设计服务项目，与社会组织合作开展服务职工的工作。区人社局积极开展“万（千百）人就业项目”转制工作，作为上海试点，鼓励有条件的公共服务类队伍转制为民办非企业单位，已有37个综合协管服务社；区文广局积极引导文化产业，优化发展环境，新成立的文化创意产业发展联合会成为浦东孕育文创产业发展的“催化剂”。社区层面，潍坊街道率先出台社区层面扶持社会组织发展的意见，大力引进具有良好社会声誉和较强服务能力的优秀社会组织及项目落地潍坊。塘桥街道建立街道层面的政府购买服务目录、职能转移目录等，大力推进社区层面的政社合作。洋泾社区推动建立全市第一家公募性质的社区公益基金会，利用社区资源解决社区问题。北蔡镇在2008年率先打造了社会组织服务中心，构建社会组织管理服务网络，推动全区社区枢纽架构和支持架构的形成。三林镇率先将1.2万平方米的世博家园市民中心通过公开招标的方式委托给屋里厢社区服务中心管理，开创了政府转移职能和社会组织承接的典范。上钢街道、航头镇、周浦镇等大力建设生活服务中心，积极引入社会组织为居民提供公共服务。

（五）加强分类指导，探索创新社会组织管理体制

2007年浦东新区就试点了社会组织双重管理体制改革，突破了“一地一会、一业一会”的发展限制，实行无主管登记，成立了全国第一家区级层面的行业协会和9家无主管部门的行业协会。2014年4月1日起按照全市统一部署，开始对四类组织进行直接登记。在不同层面设立综合党委、独立或联合支部等255个基层党组织，形成了“1+7+36”的无缝隙社会组织党建工作模式，即通过社会工作党委、7个综合党委（业务主管单位的综合党委、开发区综合党委等）和36个街镇综合党委，对全区所有社会组织党建进行全覆盖的属地化管理，基本实现党建工作的全覆盖。注重实质年检，

严格执法工作，近两年已完成对39家社会组织的撤销登记。充分运用政府购买服务的方式，助推社会组织发展，例如，张江高科技园区管委会在2013年采用基础性购买服务（设A、B、C三档）和专项性购买服务相结合的办法，完善对园区社会组织的扶持政策；同时，以“管”“办”“评”相分离，“转”（政府转变职能）、“承”（社会组织承接事务）、“导”（政府和社会组织共同发挥对企业、产业、行业的引导力）相结合为原则，充分激发社会组织作为政府管理的“手臂”、服务企业的“智库”、关注产业的“眼睛”的活力。塘桥、潍坊、川沙三个街镇已经相继出台社区层面政府购买服务的文件，推动相关体系的完善，进一步激发扎根社区的社会组织的活力（见表9），逐步探索形成了“分类建设、分类扶持、分类管理”的浦东管理模式。

表9　川沙新镇政府购买服务系列文件

序号	文件名
1	川沙新镇人民政府关于购买社会组织服务的若干意见
2	川沙新镇人民政府向社会组织购买服务工作细则
3	川沙新镇人民政府关于扶持社会组织发展的若干意见
4	川沙新镇人民政府购买社会组织服务项目目录
5	川沙新镇社会组织承接服务资质目录
6	川沙新镇关于加强政府购买社会组织服务工作的监督管理办法(试行)
7	川沙新镇政府购买社会组织服务项目绩效评估办法(试行)
8	川沙新镇人民政府关于规范政府购买社会组织服务项目财务核算管理的通知

四　浦东新区社会组织发展的思考与前瞻

浦东社会组织取得了很大发展，但是与国际上先进国家相比，总体仍处于培育发展的初级阶段。社会组织发展仍面临资金渠道单一、人才流动性大、能力不足等共性问题。面对深化改革的新要求，还有很多可为的空间。浦东在很多方面已经先行一步，这里有思考、有探索，也有前瞻。

（一）推进工作的重要前提是政府理念创新

浦东社会组织的发展得益于始终坚持“小政府、大社会”的理念。在历届领导和政府部门中都有“社会”的概念在，为社会组织发展提供了重要的空间。在宏观上，从社会建设和社会发展的层面来认识社会组织的意义，在2007年就出台了一系列文件，并且连续两个五年出台扶持政策，为社会组织的发展打下坚实基础。在微观上，对社会组织的发展有一定的预见性和容忍度，在大多数人还不清楚支持型机构是什么的时候，让这些组织在浦东生根发芽。经济建设和社会建设是发展的两个轮子，只有相适应才能不断前行，如果一个大、一个小，即便费了很大的劲，最终还是在原地打转。浦东较早地认识到随着经济社会的不断发展，社会管理和社会服务任务的日益繁重，在政府主导下，需要社会组织的协同，参与社会管理和社会服务。近年来，不仅在民政系统内，在人民团体活动的领域，在部分街道镇，都对社会组织给予了大力的支持。

认知观念要不断发展，特别是在社会飞速发展的当下，需要不断更新理念，才能屹立潮头。应该看到，由于目前社会组织在社会协同中的作用不够突出，某些政府部门和党政干部对社会组织的地位、作用、优势、特点还缺乏较深刻的认识和普遍的认同。政府部门给社会组织“让渡资源”“腾出空间”还不充分。总体上对于社会组织的支持，还处于各部门、单位分散发力、规则自定、个性发展的阶段，统筹、规范的整合发展态势尚未形成。浦东的社会组织已经到了一个从点上突破到系统构建的阶段，到了一个局部发力、各方协力的阶段。要进一步看到国内社会组织的培育发展的特殊性，要进一步形成工作的合力。改变社会责任很弱的“大市场”，改变规模和能力都很弱的“小社会”，政府部门在现阶段必须承担更多的任务和责任。

（二）撬动社会组织发展的支点是政府购买服务

浦东较早地认识到政府购买服务在政府职能转变和丰富优化公共服务等方面的重要性，也是推动社会组织发展的重要因素。在这方面进行了不少探索。2007年浦东新区率先出台《关于政府购买公共服务的实施意见（试行）》，将原来由政府直接举办的、为社会发展和人民日常生活提供服务的事项交给有资质的社会组织来完成，形成了“政府承担、定项委托、合同管理、评估兑现”的提供公共服务的新机制，强调预算管理、契约式管理和评估机制。在“项目直接购买”形式基础上，通过组织社会组织参与“公益项目招投标”“公益创投大赛”等形式，进一步拓展了资金来源渠道和方式。在2014年社区公益招投中，新区共有58个项目中标，资金总额达1200多万元。浦东还探索打造新区公益项目“供需对接 一站式服务”平台，从项目定标伊始到项目运作的评估与监督提供全方位服务，促成系列公益服务项目成功对接。全区社会组织每年从各级政府获得的资金，包括政府补助和政府购买服务总计达5亿多元。

在实践过程中也显示出政府购买服务在购买目录、项目内容、定价标准、评估指标等方面，还没有形成有体系、被普遍认可的标准。在统一信息发布平台建设、资金测算、评估监管等方面的制度设计和流程安排还需进一步完善。2013年，国务院出台指导意见，明确政府向社会力量购买服务是创新公共服务提供方式、加快服务业发展、引导有效需求的重要途径，对于深化社会领域改革、推动政府职能转变、整合利用社会资源、增强公众参与意识、激发经济社会活力、增加公共服务供给、提高公共服务水平和效率，都具有重要意义。通过政府购买服务腾挪出的空间，将是社会组织发展的重要领域。而相关的设计安排就是社会组织重要的制度化发展空间。

（三）保障公益事业可持续发展的核心是强化人才队伍建设

科技是第一生产力，人才是第一资源。对于以公共利益为目标，以理念和愿景为主要驱动力的社会组织来说，人的因素在社会组织的成长过程中发挥着十分重要的作用。浦东在培养人才方面下了许多功夫。一是坚持社会组织人才队伍的基础建设。采用每三年一轮、每年两批的方式，滚动对社会组织负责人、专职工作人员及财务专业人员进行培训。2013年，全年开展财务人员、信息员和专职管理人员等多项专题培训，达1050人次。二是加强人才梯队的能力建设。2011年新区重点推进了社会组织领军人才的培训，区委组织部联合区民政局共同组织“社会组织高级人才研修班”，邀请公益界专家和领导为

28 位社会组织领军人才授课。2012 年由区委组织部、区民政局和区委党校联合举办的第二期社会工作人才队伍建设专题研修班，首次以社会组织的负责人为学员主体，正式纳入党校人才培训的主体班次。此外，委托支持型社会组织为社会组织不同层级的工作人员提供有针对性的能力建设培训课程。大力推荐的社会组织领军人物，在本届区党代表、区人大代表和区政协委员中社会组织成员有 47 人，其中专职人员 10 人。更有 1 人当选市党代表，2 人当选市人大代表，2 人当选市政协委员。

除了人才培养外，社会组织还遇到从业人员薪酬普遍较低、缺乏相应的激励机制和人才引进政策等问题，一些社会组织难以吸引并留住优秀的行业精英，只能大量聘用退休人员。社会组织从业人员职业发展规划不明，也造成了一些人最终选择离开。浦东已经开始在这方面做出努力，比如支持新区社工协会出台社工薪酬指导意见，但相比整个人才大课题而言还有很大的建设空间。

（四）打造浦东社会组织发展高地的关键是体系支持、要素集聚

社会组织是社会治理的重要主体之一，有着自身的规律，对其培育发展是一项系统工程。政府在这个过程中扮演着非常重要的作用，但并不是唯一的力量。浦东在社会组织发展的过程中就注意到多方要素的集聚：一是政府的行政力量，通过制定政策等方式，优化发展环境，搭建合作平台；二是社会组织的实践力量，通过在各自领域的活动，积累经验，提升能力，优化项目；三是高校学界的理论力量，通过理论研究，对社会组织的发展提供理论模型，进行预判规划等。顾东辉教授在总结上海社会工作发展经验的时候就指出，这是社会组织、党政部门和社工教师互动旋进的结果。一是社会组织共生互动。实务组织与其他机构的并存互动是上海社会工作的基本表现，形成了多个类型的实务类机构，以及发挥枢纽功能的管理类机构和提供培训、评估等的支持性机构。二是党政部门积极参与。在 20 世纪 90 年代中期，浦东就引进了社会工作专业毕业生，此后，“公益项目创投”和“公益项目招投”活动的开展，专业社会工作机构培育文件的发布，无不源于政府的积极推动。同时政府积极推动购买服务，为社会组织提供了重要支持。三是教师团队深度介入。上海有复旦大学、华东理工大学等 16 家社会工作教学培训单位，教师以团队而非个人形式

参与社会工作实践，是上海有别于其他地区的特征。在政策层面，社会工作教师以团队方式参与了社会工作不同阶段的政策研究和制度设计。在行政层面，社会工作教师以团队形式参与了社会工作机构的理事会、干事会或督导团，协助这些机构的专业建设。在实务层面，教师以团队或个人方式承接了政府委托的直接服务或支持性服务，直接开办机构提供服务，甚至在重大社会事件（如“5·12”灾后社会服务、“11·15”特大火灾善后服务）中战斗在一线。① 在浦东社会组织发展过程中，正是有了多领域要素的集聚，使浦东整体的环境更加优化，组织、人才、研究团队都被吸引过来，使浦东具有更多先行先试的优势。

近年来随着全国各地对社会组织发展的热情，浦东的集聚效应被摊薄。深圳自2008年创办并连续举办了“社会工作国际论坛”，掌握了全国社工领域前沿研究和实务的话语权。2012年，民政部又宣布国家级的“慈展会”落户深圳，进一步推进公益资源、公益项目、公益组织在深圳的集聚。浦东社会组织发展希望呈现更大格局、更新气势，必须建设更有影响力的全国性平台，基于已有的理论实践基础，继续打造“三个高地”（公益基金会促进社会协同共治高地、专业社工人才培育发展建设高地、行业协会助推产业发展集聚高地）。

（五）激发社会活力的工作基础是服务社会、扎根社区

社区是社会生活的基本单元和重要场所，是社会组织参与公共服务的重要领域之一，也是社会组织成长的重要土壤。社会组织之所以能够提供个性化、针对性的服务，弥补基本公共服务的空隙，是因为社会组织相比于其他行政机构更接地气，更灵活，更能及时了解、掌握公众的需求。社区是社会组织了解需求、开展活动的重要阵地。多年来的实践也印证了社会组织，特别是社会服务机构必须深深扎根社区，根深才能叶茂。浦东率先提出并践行了社区、社工和社会组织的“三社联动”。据统计，2013年有107个公益性社会组织落地浦

① 顾东辉：《民间观察：上海社会工作发展的“整体旋进”》，《浦东社工》（特刊）2014年第5期。

东的36个街镇，通过政社合作的方式，承接、实施了433个公益服务项目覆盖为老、助残、扶幼、环保、社区融合、帮困等多个领域。在社会组织服务社区的同时，社区也为组织的成长发展提供了资源，提供了舞台，提供了团队，使得机构能够从小变大，从单个变成群体，成长出一批专业的老年人服务机构、青少年服务机构、社区调解机构等。除了专业的社会组织外，社区还活跃着一大批志愿团队，以及群众文化团队，而这些团队广义上都属于社会组织的范畴。以潍坊街道为例，一是出政策，通过社区层面扶持社会组织发展的意见、政府购买服务的指导意见等，为社会组织的发展提供更有力的支持和更优质的环境；二是搭平台，通过社会组织公益周等形式，动员社会组织开展丰富、专业、有特色的公益活动服务社区，积极做好群众活动团队的备案工作，丰富社区居民的精神文化生活；三是寻合作，引入知了公益文化促进中心、南鑫恺尔养老服务中心等一批有理念、有专业能力的组织，共同参与社区的治理，推进社会组织之间、社会组织与居委会之间等的合作；四是接地气，活跃在社区的公益组织向下扎根，向上成林，以需求为导向的公益项目深受居民欢迎。

新成长的、外来的、专业的社会组织与社区原有的自治组织、志愿组织以及行政体系等，并不是天然就能融合在一起，中间也会存在矛盾，需要解决。另外，目前对于社区资源的挖掘还不充分。“社区”的概念不仅仅是自然人的联合体，除了居民以外，企事业单位等都是社区的成员，从这个意义上讲，社区有更丰富的人、财、物等资源。社区需要形成一种机制，能够将各个主体沟通起来，能够将潜在的资源挖掘出来，既是为组织，也是为社区提供源源不断的发展动力。

（六）评价社会组织地位和价值的全新视野是体系考量

社会组织发展应该从社会系统层面考量其价值和成效。如何来评判社会组织的价值是一个十分重要的问题，仅仅从社会组织承接和完成单一项目来考量是不全面的，仅仅依靠显性的一些量化指标还是不够的。这里可以引入“社会附加值”的概念，综合考量社会组织所产生的效能。社会附加值包括三个方面：①社会组织的直接社会服务效益；②投入社会组织的资本带来的附加效益；③预防或缓解社会问题而节约的成本（以“知心妈妈”项目为例，政府投入的资金直接化解的是信访矛盾，而在化解矛盾的同时凝聚了一个家庭，和谐了一个社区，更多的防范成本可以节约下来，可以将更多的人力、物力等资源用于社区建设，它所产生的附加值远高于成本）。这个概念对于直接提供服务的社会组织更为适合。对于社会组织的价值判断应有更广阔的视野而非单一的经济标准，要进一步加快理念的转变和思想的解放，为完善相应的制度设计和安排提供更强而持久的动力，推动社会组织的繁荣发展。

社会组织的健康发展还需要完善法制环境。目前，社会组织的法律体系还不健全，我国社会组织的管理存在“规制匮乏”的问题，社会团体、民办非企业单位和基金会的三个管理条例正在修订中。完善相应的法律法规，明确社会组织的权利义务，规范社会组织行为，体现依法治国理念，有利于社会组织更好地参与社会服务和社会治理。

五　浦东新区社会组织发展的对策建议

我国的改革总体是渐进式的，但是在整体渐进的同时，在局部一定有些领域是要快速发展，有所突破。浦东有很好的基础，理应在这些领域继续大胆探索。按照党中央关于推进社会组织管理制度改革、促进社会组织健康有序发展的有关要求，推进浦东社会组织深入发展，当好改革“排头兵”，可以从以下几方面入手。

（一）以转变观念、扩大社会动员面为先导，用更广阔的视野定位社会组织的作用

进一步解放思想和转变观念。充分认识加快培育发展社会组织对建设服务型政府、推动公共管理社会化进程、促进经济社会转型发展的重要意义。进一步加强政府部门的统筹规划，整合资源，合理配置，更好地支持社会组织的发展。解决社会问题要更注重从民生保障的根源中寻求基本工作方法。形成相应的支持体系和要素市场，包括人才要素、资金要素、评估要素、公信力要素等。

加强顶层设计和规划引领。全面开展浦东公益事业发展现状调研，了解浦东新区的社会需求、评价社区服务实施情况、公益组织发展存在的问题、公益

人才队伍的现状及面临的挑战、现行公益政策的成效与不足等，制定浦东公益事业发展规划，明确发展方向、实施战略、优先关注领域和服务群体、重点扶持的组织类别和优先资助的项目类别，建立公益支持体系，加快浦东公益生态建设，采取有效措施促进浦东南部公益组织的发展、将浦东公益事业推向更高的水平。

（二）以综合监管为目标，建立健全领导和管理的体制机制

进一步完善决策协调体制和联动工作机制。明确相关职能部门和街镇的条块职责分工，形成各司其职、协力推进的工作格局。高度重视工青妇、社联、文联等人民团体在社会组织培育发展中的枢纽作用，高度重视村居基层组织等群众自治组织、社区群文团队和社会组织的协同作用。

深化登记管理体制改革，积极稳妥地做好社会组织直接登记后综合监管的配套措施与整体制度设计。建立健全“统一登记、各司其职、协调配合、分级负责、依法监管”的新型监管模式。强化社会监督，建立公共信息平台和社会投诉评估制度，提高社会组织的自律诚信和社会公信力，形成社会组织诚信建设与推进自身发展的良性循环。积极发挥街镇对区域内社会组织的统筹功能和管理服务作用，大力推动社区社会组织备案的相关管理制度，制定相关优惠政策，进一步提高社区群团组织申报备案的主动性，为备案社会组织提供更多的保障和服务。

（三）以项目化购买为重点，加大对社会组织的扶持力度

加快建立系统科学的购买社会组织服务的体制机制。建立科学合理的购买服务标准，合理核定人力资源成本和管理运营成本，形成定价机制。积极完善政府购买服务规范机制，规范政府购买行为，加强政府购买服务项目的前期评审、中期监督和后期评估。

整合现有财政扶持政策资源，进一步加大支持力度。根据社会组织发展的扶持政策，安排好社会组织发展扶持专项资金，加强扶持资金合理、合规、有效的使用，进一步提高扶持资金的绩效。根据社会经济民生的发展需要，进一步优化扶持政策措施。建立新区社会组织发展专项基金。

（四）以平台建设为抓手，促进公益性社会组织的可持续发展

优化行业支持环境。切实加大支持性社会组织发展力度，制定相应的扶持政策，在政府购买服务中有所倾斜，强化支持性组织的作用发挥，推进支持性组织的多样化发展。推进建立相关研发机构和评估机构，进一步发挥项目研发和绩效评估功能，提升社会组织的专业服务能力和规范化建设水平。

夯实社会支持基础。加快基金会服务园建设，吸引更多基金会入驻新区，吸纳更多社会资源参与支持公益性社会组织发展。建立公开、公正、公平的供需对接信息平台，定期发布公益慈善公共服务项目信息，运用优惠政策鼓励和支持更多的企业、基金会投身于公益创投。定期开展慈善排行榜和慈善评奖活动，鼓励设立企业公益基金会等，引导社会加大对社会组织发展的资源投入和资金支持。

（五）以提升社会组织规范化建设水平为支撑，注重源头治理，提升社会组织能力

加快社会组织诚信体系建设，强化自我管理、自我教育。推进社会组织的自我管理，加强组织自律。加强监事功能，完善监事设置，发挥监事的监督作用，充分尊重监事的独立性。聚焦自身服务领域，扬长避短，开发具有不可替代性的品牌项目，寻求差异化发展。

培养公益性社会组织的自主造血意识和能力，确保社会组织将政府转移来的职能“接得住，接得稳，接得好”。从理念上提升社会组织自主造血、自主筹资的意识，尤其要转变部分社会组织不重视筹资的观念。提高社会组织的竞争意识和危机意识。

夯实规范化建设基础，确保社会组织健康有序发展。加大登记管理机关、政府相关部门和社会各界及信息媒体的合力，进一步完善监管工作。完善社会组织综合评价体系，通过年检、评估、承接政府购买服务的资质认定、考核评价等，及时发布社会组织信息，并完善失信惩罚和社会组织退出机制。进一步规范社会组织的信息公开，有效利用多种信息公开渠道，加强社会监督力度。

（六）以优化人才发展环境为保障，加快建设社会组织人才高地

完善社会组织人才引进方面的优惠政策，吸引更多年轻力量加入，加强领军人才培养。把社会组织队伍建设纳入“党管人才”序列，让社会组织人才能够参照享受经济、科技人才在社会保障、档案管理、激励奖励和户籍等方面的待遇。加大社会组织专业人才培养力度，培养一批高素质的社会组织职业经理人和专职工作者队伍。优化志愿者参与社会组织活动的政策环境，积极探索把社会组织类型、服务项目、社区需求与志愿者的专业特长有机结合，充分发挥志愿者的潜能和活力。

进一步提高公益行业从业人员的社会地位和薪资待遇，建立市场认可的行业薪酬体系。倡导捐赠者、慈善机构和监督网站携手创建公正透明的慈善环境。参照相同环境下相同领域且同样规模的营利性企业从业人员平均工资水平，制定公益行业从业人员薪酬标准。在购买服务时适当加大公益性社会组织用于管理经费和人员经费的比重。

强化社会组织党建工作。大力探索社会组织党建工作的新思路、新方法，使党的建设与社会组织的发展同步推进。切实发挥街镇综合党委在社会组织党建工作推进中的主体作用，建立深化区域社会组织党建的相关机制，扎实推进社会组织党建的“三覆盖”“三凝聚”“三服务”。选优配强党支部书记，激发党员活力，积极发挥党员先锋模范作用，探索与逐步实现社会组织孵化和价值引领的有机统一。

B.10

广东省社会组织发展报告（2008～2013）

邓智平　郑梓桢*

摘　要：

近年来，在社会建设的大背景下，广东省高度重视社会组织的培育和发展，率先在社会组织直接登记、综合监管体系、政府职能转移、购买服务、去行政化、去垄断化等方面进行了许多创新，创造了社会组织发展的“广东经验”。本文系统总结了广东社会组织发展的做法、成效和主要特色，指出了目前仍然存在的问题，并建议在政社分开的基础上加强政社合作，走一条社会法团主义的独特发展道路。

关键词：

社会组织　体制　创新

党的十八届三中全会指出，正确处理政府和社会关系，加快实施政社分开，推进社会组织明确权责、依法自治、发挥作用。广东作为改革开放的先行地，市场经济发育比较完善，社会力量的发展也较快，因此，率先开展了理顺政府与市场、政府与社会、市场与社会关系的探索。特别是2011年以来，广东省对社会建设高度重视，加快了社会体制改革的步伐，社会组织的改革创新也一直走在全国前列，促进了社会组织的蓬勃健康发展，社会组织在经济社会发展中发挥越来越重要的作用，基本形成了政社分开、权责明确、依法自治的现代社会组织体制，有效地助推国家治理体系和治理能力现代化。

---

* 邓智平，广东省社会科学院哲学与宗教研究所副所长、副研究员；郑梓桢，广东省社会科学院研究员。

一　广东省社会组织发展的基本情况

2008 年以来，广东省每年都出台多份关于社会组织体制改革的政策文件，其中许多改革措施都是在全国率先探索，创造了社会组织改革发展的“广东经验”，并迅速在全国推广。①

（一）社会组织数量呈“井喷式”增长

近年来，广东省社会组织的数量得到巨大提升。截至 2013 年年底，全省各级民政部门登记注册的社会组织达 41025 个，比 2012 年（34537 个）增长 18.8%。从人均数量来看，2013 年末，每万人拥有社会组织数量为 3.85 个，比 2012 年（3.35 个）增长 14.9%（见图 1）。社会组织从业人员 50 万多人，关联员工以数百万计。

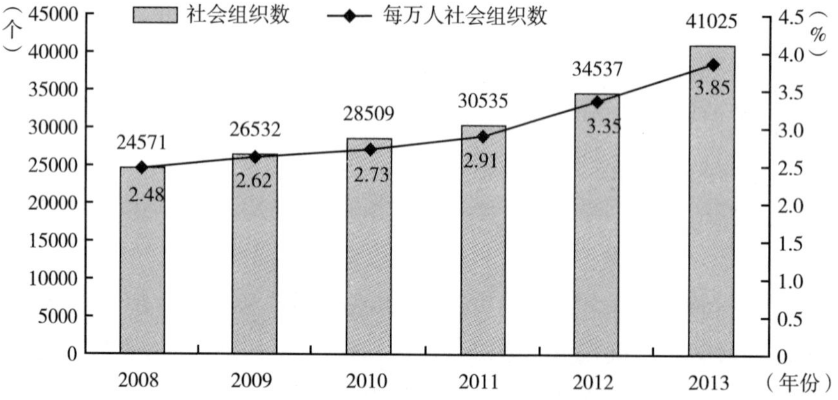

图 1　广东省社会组织发展趋势图

资料来源：2008～2012 年数据来自广东省《广东省民政工作简况》，2013 年数据来自《2013 年广东国民经济和社会发展统计公报》。

① 如广东省从 2012 年 7 月 1 日起允许社会组织直接登记，2013 年，民政部本级也制定了过渡期社会组织登记工作方案，对行业协会商会、医疗卫生、书画和科技类社会组织制定了分类标准，试行分类直接登记。参见：佚名著《民政部民间组织管理局副局长廖鸿对 2013 年社会组织十件大事及相关工作的通报》，http：//www. chinanpo. gov. cn/1938/74245/index. html，中国社会组织网，2014 年 1 月 2 日。

按类型结构划分，2013年广东共有社会团体18823个、民办非企业单位21771个、基金会431个，[①] 分别占比45.88%、53.07%与1.05%（见图2）。其中，广东省企业基金会的数量居全国第一。而根据《2012年广东省基金会发展趋势分析》显示：目前全国共有400个企业基金会，占全部基金会的14%。广东省以76个企业基金会的数量位居全国第一，高于第二名北京的51个和浙江的48个。

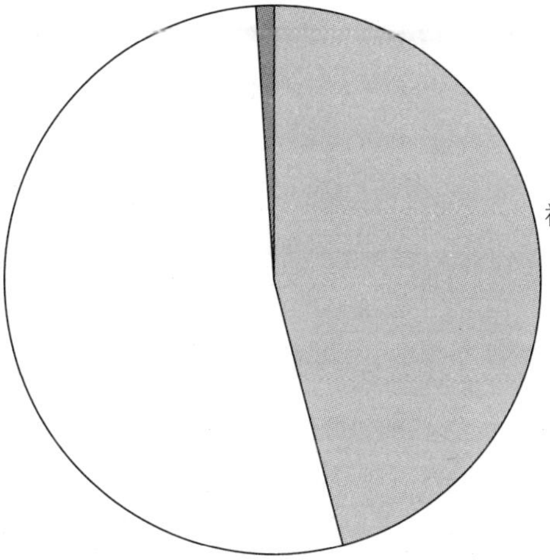

图2　广东省社会组织类型结构图

资料来源：国家民政部规划财务司《2013年4季度各省社会服务统计数据》。

按登记管理划分，2013年省级社会组织共有2283个，其余38742个为地方性社会组织（包括地市与市县的社会组织），与2012年比较，两者分别新增474个与5061个。省级社会组织机构类型以社会团体最多，占比高达61.06%，但比2012年同期下降2个百分点，[②] 专业性团体数量与往年一样，仍以学术性社团居多。2013年度增幅最大的是专业性社团，与2012年比较几

① 民政部规划财务司：《2013年4季度各省社会服务统计数据》。

② 广东省民政厅：《广东省社会服务统计季报（2013年4季度）》。

乎翻了一番，年增长率超过60%。地方性社会组织以民办非企业为主，占比达54.8%。

按地域分布，广东社会组织在地域上的分布极不均衡。2013年位列第一的深圳社会组织数量达到5611个，比数量最少的云浮多5001个；但差距有所减少，2012年同期该差距为5133个。[①] 与2012年相比，社会组织力量较弱的地市在2013年有了飞速发展，例如，得益于“江门市社会组织孵化基地”和“江门市社会工作协会”的建立，江门市2013年新登记的社会组织总数达1119个，社会组织年度增长率达70%以上，是2013年度社会组织发展的佼佼者。再者，潮州、阳江、揭阳、湛江等市社会组织年度增长率也达到了30%，是社会组织增速高企的“第二军团”（见图3）。

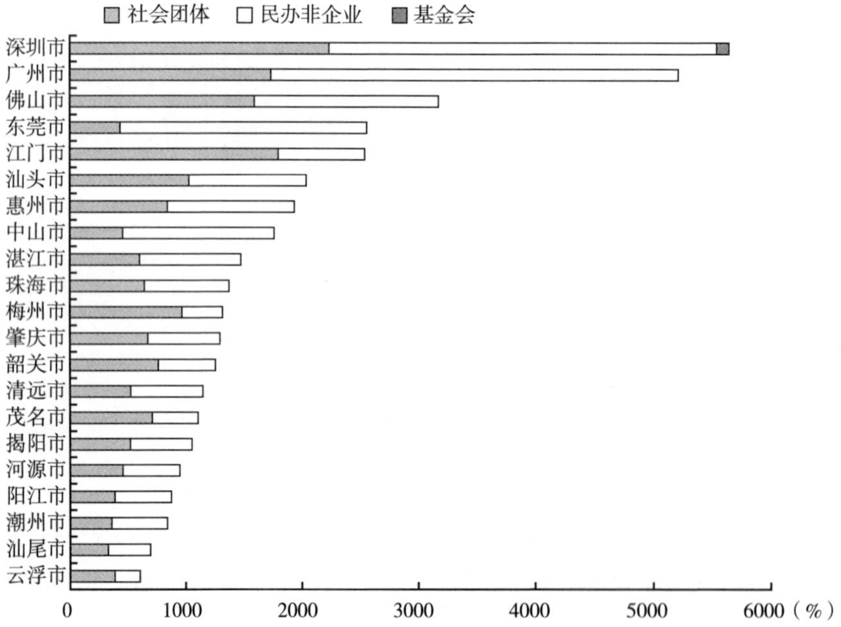

图3　广东省21个地市社会组织排位图

资料来源：社会组织总量数据来源自国家民政部规划财务司《2013年4季度各省社会服务统计数据》。

① 广东省民政厅：《广东省社会服务统计季报（2013年4季度）》。

但是，2013年落后地区每万人拥有社会组织数大幅提升。与2012年比较，21个地市的每万人拥有社会组织数都有不同程度的提高，其中，2012年万人社会组织数垫底的揭阳市从2012年的1.36上升到1.77；上涨幅度最大的是江门市，从2012年的3.21上升到5.64，提升超过2个百分点（见图4）。

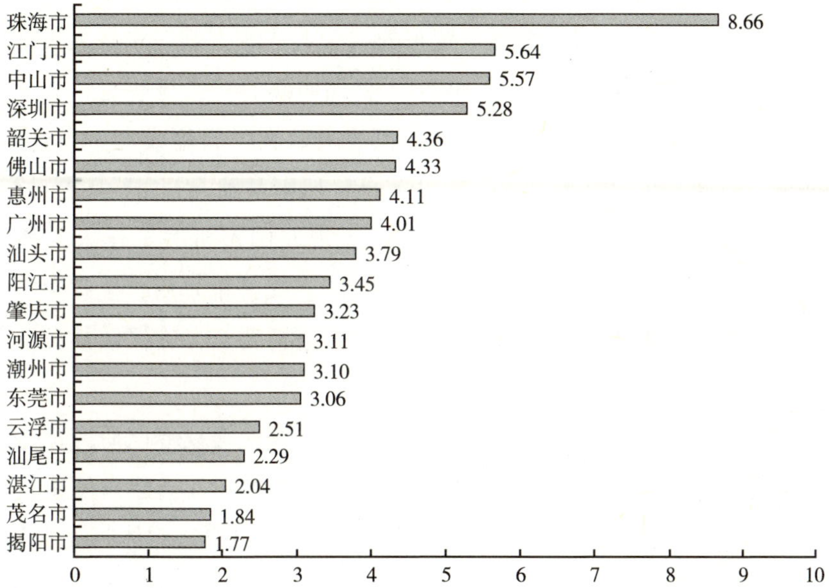

图4　2013年全省21个地市每万人拥有社会组织数

数据来源：广东省民政厅《社会服务统计季报（2013年第4季度）》。每万人拥有社会组织数由课题组根据各市2013年的常住人口数计算得到，数据来源于各市的2013年国民经济与社会发展统计公报。由于没有查询到清远的统计公报，因此该市每万人拥有社会组织数没有计算在内。

（二）社会组织政策创新日新月异

随着社会主义市场经济的发展，社会组织自由发展与政府控制之间的张力越来越明显。领改革开放风气之先的广东率先开始了社会组织体制的改革创新。早在2003年，广东就开始酝酿推进社会组织的民间化。最先取得突破的是经济领域的社会组织改革。2004年2月，广东省十届人大二次会议召开期间，20多位广东省人大代表提交了《关于尽快制订〈广东省行业协会条例〉的议案》，要求制定行业协会方面的地方立法，促进省内行业协会发展。这份议案在第一时间被正式列入广东省人大的立法案。由于没有直接上位法做依据，从正式列入立法计划到最终颁布，经历了三年的时间。2005 年 12 月 2 日，广东省第十届人民代表大会常务委员会第二十一次会议通过《广东省行业协会条例》，自 2006 年 3 月 1 日起施行。该条例最大的突破有两点：一是放宽了行业协会的登记注册门槛。二是推进政社分开，促进行业协会的“去行政化”。同期（2006 年 2 月 15 日）发布的《中共广东省委广东省人民政府关于发挥行业协会商会作用的决定》提出了更加明确的“去行政化”要求，规定“行业协会、商会必须依法办会、民间办会，在‘自愿发起、自选会长、自筹经费、自聘人员、自主会务’的‘五自’原则基础上，实行无行政级别、无行政事业编制、无行政业务主管部门、无现职国家机关工作人员兼职的‘四无’管理体制，真正实现民间化和自治性”。文件下发后，全省上下严格按照“五自四无”标准，对全省行业协会商会进行普查，确保政社分开目标落到实处。

2011 年 7 月，广东省委十届九次全会召开，这次会议专门研究广东的社会建设问题，并以省委省政府的名义颁布了《关于加强社会建设的决定》以及 7 个配套文件。在全面加强社会建设的大背景下，社会组织体制改革得以更快推进，政社分开、社会组织独立发展从行业协会扩展到所有社会组织。2011 年 9 月，广东省出台了《关于加强社会组织管理的实施意见》等系列政策文件，对社会组织体制进行了大刀阔斧的改革。2008 年以来广东省颁布的关于社会组织的具体政策文件见表 1。

表 1　2008～2013 年广东省出台的社会组织政策

颁布时间	部门	政策内容
2008 年 9 月	中共广东省委办公厅、广东省人民政府办公厅	《关于发展和规范我省社会组织的意见》
2009 年 3 月	广东省民政厅	《关于社会组织评估管理的暂行办法》
2009 年 10 月	广东省民政厅	《关于异地商会登记管理的暂行办法》
2009 年 12 月	广东省民政厅	《关于进一步促进公益服务类社会组织发展的若干规定》
2010 年 2 月	中共广东省委组织部	《关于进一步加强社会组织党建工作的意见》

续表

颁布时间	部门	政策内容
2010年2月	广东省民政厅、广东省社会组织党工委	《广东省社会组织党员管理暂行规定》
2010年8月	广东省民政厅	《广东省社会组织登记管理机关实施行政处罚程序规定》
2011年9月	中共广东省委办公厅、广东省人民政府办公厅	《关于加强社会组织管理的实施意见》
2011年9月	中共广东省委办公厅、广东省人民政府办公厅	《关于加强社会工作人才队伍建设的实施意见》
2011年9月	广东省民政厅	《关于基金会运营的行为指引》
2012年4月	中共广东省委、广东省人民政府	《关于进一步培育发展和规范管理社会组织的方案》
2012年4月	广东省社会工作委员会	《深化社会组织体制改革工作方案》
2012年5月	广东省人民政府办公厅	《政府向社会组织购买服务暂行办法》
2012年5月	广东省财政厅	《政府向社会组织购买服务目录(第一批)》
2012年6月	广东省民政厅	《关于进一步培育和发展行业协会商会的实施意见》
2012年6月	广东省民政厅	《关于动员和组织社会组织积极参与广东扶贫济困日活动的通知》
2012年6月	广东省民政厅	《关于培育发展城乡基层群众生活类社会组织的指导意见》
2012年6月	广东省财政厅	《广东省省级培育发展社会组织专项资金管理暂行办法》
2012年6月	广东省民政厅	《关于确定具备承接政府职能转移和购买服务资质的社会组织目录的指导意见》
2012年9月	广东省财政厅、省民政厅、省监察厅	《广东省省级培育发展社会组织专项资金竞争性分配评审管理办法》
2012年12月	广东省社会工作委员会	《关于构建枢纽型社会组织体系的意见》
2013年1月	广东省财政厅	《关于省审批的社会组织申领财政票据有关工作的通知》
2013年4月	广东省民政厅	《关于进一步促进公益服务类社会组织发展的若干规定》
2013年5月	广东省民政厅	《关于校友会登记管理的指导意见》
2013年9月	广东省民政厅	《广东省民政厅关于异地商会登记的管理办法》

注：2013年4月广东省民政厅《关于进一步促进公益服务类社会组织发展的若干规定》出台后，2009年12月出台的《广东省民政厅关于进一步促进公益服务类社会组织发展的若干规定》同时废止。

二 广东省的主要做法和成效

2008年以来，广东省在推进社会组织直接登记、加强政府与社会组织分离、社会组织的培育扶持、构建枢纽型组织体系、政府购买服务、建立综合监管体系、完善社会组织内部治理等方面进行了许多探索，取得了明显成效。

（一）积极推进登记体制改革，降低登记注册门槛

一是探索社会组织直接登记。2012年，广东省委省政府印发《关于进一步培育发展和规范管理社会组织的方案》，明确规定，从2012年7月1日起，除法律法规规定需要前置审批的以外，社会组织的业务主管单位均改为业务指导单位，申请成立社会组织，由民政部门直接审查登记。

二是简化提速登记流程。全省取消准予筹备阶段的行政审批，将筹备与成立合并为一次性行政许可，减少审批环节。各地以行政审批制度改革为契机，不断简化社会组织的登记注册审批。如东莞2012年颁布《社会组织登记注册行政审批改革方案》，通过简化登记程序、简化审批流程等措施，使社会组织登记注册审批由原来的60个工作日缩短为20个工作日。广州市从2013年8月起社会组织可在网上登记及年检。

三是为过去一些难以登记注册的社会组织“松绑”。2009年，广东省民政厅出台《关于异地商会登记管理的暂行办法》，异地商会登记范围从省及地级市扩大到历史约定俗成地区以及省内外县级，登记管理权限下放至地级市民政部门，允许各异地商会根据业务发展需要设立分支（办事）机构。此外，校友会、异地商会中的异地务工人员（农民工）服务组织也允许登记成立。如2013年年底广东已成立9个省级异地务工人员服务协会、125个异地务工人员服务组织。

四是推进城乡基层社会组织备案制。《广东省城乡基层社会组织登记管理办法》规定居委会、村委会的社会组织可实行备案登记，对基层群众生活类自治组织，如福利会、村民理事会、老年人协会等，放宽条件、降低门槛、简化程序。

（二）推行“去行政化”改革，加快政府与社会组织分离

早在2006年，广东省委省政府在出台的《关于发挥行业协会、商会作用的决定》中明确要求行业协会、商会达到“五自”（自愿发起、自选会长、自筹经费、自聘人员、自主会务）、“四无”（无行政级别、无行政事业编制、无行政业务主管部门、无现职国家机关工作人员兼职）的要求。2010年年底，广东省除了旅游协会由旅游局局长担任会长外，其他所有现职国家机关工作人员退出行业协会职务，全省共退出现职国家机关工作人员1547名。此后，加快行业协会、商会民间化的做法被推向所有社会组织。2012年4月，广东省社工委又印发《深化社会组织体制改革工作方案》，省民政厅组织开展社会组织监督管理专项检查，把社会组织“去行政化”专项整治作为2012年的一项重点工作，切实加以部署推动。各地从行业协会、商会入手，深入开展自查自纠，对不符合要求的予以整改。如珠海市在专项整治过程中，邀请市人大代表、政协委员及新闻媒体全程监督，并将检查结果向社会公布，目前该市54个行业协会已基本达到要求。中山市行业协会、商会“去行政化”共辞退人员14名，全市60多个行业协会、商会均实现了“五自四无”目标。广东社会组织“去行政化”的经验得到了国家支持。2013年，由国家发展和改革委员会、民政部会同有关部门共同负责完成的《行业协会商会与行政机关脱钩总体方案》，2014年正式开始试点工作，目标是争取到2015年年底前实现真正脱钩。湖北已经确定40个全省性行业协会商会作为脱钩试点。安徽、山东、湖南则对控制和规范管理党政干部在社会组织兼职（任职）做出严格规定。①

（三）推行“去垄断化”改革，形成社会组织竞争向上的发展格局

长期以来，我国的政策法规赋予社会组织明显的垄断特征。垄断与市场经济的规律和本质背道而驰。因此，为激活社会组织的活力，近年来广东率先推

① 张雪弢：《2013：社会组织管理的创新之年》，http：//www.gongyishibao.com/html/yaowen/5950.html，公益时报网，2014年1月8日。

进行业商会“去垄断化”，逐步实现社会组织的自由竞争。在公益服务类社会组织方面，广东也允许慈善、文化、教育、体育、卫生、环境等公益性社会团体名称加“字号”，解决因为名称相同而无法登记的问题；民办非企业单位的名称字号，在不违背现行政策法规的前提下，尽量尊重申请者的意愿。目前广东正进一步扩大“去垄断化”的范围，未来将从行业协会商会延伸至所有社会组织，逐步形成社会组织自由竞争、蓬勃发展的格局。

（四）强化监管管理，努力构建综合监管体系

社会组织放宽准入、减少前置审批等改革后，面临的最大问题是如何监管的问题。对此，广东省委省政府予以高度重视，主要做法如下。

一是建立健全管理制度。2006 年制定出台《广东省行业协会章程示范文本》《行业协会商会十项内部管理制度示范文本》，2009 年制定出台《广东省异地商会章程示范文本》，2010 年制定《广东省社会组织登记管理机关实施行政处罚程序规定》和执法文书，2011 年制定出台了《全省性行业协会商会换届选举指引》和全国第一个对基金会运营行为全面实施规范化管理的《广东省民政厅关于基金会运营的行为指引》等管理制度。

二是建立政府部门联合监管机制。强化部门监管职责，初步建立公安、民政、司法、财政、审计、税务、物价、工商、工商联等相关单位和银行金融机构各司其职、各负其责、信息共享、协同监督、齐抓共管的联合监管机制。业务指导单位（行业主管部门）负责实施业务指导和行业管理。

三是完善日常监管制度。建立年检分析制度，及时掌握社会组织的动态，及时制止可能影响社会稳定的重大活动，社会组织每年年检率为 95% 以上；建立重大活动报告制度，社会组织开展评比达标表彰活动的，必须经登记管理机关备案后方可开展，凡未经备案开展评比达标表彰活动，或未及时报告涉外重大活动情况的，一律确定为该年度年检不合格；建立现场监督制度，社会组织换届或开展重大活动时，安排人员到现场监督指导，防止出现偏差；建立诫勉谈话制度，对可能发生问题的社会组织，由政府有关部门找其法定代表人或秘书长谈话，提出问题，限期整改；建立专项治理制度，近年来开展了网吧专项整治、清理乱办班乱培训乱收费、跨地区跨行业组织出国考察、社会团体和

公募基金会“小金库”等专项治理和检查，对促进行业自律、纠正不正之风起到了重要作用。

四是建立等级评估制度。2009年，出台了《广东省民政厅关于社会组织评估管理的暂行办法》，制定了科学的社会组织等级评估指标体系，组建了评审专家委员会，建立了社会组织评估专家库。评估达不到3A标准的，不能享有政府职能转移、购买服务和公益性捐赠税前扣除优惠，并取消其开展评比、达标、表彰活动等资格。

五是建立淘汰退出机制。2013年全省撤销社会组织151个，取缔社会组织1个，责令撤换负责人4个，责令整改25个，发出警告24个。[①] 深圳市、东莞市等地初步探索形成了政府监管、社会监督、社会组织自律“三位一体”的综合监管体系。

（五）加大培育扶持力度，促进社会组织快速成长

一是财政补贴资助。2012年省财政和省民政厅共安排资金1.2亿元，资助社会组织开展公益慈善、社会民生、枢纽服务等项目，第一批510个社会组织获得资助共计约1.05亿元，另有8个社会组织参与社会服务项目获得中央财政资助。[②]

二是建立政府扶持基金。财政立项安排省孵育专项资金，2012年省级培育发展社会组织专项资金共向360家社会组织注资，总额近亿元。[③] 广州市福利彩票公益金立项安排500万元作为启动资金，用于培育50个公益性社会组织、资助50个公益项目，并对市级行业协会实施财政专项补助制度。深圳从社会福利公益金中安排3760万元作为社会组织发展专项基金启动资金。

三是建立孵化基地。广州、深圳、东莞、佛山市南海区等地均建立了社会组织孵化基地，为进驻的社会组织提供场地、咨询、资金等多方面的扶持。

四是拓宽社会组织参政议政渠道。鼓励有条件的市、县（市、区）人大、政协设立新的社会组织界别，分配一定的人大代表、政协委员名额给社会组织

---

① 广东省人民政府2014年5月28日提交广东省人大的报告。

② 广东省民政厅：《2012年广东省民政工作总结》。

③ 广东省社会工作委员会：《2012年广东省社会建设季度分析报告》。

从业人员。如2011年深圳市给社会组织分配党代表4名、人大代表5名、政协委员10名；惠州市把社会组织列为政协界别，分配8名委员名额；珠海市人大分配7名人大代表名额给社会组织；等等。

五是拓展社会组织融资渠道。除了政府推出的财政专项资助、福利彩票资助与政府购买服务资助等官方融资渠道外，民间融资渠道正在形成。如妇女公益项目“集思公益　幸福广东——支持妇女计划”就是由广东省人民政府与李嘉诚基金会共同出资2000万元人民币启动的大型省级跨部门支持妇女创新公益计划。该计划通过专家和公众投票的方式遴选百余个项目予以1万~100万元的资助。

（六）发挥工青妇等群团组织作用，努力构建枢纽型组织体系

2012年，广东省社会工作委员会出台《关于构建枢纽型组织体系的意见》，提出形成具有广东特色的枢纽型组织体系。所谓构建枢纽型组织体系，是指工青妇等群团组织和枢纽型社会组织通过开展业务活动和项目合作等途径，将同类型、同行业、同地域的社会组织整合起来，发挥政策引领、业务指导、协调合作和服务管理作用，凝聚、带动各加盟社会组织共同参与社会建设。具体来说，枢纽型组织体系包括发挥工青妇等群团组织的枢纽性作用和培育扶持枢纽型社会组织两个方面。前者要求工青妇等群团组织充分发挥资源、人才、信息和组织网络优势，加强与社会组织的联系与合作，增强对社会组织的凝聚力和带动力，逐步形成以群团组织为枢纽、以相关社会组织为网络的社会服务体系；后者通过资金扶持、项目扶持、服务支持等方式大力扶持枢纽型社会组织，并在2013年8月认定了第一批省级枢纽型社会组织。枢纽型组织体系建设有利于在巩固党的群团组织优势的基础上，加强社会组织的联合发展，促进社会组织资源的合理配置和协调配合，从而更好地发挥社会组织在社会建设中的积极作用。如中山市青年联合会的枢纽型社会组织创建计划项目荣获由中央编译局等单位主办的第二届“中国社会创新奖”。

（七）创新社会组织党群工作，夯实党在社会组织中的群众基础

2008年以来，广东省在全国率先成立了首个省级社会组织党工委、首个

省级社会组织纪工委、首个省级社会组织团工委、首个省级社会组织妇工委。目前广东省已有20个地市、59个县（市、区）成立了社会组织党工委或相应组织，社会组织党组织共6670个，党员44550名，实现应建尽建。广州、清远、江门等市还成立了社会组织妇工委。通过开展“两新”组织党组织覆盖“百日攻坚行动”，在注册登记同时同步组建党组织、同步开展党的活动，以党建引领社会组织建设。

截至2012年11月底，广东省党组织覆盖社会组织达1.9万多个，覆盖率从2011年年底的23.0%提高至82%，提高了59个百分点。不仅如此，广东还在社会组织党建工作中建立了“六个一”的长效机制，即建立一个科学的社会组织党建管理体制、建设一支得力的社会组织党建指导员队伍、建立一个符合社会组织特点的党建活动方式、建立一套社会组织党建工作制度、建立健全一个社会组织群团组织体系、开展一个社会组织创先争优主题实践活动。对社会组织党团建工作开展得较好的单位进行大力表彰，如2011年7月，广东省首次表彰了103个社会组织先进党组织、100名优秀党务工作者和100名优秀共产党员。同时，表彰了21个先进团组织、71名优秀团干、125名优秀团员，在社会组织和社会上引起了很好的反响。2011年，广东省中小企业促进会、广东软件行业协会两个社会组织还被授予省“青年文明号”称号。这是广东社会组织首次获取广东省“青年文明号”荣誉。

（八）积极承接政府职能转移，形成政府放权、社会接力的格局

广东在政府购买社会服务方面一直走在全国前列。2008年9月，广东出台的《关于发展和规范全省社会组织的意见》明确要求政府各部门要将社会组织有能力承担的3大类17项职能转移出去。2009年全面推开政府向社会组织购买服务试点工作。仅2011年一年，全省社会组织承担的政府委托、转移的职能就有394项，同时费随事转，获得政府补助12489万元。

2012年，广东省政府出台了《政府向社会组织购买服务暂行办法》等一系列政府向社会组织转移职能与购买服务的政策文件，特别是《政府向社会组织转移职能目录》《政府向社会组织购买服务目录》《具备资质条件承接政府转移职能和购买服务的社会组织》三个目录的出台，标志着政府向社会组

织购买服务的制度框架基本确立。2012 年，全省各级政府向社会组织购买服务款项达4.66 亿元；[①] 2013 年，全省用于政府购买社会工作服务的经费达近6亿元。[②] 2013 年进一步清理和精简社会领域行政审批事项，向社会转移资质资格认定等职能 103 项。目前，政府向社会组织购买服务已成为广东各级政府提供公共服务的重要方式。

（九）强化行业自律，促进能力和公信力提升

对于社会组织来讲，外部发展环境不断优化，内部建设自然也要加强。广东以引导社会组织建立诚信自律机制为抓手，大力促进社会组织能力和公信力提升。早在 2005 年 4 月，省民政厅就召开广东省民间组织自律和诚信建设动员大会，300 个社会组织在南方日报发表了《维护公众利益、构建和谐广东自律与诚信倡议书》。2006 年 7 月，省民政厅、省监察厅、省政府纠风办联合召开广东省社团组织行业协会自律工作会议，总结推广 4 个试点单位的经验。2007 年 7 月，再次总结推广经验，深入动员部署，社会组织自律和防治腐败工作全面铺开。为加强制度建设，省民政厅还联合省监察厅、省政府纠风办、省治贿办、省工商局等部门连续三年印发《社团组织行业协会自律工作实施意见》，要求各社团组织行业协会建立健全规范运作、诚信执业、信息公开、公开竞争、奖励惩戒和自律保障的“六个机制”。目前，社会组织行业自律已成为广东纠风工作的一个品牌。

（十）社会组织的活力增强，在经济社会发展中的作用愈发彰显

社会组织是社会建设的重要主体，能有效弥补政府和市场的缺陷，在经济发展、公共服务、社会治理、公益慈善等领域有突出表现。一是经济领域。广东省社会组织年均经济活动总量超过 700 亿元，全省行业协会平均每年招商引资约 300 次、举办培训班约 1.2 万期、提供咨询服务 1.6 万次、组团考察超过 1000 次、举办或组织参展约 1400 次、协调会员与消费者纠纷约 1900 起。如

---

① 广东省民政厅：《我省全面推动社会组织承接政府转移职能》，http://www.gdmz.gov.cn/zwgk/zwxw/201305/t20130516_32952.htm 广东省民政厅官网，2013 年 5 月 13 日。

② 曾会生：《粤今年掏近 6 亿购买社工服务》，《南方日报》2013 年 12 月 30 日。

广东省温州商会组织投资近9万平方米的九州轻纺城，广东省美容美发化妆品行业协会举办的国际美博会为世界同业第二大展等。二是公共服务领域。各类社会组织在提供职业培训、缓解学位紧缺、扩大社会就业、提供社工服务、社区服务和志愿服务等方面都发挥了积极作用。比如，全省民办学校（含幼儿园，不包括培训机构）数量居全国首位，在校学生约520万人，占全省在校生的24%，位居全国第一。三是社会治理领域。各类社会组织积极建言献策，反映公众和行业的诉求，促进公共决策的科学化和民主化。广州亚运会期间，广东省物流行业协会及时向政府反映物流企业的意见、建议，得到了政府的积极回应，实现了政府与物流企业双赢。四是公益慈善领域。全省社会组织积极参与支持减贫济困、救灾防害、安老抚幼、扶弱助孤等活动，在帮扶社会弱势群体、维护社会公平等方面发挥了不可替代的重要作用。比如，2013年深圳壹基金募集资金达5亿元。

三　广东省社会组织发展存在的问题

尽管广东在社会组织改革方面取得了显著成绩，但是，与国家治理体系和治理能力现代化的要求相比，与广东经济社会发展的需求相比，社会组织的发展及政策仍然存在诸多问题，总体上还处于初级阶段。

（一）法律法规不健全，地方创新犹豫迟疑

尽管近年来国家启动了《社会团体登记管理条例》《民办非企业单位登记管理暂行条例》《基金会管理条例》三个条例的修订工作，但出台的时间一再推后，各地观望情绪浓厚，对地方创新产生了一定影响。广东省本来已经起草好的《广东省社会组织条例（征求意见稿）》，由于缺乏上位法的依据，至今尚未正式颁布实施。

（二）社会组织总量不足，发展不平衡

尽管近些年广东社会组织的数量增长很快，但总量依然偏少，人均水平更低。广东作为全省经济总量第一大省，社会组织总量在全国31个省、直辖市

与自治区中却排列第二，低于排名第一的江苏省很多。2013 年，江苏是 55586 个，广东是 41025 个（见图 5）。

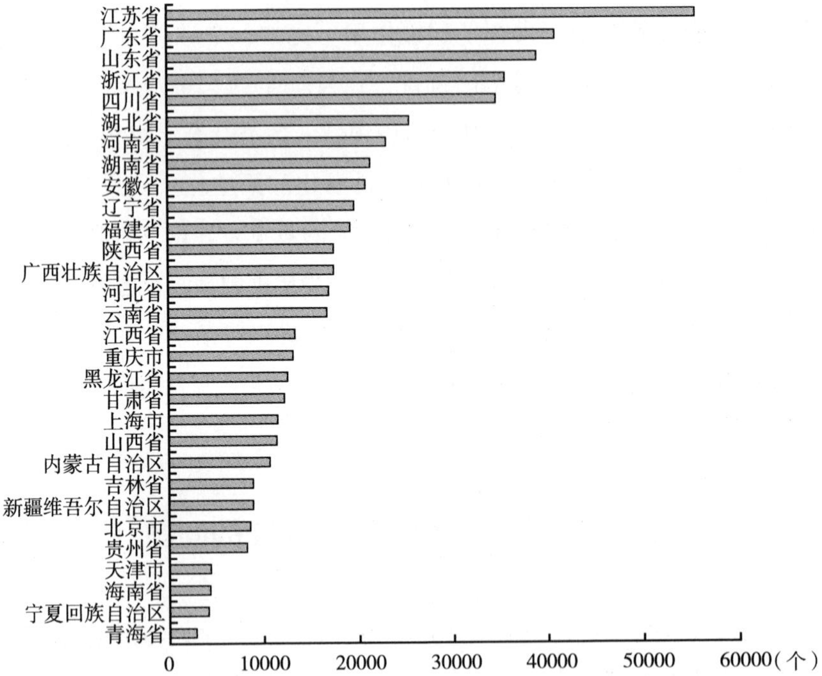

图 5　全国 31 个省市自治区社会组织总量比较图

资料来源：国家民政部规划财务司公布的《2013 年 4 季度各省社会服务统计数据》。

从人均数量来看，虽然 2013 年广东每万人拥有社会组织数量达到 3.85 个，[①] 但还稍低于全国平均水平 3.98 个，在 31 个省市区中排列第 18 位，江苏（7.00）、浙江（6.47）位列前两位（见图 6）。

此外，从社会组织的类型来看，广东社会组织多以民办非企业单位为主，社团中则以行业性、专业性、学术性社团为主，联合性社团偏少，农村专业经济协会、社区社会组织发展较慢，仅处于全国中等水平。众多迫切需要公益服务的弱势群体缺少社会组织关注，弱势群体一旦遇到困难时，可以求助的社会组织还十分有限。从地区分布来看，社会组织集中在省本级和珠

① 国家民政部规划财务司公布的《2013 年 4 季度各省社会服务统计数据》。

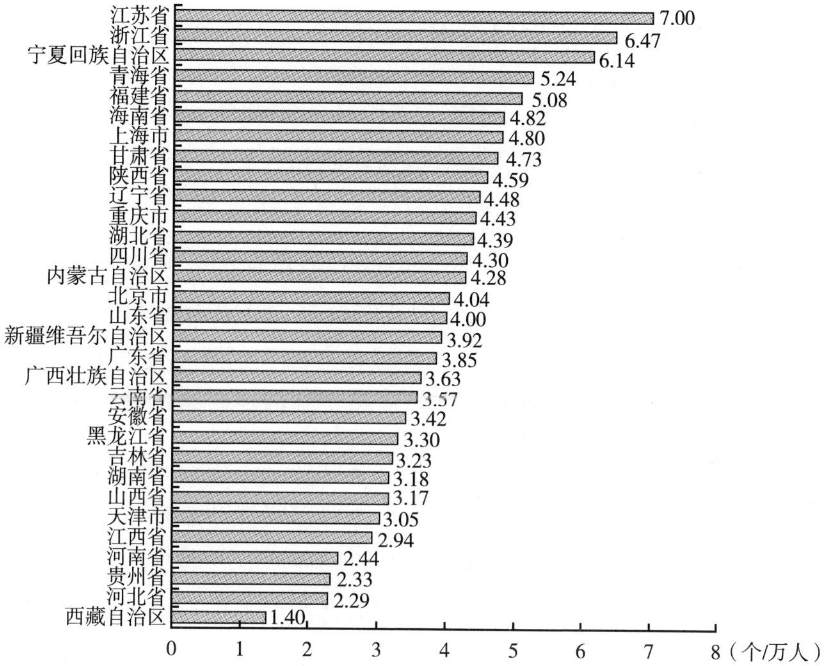

图6　全国31个省市自治区每万人拥有社会组织数

资料来源：国家民政部规划财务司公布的《2013年4季度各省社会服务统计数据》。

江三角洲地区，粤东、粤西、粤北和农村地区社会组织数量非常稀少，区域分布严重不平衡。

（三）监管体系建设滞后，应对境外非政府组织的渗透乏力

广东率先实施社会组织直接登记和管理体制改革后，原来的双重监管体制不灵了，新的监管体制没有跟上，产生了不少问题。各级社会组织登记管理机关人员编制严重不足，缺少足够的监管力量，往往出现重登记、轻监管的现象。此外，由于广东毗邻港澳，境外非政府组织活动频繁，一直以来是境外敌对势力渗透破坏的桥头堡。一些境外非政府组织借广东社会组织登记管理体制改革之机，寻求登记取得合法身份，他们打着“维权”“民生”“慈善”的旗号，行不可告人之目的。在新形势下，对境外非政府组织如何趋利避害、规范管理，是广东乃至全国亟待解决的重大课题。

（四）政府转移职能进展缓慢，向社会组织购买服务不够规范

一些地方政府和部门把属于社会组织的职能和服务范畴作为自己的“利益范围”紧抓不放，政府向社会组织转移职能和购买服务进展缓慢，目前广东社会组织还未承接政府转移职能的占89%，还未有政府购买服务的占91%。[①] 同时，购买公共服务机制不完善。有时候在购买服务中竞争的不是实力，而是“关系”，基于熟人关系的非制度化程序在政府与社会组织的合作中还部分存在。有些购买服务，未能提供所购买的产品细目与技术标准，也没有公开合理确定公共服务的价格，如何科学评估绩效也是当前的一大问题。此外，现行财税优惠政策对接受购买服务的社会组织也不利，免税收入只包括捐赠收入、政府补助收入、会费、不征税收入和免税收入孳生的银行存款利息收入等，不包括政府购买服务获得的收入、经营性收入和保值增值收入。而最重要的是，如何对政府购买社会组织服务进行监管的问题也亟待解决。

（五）社会组织自身能力不足，内部治理结构亟须完善

多元善治的现代社会治理体制离不开社会组织，但社会组织大规模发展的时间并不长，很多是在近几年社会体制改革的大潮中仓促成立，各方面还很不成熟，距离“政府放权、社会接力”的要求还有较大差距。

一是自我发展定位不清晰。在一项问卷调查中发现，只有17.2%定位为“独立于政府的第三方”，而高达46.3%的社会组织把自己定位为“政府的助手”，这也从一个侧面说明不少社会组织缺乏市场意识，不习惯从服务和市场中求生存、谋发展，仍习惯于依赖政府以求得生存。由此可见，社会组织去行政化易，要去掉社会组织心中的行政化还很难。[②]

二是自主性较低。政府与社会组织的脱钩分离仍不彻底，社会组织在人

---

① 广东省社会工作委员会编《广东省社会建设蓝皮书（2011年度）》，中国社会科学出版社，2013，第72页。

② 广东省社会工作委员会编《广东省社会建设蓝皮书（2012～2013年度）》，中国社会科学出版社，2013，第98页。

员、经费、办公场所等基本资源方面对政府和对业务主管（指导）单位的依赖度很高，退休的国家机关工作人员或现职事业单位工作人员出任社会组织负责人的现象较为普遍。一些业务主管（指导）单位通过推荐或派遣社团领导人、出席社团会议、参加社团活动、审查社团年度工作报告和财务报告、派遣人员到社团任职等方式影响社团发展，从而削弱了社团的自主性。社会组织整体上是作为政府下属单位的形象出现在公众的视野中。

三是自我造血能力不足。资金短缺是当前广东社会组织发展的最大障碍。一般来说，国外社会组织的资金来源有三个渠道：民间捐赠、服务收费、政府补贴。其中，来自会费、收费活动和商业经营的服务收费收入比例最高。国内的情况则不同，政府提供的财政拨款和补贴、会费是大部分社会组织收入的主要来源。残酷的现实是，一方面社会组织过分依赖政府扶持和资助，另一方面政府的资助极为有限，这种矛盾下社会组织的资金短缺更为凸显，缺乏自生能力。

四是社会组织的作用和活力没有充分彰显。社会组织在整个国民经济中的比重、动员的资源、创造的就业岗位和社会影响力等还比较有限，未形成与政府、市场（企业）相对的三足鼎立局面。以2010年为例，全省社会组织经济活动总量约为500亿元，平均每个社会组织不足1.8万元；202个基金会仅筹资6亿元。①

五是内部治理结构不完善。一些社会组织特别是新成立的社会组织尚未建立健全以章程为核心的内部管理制度，会员大会（会员代表大会）、理事会（常务理事会）制度、财务会计制度和换届选举制度等要么没有，要么没有严格执行。“一人一会”“几人拼会”的现象也不少。总的来看，目前广东社会组织呈现“三三开”的状况，即三分之一的社会组织经济状况良好，发展活力足，三分之一的社会组织基本能够维持生存，还有三分之一的社会组织基本处于休眠状态，生存困难，亟须加强引导规范。

① 王长胜：《积极创新　先行先试　努力建设有中国特色的现代社会组织体系——广东省民政厅王长胜副厅长在广东省社会组织创新发展经验交流会议上的讲话（摘要）》，广东省民政厅官网，http：//www.gdmz.gov.cn/zwgk/ldjh/201009/t20100903_25192.htm 2010－09－03。

（六）登记管理机关力量薄弱，与社会组织快速发展的形势不适应

经济社会不断发展，改革不断深化，民政部门直接登记的社会组织越来越多，各地非法社会组织和社会组织违法违规行为也明显增多，但登记管理机关的机构编制、工作经费和工作装备，远远不能适应新形势、新任务的要求。据统计，2011 年，广东 49 个县（区）没有专门机构，42 个县（区）没有专职工作人员，广东社会组织登记管理专职工作人员仅 304 名，部分县（区）甚至达不到行政执法必须两名以上执法人员同时在场的要求；广东社会组织每年专项经费不足 1000 万元，仅深圳、东莞两市配备了执法车辆。① 这些问题，严重影响了社会组织的创新发展。一些地方只能应付日常登记，疏于管理，甚至无力执法。

（七）对社会组织重要性的认识仍需提高，扶持政策措施需完善

少数地区、部门和部分同志还没有真正认识到社会组织在加强社会建设、创新社会治理中的地位与作用，与国家以及广东省委、省政府的要求有一定差距，贯彻落实上不给力、打折扣，甚至出现偏差，对社会组织的扶持培育、监督管理停留在口头上、文件里、会议中。对社会组织不重视最直接的体现就是扶持政策措施不多。全省各地扶持社会组织发展的财政投入总体偏少，缺乏社会组织专职工作人员入户、档案管理、工资福利、职称评定等方面的政策规定。社会组织人力资源管理不规范，人才无法在培养、吸引、评价、使用、宣传、表彰、奖励等方面享受与事业单位、企业的同等待遇，专业化、职业化程度低。社会组织参政议政渠道有待进一步畅通。

四　推动广东省社会组织发展的思路与对策

（一）战略思路：在政社分开的基础上加强政社合作

1. 理论基础：国家与社会组织的关系的三种模式

国家与社会组织的关系一直是现代西方政治思想理论关注的中心，当前世

① 广东省社会工作委员会编《广东省社会建设蓝皮书（2011 年度）》，中国社会科学出版社，2012，第 73 页。

界上主要有三种社会组织的发展模式，其中自由主义无论在理论上还是实践上都占据主导地位，但在分析中国社会时，法团主义视角却具有一定的潜力。

（1）自由主义模式。自由主义也被称为多元主义。该理论认为，社会与国家应该是分立的，社会是一个由私人生活构成的独立领域，它在本质上不同于政治国家所代表的公共权力，是一种具有独立身份和生命的自主存在。① 自由主义的鼻祖洛克指出，社会先于国家而存在，社会中的个体通过让渡自己的一部分权力，从而组成政府，以避免“丛林法则”在社会中的上演，本质上政府与社会之间是一种信托关系。如果政府违背了自己的信用，社会可以重新选择政府。② 显然，在自由主义看来，社会不仅先于国家，而且高于国家。自由主义的社会本位逻辑，重视社会组织在自由结社、利益代表和利益表达中作用，个体公民通过形成有组织的社会力量来平衡国家力量与市场力量，达到制衡权力、驾驭市场、保卫社会的目的。

（2）国家主义模式。国家主义也被称为全权主义（totalitarianism）或全能主义（totalism），指的是一种与社会本位主义截然相反的国家本位主义。③ 在国家主义看来，市民社会作为个人特殊性无限张扬的私人领域，为个人需要的满足提供了可能的社会空间；但市民社会中个人意志的无限张扬如果不加以限制和引导，就必然导致社会秩序的混乱和人的精神的异化。而国家是伦理精神的实现形式，代表绝对理性原则，人民在国家中达到了完全的意志自由，成为真正的人。因此，国家高于一切，代表最高的善。④ 国家主义的国家本位逻辑认为，为了保证“所有公民平等享受公共服务”，国家要通过建立公共部门直

① Whyte, Martin K. Urban China: A Civil Society in the Making? . In Arthur Lewis Rosenbaum (ed), State & Society in China: The Consequence of Reform [C]. San Francisco: Oxford. 1992, p. 79.

② 查尔斯·泰勒：《市民社会的模式》，邓正来译，J. C. 亚历山大：《国家与市民社会——一种社会理论的研究路径》，中央编译出版社，2002。

③ 本文把国家主义与全权主义、极权主义看作同一概念。这里的国家主义不同于斯考切波（Skocpol）所说的国家中心主义，国家中心主义指国家和官僚并非中立，而是有自身利益和偏好的政策行为主体，国家的结构、能力和自主性等都会对社会政策发展产生重大影响。Skocpol, T. “Bringing the State Back In: Strategies for Analysis in Current Research.” In P. B. Evans, D. Rueschemeyer & T. Skocpol (eds.), Bringing the State Back In. Cambridge: Cambridge University Press. 1985.

④ 黑格尔：《法哲学原理》，范扬、张企泰译，商务印书馆，1995，第35页。

接为公民提供社会服务，社会组织的作用往往得不到重视。

(3) 法团主义模式。法团主义又称为社团主义、合作主义。与社会本位主义和国家本位主义不同，法团主义主张，国家与社会是一个和谐的有机体，二者不是谁先谁后、谁高谁低的问题，而是具有不同比较优势的治理主体，两者之间应该联合和协作。① 在法团主义看来，发展社会组织的逻辑起点，一方面是为了破解福利国家的弊病，让社会组织成为福利多元主义的重要一元，另一方面是为了培育将社会不同利益有序集中、组织、协调和传输到国家决策结构的中介。

表 2　国家与社会组织关系的三种模式

理论基础	实践形态	核心理念	控制手段	制度特征
自由主义	独立发展	建立独立的社会	自由放任	多元、竞争
国家主义	依附发展	国家替代社会	行政控制	政府机构的一部分
法团主义	嵌入发展	政社合作	契约合作	垄断、等级秩序

2. 实践演绎：广东政府与社会组织关系的三个阶段

自由主义、国家主义、法团主义这三种西方关于国家与社会组织关系的横向类别模式，在广东不同的历史发展阶段，均有所呈现。换句话说，西方理论界关于社会组织发展三种不同的横向类别逻辑在中国却可以变成纵向历史逻辑，从广东经验来看，目前社会组织发展正在打破依附、走向分立，未来社会组织将在独立的基础上实现国家与社会组织的合作。

(1) 社会组织依附发展阶段。计划经济时期，广东和全国一样，政府几乎垄断着全部重要资源，从而轻易地实现了对个体社会生活严格而全面的控制。② 对于任何独立的社会力量，国家予以坚决抑制，如曾经有的农会、商会等社会组织基本被取缔。与此同时，国家也陆续建立了青联、妇联、工商联、科协等大型的人民团体和大量学术类、文艺类等联合性社会团体。但这些机构基本上成为国家行政机构的一部分。到 1956 年社会主义改造完成后，私有经济被彻底消灭，公有制一统天下，国家也通过公有单位实现了对社会的彻底控制，社会组

① 陈家建：《法团主义与当代中国社会研究》，《社会学研究》2010 年第 2 期。

② 孙立平、王汉生、王思斌、林彬、杨善华：《改革以来中国社会结构的变迁》，《中国社会科学》1994 年第 2 期。

织连同私有经济一样基本被消灭了，国家与社会合为一体。因此，西方学者通常用极权主义（即前文所说的国家主义）来形容计划经济时期的国家—社会关系，认为中国不存在独立的社会。[①] 当然，也有少数学者认为，中国社会从来没有被国家完全控制，始终有自己活动的空间。[②] 撇开对细节的争论，从总体上来说，学术界一致认为，计划经济时期社会的力量是极其弱小的。

（2）社会组织开始独立发展。改革开放后，国家放松了对社会的全方位控制，社会自主力量快速发展。在 20 世纪 80 年代，全国性社团的数量暴增了 7 倍，年增长率达到 48%，地方性社团增长更快。[③] 但在 1989 年的政治风波中，由于少数社会组织同国家形成了对抗性关系，这促使国家着手建立一个统一的监管体系。[④] 此后，《社会团体登记管理条例》《民办非企业单位登记暂行条例》《基金会管理条例》陆续颁布施行。由于特殊的历史背景，这三个条例的主要精神都是以“管”为主，最突出的表现就是对社会组织实行登记管理机关与业务主管单位双重管理体制。

随着社会主义市场经济的深入发展，社会组织自由发展与国家控制之间的张力越来越明显。领改革开放风气之先的广东率先遇到了这种张力，也率先开始了社会组织体制的改革创新。近年来，广东通过实行社会组织直接登记，推进社会组织“去行政化”“去垄断化”，允许校友会、异地商会等一些特殊社会组织登记成立，不断推进政社分开，促进社会组织依法自治、独立发展。

（3）社会组织重新嵌入。人们没有注意到的是，广东推进政社分开、培育一个独立的社会的时候，也在积极地将社会组织纳入党和政府的工作体系。目前有三点做法已经非常明显：一是加强社会组织党群工作，全力健全社会组织党建网络，通过在注册登记同时同步组建党组织、同步开展党的活动，以党建引领社会组织建设。二是努力构建枢纽型组织体系，既发挥工会、共青团、

① Whyte, Martin K. “Urban China: A Civil Society in the Making?” In Authre Lewis Rosenbaum (ed.), State Soiety in China: The Consequence of Reform. San Francisco: Oxford, 1992.

② 邹傥：《二十世纪中国政治》，香港：牛津大学出版社，1994。

③ Pei, Minxin. “Chinese Civic Association: An Empirical Analysis.” Modern China, Vol. 24. 1998. pp. 291－294.

④ 顾昕、王旭：《从国家主义到法团主义——中国市场转型过程中国家与专业团体关系的演变》，《社会学研究》2005 年第 2 期。

妇联等人民团体的枢纽作用，同时在竞争中培育发展一批枢纽型社会组织，团结引领社会组织在经济社会发展中发挥整体合力。三是建立政府向社会组织购买服务机制。政府向社会组织购买服务既是一种扶持措施，也是对社会组织的一种控制和引导手段。如2009年3月广东省民政厅公布的《关于社会组织评估管理的暂行办法》规定，“经等级评估，3A及以上的社会组织具有接受政府职能转移、政府购买服务和享受公益性捐赠税前扣除优惠政策，以及开展评比、达标、表彰活动的资格。无3A及以上等级的社会组织不具有以上资格”。可见，社会组织为获得政府的扶持，必须接受政府的评估。

3. 发展方向：独立之后再嵌入，迈向社会法团主义

理顺政府与社会组织关系，加快形成政社分开、权责明确、依法自治的现代社会组织体制，这是我国社会组织改革的目的。但是，政社分开是不是就是社会组织体制改革的终点呢？笔者认为，政社分开本身并不是改革的终点，在政社分开、社会组织蓬勃发展之后，国家与社会组织的关系走向何方？这是一个新问题。尽管国家与社会组织的关系有三种模式，但在中国的特殊国情下，国家与社会对立的自由主义模式不可取；国家统合一切、大包大揽的国家主义模式我们有计划经济时代的前车之鉴，也不可取。因此，当前最适合我国国情，最终能在中国开花结果的只有主张国家与社会合作的法团主义模式。[①] 党的十七大报告明确提出建立“党委领导、政府负责、社会协同、公众参与”的社会治理格局，十八大报告继续坚持这一提法，并加进了“法治保障”四个字。这表明我国已经开始重视社会力量在社会治理中的作用。因此，未来国家与社会合作治理的模式将成为中国社会发展的主流趋势，且这种合作是在党的领导和法治的框架内进行的。

此外，从国际社会发展的趋势来看，政府对社会的干预经历了“放任—包揽—回归”的不同阶段，最终以福利多元主义为特征的积极福利和合作治理理念成为国际主流趋势。工业革命之前，民生问题基本上在家庭、族群和社区内自我解决，政府只在自然灾害等极端情况下才加以救济。为解决工业化和人的商品

① 实际上，目前我国社会组织政策就具有明显的法团主义特征。如我国《社会团体登记管理条例》规定：“在同一行政区域内已有业务范围相同或者相似的社会团体，新申请不予批准”，数量的有限性变成了数量的唯一性，自然具有了法团主义非竞争性的特点。

化后带来的弱势群体基本需求得不到满足的问题，资本主义国家逐步从“守夜人”走向“守护神”（“福利国家”）。[①] 但20世纪70年代以石油危机为导火索引发的经济萧条、高失业、通货膨胀并存的“滞胀”困境，不仅终结了所谓“二战”后福利国家的黄金年代，更使政府在社会福利中的角色、职能以及它们背后的社会福利理论再次遭到挑战。理论家和政治家纷纷反思政府对公民福利的过度干预模式，认为福利国家虽然促进了社会公平，但抑制了效率的提升。为应对危机，福利国家进入改革和调整阶段，政府在公共产品提供过程中的角色被重新定位。政府在福利供给中大包大揽的做法被抛弃，市场、社会组织、家庭、个人等社会主体的作用引起重视，福利多元主义成为当今国际福利改革的主流。

因此，无论从国内还是国际来看，强调国家与社会合作的法团主义更适合中国社会组织发展的战略选择。政府与社会应该共同发展壮大，形成“强政府、强社会”的局面。这一点很多学者也注意到了。顾昕认为，市场转型中，国家与专业社团的关系必然从国家主义走向法团主义。[②] 陈家建也认为，法团主义与中国社会多方面的契合性，在分析当代中国社会具有巨大的理论潜力，无论是在中国的城市社会、农村社会还是基层政府组织中，都出现了许多法团化的组织形态。[③] 同时，学者们也注意到，目前中国的社会组织与国家并不是分立的，因此缺乏法团主义所必需的社会组织基础。[④] 但是广东近年正在推进的政社分开实践表明，经过一段时间的扶持培育，随着社会组织数量的增多，在自由竞争中将形成垄断性的枢纽型社会组织，这将为中国未来走向社会法团主义奠定基础。目前广东的地方经验已经上升为国家的顶层设计。2013年，国家已经开始积极推进社会组织直接登记、行业协会商会与行政机关脱钩，这些措施将有利于社会组织与国家的分立。与此同时，国家还通过向社会组织转移职能、加大政府向社会组织购买服务力度、完善监管等措施积极地将社会组织纳入党和政府的群

① 岳经纶：《社会政策学视野下的中国社会保障制度建设——从社会身份本位到人类需要本位》，《公共行政评论》2008年第4期。

② 顾昕、王旭：《从国家主义到法团主义——中国市场转型过程中国家与专业团体关系的演变》，《社会学研究》2005年第2期。

③ 陈家建：《法团主义与当代中国社会研究》，《社会学研究》2010年第2期。

④ 吴建平：《理解法团主义——兼论其在中国国家与社会关系研究中的适用性》，《社会学研究》2012年第1期。

众工作体系，以实现国家与社会的良好合作。因此，我们有理由相信，在政社分开的基础上，未来走向以政社合作为核心内容的社会法团主义并不是没有可能。

（二）具体对策建议

1. 进一步加大培育扶持力度。一是突出培育重点。重点培育发展工商经济类、公益慈善类、社会服务类和群众生活类社会组织。发展行业协会商会，加强分类指导，优化组织结构，重视均衡发展。根据广东外来人口多的特点，要积极培育异地务工人员服务组织，推动各省（自治区、直辖市）驻粤（劳务）办事机构设立在粤务工人员服务协会，鼓励和引导外省驻粤党群组织、异地商会和综合性商会建立异地务工人员互助组织。二是落实扶持政策。出台财税金融扶持政策，扩大税收优惠种类和范围，建立统一、合理、普惠的社会组织税收优惠政策体系，开展非营利组织免税资格、公益性捐赠税前扣除资格认定，保障社会组织依法享受税收优惠待遇。探索建立扶持社会组织发展专项资金和社会组织公益创投资金。鼓励金融机构在加强风险控制的前提下为符合条件的社会组织提供信贷支持，拓宽社会组织筹资渠道。

2. 建立健全社会组织综合监管体系。明晰登记管理、业务管理（指导）部门及相关职能部门对社会组织服务、指导和管理的具体职责，出台综合监管意见。加强对境外非政府组织代理机构的管理，依法依规明确社会组织的活动范围。健全社会组织负责人管理、资金管理、年度检查等制度。以分类监管为原则，出台社会组织有序退出的具体规定。开展社会组织等级评估，制定和完善评估指标体系，引入第三方评估，形成公开公正、科学规范的评估机制。创新公益慈善项目运作机制，实行公益慈善全程监管。

3. 构建枢纽型组织体系。一是发挥人民团体的枢纽性作用。工青妇、残联、工商联等人民团体要加强与相关社会组织的联系和合作，团结引领相关领域的社会组织，构建以人民团体为中心、广泛覆盖的社会服务网络。二是培育扶持枢纽型社会组织。围绕重点人群，培育打造职工类、青年类、妇女儿童类、残疾人服务类、工商经济类等一批枢纽型社会组织。制定枢纽型社会组织的认定程序、评价标准、工作保障以及激励和管理等制度，认定一批枢纽型社会组织。三是加强枢纽型社会组织能力建设。制定自律公约、服务标准，引导相关社会组织完善法人治理结构。通过授权、委托等方式，整合相关社会组织，促进服务项目品牌化、标准化和专业化。鼓励社会组织开展项目合作，带动相关社会组织发展。

4. 搭建社会组织信息化管理平台。建立信息披露机制和信用管理制度，将公益服务和自律建设情况纳入社会诚信管理体系。至2015年，基本完成全省社会组织信息平台建设，实现珠江三角洲地区社会组织统一信息系统的共建共享。至2020年，完成社会组织监督管理体系构建，在登记审批、日常监管、税务稽查、违法审查、信息披露、公共服务、行政处罚等环节实现网络化。

5. 完善社会组织内部治理机制。建立健全社会组织会员（代表）大会、理事会、监事会制度，完善法人治理机制。引导社会组织依法依规制定议事、选举、机构、财务、人事等各项制度，严格落实负责人任期、离任审计制度和过失责任追究等制度。倡导社会组织发布社会责任报告，促进社会组织信用体系建设。加强社会组织党建工作，扩大党组织覆盖面和影响力。至2015年80%以上社会组织具备现代社会组织的基本特征；至2020年，形成政社分开、权责明确、依法自治的现代社会组织体制，95%以上社会组织达到现代社会组织标准。

6. 支持社会组织参与社会服务管理。鼓励支持社会组织有效承接政府转移职能、购买服务和授权委托事项，提供公共产品和公益服务。运用项目资助、岗位购买等多种形式，在公益服务类、工商经济类、学术联谊类、咨询经纪类、鉴证评估类、公证仲裁类社会组织率先开展政府购买服务。支持社会组织依法参政议政，逐步增加社会组织代表在党代表、人大代表、政协委员中的名额和比例。支持社会组织参与政府重大决策咨询和听证，实现参与制度化、流程化、法治化。

7. 保障社会组织从业人员权益。明晰社会组织从业人员的法律地位，加大社会组织负责人和工作骨干的培训力度。建立社会组织工作人员劳动用工制度，完善人员流动聘用、户籍管理、档案管理、职称评定、福利保障、权益保障等具体政策措施，扩大社会组织吸纳就业的空间。

8. 加强社会组织登记管理机关自身建设。加强社会组织登记、管理、监督和执法工作，是加强社会建设、维护社会稳定、构建和谐广东、巩固党的执政基础的需要。要增强社会组织登记管理机关力量，增加各级登记管理机关工作人员编制，解决社会组织登记管理机关长期以来人员严重不够、经费严重不足、执法力度严重不足等问题，做到登记、监管两手抓，两手都要硬。

Abstract

The civil organizations in China are facing the long awaited top-level system design and a great many significant developments and entering a new phase. In the background of comprehensive deepening reform and promoting the rule of law, civil organizations are planned as a part of the economic and social development, which gives institutionalization an access to the public governance and becoming the major subject in the system. The civil organizations have not only obtained the vital legal safeguard but are hoped to play the major role of autonomy in social regulation as well. The gradual breaking down of the institutional obstacles and the information released by a number of favorable policies signify that the growth of the civil organizations in China is a watershed of historical significance.

The growth of the civil organizations in China in the construction of the Chinese governance system begins to take a new path of the integration and development of state and society. Thereafter pyramidal social governance system suitable for the actual situation in China, in which the civil organizations can play a basic part for the social governance, will be built by constructing the government governance system.

This is the sixth book of research reports on civil organizations, the authors of which are experts mainly from the Chinese Academy of Social Sciences, well-known universities, local academies of social sciences, and government departments. In addition to the general report, the 300000-word book includes the focus reports, which pay close attention to a few important issues of great concentration such as promoting the formation of the pyramidal social structure and the development of social work agencies, the Network Accountability on Commonweal Organizations as well as social enterprises in the construction of governance system. The in-depth and frontier analyses are made on the hot spot issues. In the section of regional development, two cases are discussed regarding the Pudong New Area in Shanghai and Guangdong Province, which take the lead in the development of the civil organizations in China with innovative achievements. In the section of overseas reference, the studies are made on the participation in social governance of the civil organizations in the United States, the elderly care NPOs in Japan and the development of the Russian civil organizations as well. The subjects discussed in the three articles provide helpful reference for current China.

Contents

𝔹 I　General Report

Abstract: The NGOs in China are greeted by the breakthrough of the top-level system design and a number of major development. They have been incorporated into the public governance and become the subjects of the system. The civil organizations are also established as the autonomy subjects in social regulations and given legal safeguard. The two decisions passed by the Third and Fourth Plenary Sessions of the Eighteenth CPC National Congress have released information on a number of favorable policies and the NGO's development thereby entering a new stage of historical significance. Hereafter the government will intensify the stratification policies and the policy refinement, transform the thinking mode of governance, take measures to promote the healthy development of NGOs. The NGOs itself needs to increase the construction of its specialization, normalization and transparency, build cooperative and complementary relationship with the government, and play a role of guiding and flexible management in the social regulations.

Keywords: NGO; Governance; Top-level Design; Specialization

B II Monographic Research

Abstract: The NGOs are planned as a part of the economic and social development in the goal set for the national governance system reform, and established as the important governance subjects in the top-level system design, which is definitely a landmark of historical significance. The construction of the Chinese governance system is taking a new path of integrating and developing the state and society. The public governance is open to the NGOs, and the institutional barriers restricting the development have been removed. The NGO is playing an important role in a broad stage. In the future, by promoting the building of the government management system through the transfer of the government functions, the governance system construction should above all innovate the social governance methods, speed up the establishment of a new mode of social governance in conformity with the social development and promote the formation of a pyramidal social governance system.

Keywords: NGO; Governance System; Pyramidal Social Governance System

B. 3 The Interaction between State and Society: the Development of the Non-governmental Social Work Agencies in China and its Inspiration

He Hui, Lu Lei / 076

Abstract: As an important organization carrier to provide professional social work services, non-government social work agencies have developed rapidly in recent years. The emergence and development of private social work agencies have met the trend of the reform of social service, the transfer of government public service function and the government purchase of services from social agencies. The private social work agencies have played an important role in many areas, such as easing social contradictions, solving social problems, meeting the diverse service requirements of the public, realizing the specialization of social services, promoting social development. From the perspective of the interaction between state and society, this article holds that in the development of private social work agencies in mainland China, the government and non-government social work agencies have made mutual empowerment through government purchase from private social work agencies in the market, which, on the one hand, confirms the legitimacy and role of private social work agency in the social construction and therefore promotes its growth; and on the other hand, the legitimacy and the ruling foundation of the government are consolidated when the non-government social work agencies provide services which meet the requirements of the people effectively.

Keywords: Non-governmental Social Work Agency; Social Work; Government Purchase of Service

B. 4 Study on the Situation of the Network Accountability on Commonweal Organizations in Current China

Lu Xianying / 109

Abstract: Focused on the network accountability on commonweal organizations, this paper gives the definition of the concept, summarizes its characteristics, including the accountability subjects, objects, reasons, contents and the modes, and evaluates its effects. The article points out that network accountability has become an important and new mode of commonweal organizations accountability in China, which has many advantages that the traditional accountability lacks. Therefore, it can achieve better results and consequently have a more profound impact on the construction of commonweal organizations' credibility. However, because of its immature development and other reasons, there are still many problems. For example, the network accountability is non-normal, non-professional, and non-institutionalized; the response of accountability objects' is passive; the information for accountability objects is not clear; the network accountability environment is not healthy, etc. Finally, some policy suggestions are discussed.

Keywords: Commonweal Organization; Network Accountability; Situation; Policy

B. 5 Rise and Development of the Social Enterprises in China

Wang Shiqiang / 137

Abstract: Social enterprise is a newly emerging type of organization, the development of which are attracting more and more attention. In 1970s, the modern social enterprises grew up, the social enterprises of European and American countries began to revive and increase gradually. Although the development of the social enterprises in China is at its early stage, there is tremendous potential. In recent years, The network to support the social enterprises has been established step by step and the entrepreneurs with social entrepreneurial spirit keep emerging, which promote the growth of the social enterprises in China. This article describes and analyzes the concept and characteristics of the Chinese social enterprises, the background and reasons to its rise as well as its current situation and problems. Suggestions are put forward concerning developing the social enterprises in China.

Keywords: China; Social Enterprise; Rise; Development

𝔹 Ⅲ Overseas Reference

Abstract: Alternative Dispute Resolution (ADR) is, among many public governance tools, a very important one in the United States. The nonprofit sector is playing multi-roles as ADR's practitioner, promoter, researcher, professional association and exchange platform, funder, educator, and international co-operator. American nonprofits and the government agencies have been working together to resolve numerous civil disputes and conflicts in the society resulted from a fast increase of population and institutionalized wealth inequality since 1970s. The main reasons behind such a deep and comprehensive involvement in ADR can be traced back to the American historical and cultural heritage, the changes in American society and civil justice reform, the rapid growth of nonprofit sector and governmental supports to ADR. American experience as well as its lessons in ADR is valuable reference for China, which is now confronting huge challenges in social governance.

Keywords: U. S. A; Nonprofit Sector; ADR

Abstract: In the 21st century, under the framework of related laws and policies, Japan's elderly-care NPOs carry out flexible and considerate care service including visiting care, daycare and home nursing. This not only enables the elders to live in comfort in their old age, but also provides relief for families and communities in terms of elderly-care. Meanwhile, these elderly-care NPOs have played an active role in promoting regional welfare, structuring harmonious communities and building new partnership between NPOs and the government, which reveal the trend for Japan's elderly-care cause.

Keywords: Ageing; Elderly-care; NPOs; Nursing Insurance

Abstract: Based on the national condition and reality Russia classifies its NGOs into three groups which are treated differently and has achieved positive effects. The development and reform of the Russian NGOs have been closely related to the national governance, involving a series of essential problems such as the national security strategy, soft power and national image, stability of social politics. The principle to follow is for the sake of the long term stability of the country when dealing with the NGOs.

Keywords: NGO; Reform; National Governance

B IV Regional Development

Abstract: Since its development and opening, Pudong new area adheres to the development philosophy of "small government, big society". Building a new political and social relationship as a breakthrough point, Pudong constantly increases its support and supervision service for social organizations. The development environment is better coordinated with the economic and social development with a more reasonable structure and stronger function. The management pattern of social organizations is basically formed by effective supervision, good guidance and democratic autonomy. Social organizations are playing an increasingly important role in the development of society, such as undertaking the functions transferred by the government, integrating social resources, guiding social participation, promoting industrial development, and coordinating the social relationships. A large number of social organizations, which have some social influence and distinctive characteristics, are growing up in Pudong, This report analyzes the development, features and functions of the social organizations, as well as the exploration, practice and prospect of Pudong. Based on the analysis, the report puts forward some countermeasures and suggestions.

Keywords: Pudong New Area; Social Organization; Development

B.10 Report on the Development of Social Organizations in Guangdong Province (2008 -2013)

Deng Zhiping, Zheng Zizhen / 283

Abstract: In the background of social construction in recent years, Guangdong province has attached great importance to the cultivation and development of social organizations and made a lot of innovations in the social organization registration, integrated supervision system, transformation of government functions, purchase of services, de-administration, de-monopolization, etc, creating the "Guangdong experience" for the development of social organizations. This paper systematically summarizes the development practices, results and main characteristics of Guangdong social organizations, points out the existing problems, and advises on strengthening the cooperation between government and community based on the separation of government and society, and taking the unique way of a social corporatism.

Keywords: Social Organization; System; Innovation

皮书起源

“皮书”起源于十七、十八世纪的英国，主要指官方或社会组织正式发表的重要文件或报告，多以“白皮书”命名。在中国，“皮书”这一概念被社会广泛接受，并被成功运作、发展成为一种全新的出版型态，则源于中国社会科学院社会科学文献出版社。

皮书定义

皮书是对中国与世界发展状况和热点问题进行年度监测，以专业的角度、专家的视野和实证研究方法，针对某一领域或区域现状与发展态势展开分析和预测，具备权威性、前沿性、原创性、实证性、时效性等特点的连续性公开出版物，由一系列权威研究报告组成。皮书系列是社会科学文献出版社编辑出版的蓝皮书、绿皮书、黄皮书等的统称。

皮书作者

皮书系列的作者以中国社会科学院、著名高校、地方社会科学院的研究人员为主，多为国内一流研究机构的权威专家学者，他们的看法和观点代表了学界对中国与世界的现实和未来最高水平的解读与分析。

皮书荣誉

皮书系列已成为社会科学文献出版社的著名图书品牌和中国社会科学院的知名学术品牌。2011 年，皮书系列正式列入“十二五”国家重点图书出版规划项目；2012~2014 年，重点皮书列入中国社会科学院承担的国家哲学社会科学创新工程项目；2015 年，41 种院外皮书使用“中国社会科学院创新工程学术出版项目”标识。

社长致辞

我们是图书出版者，更是人文社会科学内容资源供应商；

我们背靠中国社会科学院，面向中国与世界人文社会科学界，坚持为人文社会科学的繁荣与发展服务；

我们精心打造权威信息资源整合平台，坚持为中国经济与社会的繁荣与发展提供决策咨询服务；

我们以读者定位自身，立志让爱书人读到好书，让求知者获得知识；

我们精心编辑、设计每一本好书以形成品牌张力，以优秀的品牌形象服务读者，开拓市场；

我们始终坚持“创社科经典，出传世文献”的经营理念，坚持“权威、前沿、原创”的产品特色；

我们“以人为本”，提倡阳光下创业，员工与企业共享发展之成果；

我们立足于现实，认真对待我们的优势、劣势，我们更着眼于未来，以不断的学习与创新适应不断变化的世界，以不断的努力提升自己的实力；

我们愿与社会各界友好合作，共享人文社会科学发展之成果，共同推动中国学术出版乃至内容产业的繁荣与发展。

社会科学文献出版社社长

中国社会学会秘书长

2014 年 1 月

皮书系列

“皮书”起源于十七、十八世纪的英国，主要指官方或社会组织正式发表的重要文件或报告，多以“白皮书”命名。在中国，“皮书”这一概念被社会广泛接受，并被成功运作、发展成为一种全新的出版形态，则源于中国社会科学院社会科学文献出版社。

皮书是对中国与世界发展状况和热点问题进行年度监测，以专家和学术的视角，针对某一领域或区域现状与发展态势展开分析和预测，具备权威性、前沿性、原创性、实证性、时效性等特点的连续性公开出版物，由一系列权威研究报告组成。皮书系列是社会科学文献出版社编辑出版的蓝皮书、绿皮书、黄皮书等的统称。

皮书系列的作者以中国社会科学院、著名高校、地方社会科学院的研究人员为主，多为国内一流研究机构的权威专家学者，他们的看法和观点代表了学界对中国与世界的现实和未来最高水平的解读与分析。

自 20 世纪 90 年代末推出以经济蓝皮书为开端的皮书系列以来，至今已出版皮书近 1000 余部，内容涵盖经济、社会、政法、文化传媒、行业、地方发展、国际形势等领域。皮书系列已成为社会科学文献出版社的著名图书品牌和中国社会科学院的知名学术品牌。

皮书系列在数字出版和国际出版方面成就斐然。皮书数据库被评为“2008~2009 年度数字出版知名品牌”；经济蓝皮书、社会蓝皮书等十几种皮书每年还由国外知名学术出版机构出版英文版、俄文版、韩文版和日文版，面向全球发行。

2011 年，皮书系列正式列入“十二五”国家重点出版规划项目，一年一度的皮书年会升格由中国社会科学院主办；2012 年，部分重点皮书列入中国社会科学院承担的国家哲学社会科学创新工程项目。

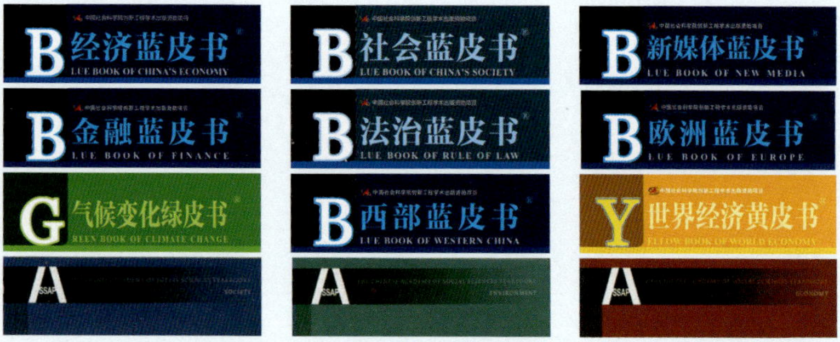

经 济 类

经济类皮书涵盖宏观经济、城市经济、大区域经济，
提供权威、前沿的分析与预测

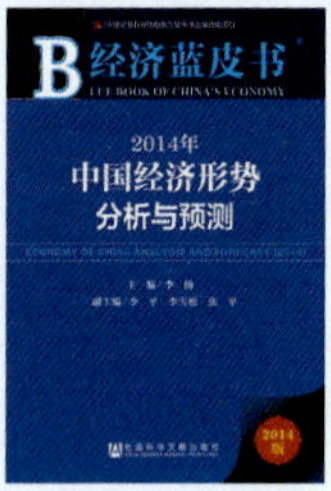

经济蓝皮书

2014 年中国经济形势分析与预测

李　扬 / 主编　　2013 年 12 月出版　　定价 :69.00 元

◆　本书课题为“总理基金项目”，由著名经济学家李扬领衔，联合数十家科研机构、国家部委和高等院校的专家共同撰写，对 2013 年中国宏观及微观经济形势，特别是全球金融危机及其对中国经济的影响进行了深入分析，并且提出了 2014 年经济走势的预测。

世界经济黄皮书

2014 年世界经济形势分析与预测

王洛林　张宇燕 / 主编　　2014 年 1 月出版　　定价 :69.00 元

◆　2013 年的世界经济仍旧行进在坎坷复苏的道路上。发达经济体经济复苏继续巩固，美国和日本经济进入低速增长通道，欧元区结束衰退并呈复苏迹象。本书展望 2014 年世界经济，预计全球经济增长仍将维持在中低速的水平上。

工业化蓝皮书

中国工业化进程报告（2014）

黄群慧　吕　铁　李晓华　等 / 著　2014 年 11 月出版　估价 :89.00 元

◆　中国的工业化是事关中华民族复兴的伟大事业，分析跟踪研究中国的工业化进程，无疑具有重大意义。科学评价与客观认识我国的工业化水平，对于我国明确自身发展中的优势和不足，对于经济结构的升级与转型，对于制定经济发展政策，从而提升我国的现代化水平具有重要作用。

金融蓝皮书

中国金融发展报告（2014）

李　扬　王国刚 / 主编　2013 年 12 月出版　定价 :65.00 元

◆　由中国社会科学院金融研究所组织编写的《中国金融发展报告（2014）》，概括和分析了 2013 年中国金融发展和运行中的各方面情况，研讨和评论了 2013 年发生的主要金融事件。本书由业内专家和青年精英联合编著，有利于读者了解掌握 2013 年中国的金融状况，把握 2014 年中国金融的走势。

城市竞争力蓝皮书

中国城市竞争力报告 No.12

倪鹏飞 / 主编　2014 年 5 月出版　定价 :89.00 元

◆　本书由中国社会科学院城市与竞争力研究中心主任倪鹏飞主持编写，汇集了众多研究城市经济问题的专家学者关于城市竞争力研究的最新成果。本报告构建了一套科学的城市竞争力评价指标体系，采用第一手数据材料，对国内重点城市年度竞争力格局变化进行客观分析和综合比较、排名，对研究城市经济及城市竞争力极具参考价值。

中国省域竞争力蓝皮书

“十二五”中期中国省域经济综合竞争力发展报告

李建平　李闽榕　高燕京 / 主编　2014 年 3 月出版　定价 :198.00 元

◆　本书充分运用数理分析、空间分析、规范分析与实证分析相结合、定性分析与定量分析相结合的方法，建立起比较科学完善、符合中国国情的省域经济综合竞争力指标评价体系及数学模型，对 2011~2012 年中国内地 31 个省、市、区的经济综合竞争力进行全面、深入、科学的总体评价与比较分析。

农村经济绿皮书

中国农村经济形势分析与预测 (2013~2014)

中国社会科学院农村发展研究所　国家统计局农村社会经济调查司 / 著

2014 年 4 月出版　定价 :69.00 元

◆　本书对 2013 年中国农业和农村经济运行情况进行了系统的分析和评价，对 2014 年中国农业和农村经济发展趋势进行了预测，并提出相应的政策建议，专题部分将围绕某个重大的理论和现实问题进行多维、深入、细致的分析和探讨。

西部蓝皮书

中国西部发展报告（2014）

姚慧琴　徐璋勇 / 主编　　2014 年 7 月出版　　定价 :89.00 元

◆　本书由西北大学中国西部经济发展研究中心主编，汇集了源自西部本土以及国内研究西部问题的权威专家的第一手资料，对国家实施西部大开发战略进行年度动态跟踪，并对 2014 年西部经济、社会发展态势进行预测和展望。

气候变化绿皮书

应对气候变化报告（2014）

王伟光　郑国光 / 主编　　2014 年 11 月出版　　估价 :79.00 元

◆　本书由社科院城环所和国家气候中心共同组织编写，各篇报告的作者长期从事气候变化科学问题、社会经济影响，以及国际气候制度等领域的研究工作，密切跟踪国际谈判的进程，参与国家应对气候变化相关政策的咨询，有丰富的理论与实践经验。

就业蓝皮书

2014 年中国大学生就业报告

麦可思研究院 / 编著　王伯庆　周凌波 / 主审
2014 年 6 月出版　定价 :98.00 元

◆　本书是迄今为止关于中国应届大学毕业生就业、大学毕业生中期职业发展及高等教育人口流动情况的视野最为宽广、资料最为翔实、分类最为精细的实证调查和定量研究；为我国教育主管部门的教育决策提供了极有价值的参考。

企业社会责任蓝皮书

中国企业社会责任研究报告（2014）

黄群慧　彭华岗　钟宏武　张　蒽 / 编著
2014 年 11 月出版　估价 :69.00 元

◆　本书系中国社会科学院经济学部企业社会责任研究中心组织编写的《企业社会责任蓝皮书》2014 年分册。该书在对企业社会责任进行宏观总体研究的基础上，根据 2013 年企业社会责任及相关背景进行了创新研究，在全国企业中观层面对企业健全社会责任管理体系提供了弥足珍贵的丰富信息。

社会政法类

社会政法类皮书聚焦社会发展领域的热点、难点问题，
提供权威、原创的资讯与视点

社会蓝皮书

2014年中国社会形势分析与预测

李培林　陈光金　张　翼 / 主编　2013年12月出版　定价：69.00元

◆　本报告是中国社会科学院“社会形势分析与预测”课题组2014年度分析报告，由中国社会科学院社会学研究所组织研究机构专家、高校学者和政府研究人员撰写。对2013年中国社会发展的各个方面内容进行了权威解读，同时对2014年社会形势发展趋势进行了预测。

法治蓝皮书

中国法治发展报告No.12（2014）

李　林　田　禾 / 主编　2014年2月出版　定价：98.00元

◆　本年度法治蓝皮书一如既往秉承关注中国法治发展进程中的焦点问题的特点，回顾总结了2013年度中国法治发展取得的成就和存在的不足，并对2014年中国法治发展形势进行了预测和展望。

民间组织蓝皮书

中国民间组织报告（2014）

黄晓勇 / 主编　2014年11月出版　估价：69.00元

◆　本报告是中国社会科学院“民间组织与公共治理研究”课题组推出的第五本民间组织蓝皮书。基于国家权威统计数据、实地调研和广泛搜集的资料，本报告对2013年以来我国民间组织的发展现状、热点专题、改革趋势等问题进行了深入研究，并提出了相应的政策建议。

社会保障绿皮书

中国社会保障发展报告（2014）No.6

王延中 / 主编　2014 年 9 月出版　定价 :79.00 元

◆　社会保障是调节收入分配的重要工具，随着社会保障制度的不断建立健全、社会保障覆盖面的不断扩大和社会保障资金的不断增加，社会保障在调节收入分配中的重要性不断提高。本书全面评述了 2013 年以来社会保障制度各个主要领域的发展情况。

环境绿皮书

中国环境发展报告（2014）

刘鉴强 / 主编　2014 年 5 月出版　定价 :79.00 元

◆　本书由民间环保组织“自然之友”组织编写，由特别关注、生态保护、宜居城市、可持续消费以及政策与治理等版块构成，以公共利益的视角记录、审视和思考中国环境状况，呈现 2013 年中国环境与可持续发展领域的全局态势，用深刻的思考、科学的数据分析 2013 年的环境热点事件。

教育蓝皮书

中国教育发展报告（2014）

杨东平 / 主编　2014 年 5 月出版　定价 :79.00 元

◆　本书站在教育前沿，突出教育中的问题，特别是对当前教育改革中出现的教育公平、高校教育结构调整、义务教育均衡发展等问题进行了深入分析，从教育的内在发展谈教育，又从外部条件来谈教育，具有重要的现实意义，对我国的教育体制的改革与发展具有一定的学术价值和参考意义。

反腐倡廉蓝皮书

中国反腐倡廉建设报告 No.3

李秋芳 / 主编　2014 年 1 月出版　定价 :79.00 元

◆　本书抓住了若干社会热点和焦点问题，全面反映了新时期新阶段中国反腐倡廉面对的严峻局面，以及中国共产党反腐倡廉建设的新实践新成果。根据实地调研、问卷调查和舆情分析，梳理了当下社会普遍关注的与反腐败密切相关的热点问题。

行业报告类

行业报告类皮书立足重点行业、新兴行业领域，
提供及时、前瞻的数据与信息

房地产蓝皮书

中国房地产发展报告 No.11（2014）

魏后凯　李景国 / 主编　　2014 年 5 月出版　　定价 :79.00 元

◆　本书由中国社会科学院城市发展与环境研究所组织编写，秉承客观公正、科学中立的原则，深度解析 2013 年中国房地产发展的形势和存在的主要矛盾，并预测 2014 年及未来 10 年或更长时间的房地产发展大势。观点精辟，数据翔实，对关注房地产市场的各阶层人士极具参考价值。

旅游绿皮书

2013~2014 年中国旅游发展分析与预测

宋　瑞 / 主编　　2013 年 12 月出版　　定价 :79.00 元

◆　如何从全球的视野理性审视中国旅游，如何在世界旅游版图上客观定位中国，如何积极有效地推进中国旅游的世界化，如何制定中国实现世界旅游强国梦想的线路图？本年度开始，《旅游绿皮书》将围绕“世界与中国”这一主题进行系列研究，以期为推进中国旅游的长远发展提供科学参考和智力支持。

信息化蓝皮书

中国信息化形势分析与预测（2014）

周宏仁 / 主编　　2014 年 8 月出版　　定价 :98.00 元

◆　本书在以中国信息化发展的分析和预测为重点的同时，反映了过去一年间中国信息化关注的重点和热点，视野宽阔，观点新颖，内容丰富，数据翔实，对中国信息化的发展有很强的指导性，可读性很强。

企业蓝皮书

中国企业竞争力报告（2014）

金　碚 / 主编　　2014 年 11 月出版　　估价 :89.00 元

◆　中国经济正处于新一轮的经济波动中，如何保持稳健的经营心态和经营方式并进一步求发展，对于企业保持并提升核心竞争力至关重要。本书利用上市公司的财务数据，研究上市公司竞争力变化的最新趋势，探索进一步提升中国企业国际竞争力的有效途径，这无论对实践工作者还是理论研究者都具有重大意义。

食品药品蓝皮书

食品药品安全与监管政策研究报告（2014）

唐民皓 / 主编　　2014 年 11 月出版　　估价 :69.00 元

◆　食品药品安全是当下社会关注的焦点问题之一，如何破解食品药品安全监管重点难点问题是需要以社会合力才能解决的系统工程。本书围绕安全热点问题、监管重点问题和政策焦点问题，注重于对食品药品公共政策和行政监管体制的探索和研究。

流通蓝皮书

中国商业发展报告（2013~2014）

荆林波 / 主编　　2014 年 5 月出版　　定价 :89.00 元

◆　《中国商业发展报告》是中国社会科学院财经战略研究院与香港利丰研究中心合作的成果，并且在 2010 年开始以中英文版同步在全球发行。蓝皮书从关注中国宏观经济出发，突出中国流通业的宏观背景反映了本年度中国流通业发展的状况。

住房绿皮书

中国住房发展报告（2013~2014）

倪鹏飞 / 主编　　2013 年 12 月出版　　定价 :79.00 元

◆　本报告从宏观背景、市场主体、市场体系、公共政策和年度主题五个方面，对中国住宅市场体系做了全面系统的分析、预测与评价，并给出了相关政策建议，并在评述 2012~2013 年住房及相关市场走势的基础上，预测了 2013~2014 年住房及相关市场的发展变化。

国别与地区类

国别与地区类皮书关注全球重点国家与地区，
提供全面、独特的解读与研究

亚太蓝皮书

亚太地区发展报告（2014）

李向阳 / 主编　　2014 年 1 月出版　　定价 :59.00 元

◆　本书是由中国社会科学院亚太与全球战略研究院精心打造的又一品牌皮书，关注时下亚太地区局势发展动向里隐藏的中长趋势，剖析亚太地区政治与安全格局下的区域形势最新动向以及地区关系发展的热点问题，并对 2014 年亚太地区重大动态作出前瞻性的分析与预测。

日本蓝皮书

日本研究报告（2014）

李　薇 / 主编　　2014 年 3 月出版　　定价 :69.00 元

◆　本书由中华日本学会、中国社会科学院日本研究所合作推出，是以中国社会科学院日本研究所的研究人员为主完成的研究成果。对 2013 年日本的政治、外交、经济、社会文化作了回顾、分析与展望，并收录了该年度日本大事记。

欧洲蓝皮书

欧洲发展报告 (2013~2014)

周　弘 / 主编　　2014 年 6 月出版　　定价 :89.00 元

◆　本年度的欧洲发展报告，对欧洲经济、政治、社会、外交等方面的形势进行了跟踪介绍与分析。力求反映作为一个整体的欧盟及 30 多个欧洲国家在 2013 年出现的各种变化。

拉美黄皮书

拉丁美洲和加勒比发展报告（2013~2014）

吴白乙 / 主编　2014 年 4 月出版　定价 :89.00 元

◆　本书是中国社会科学院拉丁美洲研究所的第 13 份关于拉丁美洲和加勒比地区发展形势状况的年度报告。 本书对 2013 年拉丁美洲和加勒比地区诸国的政治、经济、社会、外交等方面的发展情况做了系统介绍，对该地区相关国家的热点及焦点问题进行了总结和分析，并在此基础上对该地区各国 2014 年的发展前景做出预测。

澳门蓝皮书

澳门经济社会发展报告（2013~2014）

吴志良　郝雨凡 / 主编　2014 年 4 月出版　定价 :79.00 元

◆　本书集中反映 2013 年本澳各个领域的发展动态，总结评价近年澳门政治、经济、社会的总体变化，同时对 2014 年社会经济情况作初步预测。

日本经济蓝皮书

日本经济与中日经贸关系研究报告（2014）

王洛林　张季风 / 主编　2014 年 5 月出版　定价 :79.00 元

◆　本书对当前日本经济以及中日经济合作的发展动态进行了多角度、全景式的深度分析。本报告回顾并展望了 2013~2014 年度日本宏观经济的运行状况。此外，本报告还收录了大量来自于日本政府权威机构的数据图表，具有极高的参考价值。

美国蓝皮书

美国研究报告（2014）

黄　平　倪　峰 / 主编　2014 年 7 月出版　定价 :89.00 元

◆　本书是由中国社会科学院美国所主持完成的研究成果，它回顾了美国 2013 年的经济、政治形势与外交战略，对 2013 年以来美国内政外交发生的重大事件以及重要政策进行了较为全面的回顾和梳理。

地方发展类

地方发展类皮书关注大陆各省份、经济区域，
提供科学、多元的预判与咨政信息

社会建设蓝皮书

2014 年北京社会建设分析报告

宋贵伦　冯　虹 / 主编　2014 年 7 月出版　定价 :79.00 元

◆　本书依据社会学理论框架和分析方法，对北京市的人口、就业、分配、社会阶层以及城乡关系等社会学基本问题进行了广泛调研与分析，对广受社会关注的住房、教育、医疗、养老、交通等社会热点问题做出了深刻的了解与剖析，对日益显现的征地搬迁、外籍人口管理、群体性心理障碍等内容进行了有益探讨。

温州蓝皮书

2014 年温州经济社会形势分析与预测

潘忠强　王春光　金　浩 / 主编　2014 年 4 月出版　定价 : 69.00 元

◆　本书是由中共温州市委党校与中国社会科学院社会学研究所合作推出的第七本“温州经济社会形势分析与预测”年度报告，深入全面分析了 2013 年温州经济、社会、政治、文化发展的主要特点、经验、成效与不足，提出了相应的政策建议。

上海蓝皮书

上海资源环境发展报告（2014）

周冯琦　汤庆合　任文伟 / 著　2014 年 1 月出版　定价 : 69.00 元

◆　本书在上海所面临资源环境风险的来源、程度、成因、对策等方面作了些有益的探索，希望能对有关部门完善上海的资源环境风险防控工作提供一些有价值的参考，也让普通民众更全面地了解上海资源环境风险及其防控的图景。

广州蓝皮书

2014 年中国广州社会形势分析与预测

张 强 陈怡霓 杨 秦 / 主编 2014 年 5 月出版 定价 :69.00 元

◆ 本书由广州大学与广州市委宣传部、广州市人力资源和社会保障局联合主编，汇集了广州科研团体、高等院校和政府部门诸多社会问题研究专家、学者和实际部门工作者的最新研究成果，是关于广州社会运行情况和相关专题分析与预测的重要参考资料。

河南经济蓝皮书

2014 年河南经济形势分析与预测

胡五岳 / 主编 2014 年 3 月出版 定价 :69.00 元

◆ 本书由河南省统计局主持编纂。该分析与展望以 2013 年最新年度统计数据为基础，科学研判河南经济发展的脉络轨迹、分析年度运行态势；以客观翔实、权威资料为特征，突出科学性、前瞻性和可操作性，服务于科学决策和科学发展。

陕西蓝皮书

陕西社会发展报告（2014）

任宗哲 石 英 牛 昉 / 主编 2014 年 2 月出版 定价 :65.00 元

◆ 本书系统而全面地描述了陕西省 2013 年社会发展各个领域所取得的成就、存在的问题、面临的挑战及其应对思路，为更好地思考 2014 年陕西发展前景、政策指向和工作策略等方面提供了一个较为简洁清晰的参考蓝本。

上海蓝皮书

上海经济发展报告（2014）

沈开艳 / 主编 2014 年 1 月出版 定价 :69.00 元

◆ 本书系上海社会科学院系列之一，报告对 2014 年上海经济增长与发展趋势的进行了预测，把握了上海经济发展的脉搏和学术研究的前沿。

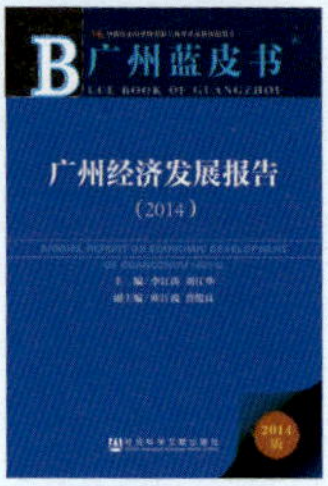

广州蓝皮书

广州经济发展报告（2014）

李江涛　朱名宏 / 主编　2014 年 5 月出版　定价 :69.00 元

◆　本书是由广州市社会科学院主持编写的“广州蓝皮书”系列之一，本报告对广州 2013 年宏观经济运行情况作了深入分析，对 2014 年宏观经济走势进行了合理预测，并在此基础上提出了相应的政策建议。

文 化 传 媒 类

文化传媒类皮书透视文化领域、文化产业，
探索文化大繁荣、大发展的路径

新媒体蓝皮书

中国新媒体发展报告 No.4(2013)

唐绪军 / 主编　2014 年 6 月出版　定价 :79.00 元

◆　本书由中国社会科学院新闻与传播研究所和上海大学合作编写，在构建新媒体发展研究基本框架的基础上，全面梳理 2013 年中国新媒体发展现状，发表最前沿的网络媒体深度调查数据和研究成果，并对新媒体发展的未来趋势做出预测。

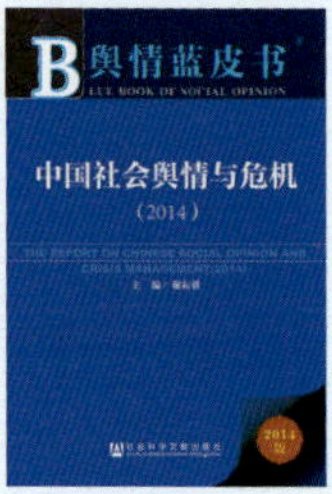

舆情蓝皮书

中国社会舆情与危机管理报告（2014）

谢耘耕 / 主编　2014 年 8 月出版　定价 :98.00 元

◆　本书由上海交通大学舆情研究实验室和危机管理研究中心主编，已被列入教育部人文社会科学研究报告培育项目。本书以新媒体环境下的中国社会为立足点，对 2013 年中国社会舆情、分类舆情等进行了深入系统的研究，并预测了 2014 年社会舆情走势。

经济类

产业蓝皮书
中国产业竞争力报告（2014） No.4
著(编)者:张其仔　2014年11月出版 / 估价:79.00元

长三角蓝皮书
2014年率先基本实现现代化的长三角
著(编)者:刘志彪　2014年11月出版 / 估价:120.00元

城市竞争力蓝皮书
中国城市竞争力报告No.12
著(编)者:倪鹏飞　2014年5月出版 / 定价:89.00元

城市蓝皮书
中国城市发展报告No.7
著(编)者:潘家华 魏后凯　2014年9月出版 / 估价:69.00元

城市群蓝皮书
中国城市群发展指数报告(2014)
著(编)者:刘士林 刘新静　2014年10月出版 / 估价:59.00元

城乡统筹蓝皮书
中国城乡统筹发展报告（2014）
著(编)者:程志强、潘晨光　2014年9月出版 / 估价:59.00元

城乡一体化蓝皮书
中国城乡一体化发展报告（2014）
著(编)者:汝信 付崇兰　2014年11月出版 / 估价:59.00元

城镇化蓝皮书
中国新型城镇化健康发展报告（2014）
著(编)者:张占斌　2014年5月出版 / 定价:79.00元

低碳发展蓝皮书
中国低碳发展报告（2014）
著(编)者:齐晔　2014年3月出版 / 定价:89.00元

低碳经济蓝皮书
中国低碳经济发展报告（2014）
著(编)者:薛进军 赵忠秀　2014年5月出版 / 定价:69.00元

东北蓝皮书
中国东北地区发展报告（2014）
著(编)者:马克　黄文艺　2014年8月出版 / 定价:79.00元

发展和改革蓝皮书
中国经济发展和体制改革报告No.7
著(编)者:邹东涛　2014年11月出版 / 估价:79.00元

工业化蓝皮书
中国工业化进程报告（2014）
著(编)者: 黄群慧 吕铁 李晓华 等
2014年11月出版 / 估价:89.00元

工业设计蓝皮书
中国工业设计发展报告（2014）
著(编)者: 王晓红　于炜　张立群
2014年9月出版 / 估价:98.00元

国际城市蓝皮书
国际城市发展报告（2014）
著(编)者:屠启宇　2014年1月出版 / 定价:69.00元

国家创新蓝皮书
国家创新发展报告（2014）
著(编)者:陈劲　2014年9月出版 / 定价:59.00元

宏观经济蓝皮书
中国经济增长报告（2014）
著(编)者:张平 刘霞辉　2014年10月出版 / 估价:69.00元

金融蓝皮书
中国金融发展报告（2014）
著(编)者:李扬 王国刚　2013年12月出版 / 定价:65.00元

经济蓝皮书
2014年中国经济形势分析与预测
著(编)者:李扬　2013年12月出版 / 定价:69.00元

经济蓝皮书春季号
2014年中国经济前景分析
著(编)者:李扬　2014年5月出版 / 定价:79.00元

经济蓝皮书夏季号
中国经济增长报告（2013~2014）
著(编)者:李扬　2014年7月出版 / 定价:69.00元

经济信息绿皮书
中国与世界经济发展报告（2014）
著(编)者:杜平　2013年12月出版 / 定价:79.00元

就业蓝皮书
2014年中国大学生就业报告
著(编)者:麦可思研究院　2014年6月出版 / 定价:98.00元

流通蓝皮书
中国商业发展报告（2013~2014）
著(编)者:荆林波　2014年5月出版 / 定价:89.00元

民营经济蓝皮书
中国民营经济发展报告No.10（2013～2014）
著(编)者:黄孟复　2014年9月出版 / 估价:69.00元

民营企业蓝皮书
中国民营企业竞争力报告No.7（2014）
著(编)者:刘迎秋　2014年9月出版 / 估价:79.00元

农村绿皮书
中国农村经济形势分析与预测（2013~2014）
著(编)者:中国社会科学院农村发展研究所
国家统计局农村社会经济调查司 著
2014年4月出版 / 定价:69.00元

农业应对气候变化蓝皮书
气候变化对中国农业影响评估报告No.1
著(编)者:矫梅燕　2014年8月出版 / 定价:98.00元

企业公民蓝皮书
中国企业公民报告No.4
著(编)者:邹东涛　2014年11月出版 / 估价:69.00元

企业社会责任蓝皮书
中国企业社会责任研究报告（2014）
著(编)者:黄群慧 彭华岗 钟宏武 等
2014年11月出版 / 估价:59.00元

气候变化绿皮书
应对气候变化报告（2014）
著(编)者:王伟光 郑国光　2014年11月出版 / 估价:79.00元

区域蓝皮书
中国区域经济发展报告（2013~2014）
著(编)者:梁昊光　2014年4月出版 / 定价:79.00元

人口与劳动绿皮书
中国人口与劳动问题报告No.15
著(编)者:蔡昉　2014年11月出版 / 估价:69.00元

生态经济（建设）绿皮书
中国经济（建设）发展报告（2013~2014）
著(编)者:黄浩涛 李周　2014年10月出版 / 估价:69.00元

世界经济黄皮书
2014年世界经济形势分析与预测
著(编)者:王洛林 张宇燕　2014年1月出版 / 定价:69.00元

西北蓝皮书
中国西北发展报告（2014）
著(编)者:张进海 陈冬红 段庆林
2013年12月出版 / 定价:69.00元

西部蓝皮书
中国西部发展报告（2014）
著(编)者:姚慧琴 徐璋勇　2014年7月出版 / 定价:89.00元

新型城镇化蓝皮书
新型城镇化发展报告（2014）
著(编)者:沈体雁 李伟 宋敏　2014年9月出版 / 估价:69.00元

新兴经济体蓝皮书
金砖国家发展报告（2014）
著(编)者:林跃勤 周文　2014年7月出版 / 定价:79.00元

循环经济绿皮书
中国循环经济发展报告（2013~2014）
著(编)者:齐建国　2014年12月出版 / 估价:69.00元

中部竞争力蓝皮书
中国中部经济社会竞争力报告（2014）
著(编)者:教育部人文社会科学重点研究基地
南昌大学中国中部经济社会发展研究中心
2014年11月出版 / 估价:59.00元

中部蓝皮书
中国中部地区发展报告（2014）
著(编)者:朱有志　2014年10月出版 / 估价:59.00元

中国省域竞争力蓝皮书
“十二五”中期中国省域经济综合竞争力发展报告
著(编)者:李建平 李闽榕 高燕京　2014年3月出版 / 定价:198.00元

中三角蓝皮书
长江中游城市群发展报告（2013~2014）
著(编)者:秦尊文　2014年11月出版 / 估价:69.00元

中小城市绿皮书
中国中小城市发展报告（2014）
著(编)者:中国城市经济学会中小城市经济发展委员会
《中国中小城市发展报告》编纂委员会
2014年10月出版 / 估价:98.00元

中原蓝皮书
中原经济区发展报告（2014）
著(编)者:李英杰　2014年6月出版 / 定价:88.00元

社会政法类

殡葬绿皮书
中国殡葬事业发展报告（2014）
著(编)者:朱勇 副主编 李伯森　2014年9月出版 / 估价:59.00元

城市创新蓝皮书
中国城市创新报告（2014）
著(编)者:周天勇 旷建伟　2014年8月出版 / 定价:69.00元

城市管理蓝皮书
中国城市管理报告2014
著(编)者:谭维克 刘林　2014年11月出版 / 估价:98.00元

城市生活质量蓝皮书
中国城市生活质量指数报告（2014）
著(编)者:张平　2014年11月出版 / 估价:59.00元

城市政府能力蓝皮书
中国城市政府公共服务能力评估报告（2014）
著(编)者:何艳玲　2014年11月出版 / 估价:59.00元

创新蓝皮书
创新型国家建设报告（2013~2014）
著(编)者:詹正茂　2014年5月出版 / 定价:69.00元

慈善蓝皮书
中国慈善发展报告（2014）
著(编)者:杨团　2014年5月出版 / 定价:79.00元

法治蓝皮书
中国法治发展报告No.12（2014）
著(编)者:李林 田禾　2014年2月出版 / 定价:98.00元

反腐倡廉蓝皮书
中国反腐倡廉建设报告No.3
著(编)者:李秋芳　2014年1月出版 / 定价:79.00元

非传统安全蓝皮书
中国非传统安全研究报告（2013~2014）
著(编)者:余潇枫 魏志江　2014年6月出版 / 定价:79.00元

妇女发展蓝皮书
福建省妇女发展报告（2014）
著(编)者:刘群英　2014年10月出版 / 估价:58.00元

妇女发展蓝皮书
中国妇女发展报告No.5
著(编)者:王金玲　2014年9月出版 / 定价:148.00元

妇女教育蓝皮书
中国妇女教育发展报告No.3
著(编)者:张李玺　2014年10月出版 / 估价:69.00元

公共服务满意度蓝皮书
中国城市公共服务评价报告（2014）
著(编)者:胡伟　2014年11月出版 / 估价:69.00元

公共服务蓝皮书
中国城市基本公共服务力评价（2014）
著(编)者:侯惠勤 辛向阳 易定宏
2014年10月出版 / 估价:55.00元

公民科学素质蓝皮书
中国公民科学素质报告（2013~2014）
著(编)者:李群 许佳军　2014年3月出版 / 定价:79.00元

公益蓝皮书
中国公益发展报告（2014）
著(编)者:朱健刚　2014年11月出版 / 估价:78.00元

管理蓝皮书
中国管理发展报告（2014）
著(编)者:张晓东　2014年9月出版 / 估价:79.00元

国际人才蓝皮书
中国国际移民报告（2014）
著(编)者:王辉耀　2014年1月出版 / 定价:79.00元

国际人才蓝皮书
中国海归创业发展报告（2014）No.2
著(编)者:王辉耀 路江涌　2014年10月出版 / 估价:69.00元

国际人才蓝皮书
中国留学发展报告（2014） No.3
著(编)者:王辉耀　2014年9月出版 / 估价:59.00元

国际人才蓝皮书
海外华侨华人专业人士报告（2014）
著(编)者:王辉耀 苗绿　2014年8月出版 / 定价:69.00元

国家安全蓝皮书
中国国家安全研究报告（2014）
著(编)者:刘慧　2014年5月出版 / 定价:98.00元

行政改革蓝皮书
中国行政体制改革报告（2013）No.3
著(编)者:魏礼群　2014年3月出版 / 定价:89.00元

华侨华人蓝皮书
华侨华人研究报告（2014）
著(编)者:丘进　2014年11月出版 / 估价:128.00元

环境竞争力绿皮书
中国省域环境竞争力发展报告（2014）
著(编)者:李建平 李闽榕 王金南
2014年12月出版 / 估价:148.00元

环境绿皮书
中国环境发展报告（2014）
著(编)者:刘鉴强　2014年5月出版 / 定价:79.00元

基金会蓝皮书
中国基金会发展报告（2013）
著(编)者:刘忠祥　2014年6月出版 / 定价:69.00元

基本公共服务蓝皮书
中国省级政府基本公共服务发展报告（2014）
著(编)者:孙德超　2014年3月出版 / 定价:69.00元

基金会透明度蓝皮书
中国基金会透明度发展研究报告（2014）
著(编)者:基金会中心网 清华大学廉政与治理研究中心
2014年9月出版 / 定价:78.00元

教师蓝皮书
中国中小学教师发展报告（2014）
著(编)者:曾晓东　2014年11月出版 / 估价:59.00元

教育蓝皮书
中国教育发展报告（2014）
著(编)者:杨东平　2014年5月出版 / 定价:79.00元

科普蓝皮书
中国科普基础设施发展报告（2014）
著(编)者:任福君　2014年6月出版 / 估价:79.00元

劳动保障蓝皮书
中国劳动保障发展报告（2014）
著(编)者:刘燕斌　2014年9月出版 / 估价:89.00元

老龄蓝皮书
中国老龄事业发展报告（2014）
著(编)者:吴玉韶　2014年9月出版 / 估价:59.00元

连片特困区蓝皮书
中国连片特困区发展报告（2014）
著(编)者:丁建军 冷志明 游俊　2014年9月出版 / 估价:79.00元

民间组织蓝皮书
中国民间组织报告（2014）
著(编)者:黄晓勇　2014年11月出版 / 估价:69.00元

民调蓝皮书
中国民生调查报告（2014）
著(编)者:谢耕耘　2014年5月出版 / 定价:128.00元

民族发展蓝皮书
中国民族区域自治发展报告（2014）
著(编)者:郝时远　2014年11月出版 / 估价:98.00元

女性生活蓝皮书
中国女性生活状况报告No.8（2014）
著(编)者:韩湘景　2014年4月出版 / 定价:79.00元

汽车社会蓝皮书
中国汽车社会发展报告（2014）
著(编)者:王俊秀　2014年9月出版 / 估价:59.00元

青年蓝皮书
中国青年发展报告（2014）No.2
著(编)者:廉思　2014年4月出版 / 定价:59.00元

全球环境竞争力绿皮书
全球环境竞争力发展报告（2014）
著(编)者:李建平　李闽榕　王金南　2014年11月出版 / 估价:69.00元

青少年蓝皮书
中国未成年人新媒体运用报告（2014）
著(编)者:李文革　沈杰　季为民　2014年11月出版 / 估价:69.00元

区域人才蓝皮书
中国区域人才竞争力报告No.2
著(编)者:桂昭明　王辉耀　2014年11月出版 / 估价:69.00元

人才蓝皮书
中国人才发展报告（2014）
著(编)者:黄晓勇　潘晨光　2014年8月出版 / 定价:85.00元

人权蓝皮书
中国人权事业发展报告No.4（2014）
著(编)者:李君如　2014年8月出版 / 定价:99.00元

世界人才蓝皮书
全球人才发展报告No.1
著(编)者:孙学玉　张冠梓　2014年11月出版 / 估价:69.00元

社会保障绿皮书
中国社会保障发展报告（2014）No.6
著(编)者:王延中　2014年6月出版 / 定价:79.00元

社会工作蓝皮书
中国社会工作发展报告（2013~2014）
著(编)者:王杰秀　邹文开　2014年11月出版 / 估价:59.00元

社会管理蓝皮书
中国社会管理创新报告No.3
著(编)者:连玉明　2014年11月出版 / 估价:79.00元

社会蓝皮书
2014年中国社会形势分析与预测
著(编)者:李培林　陈光金　张翼　2013年12月出版 / 定价:69.00元

社会体制蓝皮书
中国社会体制改革报告No.2（2014）
著(编)者:龚维斌　2014年4月出版 / 定价:79.00元

社会心态蓝皮书
2014年中国社会心态研究报告
著(编)者:王俊秀　杨宜音　2014年9月出版 / 估价:59.00元

生态城市绿皮书
中国生态城市建设发展报告（2014）
著(编)者:刘科举　孙伟平　胡文臻　2014年6月出版 / 定价:98.00元

生态文明绿皮书
中国省域生态文明建设评价报告（ECI 2014）
著(编)者:严耕　2014年9月出版 / 估价:98.00元

世界创新竞争力黄皮书
世界创新竞争力发展报告（2014）
著(编)者:李建平　李闽榕　赵新力　2014年11月出版 / 估价:128.00元

水与发展蓝皮书
中国水风险评估报告（2014）
著(编)者:苏杨　2014年11月出版 / 估价:69.00元

土地整治蓝皮书
中国土地整治发展报告No.1
著(编)者:国土资源部土地整治中心　2014年5月出版 / 定价:89.0

危机管理蓝皮书
中国危机管理报告（2014）
著(编)者:文学国　范正青　2014年11月出版 / 估价:79.00元

形象危机应对蓝皮书
形象危机应对研究报告（2013~2014）
著(编)者:唐钧　2014年6月出版 / 定价:149.00元

行政改革蓝皮书
中国行政体制改革报告（2013）No.3
著(编)者:魏礼群　2014年3月出版 / 定价:89.00元

医疗卫生绿皮书
中国医疗卫生发展报告No.6（2013~2014）
著(编)者:申宝忠　韩玉珍　2014年4月出版 / 定价:75.00元

政治参与蓝皮书
中国政治参与报告（2014）
著(编)者:房宁　2014年7月出版 / 定价:105.00元

政治发展蓝皮书
中国政治发展报告（2014）
著(编)者:房宁　杨海蛟　2014年5月出版 / 定价:88.00元

宗教蓝皮书
中国宗教报告（2014）
著(编)者:金泽　邱永辉　2014年11月出版 / 估价:59.00元

社会组织蓝皮书
中国社会组织评估报告（2014）
著(编)者:徐家良　2014年9月出版 / 估价:69.00元

政府绩效评估蓝皮书
中国地方政府绩效评估报告（2014）
著(编)者:贠杰　2014年9月出版 / 估价:69.00元

行业报告类

保健蓝皮书
中国保健服务产业发展报告No.2
著(编)者:中国保健协会 中共中央党校
2014年11月出版 / 估价:198.00元

保健蓝皮书
中国保健食品产业发展报告No.2
著(编)者:中国保健协会
中国社会科学院食品药品产业发展与监管研究中心
2014年11月出版 / 估价:198.00元

保健蓝皮书
中国保健用品产业发展报告No.2
著(编)者:中国保健协会 2014年9月出版 / 估价:198.00元

保险蓝皮书
中国保险业竞争力报告（2014）
著(编)者:罗忠敏 2014年9月出版 / 估价:98.00元

餐饮产业蓝皮书
中国餐饮产业发展报告（2014）
著(编)者:邢影 2014年6月出版 / 定价:69.00元

测绘地理信息蓝皮书
中国地理信息产业发展报告（2014）
著(编)者:徐德明 2014年12月出版 / 估价:98.00元

茶业蓝皮书
中国茶产业发展报告 （2014）
著(编)者:杨江帆 李闽榕 2014年9月出版 / 估价:79.00元

产权市场蓝皮书
中国产权市场发展报告（2014）
著(编)者:曹和平 2014年9月出版 / 估价:69.00元

产业安全蓝皮书
中国烟草产业安全报告（2014）
著(编)者:李孟刚 杜秀亭 2014年1月出版 / 定价:69.00元

产业安全蓝皮书
中国出版与传媒安全报告（2014）
著(编)者:北京交通大学中国产业安全研究中心
2014年9月出版 / 估价:59.00元

产业安全蓝皮书
中国医疗产业安全报告（2013~2014）
著(编)者:李孟刚 高献书 2014年1月出版 / 定价:59.00元

产业安全蓝皮书
中国文化产业安全蓝皮书(2014)
著(编)者:北京印刷学院文化产业安全研究院
2014年4月出版 / 定价:69.00元

产业安全蓝皮书
中国出版传媒产业安全报告（2014）
著(编)者:北京印刷学院文化产业安全研究院
2014年4月出版/ 定价:89.00元

典当业蓝皮书
中国典当行业发展报告（2013~2014）
著(编)者:黄育华 王力 张红地
2014年10月出版 / 估价:69.00元

电子商务蓝皮书
中国城市电子商务影响力报告（2014）
著(编)者:荆林波 2014年11月出版 / 估价:69.00元

电子政务蓝皮书
中国电子政务发展报告（2014）
著(编)者:洪毅 王长胜 2014年9月出版 / 估价:59.00元

杜仲产业绿皮书
中国杜仲橡胶资源与产业发展报告（2014）
著(编)者:杜红岩 胡文臻 俞瑞
2014年9月出版 / 估价:99.00元

房地产蓝皮书
中国房地产发展报告No.11（2014）
著(编)者:魏后凯 李景国 2014年5月出版 / 定价:79.00元

服务外包蓝皮书
中国服务外包产业发展报告（2014）
著(编)者:王晓红 刘德军 2014年6月出版 / 定价:89.00元

高端消费蓝皮书
中国高端消费市场研究报告
著(编)者:依绍华 王雪峰 2014年9月出版 / 估价:69.00元

会展蓝皮书
中外会展业动态评估年度报告（2014）
著(编)者:张敏 2014年11月出版 / 估价:68.00元

互联网金融蓝皮书
中国互联网金融发展报告（2014）
著(编)者:芮晓武 刘烈宏 2014年8月出版 / 定价:79.00元

基金会绿皮书
中国基金会发展独立研究报告（2014）
著(编)者:基金会中心网 2014年8月出版 / 定价:88.00元

金融监管蓝皮书
中国金融监管报告（2014）
著(编)者:胡滨 2014年5月出版 / 定价:69.00元

金融蓝皮书
中国商业银行竞争力报告（2014）
著(编)者:王松奇 2014年11月出版 / 估价:79.00元

金融蓝皮书
中国金融发展报告（2014）
著(编)者:李扬 王国刚 2013年12月出版 / 定价:65.00元

金融信息服务蓝皮书
金融信息服务业发展报告（2014）
著(编)者:鲁广锦 2014年11月出版 / 估价:69.00元

抗衰老医学蓝皮书
抗衰老医学发展报告（2014）
著(编)者:罗伯特·高德曼 罗纳德·科莱兹
尼尔·布什 朱敏 金大鹏 郭弋
2014年11月出版 / 估价:69.00元

客车蓝皮书
中国客车产业发展报告（2014）
著(编)者:姚蔚 2014年12月出版 / 估价:69.00元

科学传播蓝皮书
中国科学传播报告（2013~2014）
著(编)者:詹正茂 2014年7月出版 / 定价:69.00元

流通蓝皮书
中国商业发展报告（2013~2014）
著(编)者:荆林波 2014年5月出版 / 定价:89.00元

临空经济蓝皮书
中国临空经济发展报告（2014）
著(编)者:连玉明 2014年9月出版 / 估价:69.00元

旅游安全蓝皮书
中国旅游安全报告（2014）
著(编)者:郑向敏 谢朝武 2014年5月出版 / 定价:98.00元

旅游绿皮书
2013~2014年中国旅游发展分析与预测
著(编)者:宋瑞 2014年9月出版 / 定价:79.00元

民营医院蓝皮书
中国民营医院发展报告（2014）
著(编)者:朱幼棣 2014年10月出版 / 估价:69.00元

闽商蓝皮书
闽商发展报告（2014）
著(编)者:李闽榕 王日根 2014年12月出版 / 估价:69.00元

能源蓝皮书
中国能源发展报告（2014）
著(编)者:崔民选 王军生 陈义和
2014年8月出版 / 定价:79.00元

农产品流通蓝皮书
中国农产品流通产业发展报告（2014）
著(编)者:贾敬敦 王炳南 张玉玺 张鹏毅 陈丽华
2014年9月出版 / 估价:89.00元

期货蓝皮书
中国期货市场发展报告（2014）
著(编)者:荆林波 2014年6月出版 / 估价:98.00元

企业蓝皮书
中国企业竞争力报告（2014）
著(编)者:金碚 2014年11月出版 / 估价:89.00元

汽车安全蓝皮书
中国汽车安全发展报告（2014）
著(编)者:中国汽车技术研究中心
2014年4月出版 / 估价:79.00元

汽车蓝皮书
中国汽车产业发展报告（2014）
著(编)者:国务院发展研究中心产业经济研究部
中国汽车工程学会 大众汽车集团（中国）
2014年7月出版 / 定价:128.00元

清洁能源蓝皮书
国际清洁能源发展报告（2014）
著(编)者:国际清洁能源论坛（澳门）
2014年9月出版 / 估价:89.00元

群众体育蓝皮书
中国群众体育发展报告（2014）
著(编)者:刘国永 杨桦 2014年8月出版 / 定价:69.00元

人力资源蓝皮书
中国人力资源发展报告（2014）
著(编)者:吴江 2014年9月出版 / 估价:69.00元

软件和信息服务业蓝皮书
中国软件和信息服务业发展报告（2014）
著(编)者:洪京一 工业和信息化部电子科学技术情报研究所
2014年11月出版 / 估价:98.00元

商会蓝皮书
中国商会发展报告 No.4（2014）
著(编)者:黄孟复 2014年9月出版 / 估价:59.00元

上市公司蓝皮书
中国上市公司非财务信息披露报告（2014）
著(编)者:钟宏武 张旺 张蒽 等
2014年12月出版 / 估价:59.00元

食品药品蓝皮书
食品药品安全与监管政策研究报告（2014）
著(编)者:唐民皓 2014年11月出版 / 估价:69.00元

世界旅游城市绿皮书
世界旅游城市发展报告（2013）（中英文双语）
著(编)者:周正宇 鲁勇 2014年6月出版 / 定价:88.00元

世界能源蓝皮书
世界能源发展报告（2014）
著(编)者:黄晓勇 2014年6月出版 / 定价:99.00元

私募市场蓝皮书
中国私募股权市场发展报告（2014）
著(编)者:曹和平 2014年9月出版 / 估价:69.00元

体育蓝皮书
中国体育产业发展报告（2014）
著(编)者:阮伟 钟秉枢 2014年7月出版 / 定价:69.00元

体育蓝皮书·公共体育服务
中国公共体育服务发展报告（2014）
著(编)者:戴健 2014年12月出版 / 估价:69.00元

投资蓝皮书
中国企业海外投资发展报告（2013~2014）
著(编)者:陈文晖 薛誉华 2014年9月出版 / 定价:69.00元

物联网蓝皮书
中国物联网发展报告（2014）
著(编)者:龚六堂　2014年9月出版 / 估价:59.00元

西部工业蓝皮书
中国西部工业发展报告（2014）
著(编)者:方行明 刘方健 姜凌等
2014年9月出版 / 估价:69.00元

西部金融蓝皮书
中国西部金融发展报告（2013~2014）
著(编)者:李忠民　2014年8月出版 / 定价:75.00元

新能源汽车蓝皮书
中国新能源汽车产业发展报告（2014）
著(编)者:中国汽车技术研究中心
日产（中国）投资有限公司
东风汽车有限公司
2014年8月出版 / 定价:69.00元

信托蓝皮书
中国信托投资报告（2014）
著(编)者:杨金龙　刘屹　2014年11月出版 / 估价:69.00元

信托市场蓝皮书
中国信托业市场报告（2013~2014）
著(编)者:李旸　2014年1月出版 / 定价:198.00元

信息化蓝皮书
中国信息化形势分析与预测（2014）
著(编)者:周宏仁　2014年8月出版 / 定价:98.00元

信用蓝皮书
中国信用发展报告（2014）
著(编)者:章政 田侃　2014年9月出版 / 估价:69.00元

休闲绿皮书
2014年中国休闲发展报告
著(编)者:刘德谦　唐兵　宋瑞
2014年11月出版 / 估价:59.00元

养老产业蓝皮书
中国养老产业发展报告（2013~2014年）
著(编)者:张车伟　2014年9月出版 / 估价:69.00元

移动互联网蓝皮书
中国移动互联网发展报告（2014）
著(编)者:官建文　2014年6月出版 / 定价:79.00元

医药蓝皮书
中国医药产业园战略发展报告（2013~2014）
著(编)者:裴长洪　房书亭　吴滌心
2014年3月出版 / 定价:89.00元

医药蓝皮书
中国药品市场报告（2014）
著(编)者:程锦锥 朱恒鹏　2014年12月出版 / 估价:79.00元

中国总部经济蓝皮书
中国总部经济发展报告（2013~2014）
著(编)者:赵弘　2014年5月出版 / 定价:79.00元

珠三角流通蓝皮书
珠三角商圈发展研究报告（2014）
著(编)者:王先庆 林至颖　2014年11月出版 / 定价:69.00元

住房绿皮书
中国住房发展报告（2013~2014）
著(编)者:倪鹏飞　2013年12月出版 / 定价:79.00元

资本市场蓝皮书
中国场外交易市场发展报告（2013~2014）
著(编)者:高峦　2014年8月出版 / 定价:79.00元

资产管理蓝皮书
中国资产管理行业发展报告（2014）
著(编)者:郑智　2014年7月出版 / 定价:79.00元

支付清算蓝皮书
中国支付清算发展报告（2014）
著(编)者:杨涛　2014年5月出版 / 定价:45.00元

中国上市公司蓝皮书
中国上市公司发展报告（2014）
著(编)者:许雄斌　张平　2014年9月出版 / 定价:98.00元

文化传媒类

传媒蓝皮书
中国传媒产业发展报告（2014）
著(编)者:崔保国　2014年4月出版 / 定价:98.00元

传媒竞争力蓝皮书
中国传媒国际竞争力研究报告（2014）
著(编)者:李本乾　2014年9月出版 / 估价:69.00元

创意城市蓝皮书
武汉市文化创意产业发展报告（2014）
著(编)者:张京成　黄永林　2014年10月出版 / 估价:69.00元

电视蓝皮书
中国电视产业发展报告（2014）
著(编)者:卢斌　2014年9月出版 / 估价:79.00元

电影蓝皮书
中国电影出版发展报告（2014）
著(编)者:卢斌　2014年9月出版 / 估价:79.00元

动漫蓝皮书
中国动漫产业发展报告（2014）
著(编)者:卢斌　郑玉明　牛兴侦　2014年7月出版 / 定价:79.00元

文化传媒类

广电蓝皮书
中国广播电影电视发展报告（2014）
著(编)者: 杨明品　2014年7月出版 / 估价:98.00元

广告主蓝皮书
中国广告主营销传播趋势报告N0.8
著(编)者:中国传媒大学广告主研究所
中国广告主营销传播创新研究课题组
黄升民　杜国清　邵华冬等
2014年11月出版 / 估价:98.00元

国际传播蓝皮书
中国国际传播发展报告（2014）
著(编)者:胡正荣　李继东　姬德强
2014年7月出版 / 定价:89.00元

纪录片蓝皮书
中国纪录片发展报告（2014）
著(编)者:何苏六　2014年10月出版 / 估价:89.00元

两岸文化蓝皮书
两岸文化产业合作发展报告（2014）
著(编)者:胡惠林 李保宗　2014年7月出版 / 定价:79.00元

媒介与女性蓝皮书
中国媒介与女性发展报告（2014）
著(编)者:刘利群　2014年11月出版 / 估价:69.00元

全球传媒蓝皮书
全球传媒产业发展报告（2014）
著(编)者:胡正荣　2014年12月出版 / 估价:79.00元

视听新媒体蓝皮书
中国视听新媒体发展报告（2014）
著(编)者:庞井君　2014年11月出版 / 估价:148.00元

文化创新蓝皮书
中国文化创新报告（2014）No.5
著(编)者:于平　傅才武　2014年4月出版 / 定价:79.00元

文化科技蓝皮书
文化科技融合与创意城市发展报告（2014）
著(编)者:李凤亮　于平　2014年11月出版 / 估价:79.00元

文化蓝皮书
中国文化产业发展报告（2014）
著(编)者:张晓明　王家新　章建刚
2014年4月出版 / 定价:79.00元

文化蓝皮书
中国文化产业供需协调增长测评报（2014）
著(编)者:王亚楠　2014年2月出版 / 定价:79.00元

文化蓝皮书
中国城镇文化消费需求景气评价报告（2014）
著(编)者:王亚南　张晓明　祁述裕
2014年11月出版 / 估价:79.00元

文化蓝皮书
中国公共文化服务发展报告（2014）
著(编)者:于群 李国新　2014年10月出版 / 估价:98.00元

文化蓝皮书
中国文化消费需求景气评价报告（2014）
著(编)者:王亚南 张晓明 祁述裕 郝朴宁
2014年11月出版 / 估价:79.00元

文化蓝皮书
中国乡村文化消费需求景气评价报告（2014）
著(编)者:王亚南　2014年11月出版 / 估价:79.00元

文化蓝皮书
中国中心城市文化消费需求景气评价报告（2014）
著(编)者:王亚南　2014年11月出版 / 估价:79.00元

文化蓝皮书
中国少数民族文化发展报告（2014）
著(编)者:武翠英 张晓明 张学进
2014年11月出版 / 估价:69.00元

文化建设蓝皮书
中国文化发展报告（2013）
著(编)者:江畅　孙伟平　戴茂堂
2014年4月出版 / 定价:138.00元

文化品牌蓝皮书
中国文化品牌发展报告（2014）
著(编)者:欧阳友权　2014年4月出版 / 定价:79.00元

文化遗产蓝皮书
中国文化遗产事业发展报告（2014）
著(编)者:刘世锦　2014年9月出版 / 估价:79.00元

文学蓝皮书
中国文情报告（2013~2014）
著(编)者:白烨　2014年5月出版 / 定价:49.00元

新媒体蓝皮书
中国新媒体发展报告No.5（2014）
著(编)者:唐绪军　2014年6月出版 / 定价:79.00元

移动互联网蓝皮书
中国移动互联网发展报告（2014）
著(编)者:官建文　2014年6月出版 / 定价:79.00元

游戏蓝皮书
中国游戏产业发展报告（2014）
著(编)者:卢斌　2014年9月出版 / 估价:79.00元

舆情蓝皮书
中国社会舆情与危机管理报告（2014）
著(编)者:谢耘耕　2014年8月出版 / 定价:98.00元

粤港澳台文化蓝皮书
粤港澳台文化创意产业发展报告（2014）
著(编)者:丁未　2014年9月出版 / 估价:69.00元

地方发展类

安徽蓝皮书
安徽社会发展报告（2014）
著(编)者:程桦　2014年4月出版 / 定价:79.00元

安徽经济蓝皮书
皖江城市带承接产业转移示范区建设报告（2014）
著(编)者:丁海中　2014年4月出版 / 定价:69.00元

安徽社会建设蓝皮书
安徽社会建设分析报告（2014）
著(编)者:黄家海 王开玉 蔡宪　2014年9月出版 / 估价:69.00元

北京蓝皮书
北京公共服务发展报告（2013~2014）
著(编)者:施昌奎　2014年2月出版 / 定价:69.00元

北京蓝皮书
北京经济发展报告（2013~2014）
著(编)者:杨松　2014年4月出版 / 定价:79.00元

北京蓝皮书
北京社会发展报告（2013~2014）
著(编)者:缪青　2014年5月出版 / 定价:79.00元

北京蓝皮书
北京社会治理发展报告（2013~2014）
著(编)者:殷星辰　2014年4月出版 / 定价:79.00元

北京蓝皮书
中国社区发展报告（2013~2014）
著(编)者:于燕燕　2014年6月出版 / 定价:69.00元

北京蓝皮书
北京文化发展报告（2013~2014）
著(编)者:李建盛　2014年4月出版 / 定价:79.00元

北京旅游绿皮书
北京旅游发展报告（2014）
著(编)者:北京旅游学会　2014年7月出版 / 定价:88.00元

北京律师蓝皮书
北京律师发展报告No.2（2014）
著(编)者:王隽 周塞军　2014年9月出版 / 估价:79.00元

北京人才蓝皮书
北京人才发展报告（2014）
著(编)者:于淼　2014年10月出版 / 估价:89.00元

北京社会心态蓝皮书
北京社会心态分析报告（2013~2014）
著(编)者:北京社会心理研究所
2014年9月出版 / 估价:79.00元

城乡一体化蓝皮书
中国城乡一体化发展报告·北京卷（2014）
著(编)者:张宝秀 黄序　2014年11月出版 / 估价:79.00元

创意城市蓝皮书
北京文化创意产业发展报告（2014）
著(编)者:张京成 王国华　2014年10月出版 / 估价:69.00元

创意城市蓝皮书
重庆创意产业发展报告（2014）
著(编)者:程宁宁　2014年4月出版 / 定价:89.00元

创意城市蓝皮书
青岛文化创意产业发展报告（2013~2014）
著(编)者:马达 张丹妮　2014年6月出版 / 定价:79.00元

创意城市蓝皮书
无锡文化创意产业发展报告（2014）
著(编)者:庄若江 张鸣年　2014年11月出版 / 估价:75.00元

服务业蓝皮书
广东现代服务业发展报告（2014）
著(编)者:祁明 程晓　2014年11月出版 / 估价:69.00元

甘肃蓝皮书
甘肃舆情分析与预测（2014）
著(编)者:陈双梅 郝树声　2014年1月出版 / 定价:69.00元

甘肃蓝皮书
甘肃县域经济综合竞争力报告（2014）
著(编)者:刘进军　2014年1月出版 / 定价:69.00元

甘肃蓝皮书
甘肃县域社会发展评价报告（2014）
著(编)者:魏胜文　2014年9月出版 / 估价:69.00元

甘肃蓝皮书
甘肃经济发展分析与预测（2014）
著(编)者:朱智文 罗哲　2014年1月出版 / 定价:69.00元

甘肃蓝皮书
甘肃社会发展分析与预测（2014）
著(编)者:安文华 包晓霞　2014年1月出版 / 定价:69.00元

甘肃蓝皮书
甘肃文化发展分析与预测（2014）
著(编)者:王福生 周小华　2014年1月出版 / 定价:69.00元

广东蓝皮书
广东省电子商务发展报告（2014）
著(编)者:黄建明 祁明　2014年11月出版 / 估价:69.00元

广东蓝皮书
广东社会工作发展报告（2014）
著(编)者:罗观翠　2014年6月出版 / 定价:89.00元

广东外经贸蓝皮书
广东对外经济贸易发展研究报告（2014）
著(编)者:陈万灵　2014年6月出版 / 定价:79.00元

广西北部湾经济区蓝皮书
广西北部湾经济区开放开发报告（2014）
著(编)者:广西北部湾经济区规划建设管理委员会办公室
广西社会科学院 广西北部湾发展研究院
2014年11月出版 / 估价:69.00元

广州蓝皮书
2014年中国广州经济形势分析与预测
著(编)者:庾建设 沈奎 郭志勇 2014年6月出版 / 定价:79.00元

广州蓝皮书
2014年中国广州社会形势分析与预测
著(编)者:张强 陈怡霓 2014年5月出版 / 定价:69.00元

广州蓝皮书
广州城市国际化发展报告（2014）
著(编)者:朱名宏 2014年9月出版 / 估价:59.00元

广州蓝皮书
广州创新型城市发展报告（2014）
著(编)者:李江涛 2014年7月出版 / 定价:69.00元

广州蓝皮书
广州经济发展报告（2014）
著(编)者:李江涛 朱名宏 2014年5月出版 / 定价:69.00元

广州蓝皮书
广州农村发展报告（2014）
著(编)者:李江涛 汤锦华 2014年8月出版 / 定价:69.00元

广州蓝皮书
广州青年发展报告（2014）
著(编)者:魏国华 张强 2014年9月出版 / 估价:65.00元

广州蓝皮书
广州汽车产业发展报告（2014）
著(编)者:李江涛 2014年10月出版 / 估价:69.00元

广州蓝皮书
广州商贸业发展报告（2014）
著(编)者:李江涛 王旭东 荀振英
2014年6月出版 / 定价:69.00元

广州蓝皮书
广州文化创意产业发展报告（2014）
著(编)者:甘新 2014年8月出版 / 定价:79.00元

广州蓝皮书
中国广州城市建设发展报告（2014）
著(编)者:董皞 冼伟雄 李俊夫
2014年11月出版 / 估价:69.00元

广州蓝皮书
中国广州科技和信息化发展报告（2014）
著(编)者:邹采荣 马正勇 冯元 2014年7月出版 / 定价:79.00元

广州蓝皮书
中国广州文化创意产业发展报告（2014）
著(编)者:甘新 2014年10月出版 / 估价:59.00元

广州蓝皮书
中国广州文化发展报告（2014）
著(编)者:徐俊忠 陆志强 顾涧清
2014年6月出版 / 定价:69.00元

广州蓝皮书
中国广州城市建设与管理发展报告（2014）
著(编)者:董皞 冯伟雄 2014年7月出版 / 定价:69.00元

贵州蓝皮书
贵州法治发展报告（2014）
著(编)者:吴大华 2014年3月出版 / 定价:69.00元

贵州蓝皮书
贵州人才发展报告（2014）
著(编)者:于杰 吴大华 2014年3月出版 / 定价:69.00元

贵州蓝皮书
贵州社会发展报告（2014）
著(编)者:王兴骥 2014年3月出版 / 定价:69.00元

贵州蓝皮书
贵州农村扶贫开发报告（2014）
著(编)者:王朝新 宋明 2014年9月出版 / 估价:69.00元

贵州蓝皮书
贵州文化产业发展报告（2014）
著(编)者:李建国 2014年9月出版 / 估价:69.00元

海淀蓝皮书
海淀区文化和科技融合发展报告（2014）
著(编)者:陈名杰 孟景伟 2014年11月出版 / 估价:75.00元

海峡西岸蓝皮书
海峡西岸经济区发展报告（2014）
著(编)者:福建省人民政府发展研究中心
2014年9月出版 / 估价:85.00元

杭州蓝皮书
杭州妇女发展报告（2014）
著(编)者:魏颖 2014年6月出版 / 定价:75.00元

杭州都市圈蓝皮书
杭州都市圈发展报告（2014）
著(编)者:董祖德 沈翔 2014年5月出版 / 定价:89.00元

河北经济蓝皮书
河北省经济发展报告（2014）
著(编)者:马树强 金浩 张贵 2014年4月出版 / 定价:79.00元

河北蓝皮书
河北经济社会发展报告（2014）
著(编)者:周文夫 2014年1月出版 / 定价:69.00元

河南经济蓝皮书
2014年河南经济形势分析与预测
著(编)者:胡五岳 2014年3月出版 / 定价:69.00元

河南蓝皮书

2014年河南社会形势分析与预测
著(编)者:刘道兴 牛苏林　2014年1月出版 / 定价:69.00元

河南蓝皮书
河南城市发展报告（2014）
著(编)者:谷建全 王建国　2014年1月出版 / 定价:59.00元

河南蓝皮书
河南法治发展报告（2014）
著(编)者:丁同民 闫德民　2014年3月出版 / 定价:69.00元

河南蓝皮书
河南金融发展报告（2014）
著(编)者:喻新安 谷建全　2014年4月出版 / 定价:69.00元

河南蓝皮书
河南经济发展报告（2014）
著(编)者:喻新安　2013年12月出版 / 定价:69.00元

河南蓝皮书
河南文化发展报告（2014）
著(编)者:卫绍生　2014年1月出版 / 定价:69.00元

河南蓝皮书
河南工业发展报告（2014）
著(编)者:龚绍东　2014年1月出版 / 定价:69.00元

河南蓝皮书
河南商务发展报告（2014）
著(编)者:焦锦淼 穆荣国　2014年5月出版 / 定价:88.00元

黑龙江产业蓝皮书
黑龙江产业发展报告（2014）
著(编)者:于渤　2014年10月出版 / 估价:79.00元

黑龙江蓝皮书
黑龙江经济发展报告（2014）
著(编)者:张新颖　2014年1月出版 / 定价:69.00元

黑龙江蓝皮书
黑龙江社会发展报告（2014）
著(编)者:艾书琴　2014年1月出版 / 定价:69.00元

湖南城市蓝皮书
城市社会管理
著(编)者:罗海藩　2014年10月出版 / 估价:59.00元

湖南蓝皮书
2014年湖南产业发展报告
著(编)者:梁志峰　2014年4月出版 / 定价:128.00元

湖南蓝皮书
2014年湖南电子政务发展报告
著(编)者:梁志峰　2014年4月出版 / 定价:128.00元

湖南蓝皮书
2014年湖南法治发展报告
著(编)者:梁志峰　2014年9月出版 / 估价:79.00元

湖南蓝皮书
2014年湖南经济展望
著(编)者:梁志峰　2014年4月出版 / 定价:128.00元

湖南蓝皮书
2014年湖南两型社会发展报告
著(编)者:梁志峰　2014年4月出版 / 定价:128.00元

湖南蓝皮书
2014年湖南社会发展报告
著(编)者:梁志峰　2014年4月出版 / 定价:128.00元

湖南蓝皮书
2014年湖南县域经济社会发展报告
著(编)者:梁志峰　2014年4月出版 / 定价:128.00元

湖南县域绿皮书
湖南县域发展报告No.2
著(编)者:朱有志 袁准 周小毛　2014年11月出版 / 估价:69.00元

沪港蓝皮书
沪港发展报告（2014）
著(编)者:尤安山　2014年9月出版 / 估价:89.00元

吉林蓝皮书
2014年吉林经济社会形势分析与预测
著(编)者:马克　2014年1月出版 / 定价:79.00元

济源蓝皮书
济源经济社会发展报告（2014）
著(编)者:喻新安　2014年4月出版 / 定价:69.00元

江苏法治蓝皮书
江苏法治发展报告No.3（2014）
著(编)者:李力 龚廷泰　2014年11月出版 / 估价:88.00元

京津冀蓝皮书
京津冀发展报告（2014）
著(编)者:文魁 祝尔娟　2014年3月出版 / 定价:79.00元

经济特区蓝皮书
中国经济特区发展报告（2013）
著(编)者:陶一桃　2014年4月出版 / 定价:89.00元

辽宁蓝皮书
2014年辽宁经济社会形势分析与预测
著(编)者:曹晓峰 张晶　2014年1月出版 / 定价:79.00元

流通蓝皮书
湖南省商贸流通产业发展报告No.2
著(编)者:柳思维　2014年10月出版 / 估价:75.00元

内蒙古蓝皮书
内蒙古反腐倡廉建设报告No.1
著(编)者:张志华 无极　2013年12月出版 / 定价:69.00元

浦东新区蓝皮书
上海浦东经济发展报告（2014）
著(编)者:沈开艳 陆沪根　2014年1月出版 / 估价:59.00元

侨乡蓝皮书
中国侨乡发展报告（2014）
著(编)者:郑一省　2014年9月出版 / 估价:69.00元

青海蓝皮书
2014年青海经济社会形势分析与预测
著(编)者:赵宗福　2014年2月出版 / 定价:69.00元

人口与健康蓝皮书
深圳人口与健康发展报告（2014）
著(编)者:陆杰华　江捍平　2014年10月出版 / 估价:98.00元

山东蓝皮书
山东经济形势分析与预测（2014）
著(编)者:张华　唐洲雁　2014年6月出版 / 定价:89.00元

山东蓝皮书
山东社会形势分析与预测（2014）
著(编)者:张华　唐洲雁　2014年6月出版 / 定价:89.00元

山东蓝皮书
山东文化发展报告（2014）
著(编)者:张华　唐洲雁　2014年6月出版 / 定价:98.00元

山西蓝皮书
山西资源型经济转型发展报告（2014）
著(编)者:李志强　2014年5月出版 / 定价:98.00元

陕西蓝皮书
陕西经济发展报告（2014）
著(编)者:任宗哲　石英　裴成荣　2014年2月出版 / 定价:69.00元

陕西蓝皮书
陕西社会发展报告（2014）
著(编)者:任宗哲 石英 牛昉　2014年2月出版 / 定价:65.00元

陕西蓝皮书
陕西文化发展报告（2014）
著(编)者:任宗哲 石英 王长寿　2014年3月出版 / 定价:59.00元

陕西蓝皮书
丝绸之路经济带发展报告（2014）
著(编)者:任宗哲 石英 白宽犁　2014年8月出版 / 定价:79.00元

上海蓝皮书
上海传媒发展报告（2014）
著(编)者:强荧 焦雨虹　2014年1月出版 / 定价:79.00元

上海蓝皮书
上海法治发展报告（2014）
著(编)者:叶青　2014年4月出版 / 定价:69.00元

上海蓝皮书
上海经济发展报告（2014）
著(编)者:沈开艳　2014年1月出版 / 定价:69.00元

上海蓝皮书
上海社会发展报告（2014）
著(编)者:卢汉龙 周海旺　2014年1月出版 / 定价:69.00元

上海蓝皮书
上海文化发展报告（2014）
著(编)者:蒯大申　2014年1月出版 / 定价:69.00元

上海蓝皮书
上海文学发展报告（2014）
著(编)者:陈圣来　2014年1月出版 / 定价:69.00元

上海蓝皮书
上海资源环境发展报告（2014）
著(编)者:周冯琦　汤庆合　任文伟
2014年1月出版 / 定价:69.00元

上饶蓝皮书
上饶发展报告（2013~2014）
著(编)者:朱寅健　2014年3月出版 / 定价:128.00元

社会建设蓝皮书
2014年北京社会建设分析报告
著(编)者:宋贵伦　冯虹　2014年7月出版 / 定价:79.00元

深圳蓝皮书
深圳经济发展报告（2014）
著(编)者:张骁儒　2014年7月出版 / 定价:79.00元

深圳蓝皮书
深圳劳动关系发展报告（2014）
著(编)者:汤庭芬　2014年6月出版 / 定价:75.00元

深圳蓝皮书
深圳社会发展报告（2014）
著(编)者:吴忠 余智晟　2014年11月出版 / 估价:69.00元

深圳蓝皮书
深圳社会建设与发展报告（2014）
著(编)者:叶民辉 张骁儒　2014年7月出版 / 定价:89.00元

四川蓝皮书
四川文化产业发展报告（2014）
著(编)者:侯水平　2014年2月出版 / 定价:69.00元

四川蓝皮书
四川企业社会责任研究报告（2014）
著(编)者:侯水平　盛毅　2014年4月出版 / 定价:79.00元

温州蓝皮书
2014年温州经济社会形势分析与预测
著(编)者:潘忠强 王春光　金浩　2014年4月出版 / 定价:69.00元

温州蓝皮书
浙江温州金融综合改革试验区发展报告（2013~2014）
著(编)者:钱水土　王去非　李义超
2014年9月出版 / 估价:69.00元

扬州蓝皮书
扬州经济社会发展报告（2014）
著(编)者:张爱军　2014年9月出版 / 估价:78.00元

义乌蓝皮书
浙江义乌市国际贸易综合改革试验区发展报告（2013~2014）
著(编)者:马淑琴 刘文革 周松强
2014年9月出版 / 估价:69.00元

云南蓝皮书
中国面向西南开放重要桥头堡建设发展报告（2014）
著(编)者:刘绍怀　2014年12月出版 / 估价:69.00元

长株潭城市群蓝皮书
长株潭城市群发展报告（2014）
著(编)者:张萍　2014年10月出版 / 估价:69.00元

郑州蓝皮书
2014年郑州文化发展报告
著(编)者:王哲　2014年11月出版 / 估价:69.00元

国别与地区类

G20国家创新竞争力黄皮书
二十国集团（G20）国家创新竞争力发展报告（2014）
著(编)者:李建平 李闽榕 赵新力
2014年9月出版 / 估价:118.00元

阿拉伯黄皮书
阿拉伯发展报告（2013~2014）
著(编)者:马晓霖　2014年4月出版 / 定价:79.00元

澳门蓝皮书
澳门经济社会发展报告（2013~2014）
著(编)者:吴志良 郝雨凡　2014年4月出版 / 定价:79.00元

北部湾蓝皮书
泛北部湾合作发展报告（2014）
著(编)者:吕余生　2014年11月出版 / 估价:79.00元

大湄公河次区域蓝皮书
大湄公河次区域合作发展报告（2014）
著(编)者:刘稚　2014年11月出版 / 估价:79.00元

大洋洲蓝皮书
大洋洲发展报告（2013~2014）
著(编)者:喻常森　2014年8月出版 / 定价:89.00元

德国蓝皮书
德国发展报告（2014）
著(编)者:郑春荣 伍慧萍 等　2014年6月出版 / 定价:69.00元

东北亚黄皮书
东北亚地区政治与安全报告（2014）
著(编)者:黄凤志 刘雪莲　2014年11月出版 / 估价:69.00元

东盟黄皮书
东盟发展报告（2013）
著(编)者:崔晓麟　2014年5月出版 / 定价:75.00元

东南亚蓝皮书
东南亚地区发展报告（2013~2014）
著(编)者:王勤　2014年4月出版 / 定价:79.00元

俄罗斯黄皮书
俄罗斯发展报告（2014）
著(编)者:李永全　2014年7月出版 / 估价:79.00元

非洲黄皮书
非洲发展报告No.16（2013~2014）
著(编)者:张宏明　2014年7月出版 / 定价:79.00元

国际形势黄皮书
全球政治与安全报告（2014）
著(编)者:李慎明 张宇燕　2014年1月出版 / 定价:69.00元

韩国蓝皮书
韩国发展报告（2014）
著(编)者:牛林杰 刘宝全　2014年11月出版 / 估价:69.00元

加拿大蓝皮书
加拿大发展报告（2014）
著(编)者:仲伟合　2014年4月出版 / 定价:89.00元

柬埔寨蓝皮书
柬埔寨国情报告（2014）
著(编)者:毕世鸿　2014年11月出版 / 估价:79.00元

拉美黄皮书
拉丁美洲和加勒比发展报告（2013~2014）
著(编)者:吴白乙　2014年4月出版 / 定价:89.00元

老挝蓝皮书
老挝国情报告（2014）
著(编)者:卢光盛 方芸 吕星　2014年11月出版 / 估价:79.00元

美国蓝皮书
美国研究报告（2014）
著(编)者:黄平 郑秉文　　2014年7月出版 / 定价:89.00元

缅甸蓝皮书
缅甸国情报告（2014）
著(编)者:李晨阳　　2014年8月出版 / 定价:79.00元

欧洲蓝皮书
欧洲发展报告（2013~2014）
著(编)者:周弘　　2014年6月出版 / 定价:89.00元

葡语国家蓝皮书
巴西发展与中巴关系报告2014（中英文）
著(编)者:张曙光 David T. Ritchie
2014年11月出版 / 估价:69.00元

日本经济蓝皮书
日本经济与中日经贸关系研究报告（2014）
著(编)者:王洛林 张季风　　2014年5月出版 / 定价:79.00元

日本蓝皮书
日本发展报告（2014）
著(编)者:李薇　　2014年3月出版 / 定价:69.00元

上海合作组织黄皮书
上海合作组织发展报告（2014）
著(编)者:李进峰 吴宏伟 李伟　　2014年9月出版 / 定价:89.00元

世界创新竞争力黄皮书
世界创新竞争力发展报告（2014）
著(编)者:李建平　　2014年9月出版 / 估价:148.00元

世界社会主义黄皮书
世界社会主义跟踪研究报告（2013~2014）
著(编)者:李慎明　　2014年3月出版 / 定价:198.00元

泰国蓝皮书
泰国国情报告（2014）
著(编)者:邹春萌　　2014年11月出版 / 估价:79.00元

土耳其蓝皮书
土耳其发展报告（2014）
著(编)者:郭长刚　刘义　　2014年9月出版 / 定价:89.00元

亚太蓝皮书
亚太地区发展报告（2014）
著(编)者:李向阳　　2014年1月出版 / 定价:59.00元

印度蓝皮书
印度国情报告（2012~2013）
著(编)者:吕昭义　　2014年5月出版 / 定价:89.00元

印度洋地区蓝皮书
印度洋地区发展报告（2014）
著(编)者:汪戎　　2014年3月出版 / 定价:79.00元

中东黄皮书
中东发展报告No.15（2014）
著(编)者:杨光　　2014年10月出版 / 估价:59.00元

中欧关系蓝皮书
中欧关系研究报告（2014）
著(编)者:周弘　　2013年12月出版 / 定价:98.00元

中亚黄皮书
中亚国家发展报告（2014）
著(编)者:孙力　吴宏伟　　2014年9月出版 / 定价:89.00元

皮书大事记

☆ 2014年8月，第十五次全国皮书年会（2014）在贵阳召开，第五届优秀皮书奖颁发，本届开始皮书及报告将同时评选。

☆ 2013年6月，依据《中国社会科学院皮书资助规定（试行）》公布2013年拟资助的40种皮书名单。

☆ 2012年12月，《中国社会科学院皮书资助规定（试行）》由中国社会科学院科研局正式颁布实施。

☆ 2011年，部分重点皮书纳入院创新工程。

☆ 2011年8月，2011年皮书年会在安徽合肥举行，这是皮书年会首次由中国社会科学院主办。

☆ 2011年2月，“2011年全国皮书研讨会”在北京京西宾馆举行。王伟光院长（时任常务副院长）出席并讲话。本次会议标志着皮书及皮书研创出版从一个具体出版单位的出版产品和出版活动上升为由中国社会科学院牵头的国家哲学社会科学智库产品和创新活动。

☆ 2010年9月，“2010年中国经济社会形势报告会暨第十一次全国皮书工作研讨会”在福建福州举行，高全立副院长参加会议并做学术报告。

☆ 2010年9月，皮书学术委员会成立，由我院李扬副院长领衔，并由在各个学科领域有一定的学术影响力、了解皮书编创出版并持续关注皮书品牌的专家学者组成。皮书学术委员会的成立为进一步提高皮书这一品牌的学术质量、为学术界构建一个更大的学术出版与学术推广平台提供了专家支持。

☆ 2009年8月，“2009年中国经济社会形势分析与预测暨第十次皮书工作研讨会”在辽宁丹东举行。李扬副院长参加本次会议，本次会议颁发了首届优秀皮书奖，我院多部皮书获奖。

社会科学文献出版社
SOCIAL SCIENCES ACADEMIC PRESS (CHINA)

社会科学文献出版社成立于1985年，是直属于中国社会科学院的人文社会科学专业学术出版机构。

成立以来，特别是1998年实施第二次创业以来，依托于中国社会科学院丰厚的学术出版和专家学者两大资源，坚持“创社科经典，出传世文献”的出版理念和“权威、前沿、原创”的产品定位，社科文献立足内涵式发展道路，从战略层面推动学术出版的五大能力建设，逐步走上了学术产品的系列化、规模化、数字化、国际化、市场化经营道路。

先后策划出版了著名的图书品牌和学术品牌“皮书”系列、“列国志”、“社科文献精品译库”、“中国史话”、“全球化译丛”、“气候变化与人类发展译丛”“近世中国”等一大批既有学术影响又有市场价值的系列图书。形成了较强的学术出版能力和资源整合能力，年发稿3.5亿字，年出版新书1200余种，承印发行中国社科院院属期刊近70种。

2012年，《社会科学文献出版社学术著作出版规范》修订完成。同年10月，社会科学文献出版社参加了由新闻出版总署召开加强学术著作出版规范座谈会，并代表50多家出版社发起实施学术著作出版规范的倡议。2013年，社会科学文献出版社参与新闻出版总署学术著作规范国家标准的起草工作。

依托于雄厚的出版资源整合能力，社会科学文献出版社长期以来一直致力于从内容资源和数字平台两个方面实现传统出版的再造，并先后推出了皮书数据库、列国志数据库、中国田野调查数据库等一系列数字产品。

在国内原创著作、国外名家经典著作大量出版，数字出版突飞猛进的同时，社会科学文献出版社在学术出版国际化方面也取得了不俗的成绩。先后与荷兰博睿等十余家国际出版机构合作面向海外推出了《经济蓝皮书》《社会蓝皮书》等十余种皮书的英文版、俄文版、日文版等。

此外，社会科学文献出版社积极与中央和地方各类媒体合作，联合大型书店、学术书店、机场书店、网络书店、图书馆，逐步构建起了强大的学术图书的内容传播力和社会影响力，学术图书的媒体曝光率居全国之首，图书馆藏率居于全国出版机构前十位。

作为已经开启第三次创业梦想的人文社会科学学术出版机构，社会科学文献出版社结合社会需求、自身的条件以及行业发展，提出了新的创业目标：精心打造人文社会科学成果推广平台，发展成为一家集图书、期刊、声像电子和数字出版物为一体，面向海内外高端读者和客户，具备独特竞争力的人文社会科学内容资源供应商和海内外知名的专业学术出版机构。

中国皮书网

发布皮书研创资讯，传播皮书精彩内容
引领皮书出版潮流，打造皮书服务平台

栏目设置：

- □ 资讯：皮书动态、皮书观点、皮书数据、 皮书报道、皮书新书发布会、电子期刊
- □ 标准：皮书评价、皮书研究、皮书规范、皮书专家、编撰团队
- □ 服务：最新皮书、皮书书目、重点推荐、在线购书
- □ 链接：皮书数据库、皮书博客、皮书微博、出版社首页、在线书城
- □ 搜索：资讯、图书、研究动态
- □ 互动：皮书论坛

www.pishu.cn

中国皮书网依托皮书系列“权威、前沿、原创”的优质内容资源，通过文字、图片、音频、视频等多种元素，在皮书研创者、使用者之间搭建了一个成果展示、资源共享的互动平台。

自2005年12月正式上线以来，中国皮书网的IP访问量、PV浏览量与日俱增，受到海内外研究者、公务人员、商务人士以及专业读者的广泛关注。

2008年10月，中国皮书网获得“最具商业价值网站”称号。

2011年全国新闻出版网站年会上，中国皮书网被授予“2011最具商业价值网站”荣誉称号。

S 子库介绍

Sub-Database Introduction

中国经济发展数据库

涵盖宏观经济、农业经济、工业经济、产业经济、财政金融、交通旅游、商业贸易、劳动经济、企业经济、房地产经济、城市经济、区域经济等领域，为用户实时了解经济运行态势、把握经济发展规律、洞察经济形势、做出经济决策提供参考和依据。

中国社会发展数据库

全面整合国内外有关中国社会发展的统计数据、深度分析报告、专家解读和热点资讯构建而成的专业学术数据库。涉及宗教、社会、人口、政治、外交、法律、文化、教育、体育、文学艺术、医药卫生、资源环境等多个领域。

中国行业发展数据库

以中国国民经济行业分类为依据，跟踪分析国民经济各行业市场运行状况和政策导向，提供行业发展最前沿的资讯，为用户投资、从业及各种经济决策提供理论基础和实践指导。内容涵盖农业，能源与矿产业，交通运输业，制造业，金融业，房地产业，租赁和商务服务业，科学研究，环境和公共设施管理，居民服务业，教育，卫生和社会保障，文化、体育和娱乐业等 100 余个行业。

中国区域发展数据库

以特定区域内的经济、社会、文化、法治、资源环境等领域的现状与发展情况进行分析和预测。涵盖中部、西部、东北、西北等地区，长三角、珠三角、黄三角、京津冀、环渤海、合肥经济圈、长株潭城市群、关中—天水经济区、海峡经济区等区域经济体和城市圈，北京、上海、浙江、河南、陕西等 34 个省份及中国台湾地区。

中国文化传媒数据库

包括文化事业、文化产业、宗教、群众文化、图书馆事业、博物馆事业、档案事业、语言文字、文学、历史地理、新闻传播、广播电视、出版事业、艺术、电影、娱乐等多个子库。

世界经济与国际政治数据库

以皮书系列中涉及世界经济与国际政治的研究成果为基础，全面整合国内外有关世界经济与国际政治的统计数据、深度分析报告、专家解读和热点资讯构建而成的专业学术数据库。包括世界经济、世界政治、世界文化、国际社会、国际关系、国际组织、区域发展、国别发展等多个子库。

皮书俱乐部会员服务指南

1. 谁能成为皮书俱乐部成员?

- 皮书作者自动成为俱乐部会员
- 购买了皮书产品（纸质书/电子书）的个人用户

2. 会员可以享受的增值服务

- 免费获赠皮书数据库100元充值卡
- 加入皮书俱乐部，免费获赠该纸质图书的电子书
- 免费定期获赠皮书电子期刊
- 优先参与各类皮书学术活动
- 优先享受皮书产品的最新优惠

3. 如何享受增值服务?

（1）免费获赠100元皮书数据库体验卡

第1步 刮开附赠充值的涂层（右下）；

第2步 登录皮书数据库网站（www.pishu.com.cn），注册账号；

第3步 登录并进入“会员中心”—“在线充值”—“充值卡充值”，充值成功后即可使用。

（2）加入皮书俱乐部，凭数据库体验卡获赠该书的电子书

第1步 登录社会科学文献出版社官网（www.ssap.com.cn），注册账号；

第2步 登录并进入“会员中心”—“皮书俱乐部”，提交加入皮书俱乐部申请；

第3步 审核通过后，再次进入皮书俱乐部，填写页面所需图书、体验卡信息即可自动兑换相应电子书。

4. 声明

解释权归社会科学文献出版社所有

皮书俱乐部会员可享受社会科学文献出版社其他相关免费增值服务，有任何疑问，均可与我们联系。

图书销售热线：010-59367070/7028
图书服务QQ：800045692
图书服务邮箱：duzhe@ssap.cn

数据库服务热线：400-008-6695
数据库服务QQ：2475522410
数据库服务邮箱：database@ssap.cn

欢迎登录社会科学文献出版社官网（www.ssap.com.cn）和中国皮书网（www.pishu.cn）了解更多信息

社会科学文献出版社 SOCIAL SCIENCES ACADEMIC PRESS (CHINA) 皮书系

卡号：359541600749

密码：

法律声明